Akademische Disziplinen haben ihre Geschichte. Sie drückt sich nicht zuletzt in den Strategien aus, den jeweils eigenen Gegenstandsbereich gegenüber den anderen Disziplinen abzugrenzen und gleichzeitig seine Bedeutung herauszustellen: für das akademische Feld im engeren Sinn ebenso wie für die gesellschaftliche Wissenskultur im ganzen. Die Maxime der Interdisziplinarität, die insbesondere die »Kulturwissenschaft« seit einiger Zeit auf ihre Fahnen geheftet hat, ist da lediglich die Kehrseite einer disziplinären Einhegung der Wissensbereiche. Um diese Entwicklung einschätzen zu können, ist ein Blick auf die Geschichte der »Kulturwissenschaften« *avant la lettre* aufschlußreich. Einen solchen Blick werfen die Autoren dieses Bandes auf die Paradigmen und Leitvorstellungen der Geistes- und Gesellschaftswissenschaften um 1900. Es geht dabei sowohl um die innerakademischen Positionierungen wie um die Begründungen der wissenschaftlichen und gesellschaftlich-kulturellen Relevanz der verschiedenen, teilweise neuen Fächer. Dabei handelt es sich nicht nur um einen wissenschaftsgeschichtlichen Rückblick, der die Genese von Wissensansprüchen und ihre akademische Institutionalisierung nachzeichnet, sondern auch um einen Beitrag zu aktuellen Diskussionen über Nutzen und Nachteil von bestehenden Fächergrenzen.

Christoph König, geboren 1956, ist Leiter der Arbeitsstelle für die Erforschung der Geschichte der Germanistik im Deutschen Literaturarchiv in Marbach am Neckar und Privatdozent an der Humboldt-Universität zu Berlin.

Eberhard Lämmert, geboren 1924, em. Professor für Allgemeine und Vergleichende Literaturwissenschaft an der Freien Universität Berlin.

Im Fischer Taschenbuch Verlag sind auch erschienen: ›Literaturwissenschaft und Geistesgeschichte 1910 bis 1925‹, hg. von Christoph König und Eberhard Lämmert (Bd. 11471) und ›Zeitenwechsel. Germanistische Literaturwissenschaft vor und nach 1945‹, hg. von Christoph König und Wilfried Barner (Bd. 12963).

Konkurrenten in der Fakultät

Kultur, Wissen und Universität um 1900

Herausgegeben von
Christoph König und
Eberhard Lämmert

Fischer
Taschenbuch
Verlag

Eine Veröffentlichung
der Arbeitsstelle für die Erforschung der Geschichte der Germanistik
im Deutschen Literaturarchiv Marbach am Neckar

Redaktion: Diethild Plattner

Originalausgabe
Veröffentlicht im Fischer Taschenbuch Verlag GmbH,
Frankfurt am Main, April 1999

Gesamtherstellung: Clausen & Bosse, Leck
Printed in Germany
ISBN 3-596-14262-8

Inhalt

III. Institution und Politik

IV. Ordnung des Wissens

V. Wie flexibel ist die Forschung heute? Eine Diskussion

Einleitung

Der Fächerkanon der Philosophischen Fakultäten hat, seitdem Wilhelm von Humboldt diese Fakultät ins Zentrum seiner reformierten Universität rückte, mehrfach drastische Veränderungen erfahren. Grenzen zwischen den Fächern und auch die Namen, die für neue Fächer erdacht wurden, haben sich bereits im 19. Jahrhundert zum Teil als recht kurzlebig erwiesen, während andere, etwa die Geschichtswissenschaft und die Philologien, in ihren Grundlinien erstaunlich stabil geblieben sind. Darüber hinaus ordnet jede Epoche das Zusammenspiel der Disziplinen neu, indem sie sich ihre Leitdisziplinen wählt und deren Betrachtungsweisen dann oft für Jahrzehnte auch für andere Disziplinen reizvoll oder sogar verbindlich macht. So hat die *historische Betrachtungsweise*, die für die Kernfächer der Philosophischen Fakultät in Deutschland im 19. Jahrhundert verbindlich wurde, um die kaum noch existierende, aber dringend benötigte Geschichte einer Kulturnation zu rekonstruieren, dahin geführt, daß auch die Philologien und die Kunstwissenschaften und sogar die Philosophie in Deutschland noch im 20. Jahrhundert vorzugsweise historisch betrieben worden sind. Dagegen konnten diejenigen Wissenschaften, die sich erst im späteren 19. Jahrhundert etablierten, wie die Staats-, die Gesellschafts- und die Verhaltenswissenschaften und schließlich die von den philosophischen Fächern abrückenden Naturwissenschaften sich systematische Ordnungen geben und damit neben den kulturhistorischen Disziplinen schrittweise auch ein eigenes System von Fächern stabilisieren.

Bei alledem ist es gut, sich im Gedächtnis zu halten, daß wissenschaftliche Disziplinen genausowenig wie Schulfächer aus bloßem Systemzwang entstehen, sondern daß zu ihrer Durchsetzung in aller Regel gesellschaftliche Bedürfnisse den Anlaß geben, die in der bisherigen Ordnung nicht ausreichend zu befriedigen waren. Im Laufe der Zeit befestigten allerdings gerade renommierte Disziplinen eine ihnen eigentümliche Art von Gelehrsamkeit und bildeten dazu einen rituellen Umgang mit dem dazugehörigen Wissens aus, demgegenüber neue methodische Ansätze oder auch Gegenstandsausweitungen dann nicht selten als ein Angriff auf ihre Wissenschaftlichkeit aufgefaßt werden.

Auch wenn heute noch eine stattliche Reihe vorweisbarer Disziplinen zum Stolz einer Universität gehören, so hat demgegenüber die Forderung nach *Interdisziplinarität* nahezu den Charakter eines Pflichtbekenntnisses angenommen. Dabei ist der Gedanke, eine Universität oder auch ein Wissenschaftssystem könne sich überhaupt ohne Disziplinen konstituieren und damit die Konkurrenz der Fächer um bestimmte Gegenstandsbereiche vermeiden, etwa so abenteuerlich wie der Vorsatz, einen Intercity ohne Cities zu betreiben. Dennoch verbirgt sich auch ein Stück List der Vernunft in dem unbedenklichen Ruf nach Interdisziplinarität: Je schneller unsere äußeren Lebensbedingungen sich durch neue Erkenntnisse und neue Techniken verändern, desto weniger genügen ältere Fächereinteilungen dem Vortrieb eines nutzbaren Wissens. Allerdings lehrt die ebenso hartnäckig wiederholte Beschwörung einer verlorenen Einheit der Universitas litterarum, daß proportional zur Vielfalt der Forschungs- und Lehrgegenstände das Bedürfnis nach einer *Wissensordnung*, und sei es nur einer ordnenden Perspektive auf die Vielfalt, zunimmt. So läßt sich auch der vielstimmige Chor derer erklären, die derzeit die Fächer der alten Philosophischen Fakultät, aber womöglich auch Jurisprudenz und Wirtschaftswissenschaften, unter einem Oberbegriff der »Kulturwissenschaften« versammeln wollen, obwohl beinahe jede Stimme darunter etwas anderes versteht: Die Magie, die gerade in der Unbestimmtheit des Begriffes liegt, hat nicht geringen Teil an dieser heute beinahe fraglosen Übereinkunft.

Gewiß hat die Überanstrengung des Begriffs »Sozialwissenschaften« oder auch »Gesellschaftswissenschaften«, die wir gerade hinter uns haben, an der Wahl dieses neuen Fluchtpunkts für zahlreiche humanwissenschaftliche Fächer ihren Anteil, und womöglich schließt der Oberbegriff »Kulturwissenschaften« gegenüber dem spekulativen Idealismus, den die Geisteswissenschaften nie abzustreifen vermochten, auch einen verheißungsvollen Wunsch nach exakter, aber nicht nur statistischer Empirie ein. Daher ist es am Platze, in dieser Situation die Erinnerung an die heftigen Kämpfe aufzufrischen, die um die Jahrhundertwende um die

Durchsetzung und womöglich sogar um die Prädominanz kulturwissenschaftlich orientierter Geschichts- und Kunstgeschichtsforschung ausgetragen wurden. Ist man schon ein Schwarzseher, wenn man vermutet, daß die gegenwärtige Eilfertigkeit, sich aus den verschiedensten Richtungen auf »Kulturwissenschaft« zu einigen, nur verdeckt, was damals offen zutage lag: daß nicht eine Wissenschafts-, sondern eine ernsthafte Kulturkrise den Anstoß gab, sich auch wissenschaftlich intensiver um Kultur zu bemühen?

Max Weber hielt 1917 seinen denkwürdigen Vortrag »Wissenschaft als Beruf« und fand wenig Verständnis bei den Studenten, denn er wies einen Anspruch zurück, den sie von außen an die Wissenschaften richteten: Der Professor möge nicht allein Lehrer, sondern vor allem *Führer* in der Kulturkrise der Moderne sein. Diese Krise diagnostiziert Weber hellsichtig und lehnt die billigen Lösungen ab, die inzwischen auch die Wissenschaften anbieten. Spezialisierung und historischer Sinn haben die Kulturgüter aus ihren festen Formen gerüttelt, und die Moderne gilt ihm als die Epoche, in der die Traditionen gleichmäßig verfügbar sind. Weber ist auf dem Rückzug, wenn er darauf beharrt, daß dieser Prozeß unumkehrbar sei, am allerwenigsten durch die Wissenschaft. »Noch nie ist aber eine neue Prophetie dadurch entstanden (ich wiederhole dieses Bild, das manchen anstößig gewesen ist, hier absichtlich:), daß manche moderne Intellektuelle das Bedürfnis haben, sich in ihrer Seele sozusagen mit garantiert echten, alten Sachen auszumöblieren, und sich dabei dann noch daran erinnern, daß dazu auch die Religion gehört hat, die sie nun einmal nicht haben, für die sie aber eine Art von spielerisch mit Heiligenbildchen aus aller Herren Länder möblierte Hauskapelle als Ersatz sich aufputzen oder ein Surrogat schaffen in allerhand Arten des Erlebens, denen sie die Würde mystischen Heiligkeitsbesitzes zuschreiben und mit dem sie – auf dem Büchermarkt hausieren gehen. Das ist einfach: Schwindel oder Selbstbetrug.«

Weber beschreibt den Tiefpunkt einer Entwicklung. Seit dem Ende des 19. Jahrhunderts setzen sich die Kulturwissenschaften mit der Moderne auseinander: sie stehen zwischen einer kulturellen Erschütterung, die auch die Grundlagen in den Wissenschaften erfaßt, und Skepsis gegenüber jenen mystischen Surrogaten, von denen Weber spricht und die die Moderne zur Linderung ihrer Probleme gleich mitgibt, um auch Eingang in die Wissenschaften zu begehren. Immer schon mußten die Wissenschaftler mit Ansprüchen von außen umgehen, und auch um 1900 bilden sie mehr oder weniger feine Mittel dafür aus, die dann viele bald aus der Hand geben – für Max Weber das Skandalon.

Dieses Buch kann über solche Konflikte aufklären, denn es widmet sich den Fächern, die man um 1900 in der Philosophischen Fakultät einer deutschen Universität versammelt findet oder die von außen als Vorbilder wirken: der Klassischen Philologie (Gräzistik und Latinistik), der Deutschen Sprach- und Literaturwissenschaft und der Romanistik, Kunstgeschichte, Geschichtswissenschaft, Philosophie und Psychologie, der Anthropologie, Staatswissenschaft, Nationalökonomie und Theologie. Vorgestellt wird eine Wissenschaftslogik von Kultur, Wissen, Leitbild und Institution. Die Ansprüche, vor die sich die Universität und ihre Fächer gestellt sehen und die sie auszugleichen, zu erfüllen oder abzuwehren suchen, sind damals mit ihrer Rolle in der zeitgenössischen *Kultur* verbunden, mit deren Werten die Gelehrten ihr *Wissen* zu ordnen versucht sind – doch dem unmittelbar wertenden Zugriff auf das gesammelte Material müssen sie widerstehen. Einzelne Mythen und *Leitbilder* treten mit methodischem Gestus hervor: Sie sind gern mit einzelnen Fächern assoziiert und, trotz allem, von erheblicher kultureller Bedeutung. Schließlich muß die Universität als *Institution* einen Raum für diese Prozesse schaffen und ihre Autonomie, nicht zuletzt gegenüber der Politik, wahren. Die Rivalität der Fächer untereinander entwickelt sich vor diesem Hintergrund.

Vieles aus jener Zeit, als sich die Wissenschaft der Moderne stellte und Mittel für den Umgang mit einer fordernden Umwelt suchte, gilt noch heute. So tragen die folgenden wissenschaftsgeschichtlichen Studien zur aktuellen Wissenschaftsforschung bei: Ihnen geht ein Symposion des *Marbacher Arbeitskreises für Geschichte der Germanistik* im Deutschen Literaturarchiv voraus. Das Thema »Fächergrenzen. Deutsche Philologie und Kulturwissenschaften um 1900« hatten Thomas Cramer und Ernst Osterkamp angeregt, weil sie erkunden wollten, wie man in Berlin nach 1989 die Kulturwissenschaften neu definieren und in den Fakultäten zueinander stellen sollte. So läßt sich die Disposition des Buches erläutern, die dem Zusammenspiel von Kultur, Leitbild, Institution und Wissen folgt:

Kultur der Moderne Die neuen Bindestrich-Wissenschaften »Kulturphilosophie«, »Kultursoziologie«, »Kulturprotestantismus« oder »Kulturgeschichte« reformulieren das alte Deutungsmuster von Kultur und Bildung: Sie beanspruchen nun den Schlüssel zur Gegenwart, die die

Moderne ist und in ihren Augen der Integration bedarf (Georg Bollenbeck). Die *Theologen* (Friedrich Wilhelm Graf) leiden, stellvertretend für viele und vielleicht mehr als die meisten, an der modernen, von Kapitalismus und Konkurrenz geprägten Kultur im Kaiserreich und bieten dem Nationalstaat und den Wissenschaften protestantische Werte zur Grundlage an. Geht es um Kulturwerte, ersteht die alte Rivalität zwischen Wissenschaft und *Poesie,* die im *Stil* die wirre Welt bemeistern möchte (Christoph König).

Paradigmen und Leitdisziplinen Ulrich Wyss beobachtet in der *Germanistik* um 1900 eine neue Lust am Reden über Theorien und Methoden: eine »exogamische« Lust leitet dabei die Gelehrten, die sie unter den Leitbildern nicht recht entscheiden läßt, wenn sie denn nur Orientierung bekommen können. Den Anspruch, neue Leitwissenschaft zu sein, erheben nicht nur die Theologen: Die *Psychologie* (Mitchell G. Ash) will die Philosophie von innen her erneuern (und besetzt deren Lehrstühle, anstatt sich souverän zu etablieren), doch muß sich vor allem die experimentelle Psychologie sagen lassen, sie trage zu den großen kulturellen Fragen nichts bei; die *Staatswissenschaften* (Rüdiger vom Bruch) weigern sich wie die *Geschichtswissenschaft,* insofern sie sich zu einer historischen Kulturwissenschaft entwickelt (Otto Gerhard Oexle), ihre Wissenschaft auf Werte zu gründen. Die *Kunstgeschichte* (Martin Warnke) bietet ihre Epochenstile wohl deshalb mit Erfolg an, weil sie aus der Museumspraxis gelernt hat und die wissenschaftliche historische Norm mit dem Bildungsauftrag verknüpft. Die französische Germanistik (Michel Espagne) gerät in die Gravitation anderer Fächer in Frankreich, etwa der Sozialwissenschaft, der Philosophie oder der Ethnologie, wo jeweils die Entwicklungen in Deutschland verfolgt werden: der neue kulturelle Kontext fördert die Interdisziplinarität.

Institution und Politik Die Fächer in Deutschland kennen zwei Arten von Argumenten, die sie gegeneinander vorbringen. Berufsausbildung, Antworten auf kulturelle Fragen und eine staatstragende Rolle (Pierangelo Schiera) gehören zu den Argumenten, die von außen geborgt sind. Mit Historisierung und Reflexion sollen hingegen die Fächer verwissenschaftlicht werden: Max Weber lehnt eine gesellschaftliche Rolle der Wissenschaften ab. Die einen Argumente schwächen und die anderen stärken die Institution der Universität, die die Fächer schützen soll. Die Universität sucht ihre Autonomie durch offene und oft genug nur scheinbare Loyalität zu wahren: Rektoratsreden und Kaisergeburtstagsansprachen geben ihr dazu Gelegenheit. Doch übergeht der Staat diese höflichen Bitten und nimmt – mit Friedrich Althoff vor allem – kräftig Einfluß: die Schule gibt diese Möglichkeit, wenn etwa die Verbindung zwischen *Latein* und *Griechisch* auf den Schulkonferenzen von 1892 und 1901 administrativ gelöst wird (Hubert Cancik), aber auch die Professoren selber machen es ihm leicht, die sich gerne mit Titeln schmücken, wie sie nur die Monarchie zu vergeben hat: Der »Geheimrat« ist eben ein fürstlicher Untertan. Die Krise der Universität um 1900 schafft neue Räume für freies Forschen (Bernhard vom Brocke): Sie kann ihren Aufgaben (der humanistischen Menschenbildung, der beruflichen Fachbildung und der wissenschaftlichen Forschung) nicht mehr gleichmäßig gerecht werden, und so entstehen aus der öffentlichen Aufgabe eigene *Forschungsinstitute*, die später häufig das Gründungsmotiv bestreiten.

Ordnung des Wissens Trotz Webers Grundsätzen: Werte organisieren vorderhand das Material zum »Wissen«, und die großen Kontroversen in den Fächern sind von ihnen bestimmt. Gegensatzpaare kristallisieren sich heraus: in der *Anthropologie*, die neu in der Fakultät ist, wird der Gegenstand organisch gefaßt oder gesetzmäßig bestimmt (Renate Schlesier); und die *Sprachwissenschaft innerhalb der Germanistik*, angesichts ihrer Vielfalt selbst fast eine Fakultät, scheidet sich nach einem psychologischen und einem historischen Ansatz (Ulrike Haß-Zumkehr). Die wissenschaftliche Fruchtbarkeit läßt sich indes nicht einfach nach dem aufgeklärten Status der Prämissen bestimmen: In der *Klassischen Philologie* (Pierre Judet de La Combe) ist Ulrich von Wilamowitz-Moellendorff, der national denkt, dem universal orientierten Hermann Usener überlegen, weil er innerhalb des Konzepts eines griechischen Lebens (zu) vieles zuläßt – sein Aktivismus ersetzt das methodische Programm. Diese Offenheit beschreibt Nikolaus Wegmann als kognitive Krise im Verhältnis von Peripherie und Zentrum, wo man das Gesammelte nicht mehr ordnet. Wer die ordnende Funktion der Kultur verkennt, kann sich nicht vorstellen, daß die wissenschaftliche Debatte diese erfasse. Solange das nicht geschieht, schlägt (wie Frank-Rutger Hausmann für die *Romanistik* zeigt) in der Wissenschaftsgeschichte das Sammeln einfach ins (geistesgeschichtliche) Vorurteil um.

Der Projektgruppe des Marbacher Arbeitskreises für Geschichte der Germanistik gebührt Dank für Anregung und Beratung, die Deutsche Forschungsgemeinschaft hat das Symposion, das diesem Band voranging, großzügig gefördert, und das Deutsche Literaturarchiv mit seinem Direktor Ulrich Ott erweist sich, in guter Kontinuität, als fruchtbarer Ort wissenschaftsgeschichtlicher Sammlung und Forschung.

Christoph König
Eberhard Lämmert

1. Kultur der Moderne

Georg Bollenbeck

Warum der Begriff »Kultur« um 1900 reformulierungsbedürftig wird

I. Neuartige diskursive Turbulenzen um den Begriff »Kultur«

Vom 11. 4. bis zum 16. 4. 1907 veröffentlicht die *Frankfurter Zeitung* eine Umfrage mit dem Leitthema *Die Zukunft unserer Kultur. Stimmen über Kulturtendenzen und Kulturpolitik*. Angesprochen werden, so ist zu lesen, »Forscher und Führer, Denker und Dichter« (11. 4.), nicht aber Vertreter aus Politik und Wirtschaft. Vermutlich äußert sich darin nochmals die erfolgreiche Selbstaufwertung der »Gebildeten« zum Zentrum der Nation, zum, wie es schon bei Schiller heißt, »Schöpfer unserer ganzen Kultur«[1]. Gefragt ist also vorrangig die Meinung der sogenannten »kulturellen Eliten«. Ihnen wird die eigentliche geistige Kompetenz für das »Allgemeine« zugesprochen.

Der Aufruf zur Mitarbeit beginnt folgendermaßen: »Einmal im Jahr muß es erlaubt sein, zu hoffen und den Blick über das Ziel des nächsten Tages hinaus in die Ferne zu richten. Wenn aber die Gedanken derer, die in Deutschland heute über das eigene Wohlergehen hinaus hoffen, an einem Punkt etwa sich begegnen und von da an in gleicher Richtung streben sollten, so stehen [...] auf dem Wegweiser an diesem Einigungspunkt die Worte: *Deutsche Kultur.*« Offensichtlich wird der Reflexion über die nationale »Kultur« nicht nur eine große integrative, sondern auch eine erkenntnisfördernde Kraft zugetraut. Dabei geht es um die »Kultur« als noch zu erreichendes Ziel und zugleich um eine Bilanz ihrer schon vorhandenen »Strömungen«, um die »verschiedenen künstlerischen, wissenschaftlichen und anderen Kulturtendenzen«. Mit dieser Ausrichtung verbindet der Aufruf zwei konkrete Fragen; nämlich die Frage, ob »die kulturelle Kristallbildung bewußt gefördert werden könne«, und die Frage, »von welcher Seite aus in *welcher* Richtung ein Vorstoß im Kampf für eine deutsche Kultur heute zu machen sei«. Die beiden Fragen lassen eine neue Ungewißheit über den Sinn kulturstaatlicher Förderung, über die Rolle der traditionellen bildungsbürgerlichen Trägerschichten der »Kultur« und über den extensionalen und den intensionalen Status des Begriffs erkennen. Zugleich aber kann die Umfrage über Zustand und Ziel der »deutschen Kultur« als Beleg für die ungebrochene Macht des Deutungsmusters »Bildung und Kultur« verbucht werden. Offensichtlich sieht man in der Reflexion über die Gegenwart im Medium der »Kultur« den Schlüssel zum Verständnis der Gegenwart.

Auch wenn man sich im Verlauf des 19. Jahrhunderts darüber streitet, was denn unter »Bildung« und »Kultur« zu verstehen ist, auch wenn skeptische Stimmen gegenüber dem anspruchsvollen identitätsphilosophischen Konzept zu vernehmen sind, so bleibt das Deutungsmuster durch die Humboldtsche Universität institutionell stabilisiert, und es behält in Koalition mit dem liberalen Evolutionarismus eine programmatisch stabile Erwartungssicherheit.[2]

2. Die Auflösung des Deutungsmusters und der erhöhte Reformulierungsbedarf des Begriffs »Kultur«

Gegen Ende des 19. Jahrhunderts wird die sich wechselwirkend stabilisierende Koalition von emanzipatorischem Bildungsideal und liberalem Evolutionarismus entscheidend geschwächt. Zwar entfaltet der Begriff »Kultur« in den angesprochenen Debatten eine neuartige pragmatisch-diskursive Dynamik. Jedoch beginnt damit keine neue Erfolgsgeschichte, auch wenn die Hochschätzung des Begriffs unbestritten bleibt. Deshalb versucht man weiterhin im Namen des Begriffs »Kultur« Zustand und Ziel der Nation zu deuten. Wir haben es aber um 1900 mit einem veränderten Verhältnis von sprachlicher Repräsentation und historischer Konstellation zu tun. Der Begriff wird problematisch und hochgradig reformulierungsbedürftig. Von daher die Debatten um Bedingungen und Bestandteile der »Kultur«. Sicherlich, zwischen der gepflegten Semantik des Deutungsmusters, zwischen seinen hochgestimmten emanzipatorischen Verheißungen und der sozialen Realität besteht von Beginn an eine kontrastreiche Nichtübereinstimmung. So klagen im Verlauf des 19. Jahrhunderts kritische Stimmen darüber, daß »Bildung« zum Besitz, zum Statusausweis oder zum Laufbahnanspruch degeneriere. So warnt man vor der Äußerlichkeit der »Bildung« und dem Hochmut der Gebildeten. Die Emanzipationsansprüche werden nicht eingelöst: Was universell gemeint ist, gerät zum trennenden Standeselement.[3] Bekanntlich reagiert, um ein prominentes Beispiel zu nennen, Nietzsches Kritik am »Bildungsphilister« und an dessen »Gebildetheit« auf diese Banalisierung der »Bildung«.

Das Deutungsmuster entfaltete seine Modernisierungsfunktion in jener »Zwischenlage« von altständischer und industriekapitalistischer Gesellschaft. Diese Zeit war die große Zeit des Bildungsbürgertums, das, »kulturell hegemonial und politisch defizitär«, eine semantische Schlüsselstellung einnahm, was das Selbstverständnis und die Ziele der Nation betraf.[4] Mit dem »Ende der liberalen Ära« und dem etablierten Industriekapitalismus setzt für das Deutungsmuster ein langwieriger und komplizierter Prozeß der Auflösung ein. Solange der liberale Evolutionarismus das »geistige Erfahrungskapital« der Gebildeten bestimmte, konnte die angesprochene Nichtübereinstimmung zwischen gepflegter Semantik und sozialer Realität im Bewußtsein des allgemeinen Fortschritts als überwindbar verstanden werden. Mit dem schwindenden Vertrauen in den liberalen Evolutionarismus verfestigt sich die wandelbare Nichtübereinstimmung zu einer unwandelbaren Diskrepanz. Wenn Ernst Troeltsch 1918 über »Deutsche Bildung« im »modernen kapitalistischen Großstaat« nachdenkt, dann sieht er in der »konservativen und schutzzöllnerischen Wendung« der Reichspolitik die entscheidende Wegmarke in der Umformung des Liberalismus.[5] Mit dem Kurswechsel der Bismarckschen Politik, dem Schutzzoll, dem Sozialistengesetz, dem wachsenden Gewicht der konservativen Kräfte und der ökonomischen Depression der Jahre 1873–1879 verschwindet zwar nicht der Liberalismus von der politischen Bühne, doch erhält der liberale Evolutionarismus, mit seinen Leitbegriffen Freiheit und Recht, Vernunft und Allgemeinwohl, eine entscheidende Schwächung;[6] eine Schwächung, die auch das Deutungsmuster betrifft: »Bildung« und »Kultur« verlieren mit der liberalen Fortschrittsgewißheit ihren Anspruch auf Universalität und Progressivität. Von nun an wird das Konzept der »Selbstbildung aller« zunehmend geistesaristokratisch verengt, und das liberale Konzept der »Nationalkultur« häufiger chauvinistisch überbewertet.

Zur veränderten historischen Konstellation zählt zudem ein entfalteter Industriekapitalismus. In einer arbeitsteiligen und versachlichten Gesellschaft schrumpft die Fähigkeit des Deutungsmusters, verschiedene Diskurse und Praxen zu überwölben. Die Industrialisierung und Ökonomisierung, der Aufstieg Deutschlands zu einer imperialistischen Weltmacht erhöhen die Anforderungen von Industrie, Handel und Gewerbe an das Bildungssystem; dadurch wird auch ein Kulturbegriff reformulierungsbedürftig, der »Wirtschaft und Gesellschaft« abwertet oder gar ausgrenzt. Mit diesen Veränderungen wird nicht nur die für das Bildungsbürgertum kennzeichnende Einheit von geistigem und sozialem Eliteanspruch eingeschränkt. Infolge der veränderten historischen Konstellation lockern sich die Symbolbezüge des Deutungsmusters, und zwar zur Organisation der gesellschaftlichen Beziehungen, zur Identität der Trägerschicht und zur Verteilung gesellschaftlicher Bewußtseins- und Wissensbestände. Zwar bleibt die soziale Reputation akademischer Bildungsdiplome bestehen, doch gefährdet eine Expansion der Bildungsdiplome langfristig deren Prestige, wie gleichzeitig die wissenschaftlich-technische Intelligenz und das Wirtschaftsbürgertum eigene Ranganspüche stellen.

3. Reformulierungsversuche

Idealtypisch gesehen, lassen sich zwei gegensätzliche Reformulierungsversuche ausmachen. Einerseits wird der Begriffsumfang von »Kultur« erweitert, etwa wenn nun binnendifferenzierend von »technischer«, »wirtschaftlicher« oder, wie bei Friedrich Naumann, »industriell-kapitalistischer Kultur« die Rede ist.[7] Man kann dies als Versuch werten, die neuen Wirklichkeiten in den extensional reformulierten Begriff »hereinzuholen«. Das führt zu einer tendenziellen Entdifferenzierung zwischen den Begriffen »Kultur« und »Zivilisation«. Als D. Sarason 1913 die Beiträge zahlreicher prominenter Wissenschaftler zu einem »Gesamtbild der Kulturentwicklung« veröffentlicht, da läßt er sich von einem weiten Kulturbegriff leiten.[8] Die Umfrage der liberalen *Frankfurter Zeitung* über *Die Zukunft unserer Kultur* belegt ebenfalls die Tendenz, den Kulturbegriff einerseits intensional als hochgeschätzten Weltdeutungsbegriff weiter zu verwenden, ihn aber nun, angesichts neuer gesellschaftlicher Gegebenheiten, extensional auszuweiten. Der Architekt Peter Behrens, der Politiker Friedrich Naumann, der Science-fiction-Autor Kurd Laßwitz, der »Dichter« Richard Dehmel – sie alle plädieren für einen Kulturbegriff, in dem die Fortschritte von Technik und Industrie dem »Kulturfortschritt« zugerechnet werden können, ohne daß die traditionelle Anbindung des Begriffs an die »Persönlichkeit« aufgegeben wird. So erhebt Kurd Laßwitz, entgegen der neuhumanistischen Tradition, »die Pflege der Naturerkenntnis und der technischen Kultur« zur »Grundaufgabe«, während er zugleich, durchaus im Einklang mit der neuhumanistischen Tradition, unter Berufung auf Goethe und Schiller das Ideal der Persönlichkeit herausstellt.[9]

Andererseits findet eine stärkere Differenzierung zwischen »Kultur« und »Zivilisation« statt.[10] Die wertende Abstufung zwischen beiden Begriffen wird ja bereits um 1800 durch den Neuhumanismus und seine identitätsphilosophisch begründete Frontstellung gegen das weite Kulturkonzept und das pragmatische Erziehungskonzept der Aufklärung hergestellt. Man darf es sich jedoch nicht zu einfach machen und von einer feststehenden »Kultur-Zivilisation-Antithese« ausgehen. Bis zur Propaganda des »Kulturkriegs« werden die Begriffe häufiger funktional abgestuft, gelegentlich (wie etwa bei Spengler) werthierarchisch-temporal aufeinander bezogen und seltener in nationalistischer Absicht gegenübergestellt. Nicht die Antithese (wie im Gefolge von Norbert Elias häufig behauptet), wohl aber eine funktionale Abstufung mit deutlichen positiven oder pejorativen Wertungen kennzeichnet die Situation. Selbst ein konservativer Kulturphilosoph wie Leopold Ziegler lehnt in *Das Wesen der Kultur* (1903) unter Berufung auf die »historisch gegebene Wirklichkeit« eine »reine Sonderung« ab und betont, »daß Civilisation und Kultur sich wechselseitig durchdringen, daß es ausschließlich civilisierte Völker« ebensowenig geben könne wie »ausgesprochene Kulturvölker«.[11] Zugleich aber erhält mit dem angesprochenen semantischen Konstellationswandel die Differenzierung zwischen den Begriffen eine erhöhte Dynamik, wird doch nun verstärkt das der »Zivilisation« zugerechnet, was mit den Ansprüchen von »Bildung« und »Kultur« an der neuen Gegenwart mißfällt. Unterschiedliche Köpfe wie Nietzsche und Lagarde, Houston Stuart Chamberlain und Leopold Ziegler, David Koigen und Rudolf Eucken, Walther Rathenau und Moeller van den Bruck werten mit unterschiedlichen Akzenten »Zivilisation« ab und »Kultur« auf.[12]

Hervorzuheben bleiben allgemeine Kennzeichen: Die »Zivilisation« erscheint als das Geringwertige, Äußerliche, Seelenlose, Mechanische, Nivellierende, Internationale, Gesellschaftliche, bloß Nützliche und Technische. Die »Kultur« aber wird hochgeschätzt als das Innerliche,

Lebendige, Seelenvolle, Individuelle, Gemeinschaftliche, Nationale, Zweckfreie und Geistige. In Langbehns Bestseller *Rembrandt als Erzieher* (1891) gilt der »Ungeist«[13] der Zivilisation als etwas Artfremdes, als ein Affront gegen die deutsche »Innerlichkeit« und »Seelenhaftigkeit«. Gegensatzpaare wie romantisch und rationalistisch, innerlich und oberflächlich, schöpferisch und formalistisch lassen sich leicht, nationalistisch aufgeladen, auf die westliche, die französische oder englische, Zivilisation übertragen. Insofern ist in der wertenden Abstufung die propagandistische Antithese des »Kulturkriegs« schon angelegt.

Beide Tendenzen der Reformulierung reagieren auf die eingeschränkte Fähigkeit des Deutungsmusters zur symbolischen Vergesellschaftung. In der gehobenen Publizistik der Vorkriegsjahre spielt die »Kultur«-Frage eine zentrale Rolle[14] – bis hin zur Gefahr, daß aus dem Begriff ein Schlagwort wird, ein inflatorisch verwendeter Ausdruck mit beliebigem Bedeutungsumfang und unstreitiger Hochachtung. Davor warnt der Historiker Karl Lamprecht in der Umfrage der *Frankfurter Zeitung*, wenn er darauf hinweist, daß »mit dem Worte Kultur« heute »geradezu Mißbrauch getrieben« werde. »Es ist eines der Schlagworte des Tages.«[15] Im Unterschied zu einem kurzlebigen Schlagwort behält der Ausdruck »Kultur« jedoch eine längerfristige Wirkung, indem er in zwei unterschiedliche Verwendungsgeschichten einrückt.

Zum einen gerät »Kultur«, wie ein Blick auf die Buch- und Zeitschriftentitel zeigt, zu einem zentralen Ausdruck neuer geisteswissenschaftlicher Fächer und Debatten.[16] Während das Deutungsmuster an symbolischer Integrationskraft verliert, gewinnt es im akademischen Diskurs an Relevanz. In neuen Bindestrich-Wissenschaften wie »Kulturphilosophie«, »Kulturwissenschaften«, »Kultursoziologie« oder in der Revitalisierung des alten Kompositums »Kulturgeschichte« wirkt die »Kultur« aspektmonistisch: d. h. das Ganze des jeweiligen Fachs soll von ihr aus bestimmt werden. Der Ausdruck gewinnt in den verschiedenen Fächern verschiedene Verweisfunktionen; ob er in allen Einzelwissenschaften einen evaluativ unbestrittenen normativen Sinn behält, das wäre näher zu untersuchen.

Die Reformulierung des Begriffs in den Geisteswissenschaften gründet in einem allgemeinen Ermöglichungszusammenhang und weist fächerübergreifende Gemeinsamkeiten auf. Ein wesentlicher Grund dürfte der Tatbestand sein, daß der deutsche Begriff »Kultur« im Unterschied zum westeuropäischen Zivilisationsbegriff einen hochkomplexen philosophisch geadelten Inhalt aufweist, auf den sich die einzelnen Wissenschaften rückbeziehen können.[17] Aber das ist nicht das eigentliche Novum, sondern lediglich eine ideengeschichtliche Voraussetzung für die Reformulierungsversuche. Neu sind die historische Konstellation und der mit ihr verbundene Einstellungswandel: das Ende des zukunftsgewissen liberalen Evolutionarismus und der Eindruck, »daß der Kapitalismus eine tendenziell steuerungslose Eigendynamik entwickelt habe«[18]. So dürfte es kein Zufall sein, daß die einzelnen Fächer dem Begriff »Kultur« in dem Moment eine diagnostische, integrative und orientierende Funktion zuschreiben, wo die Wirklichkeit, wie häufig zu lesen, als »kulturlos«, »zersplittert« und »sinnentleert« erscheint. Sicherlich, der Siegeszug der Naturwissenschaften scheint die Erwartung, daß Geschichte und Fortschritt miteinander verschwistert sind, eher noch zu bestätigen. Dies gilt übrigens auch für die Entwicklung der Wirtschaft vom Jahrhundertende bis zum Ersten Weltkrieg. Ihr Boom läßt ja bis heute das Bild einer prosperierenden Belle Epoque hell aufleuchten. Zugleich aber zeugt die Karriere solch pessimistischer Begriffe wie »Dekadenz« oder »Entartung« von einer großen Verunsicherung und Desorientierung innerhalb der literarisch-künstlerischen Intelligenz und des Bildungsbürgertums.[19] Gerade aus Sicht der Geisteswissenschaften stellen sich die neuen industriekapitalistischen Realitäten als bedrohlich dar. Es sei daran erinnert: Schon W. v. Humboldt begreift das Verstehen fremder Individualitäten durch das prinzipiell zufallsbedingte Individuum als einen Vorgang des Verstehens fremder Eigentümlichkeit. Im Historismus wird der Gedanke der Singularität und Variabilität auch auf geschichtliche Kollektivgebilde übertragen: Sie werden individualisiert. Dieses, folgt man Friedrich Meinecke, gegenüber der westeuropäischen Aufklärung spezifisch deutsche historische Denken ersetzt nicht nur die Philosophie der Geschichte durch eine Geschichte der Philosophie, sondern es prägt auch die verschiedenen Fächer, die dann mit Dilthey als »Geisteswissenschaften« bezeichnet werden.[20] So zeigt sich in diesen Wissenschaften die Macht des Deutungsmusters: »Bildung« im Sinne von Verstehen und »Kultur« als geistiges Gebilde und Medium der »Bildung« erweisen sich als offen für die Führungsmacht des historischen Bewußtseins. Wer die geschichtliche Lebenswelt, die Individualität, die geistigen Gebilde und das Verstehen hochschätzt, dem muß die versachlichte traditionsindifferente Eigenlogik der neuen industriekapitalistischen Gegebenheiten als »Kulturproblem« erscheinen.

Der Kulturbegriff sensibilisiert aber nicht nur gegenüber den neuen Gegebenheiten; aus seinem Geist heraus werden auch neue Antworten gesucht. Gerade in dieser Ungleichzeitigkeit zwischen alten Vorstellungen und neuen Vorhaben zeigt sich die Macht des Deutungsmusters. Intensional weisen die verschiedenen geisteswissenschaftlichen Disziplinen der »Kultur« die einheitliche Aufgabe zu, Integrationsleistungen zu erbringen und Sinn zu stiften. Extensional wird jedoch der transdisziplinäre Begriff auf disziplinspezifische Aufgabenbereiche ausgerichtet. Die »Kulturphilosophie« der südwestdeutschen Schule zielt auf eine »philosophische Weltanschauung [!], welche unsere heutige, so unübersehbar vielfältige und in sich zerissene Kultur« braucht.[21] Führende Vertreter des »Kulturprotestantismus« beschwören die Integrationsfähigkeiten und Sinnstiftungsleistungen der Religion. Sie könne eine neue bindende »Weltanschauung« bieten; und sie garantiere eine letzte Unverfügbarkeit, eine innerweltliche Transzendenz des Individuums gegenüber dem Zugriff der Apparate.[22] Die »Kultursoziologie«, sie ist im engeren Sinne mit dem Namen Alfred Webers verbunden, grenzt »Kultur« als »seelisch-geistige« Ausdrucksform vom »Gesellschafts-« und »Zivilisationsprozeß« ab und macht »das Wesenhafte der Kultur« – auch hier zeigt sich die zähe Macht des Deutungsmusters – auf den »Höhen unseres Daseins« aus, »wo sich Welt und geistige Person« begegnen.[23] Auch die »Kulturgeschichte« beansprucht eine Art Leit- und Integrationsfunktion. So behauptet Karl Lamprecht, »daß die Kulturgeschichtsschreibung als Ganzes sich immer mehr als eine geschlossene Tätigkeit über die Einzeldisziplinen erhebt und in die Lücke eintritt, die zwischen deren Verlauf und den Intentionen einer zu neuem starkem Leben erwachten [...] Philosophie befindet«.[24]

Die Reformulierung des Begriffs in den einzelnen Geisteswissenschaften führt zu einer paradoxen Situation. Jede Bindestrich-Wissenschaft reagiert auf die neue »sinngesetzliche Beziehung« zwischen Wissenschaft und Gesellschaftstyp mit dem Anspruch auf Gesamtzuständigkeit und Sinnkompetenz. Diese Intention lebt aus einem Kulturbegriff als »deutschem Suchbegriff für geistige Tätigkeit«[25] und für geistige Objektivationen, und sie bezieht sich zugleich auf den Aufgabenbereich des jeweiligen Fachs. Gerade dadurch erhöht sich tendenziell die Binnendifferenzierung im Wissenschaftsprozeß. Sie treibt das voran, was die »Kultur« überwinden soll: das Anwachsen der Wissensbestände zu unübersichtlichen Segmenten.

Anmerkungen

1 Friedrich von Schiller, »Was heißt und zu welchem Ende studiert man Universalgeschichte?«, in: *Schillers Werke. Nationalausgabe*, Bd. 17: *Historische Schriften. 1. Teil*, hrsg. von Karl-Heinz Hahn, Weimar 1970, S. 359–376, hier S. 369. Vgl. Ulrich Engelhardt, *»Bildungsbürgertum«. Begriffs- und Dogmengeschichte eines Etiketts*, Stuttgart 1986. Gustav Freytag betrachtet es als »Eigenheit der modernen Bildung«, daß die »treibende geistige Kraft sich in der Mitte der Nation, zwischen der Masse und den erblich Priviligierten ausbreitet, nach beiden Seiten belebend und umformend; je mehr sich ein Kreis irdischer Interessen von dem gebildeten Bürgerthum isolirt, desto weiter entfernt er sich von allem, was dem Leben Licht, Wärme und sicheren Halt verleiht. Wer in Deutschland eine Geschichte der Literatur, Kunst, Philosophie und Wissenschaft schreibt, der behandelt in der That die Familiengeschichte des gebildeten Bürgerthums.« Ders., *Bilder aus der deutschen Vergangenheit*, Bd. 4: *Aus neuer Zeit*, Leipzig 1867, S. 317. Aus Raumgründen unterbleibt eine Auflistung der einschlägigen Forschungsbeiträge zum Komplex »Bildungsbürgertum«.

2 Vgl. Georg Bollenbeck, *»Bildung« und »Kultur«. Glanz und Elend eines deutschen Deutungsmusters*, Frankfurt am Main und Leipzig 1994, S. 193 ff.

3 So schon bei J. Niederer, »Was heißt Methode« (1807), in: *Kleine pädagogische Texte*, H. 17: *Dokumente des Neuhumanismus*, bearb. von Rudolf Joerden, Berlin 1962, S. 116–131, hier S. 126; Friedrich Nietzsche, *Unzeitgemässe Betrachtungen*, in: ders., *Sämtliche Werke* (KSA), hrsg. von G. Colli und M. Montinari, München 1988, Bd. 1, S. 157–510, hier S. 165; J. Ortega y Gasset, *Das zweigeteilte Deutschland* (1908), in: ders., *Gesammelte Werke*, Bd. 5, Stuttgart 1978, S. 27–30. Zum Gesamtkomplex vgl. Georg Bollenbeck, *»Bildung« und »Kultur«* (Anm. 2).

4 Vgl. Ulrich Engelhardt, *»Bildungsbürgertum«. Begriffs- und Dogmengeschichte eines Etiketts*, Stuttgart 1986; *Bildungsbürgertum im 19. Jahrhundert*, Teil 4: *Politischer Einfuß und gesellschaftliche Formation*, hrsg. von Jürgen Kocka, Stuttgart 1988; Hans-Ulrich Wehler, *Deutsche Gesellschaftsgeschichte*, Bd. 2, München 1987.

5 Ernst Troeltsch, »Deutsche Bildung« (Vortrag 1918), in: ders., *Deutscher Geist und Westeuropa. Gesammelte kulturphilosophische Aufsätze und Reden*, hrsg. von Hans Baron, Tübingen 1925, S. 169–210, hier S. 169 f.

6 Es ist gewiß kein Zufall, daß erst jetzt der Begriff »Aufklärung« als ein Begriff der »Basis-Semantik« des Bildungsbürgertums in Mißkredit gerät. Vgl. dazu Georg Bollenbeck, »Die Abwendung des Bildungsbürgertums von der Aufklärung. Versuch einer Annäherung an die semantische Lage um 1880«, in: *Nach der Aufklärung? Beiträge zum Diskurs der Kulturwissenschaften*, hrsg. von Wolfgang Klein und Waltraud Naumann-Beyer, Berlin 1995, S. 151–162.

7 Friedrich Naumann, »Pariser Briefe« (1900), in: ders., *Werke*, Bd. 6: *Ästhetische Schriften*, hrsg. von Heinz Ladendorf, Köln und Opladen 1964, S. 366.

8 Das Problem der Kultur, so ist im Artikel »Soziologie« zu lesen, lasse sich »nur unter Berücksichtigung der weltwirtschaftlichen Zusammenhänge der Lösung näher bringen«. R. Goldscheid, »Soziologie«, in: *Das Jahr 1913. Ein Gesamtbild der Kul-*

turentwicklung, hrsg. von D. Sarason, Leipzig und Berlin 1913, S. 422–433, hier S. 433.

9 *Frankfurter Zeitung,* 11. 4. 1907.

10 Gegen Jörg Fisch, Artikel »Zivilisation«, in: *Geschichtliche Grundbegriffe. Historisches Lexikon zur politisch-sozialen Sprache in Deutschland,* hrsg. von Otto Brunner, Werner Conze und Reinhart Koselleck, Bd. 7, Stuttgart 1992, S. 679 ff.

11 Leopold Ziegler, *Das Wesen der Kultur,* Leipzig 1903.

12 Jüngst mit Blick auf den George-Kreis Stefan Breuer, *Ästhetischer Fundamentalismus. Stefan George und der deutsche Antimodernismus.* Darmstadt 1995, S. 184 ff. Allerdings unterschätzt Breuer die Wirkungsmacht des Kulturbegriffs, weil nicht hinreichend zwischen semasiologischen und onomasiologischen Fragestellungen differenziert wird, und weil er zudem den Komplex »Neuhumanismus – Institutionalisierung – bildungsbürgerliche Trägerschicht« vernachlässigt. Wo Breuer das Quellenmaterial aufgrund eigener Forschungen überblickt, macht auch er Abstufungen zwischen oder Gegenüberstellungen von »Kultur« und »Zivilisation« aus. Vgl. ebd., S. 191 ff.

13 Julius Langbehn: *Rembrandt als Erzieher. Von einem Deutschen* (1890/91), Leipzig 1922, S. 380.

14 Als Beispiel mag folgende Verlagsanzeige der Reihe »Kulturprobleme der Gegenwart« dienen:
»KULTURPROBLEME DER GEGENWART
HERAUSGEGEBEN VON LEO BERG
[...]
Was wollen die Kulturprobleme der Gegenwart?
Die moderne Welt, die nach Nietzsche immer fragwürdiger wird, wirft dem denkenden Menschen mit jedem Tage neue Probleme auf und zwingt ihn, die alten stets aufs neue zu untersuchen, zu vertiefen und umzugestalten.
›DIE KULTURPROBLEME DER GEGENWART‹ behandeln in Einzeldarstellungen die grossen Fragen unserer Zeit auf sämtlichen Gebieten. Die typischen Erscheinungen der modernen Kultur sollen hier in ihren Ursachen untersucht, kritisch beleuchtet und dargestellt werden.
›DIE KULTURPROBLEME DER GEGENWART‹ sind für alle Diejenigen bestimmt, die an den Kämpfen und Streitfragen des neuen Jahrhunderts teilnehmen.
›DIE KULTURPROBLEME DER GEGENWART‹ dienen keiner der bestehenden Parteien und herrschenden Richtungen und lassen der Individualität jedes Autors volle Freiheit.« (Klappentext aus Bd. 5 der Reihe: Willy Hellpach, *Nervosität und Kultur,* Berlin 1902.)

15 *Frankfurter Zeitung,* 12. 4. 1907.

16 So nimmt auch die Zahl der Zeitschriften rapide zu, die »Kultur« im Titel führen: *Zeitschrift für Kulturgeschichte,* 1893 ff.; *Archiv für Kulturgeschichte,* 1903 ff.; *Die Kultur. Zeitschrift für Wissenschaft, Literatur und Kunst,* 1899 ff.; *Ethische Kultur. Wochenschrift für sozialethische Reformen,* 1894 ff.; *Kulturfragen. Monatsschrift für Volkswirtschaft, soziale Kultur, Literatur und Kunst,* 1905 ff.; *Der Kulturmensch. Zeitschrift für körperliche und geistige Selbstzucht,* 1904 ff.; *Deutsche Kul-*

tur, 1905 ff.; *Kultur der Gegenwart*, 1906 ff.; *Harmonische Kultur*, 1912 ff.; *Deutsche Kultur in der Welt*, 1915 ff.; *Religiöse Kultur*, 1916 ff.; *Theosophische Kultur*, 1919 ff.

17 Für den Fall der »Kulturphilosophie« weist Wilhelm Perpeet solche »Rückversicherungen« nach. Ders., »Kulturphilosophie um die Jahrhundertwende«, in: *Naturplan und Verfallskritik. Zu Begriff und Geschichte der Kultur*, hrsg. von Helmut Brackert und Fritz Wefelmeyer, Frankfurt am Main 1984, S. 364–408. Zum ideengeschichtlichen Aufbau des Begriffs vgl. G. Bollenbeck, *»Bildung« und »Kultur«* (Anm. 2), S. 31 ff.

18 Rüdiger vom Bruch, Friedrich Wilhelm Graf und Gangolf Hübinger, »Einleitung: Kulturbegriff, Kulturkritik und Kulturwissenschaften um 1900«, in: *Kultur und Kulturwissenschaften um 1900. Krise der Moderne und Glaube an die Wissenschaft*, hrsg. von dens., Stuttgart 1989, S. 18.

19 Vgl. dazu Jens Malte Fischer, *Fin de siècle. Kommentar zu einer Epoche*, München 1978, S. 78 ff.

20 Vgl. Friedrich Meinecke, *Die Entstehung des Historismus*, hrsg. von C. Hinrichs, München 1965.

21 Wilhelm Windelband, »Kulturphilosophie und transzendentaler Idealismus«, in: *Logos. Internationales Jahrbuch für Philosophie und Kultur* 1, 1910/11, S. 186–196, hier S. 194.

22 Vgl. Vom Bruch/Graf/Hübinger, *Kultur und Kulturwissenschaft* (Anm. 18).

23 Alfred Weber, *Ideen zur Staats- und Kultursoziologie*, Karlsruhe 1927, S. 3 und S. 41 f.

24 Karl Lamprecht, »Neue Kulturgeschichte«, in: *Das Jahr 1913* (Anm. 8), S. 449–464, hier S. 461 f. Auch in der geisteswissenschaftlichen Pädagogik läßt sich, wenn auch verspätet, das Bemühen erkennen, Integration und Sinn durch das Ideal einer nationalen »höheren Kultur«, das natürlich die Pädagogik zu vermitteln hat, herzustellen. Vgl. Vom Bruch/Graf/Hübinger, *Kultur und Kulturwissenschaft* (Anm. 18). Zur »Verspätung« der geisteswissenschaftlichen Pädagogik vgl. Georg Bollenbeck, *Warum der deutsche Geist ohne einen pädagogischen Lehrstuhl auszukommen glaubte* (erscheint 1999).

25 Helmuth Plessner, *Die verspätete Nation* (1935), Frankfurt am Main 1974, S. 73.

Friedrich Wilhelm Graf

Fundamentalpolitik. Der Streit um das Selbstverständnis der protestantischen Theologie

In der Einleitung zu einem Sammelband über *New Perspectives on Historical Writing* hat der britische Kulturhistoriker Peter Burke 1991 festgestellt: »The discipline of history is now more fragmented than ever before.«[1] Unter dem Einfluß der faszinierenden historiographischen Revolution, die Lucien Febvre und Marc Bloch in den zwanziger Jahren zu inszenieren begannen, sei das »historische Universum« der Forscher vielfältig ausgeweitet und differenziert worden. Zahlreiche neue Phänomene menschlichen Lebens und Sphären »der Kultur« seien in ihrer Geschichtlichkeit entdeckt worden. Die schnelle Ausweitung und Pluralisierung des »historischen Universums« habe allerdings zu einer so starken Fragmentierung der historischen Diskurse geführt, daß sich die regulative Idee einer Einheit der Geschichte aufgelöst habe. Jede Teildisziplin der Geschichte spreche nur noch die Sprache ihres Forschungsgegenstandes. Besonders Sozialhistoriker einerseits und »intellectual historians« andererseits seien kaum noch imstande, ihre jeweiligen Sichtweisen, Forschungsmethoden und begrifflichen Strategien einander verständlich zu machen. Wie viele andere britische und französische Vertreter einer neuen, sozial- und kulturgeschichtlich aufgeklärten Ideengeschichtsschreibung fordert Burke deshalb eine integrative Methode, die den begrifflich noch unstrukturierten konzeptionellen Raum ausfüllen soll, der zwischen einer Geschichte der Ideen (und menschlichen Vorstellungen) und einer Geschichte sozialer Strukturen klaffe. Nur so könne die ruinöse Alternative »zwischen einer Geistesgeschichte, aus der die Gesellschaft ausgespart bleibt, und einer Sozialgeschichte, die das Denken ausklammert«, vermieden werden.[2] Wie sich dieser noch offene begriffliche Raum zwischen »intellectual history« und »social history« methodisch strukturieren läßt, ist in den neueren Diskussionen über »Geistesgeschichte«, »histoire des mentalités« und »social history of ideas« aber umstritten.

Eine sozialhistorisch reflektierte »neue Geistesgeschichte« soll mit Blick auf die »Sozialrelevanz von Ideen«[3] folgende Fragen beantworten: Wie entstehen Ideen aus Erfahrungen? Wie und in welchen spezifischen Öffentlichkeiten werden Ideen kommuniziert? Wie läßt sich der jeweils bestimmende »Denkstil« (Karl Mannheim) charakterisieren? Was sind jeweils die entscheidenden Medien der Kommunikation? In welchen kulturellen Milieus und gesellschaftlichen Institutionen werden Ideen vorrangig produziert, und wie und wo werden bestimmte Ideen rezipiert? Wie beeinflussen »gedachte Ordnungen« das Verhalten von Menschen? Wie verhelfen Ideen Individuen oder Gruppen dazu, heterogene Erfahrungen in ein (relativ) einheitliches Wirklichkeitsbild zu integrieren? Wie tragen sie dazu bei, jenen Sinnkosmos zu erzeugen, ohne den Individuen oder Gruppen nicht dauerhaft handeln können? Was leisten sie zur Bewältigung elementarer Daseinskontingenzen und zur »Stiftung« bzw. Konstruktion der Identität des Individuums oder der Gruppe? Wie ermöglichen sie es bestimmten Gruppen von Menschen, eine als krisenhafte Infragestellung überkommener Plausibilitäten erfahrene oder erlittene Umbruchsituation bzw. Krise konstruktiv zu deuten und zu bewältigen? Es geht der »neuen Geistesgeschichte« um die Analyse von sprachlichen Diskursen, in denen Menschen komplexe soziale Prozesse wahrnehmen und deuten, auf sie reagieren und sie zu beeinflussen versuchen. In diesem Sinne läßt sich auch theologisches Wissen als eine »gedachte Ordnung« bestimmen.

Im folgenden soll versucht werden, einige Methodenprobleme einer als Sozialgeschichte theologischer Ideenproduktion konzipierten Theologiegeschichtsschreibung mit Blick auf einen klassischen Diskurs deutscher protestantischer Theologie, die um die Jahrhundertwende geführten Selbstverständnisdebatten des Faches, exemplarisch zu verdeutlichen.

I. Institutioneller Kontext

In Deutschland wird evangelische Theologie traditionell an staatlichen Universitäten gelehrt. Im Kaiserreich waren, mit Ausnahme der sogenannten Reichsuniversität Straßburg, die deutschen Einzelstaaten Träger der Universitäten. Die Professoren der Theologie waren also Beamte des jeweiligen Staates. Sie standen darüber hinaus in einer indirekten Loyalitätsbindung an die jeweilige evangelische Landeskirche, die zumeist nur eine eng begrenzte institutionelle Autonomie gegenüber der staatlichen Obrigkeit hatte. In fast allen deutschen Einzelstaaten war der Landesherr auch der Inhaber der bischöflichen Gewalt in der jeweiligen Landeskirche. Die Kultusbehörden in Preußen und anderen Einzelstaaten machten den konservativen Gruppen in den Kirchen seit 1880 zahlreiche Konzessionen und richteten für konservative, im damaligen Sprachgebrauch »positive Theologen« neue Lehrstühle ein, die die Anhänger der »liberalen«, historisch-kritisch geprägten Theologien als »Strafprofessuren« bezeichneten.[4]

Insgesamt gilt: Zwischen 1870/71 und 1914/1918 verloren die Theologischen Fakultäten erheblich an institutioneller Autonomie. Die sehr aggressiven religiösen, kulturellen und fundamentalpolitischen Auseinandersetzungen, die in den evangelischen Kirchen um das Verhältnis von reformatorischer *libertas christiana* und bürgerlicher Freiheit geführt wurden, prägten zunehmend auch das Diskussionsklima in den Fakultäten.

Im Deutschen Reich gab es 1871 an 17 von insgesamt 22 Universitäten eine Evangelisch-Theologische Fakultät, an acht Universitäten eine Katholisch-Theologische. 1914 kam die Fakultät in Münster als zehnte preußische Evangelisch-Theologische Fakultät hinzu, doch verlor man 1918 die großzügig ausgestattete Fakultät an der Reichsuniversität Straßburg. Diese 17 Evangelisch-Theologischen Fakultäten umfaßten 1904 115 Lehrstühle und 37 Extraordinariate in den – seit dem 18. Jahrhundert – klassischen fünf Fächern Alttestamentliche Exegese, Neutestamentliche Exegese, Kirchengeschichte, Systematische Theologie (d. h. hauptsächlich Dogmatik und Ethik) sowie Praktische Theologie. Mit diesen 115 Lehrstühlen repräsentierte die evangelische Theologie im Universitätssystem des Kaiserreichs eine starke, gut ausgestattete Disziplin. Die evangelischen Theologen hatten nur dreißig Professuren weniger als die Juristischen Fakultäten, die ungleich mehr Studenten auszubilden hatten. Um 1910 waren 10,3 % der Inhaber von Lehrstühlen an deutschen Universitäten evangelische Theologen.[5]

Stellt man den Wechsel durch Alter und Tod in Rechnung, so lehrten 1870 bis 1914/1918 ca. 420 Professoren und Privatdozenten in Evangelisch-Theologischen Fakultäten – ausschließlich Männer. Innerhalb dieser Gruppe lassen sich in idealtypischer Vereinfachung drei Generationen unterscheiden: die Älteren, die bei der Gründung des Deutschen Reiches 1870/71 bereits ein akademisches Amt innehatten und in den folgenden zwei Jahrzehnten in den Ruhestand gingen oder starben; die sogenannten »Wilhelminer«[6], die in den späten fünfziger oder sechziger Jahren geboren wurden, seit den 1890er Jahren in den Universitäten auf Stellen kamen und das Kaiserreich als *ihr* Deutschland erlebten; schließlich eine jüngere Generation, die in den späten siebziger und achtziger Jahren geboren wurde – aus dieser Generation konnten vor dem Ersten Weltkrieg nur sehr wenige Theologen noch auf Lehrstühle gelangen. Viele Theologen dieser Generation inszenierten nach 1918/19 dann jene »antihistoristische Revolution« des theologischen Denkens, in der sich der Kampf gegen alte historisch-philologische Standards der Disziplin eng mit einer Fundamentalkritik des bürgerlichen Liberalismus verband – zugunsten unbedingter Entscheidung und expressionistisch inszenierter neuer Absolutheit.

Ihrer sozialen Herkunft nach war die Gruppe der protestantischen Universitätstheologen, die im Kaiserreich Lehrstühle innehatten, erstaunlich homogen: Die meisten Universitätstheologen stammten aus Familien des Bildungsbürgertums; ihre Väter waren Ärzte, Lehrer, Universitätsprofessoren, hohe Beamte und zu mehr als 40 % Pfarrer. Auch ihre Studenten kamen vornehmlich aus der Mittelschicht.[7] Am hohen Anteil von Pfarrerssöhnen zeigt sich: Die späteren Theologieprofessoren kamen sehr häufig aus Lebenswelten, deren Zentrum die Kirche bildete. Allerdings ist dabei zu differenzieren. Aufgrund des hohen Eigengewichts landeskirchlicher Sondertraditionen, des ausgeprägten Pluralismus unterschiedlicher Frömmigkeitsstile und der starken (kirchen-)politischen Fraktionierung umfaßte die evangelische Kirche äußerst heterogene Erfahrungswelten.

Auffällig ist, daß die Wahl des Theologiestudiums häufig mit einem sehr hohen moralischen Anspruch einherging. Viele der sich in den achtziger und neunziger Jahren zum Theologiestudium entschließenden Abiturienten litten darunter, daß in großen Gruppen der deutschen Bevölkerung – vor allem in Teilen der gebildeten Mittelklassen und der neuen industriellen Arbeiterschaft – das Christentum an Einfluß verlor und die Kirchen in den Städten immer leerer wurden. In einer Stärkung von Glaube und Kirche sahen sie das entscheidende Mittel, um die vielen, als dramatisch erlittenen Krisen der deutschen Gesellschaft zu bewältigen. Wenn sich überhaupt Zusammenhänge zwischen »Erfahrung« und »Idee« namhaft machen lassen, d. h. wenn der besondere Denkstil eines Theologen und die kognitiven Gehalte seines theologischen Programms durch seine individuellen biographischen Erfahrungen geprägt sind, dann dürften solche Zusammenhänge für die meisten Wilhelminer hier zu erschließen sein: bei ihrem sehr stark ausgeprägten subjektiven Leiden an der modernen, von Kapitalismus und Konkurrenz geprägten bürgerlichen Kultur.

Der wohl wichtigste institutionelle Kontext für die Wissensproduktion von Theologieprofessoren ist die Universität und die Fakultät, in der sie lehren. Dieser Kontext war seit den siebziger Jahren durch permanente kulturpolitische Debatten über die Rolle der Theologie im »Hause der Wissenschaften« geprägt. Obwohl die Evangelisch-Theologischen Fakultäten über vergleichsweise viele Stellen verfügten, verloren sie in den Universitäten des Kaiserreichs durch die schnelle Expansion der neuen naturwissenschaftlichen Fächer und die Differenzierung der Geisteswissenschaften bzw. den Ausbau der Philosophischen Fakultäten an kultureller Prägekraft. Zudem machten prominente Vertreter der Rechts- und Staatswissenschaften sowie viele Historiker den Theologen und Philosophen den überkommenen elitären Anspruch streitig, daß ihre normativ orientierten alten Fächer im Kosmos der Wissenschaften die gleichsam geborenen »Leitdisziplinen« seien.[8]

Die Krise der in konfessionell gebundenen Fakultäten institutionalisierten akademischen Theologie wurde seit den siebziger Jahren dadurch verschärft, daß verschiedene Naturwissenschaftler und Philosophen »die Theologie« als irrationale, letztlich vormoderne bzw. »mittelalterliche« »Metaphysik« verdächtigten, die weder den modernen, aufgeklärten Idealen der Voraussetzungslosigkeit des Forschens noch den elementaren methodischen Standards kritischer Reflexion entspreche. Auch mit Blick auf die entsprechenden Debatten in den Niederlanden begann in den achtziger Jahren deshalb eine zum Teil heftige Debatte über die Frage, ob nicht die konfessionsgebundenen Theologischen Fakultäten aufzulösen seien. Konservative Kirchenfunktionäre und Politiker gingen dabei bemerkenswerte Koalitionen mit antikirchlich oder christentumsfeindlich eingestellten Theologiekritikern ein, die die Wissenschaftsfähigkeit der Theologie prinzipiell bestritten.

Trotz konservativ-kirchlicher oder antichristlich motivierter Angriffe auf die evangelische Universitätstheologie konnten die Fachvertreter ihre akademische Reputation weithin wahren und das »symbolische Kapital« der Disziplin in der Universität und gebildeten Welt seit der Jahrhundertwende noch vermehren. Viele Vertreter der anderen »Geisteswissenschaften« sahen in der evangelischen Theologie eine normative Kulturwissenschaft, die für die Begründung gesellschaftlicher Werte und die Stärkung des deutschen Kulturstaates schlechterdings unverzichtbar sei. Insgesamt zeigt sich, daß die deutsche protestantische Theologie weltweit akademische Standards definierte und vor allem in liberalen theologischen Diskursmilieus eine führende Stellung innehatte.

2. Die Kommunikation theologischen Wissens

Die relativ kleine Gruppe protestantischer Theologieprofessoren war literarisch ungemein produktiv. Von 1870 bis 1918 produzierten sie schätzungsweise über 1,8 Millionen Seiten Literatur. Neben die traditionellen literarischen Produkte von Universitätstheologen traten seit dem Deutsch-Französischen Krieg und der Reichsgründung auch Beiträge in der Kirchenpresse, in Tageszeitungen und in den vielen neuen Kulturjournalen für das allgemeine gebildete Publikum. Angesichts der populären Christentumskritik, wie sie vor allem im sozialdemokratischen Milieu und in Teilen des Wirtschafts- und Bildungsbürgertums Resonanz fand, betrieb die Generation der »Wilhelminer« gezielt die »Popularisierung der theologischen Forschung«[9]. In den Feuilletons der Tagespresse und in den Kulturzeitschriften wurden der Streit um die Geltungskraft des alten Kirchenglaubens oder die innertheologischen Auseinandersetzungen um das »Wesen des Christentums« und dessen gegenwartsbezogene Reformulierung mit sehr großer Intensität geführt.

Der Protestantismus war im Kaiserreich sehr stark fragmentiert, gespalten in Gruppen mit gegensätzlichen Auffassungen von Christentum, Kultur und Politik. Dies bestimmte auch die kommunikativen Wirkungen der unterschiedlichen theologischen Richtungen. Im relativ breiten Positionenspektrum sind von links bis rechts idealtypisch verkürzt drei Hauptströmungen zu unterscheiden: die theologische Linke der in den späten achtziger und frühen neunziger Jahren in Göttingen entstandenen »Religionsgeschichtlichen Schule«; die eher vermittelnden, auf moderaten Ausgleich von lutherischer Tradition und moderner Kultur bedachten Schüler des einflußreichen Göttinger Systematischen Theologen Albrecht Ritschl, die sogenannten »Ritschlianer«, und schließlich die diversen konservativ-lutherischen bzw. »positiven« Theologengruppen einschließlich der jungen Konservativen um den Berliner Systematischen Theologen Reinhold Seeberg, die sogenannten »modern-positiven Theologen«. Die Religionsgeschichtler und Ritschlianer einerseits und die diversen Konservativen andererseits hatten eigene Fachorgane, die in je eigenen Verlagen erschienen. Die Rezeption ihrer Theologien blieb weithin auf das eigene protestantische Milieu begrenzt.

Entsprechendes gilt für die zahllosen großen Vortragsveranstaltungen, durch die die Theologen aller Lager ihre theologischen Einsichten auf dem Markt der Weltanschauungen durchzusetzen versuchten: Sie redeten vor relativ großen Auditorien, aber in aller Regel nur vor Bürgern aus dem eigenen protestantischen Milieu, die ihnen ohnehin zustimmten. Diese enge Einbindung ins eigene Milieu dürfte die Bereitschaft gestärkt haben, dem alten theologischen Konstrukt von der »Absolutheit des Christentums« eine gleichsam präreflexive Selbstverständlichkeit zuzuschreiben. Wer immer nur mit seinesgleichen kommuniziert, wird immer nur bestätigt. Dies leistet auch der Tendenz Vorschub, der eigenen Theorie einen höheren Allgemeinheitsanspruch zuzuerkennen als möglichen konkurrierenden Theorien.

Die deutsche Gesellschaft des Kaiserreichs war sehr tief gespalten in vier große »sozialmoralische Milieus«: Katholizismus, sozialdemokratische Arbeiterschaft, konservativer Protestantismus, liberaler Kulturprotestantismus.[10] Die Grenzen der Milieus definierten auch die Grenzen der kulturellen Wirksamkeit von Theologien. Wie tief die mentale und politische Kluft zwischen dem liberalprotestantischen Milieu einerseits und dem konservativen Kirchenprotestantismus war, wird in der neuesten Forschung zwar kontrovers diskutiert.[11] Aber für die konkurrierenden akademischen Theologien und deren Wirkung gilt: Die Grenzen zwischen den beiden großen protestantischen Milieus prägten sehr stark auch die akademische Theologie, und zugleich trug die Theologie in starkem Maße dazu bei, Milieugrenzen durch die Definition von gegensätzlichen Weltanschauungen zu befestigen.

Dies gilt zunächst nach außen hin, in Hinblick auf den Umgang mit der römisch-katholischen Theologie, der jüdischen Minderheit oder der Sozialdemokratie. Die große Mehrheit der protestantischen Theologieprofessoren im Kaiserreich vertrat einen massiven Antikatholizismus und wollte den sogenannten »Kulturkampf« gegen die katholische Minderheit auf akademischer Ebene fortführen. Der akademische Kulturkampf gegen Rom war für viele protestantische Theologen praktisch sehr viel wichtiger als die Ablehnung des Judentums bzw. der Antisemitismus. Erst seit den neunziger Jahren traten prominente kulturprotestantische Universitätstheologen in eine differenzierte theologische Auseinandersetzung mit römisch-katholischen Theologen ein. Die harte vatikanische Disziplinierung von »Modernisten« führte dazu, daß liberalprotestantische Theologen sich mit liberalen Kulturkatholiken zu solidarisieren begannen.

Eine relevante ökumenische Annäherung bahnte sich erst während des Ersten Weltkrieges an, als im Zeichen des »Burgfriedens« protestantische Theologen die deutschen Katholiken vom kulturkämpferischen »Internationalismus«-Verdacht freisprachen und um der kulturwissenschaftlichen Formulierung und Begründung deutscher Kriegsziele willen die antifranzösischen Kriegsschriften ihrer Kollegen aus den katholischen Fakultäten zustimmend rezipierten. Auch in Hinblick auf die vielbeschworene Ökumene von Katholiken und Protestanten und die wechselseitige Rezeption theologischer Einsichten lassen sich Zusammenhänge von Erfahrung und Idee erschließen: Es waren die Erfahrung nationaler Volksgemeinschaft und die kriegsbedingte starke Beschwörung verbindender nationaler Kulturwerte, die theologisch im Medium einer neuen Anerkennung des anderen als eines seriösen theologischen Gesprächspartners konkretisiert wurden. In den ideenpolitischen Debatten um die »Ideen von 1914« spielten Theologen beider Konfessionen vor allem dadurch eine prominente Rolle, daß sie den Repräsentanten anderer Kulturwissenschaften religiöse Deutungsangebote zur Erfindung der innerlich bindenden »Volksgemeinschaft« machten.[12]

Sehr viel komplizierter stellen sich die Außenabgrenzungen gegenüber den deutschen Juden dar. Unter den Universitätstheologen des konservativen Kirchenprotestantismus gab es entschiedene Antisemiten, die zum Teil alte religiöse Muster der Abwertung der Juden mit neuen »rassenhygienischen« und »eugenischen« Argumenten verbanden. Besonders wirkungsmächtig vermochte der Berliner Systematische Theologe und Sozialethiker Reinhold Seeberg den überkommenen christlichen Antijudaismus zu einem eugenisch modernisierten Kulturantisemitismus zu radikalisieren. Auch in den theologischen Entwürfen der Ritschlianer und der Religionsgeschichtler lassen sich viele alte antijudaistische Stereotypen nachweisen. Uriel Tal hat aber zu Recht darauf hingewiesen, daß die um Rades »Christliche Welt« sich sammelnden Universitätstheologen in aller Regel keinen modernen politischen oder rassischen Antisemitismus vertraten.[13] Insgesamt blieben aber Strategien der Abgrenzung verhaltensbestimmend. Noch sehr viel stärker gilt dies im Hinblick auf die sozialdemokratische Theoriedebatte, die, etwa mit Blick auf die »ökonomische« oder »materialistische Geschichtsschreibung«, nur rudimentär oder verzerrt wahrgenommen wurde.

Auch nach innen hin betrieben Universitätstheologen die Verfestigung von Milieugrenzen. Die Art, wie liberale Theologen die Werke der Konservativen rezensierten (und vice versa!), zeigt: Es gab keine gemeinschaftlich akzeptierten Kriterien für theologische Rationalität oder allgemeine Standards akademischer Kommunikation. Theologie wurde weithin im Stile der Produktion von Weltanschauungen betrieben.

3. Der Methodenstreit: Historische oder dogmatische Methode?

Im engen Zusammenhang mit den rapiden sozialen Modernisierungsprozessen unterlag in der zweiten Hälfte des 19. Jahrhunderts auch das universitär institutionalisierte System der Wissenschaften starken Wandlungsprozessen. Der Aufstieg der Naturwissenschaften, die Differenzierung der Geisteswissenschaften, die Entstehung von Sozialwissenschaften und die Durchsetzung historistischer Denkstile in allen mit »Kultur« befaßten Disziplinen zwangen die evangelischen Theologen zu einer umfassenden Debatte über ihre Methoden und die besondere Aufgabe ihrer Disziplin im System der Wissenschaften. Die Fachvertreter stritten seit den siebziger Jahren insbesondere über die Frage, inwieweit sich die Theologie als eine rein oder primär historisch verfahrende Kulturwissenschaft des Christentums verstehen könne. Ihr Methodenstreit spiegelte jenen tiefgreifenden Wandel in der Art theologischer Wissensproduktion, der sich als Durchsetzung neuer geschichtlicher Denkstile beschreiben läßt.

Die Religionsgeschichtler, die Ritschlianer und andere Vertreter der Mitte sahen in der Theologie eine interdisziplinär orientierte historische Kulturwissenschaft, deren zentrale Aufgabe es sei, protestantische Tradition für die Zwecke der Gegenwartskultur zu aktualisieren. Die evangelische Theologie sollte auf primär historischem Wege normative Kulturwerte begründen. In den zahlreichen großen kirchenhistorischen Werken, die deutsche Theologen im Kaiserreich veröffentlichten, ging es deshalb niemals nur um Vergangenheit, sondern prononciert auch um die Gegenwart. Die führenden Kirchenhistoriker schrieben Geschichte deshalb in der Absicht, für die eigene Zeit bzw. den neuen Nationalstaat verbindliche Orientierungen zu gewinnen. Die Kirchenhistoriker erfanden historische Traditionen, die zur inneren Integration des neuen Gemeinwesens, des »heiligen evangelischen Reichs deutscher Nation« – so eine viel gebrauchte Formel des sozialkonservativen Berliner Oberhofpredigers Adolf Stöcker – dienen sollten.

Im Gegensatz zu den historistischen Konzepten der Theologie als primär historisch arbeitender Kulturwissenschaft des Christentums verstanden die »positiven Theologen« das Fach als »kirchliche Theologie«. Gegen den geschichtlichen Denkstil der Liberalen setzten sie dogmatisches Denken. Die große Leistungskraft der Theologie gegenüber anderen Wissenschaften sahen sie gerade darin, daß der Theologie mit der Offenbarungswahrheit und der ehrwürdigen Tradition dogmatischen Denkens ein festes, unerschütterliches Fundament zur Begründung ethischer Prinzipien gegeben sei. Den radikalen Historismus der Religionsgeschichtler lehnten sie mit dem Argument ab, daß geschichtliches Denken Relativierung bedeute und sich auf der Grundlage geschichtlichen Wissens bestenfalls relative, aber niemals unbedingt geltende Verbindlichkeiten gewinnen ließen. In der Tat hatten die Religionsgeschichtler und viele Ritschlianer immer wieder erklärt, daß das historische Denken alle alten Gewißheiten erschüttere und, wie Ernst Troeltsch in einem berühmten Vortrag erklärte, auch der überkommene »Absolutheitsanspruch« des Christentums preisgegeben werden müsse.[14]

Die akademische Theologie gewann bei den konservativen Theologen primär die Funktion, die Identität der Kirche in bzw. gegenüber der feindlichen modernen Kultur zu stärken. Auch den positiven Theologen ging es darum, Kulturwerte zu begründen. Aber ihre Konzepte einer protestantisch dominierten Nationalkultur waren immer auf die Kirche als eine starke Institution bezogen. In enger Kooperation mit dem »christlichen Staat« sollte die Kirche die Durchdringung der Gesellschaft mit christlichen Werten garantieren. Die modernen Theologen sahen in diesem Modell einer institutionell zwar selbständigen, aber eng an den monarchischen Obrigkeitsstaat gebundenen starken Bekenntniskirche nur Klerikalismus. Eine »kirchliche Theologie« widerspreche den allgemeinen Prinzipien wissenschaftlicher Rationalität und bedrohe die auch in den Theologischen Fakultäten zu garantierende Freiheit von Forschung und Lehre.

Die Kontroverse über die Methode der Theologie wurde seit den achtziger Jahren zunehmend als politischer Richtungsstreit über die tragenden Grundlagen der Ordnung des Gemeinwesens geführt. Theologie war immer schon ein fundamentalpolitischer Diskurs. Sie stellt in ihrer spezifischen Semantik, vor allem in der Gotteslehre und in der Christologie, ein Medium bereit, letzte Ordnung zu denken und politische Herrschaft zu begründen oder zu delegitimieren. Diese fundamentalpolitische Dimension aller Theologie prägte besonders stark die protestantisch-theologischen Diskurse im Kaiserreich, war die Selbstrepräsentation des Monarchen und die offizielle Legitimation des neuen Reiches doch entscheidend durch protestantische Überlieferungen geprägt. Die streitenden Theologengruppen identifizierten sich wechselseitig auch in politischen Begriffen. Zahlreiche konservative Theologen sahen in ihren liberalen Fachgenossen »Relativisten«, »Nihilisten«, »Zerstörer der Staatsautorität« und Bündnispartner der internationalistischen Reichsfeinde, d. h. vor allem der Sozialdemokratie und des Katholizismus. Umgekehrt betonten die liberalen Theologen, daß der Offenbarungsglaube der Positiven und ihr dogmatischer Denkstil nur einen Kultus der Autorität und passiven Hinnahme der gegebenen Ordnung förderten.

Die Differenzen zwischen den einzelnen theologischen Richtungen resultierten primär aus gegensätzlichen Deutungen der kulturellen Moderne. Besonders deutlich läßt sich dies an den unterschiedlichen Ekklesiologien zeigen. Zwischen dem Bild, das ein Theologe von der modernen Gesellschaft gewonnen hatte, und dem von ihm entwickelten normativen Modell der Kirche bestand ein sehr enger Zusammenhang. Alle theologischen Deutungen oder Konstruktionen der Kirche sind immer mehr als nur Kirchentheorien. Denn sie beinhalten Grenzziehungen zwischen

Kirche und Gesellschaft und implizieren unumgänglich auch Aussagen über die Umwelt der kirchlichen Institution. So gilt für theologische Ekklesiologien in besonders starkem Maße, daß Theologien »gedachte Ordnungen« sind. Wer in der Kirche ein Eigenrecht individueller Frömmigkeit bzw. eine Mannigfaltigkeit unterschiedlicher Frömmigkeitsstile ablehnte, entwickelte in aller Regel auch ein antipluralistisches Konzept der Gesellschaft. Wer die Verschiedenheit der Frömmigkeitsstile in der Kirche als einen legitimen Ausdruck der *libertas christiana* anerkannte, war zumeist auch dazu bereit, Individualisierungsprozesse in der Gesellschaft zu akzeptieren; er rückte dann, wie die meisten »modernen Theologen«, die allein in Gott gegründete autonome »Persönlichkeit« ins Zentrum seiner Theologie.

4. Pluralisierung von Kontexten

Die Einstellungen von Theologen zur kulturellen Moderne lassen sich mit Blick auf sehr unterschiedliche Themenfelder wahrnehmen. Dem sozialgeschichtlich interessierten Geisteshistoriker steht eine Fülle von analytischen Strategien zur Verfügung, um mögliche relevante Kontexte geisteswissenschaftlicher Theorieentwürfe im Kaiserreich zu definieren. Genannt seien zunächst Beispiele für konfliktträchtige Themen, die für die kulturellen Diskurse im Kaiserreich besonders wichtig waren: die Rechtsstellung der ethnischen Minderheiten im Deutschen Reich (vor allem: Polen und Dänen), die Assimilation oder Ausgrenzung der deutschen Bürger jüdischer Herkunft, die Gleichberechtigung der Frauen und die Neubestimmung der Geschlechterrollen, die Entstehung einer Homosexuellenbewegung, die Urbanisierung, die sogenannte »soziale Frage«, der für Deutschland sehr wichtige Aufbau eines interventionistischen Sozialstaates, die Demokratisierung des Wahlrechts und die Stärkung des Parlaments, die Friedensbewegung, die Modelle der Sozialkontrolle, die vielen neuen avantgardistischen Strömungen in der Kultur, die Welt der modernen Wissenschaft und die neuen Technologien und, besonders wichtig, der Nationalismus als die neue, massenwirksame Integrationsideologie und seit dem August 1914 dann der Krieg. An allen diesen, zwischen den gesellschaftlichen Gruppen zumeist – mit Ausnahme nur des Krieges – höchst kontrovers geführten Diskursen nahmen Kultur- und Geisteswissenschaftler mit öffentlichen Erklärungen, Aufrufen, Artikeln in der Tagespresse, Vorträgen und gelehrten Abhandlungen teil. Für die evangelischen Theologen, die ein öffentliches Mandat ihrer Wissenschaft für Fragen der Ethik und Wertsetzung in Anspruch nahmen, gilt dies in besonders starkem Maße; im Medium ihrer ethischen Dauerreflexion inszenierten sie gleichsam eine spezifische Form der Selbstbeobachtung der über den schnellen Wandel verunsicherten Gesellschaft. Die genannten Konfliktthemen sind deshalb hervorragend dazu geeignet, um die Grundeinstellung eines Theologen (oder einer bestimmten Theologenschule) gegenüber den sozialen und politischen Modernisierungsprozessen und den kulturellen Differenzierungs- und Pluralisierungsschüben zu untersuchen.

Genannt seien weiterhin analytische Perspektiven, in denen sich die Einstellung eines Theologen gegenüber Modernisierungsprozessen besonders prägnant erheben läßt. Man kann das professionelle Selbstverständnis bzw. die selbst gewählte Rolle eines Theologen untersuchen, indem man fragt, ob er eher einsam am Schreibtisch und in einer rein akademischen Welt lebte oder aber öffentliche Verantwortung übernahm, sei es in der Kirche, einer Partei, einem gesellschaftlichen Verband oder in einem Parlament. Man kann den Stil ihrer Wissensproduktion untersuchen: Haben sie andere Geistes- oder Kulturwissenschaften rezipiert, und wenn ja, welche? Man kann schließlich die sozialen Kontakte eines Theologen zu rekonstruieren versuchen: Wer waren seine Gesprächspartner? Definierte er sich eher über ein lokales Milieu oder über eine nationale Kommunikationsebene? Unternahm er häufig Auslandsreisen, und knüpfte er Kontakte zu ausländischen Kollegen? Unterhielt er viele Beziehungen zu Menschen außerhalb der Universität? Wie läßt sich die Alltagswelt beschreiben, in der er gelebt hat?

Wer nach möglichen Zusammenhängen von Erfahrung und Idee fragt, muß die alltäglichen Lebenswelten der Gelehrten zu erschließen versuchen. Gerade für den »Alltag« der akademischen Theologen oder anderer Kulturwissenschaftler hat sich die wissenschaftshistorische Forschung bisher aber kaum interessiert. In den konventionellen Gelehrtenbiographien werden entscheidende Erfahrungsdimensionen weithin ignoriert. Über Macht und Geld liest man ebensowenig wie über Sex und sonstige Leidenschaft.[15] Das sehr hohe Gewicht, das neue psychologische Begriffe wie Erlebnis, Neurasthenie und Nervosität in den kulturwissenschaftlichen Debatten der Jahrhundertwende erhielten, und die prominente

Rolle kulturkritischer Deutungsmuster wie »Vergletscherung der Seele« und »Depersonifikation des Individuums« lassen aber erkennen, daß sich Einstellungen zur Modernität gerade an subjektiv erlittenen neuen Zwängen und Unsicherheiten bildeten.

Wer die Einstellungen zur Modernität an unterschiedlichen Themen festmacht und sich um plurale methodische Perspektiven bemüht, gewinnt für die deutsche Universitätstheologie 1870/71 bis 1914/18 ein sehr komplexes, widersprüchliches Bild. Denn: Einige konservative Theologen waren *in bestimmten Hinsichten* modernitätsoffener als prominente Liberale, weil sie sich, wie beispielsweise Reinhold Seeberg, sehr viel früher um eine Öffnung der theologischen Ethik-Diskurse für innovative (oder damals als innovativ geltende) sozialwissenschaftliche Deutungsangebote bemühten als viele Liberale. Viele konservative Theologen waren bereit, den strukturellen Wandel des Politischen zu akzeptieren und sich in *pressure groups* und politischen Parteien zu engagieren. Umgekehrt träumten manche liberale Theologen noch immer davon, daß »die Welt« wieder besser werde und moralisch gesunde, wenn sich die richtigen Geister, die Theologieprofessoren, endlich wieder Gehör verschaffen könnten. Auch litten viele liberale Theologen nicht weniger an Kapitalismus, Verstädterung, Individualismus und Auflösung alter bergender Sitte als die Konservativen. Auch im Leiden an Pluralismus und Fragmentierung bzw. in der Sehnsucht nach neuer Einheit und nationaler Gemeinschaft standen viele Liberale den Konservativen in nichts nach.

Gewiß ist es richtig zu sagen, daß für deutsche protestantische Theologen zwischen 1870 und 1918 das Deutsche Reich den entscheidenden lebensweltlichen Kontext darstellte. Aber dies ist eine reduktionistische Aussage. Denn der Kontext »Kaiserreich« umfaßt genau besehen viele tiefgreifend verschiedene lebensweltliche Kontexte. Für manche Theologen stellte eine sehr konservative Kirche die sie entscheidend prägende Welt dar, für andere ein liberales Intellektuellenmilieu, für die einen eine kleine Universitätsstadt mit relativ wenig sozialen Konflikten, für die anderen das boomende Berlin. Solche lokalen Kontexte scheinen für die Produktion von Theologie eine mindestens ebenso große Bedeutung gewonnen zu haben wie der Makro-Kontext »das Kaiserreich«. Denn in der kleinen, lokalen Lebenswelt entschied sich, wie »die moderne Kultur« wahrgenommen wurde und wie man die Gewinne und Kosten des schnellen Wandels jeweils bilanzierte.

Die entscheidende Aufgabe für den »Geisteshistoriker« besteht folglich darin, lokale Diskursmilieus zu rekonstruieren. Dies führt unweigerlich zu einer radikalen Historisierung von Theologien: Der historische Abstand zwischen damals und heute wird sehr viel größer, die Vergangenheit wird noch fremder, als sie sowieso schon ist. »Die Geschichte« der Theologie löst sich tendenziell in viele plurale, je individuelle Geschichten auf. Viele Historiker sehen darin ein Problem, weil so die Frage offenbleibt, wie individuelle Erfahrung und allgemeine Struktur, Kontext und Makro-Kontext miteinander vermittelt sind. Aber man kann die radikale Historisierung auch als einen Vorzug deuten: Je mehr individuelle Kontexte in den Blick kommen, desto stärker wird jene Pluralität erkennbar, in der schon die Menschen der Vergangenheit ihre Zeit wahrgenommen haben. Das Allgemeine der sogenannten »objektiven«, überindividuellen Strukturen läßt sich immer nur in bestimmten, individuellen Perspektiven als relevanter Kontext theologischer Wissensproduktion erschließen.

Anmerkungen

1 Peter Burke, »Overture: the New History, its Past and its Future«, in: *New Perspectives on Historical Writing*, hrsg. von Peter Burke, Cambridge 1991, S. 1–23, hier S. 18.

2 Peter Burke, »Stärken und Schwächen der Mentalitätengeschichte«, in: *Mentalitäten-Geschichte. Zur historischen Rekonstruktion geistiger Prozesse*, hrsg. von Ulrich Raulff, Berlin 1989, S. 127–145, hier S. 128.

3 Dazu grundlegend: M. Rainer Lepsius, »Interessen und Ideen. Die Zurechnungsproblematik bei Max Weber«, in: ders., *Interessen, Ideen und Institutionen*, Darmstadt 1988, S. 31–43.

4 Siehe Martin Schian, »Fakultäten, theologische«, in: *Die Religion in Geschichte und Gegenwart*, Bd. II, Tübingen 1910, Sp. 813–820.

5 Gustav Kawerau, »Evangelisch-theologische Fakultät«, in: *Die Universitäten im Deutschen Reich*, hrsg. von Wilhelm Lexis, Bd. 1, Berlin 1904, S. 61–76; Christian von Ferber, *Die Entwicklung des Lehrkörpers der deutschen Universitäten und Hochschulen 1864–1954*, Göttingen 1956; Hartmut Titze, *Datenhandbuch zur deutschen Bildungsgeschichte*, Bd. I/1: *Das Hochschulstudium in Preußen und Deutschland 1820–1944*, Göttingen 1977.

6 Vgl. zum Begriff: Martin Doerry, *Übergangsmenschen. Die Mentalität der Wilhelminer und die Krise des Kaiserreichs*, Weinheim und München 1986.

7 Dazu siehe: Konrad Jarausch, *Deutsche Studenten 1800–1970*, Frankfurt am Main 1984, bes. S. 30ff. und S. 74ff.

8 Dies hat Rüdiger vom Bruch mehrfach gezeigt. Vgl. »Historiker und Nationalökonomen im Wilhelminischen Deutschland«, in: *Deutsche Hochschullehrer als Elite 1815–1945,* hrsg. von Klaus Schwabe, Boppard am Rhein 1988 (Deutsche Führungsschichten in der Neuzeit 17) (Büdinger Forschungen zur Sozialgeschichte 1983), S. 105–150.

9 Zu dieser Formel siehe: Hermann Gunkel, »Über die Popularisierung der theologischen Forschung«, in: *Festschrift zum 25jährigen Bestehen der Ferienkurse in Jena,* Jena 1913, S. 70–80.

10 M. Rainer Lepsius, »Parteiensystem und Sozialstruktur. Zum Problem der Demokratisierung der deutschen Gesellschaft«, in: ders., *Demokratie in Deutschland. Soziologisch-historische Konstellationsanalysen,* Göttingen 1993, S. 25–50.

11 Olaf Blaschke und Franz-Michael Kuhlemann haben zur Deutung der inneren Differenzierung des Protestantismus den Begriff »Submilieu« vorgeschlagen: »Religion in Geschichte und Gesellschaft. Sozialhistorische Perspektiven für die vergleichende Erforschung religiöser Mentalitäten und Milieus«, in: *Religion im Kaiserreich. Milieus – Mentalitäten – Krisen,* Gütersloh 1996 (Religiöse Kulturen der Moderne 2), S. 7–50. Aber mit Blick auf die Universitätstheologie und einen großen Teil der Pfarrerschaft lassen sich sehr deutliche theologische, politische und habituelle Grenzen markieren, die auf dieser Ebene die Annahme zweier protestantischer sozialmoralischer Milieus stärken. Dazu siehe unter anderem: Friedrich Wilhelm Graf, »Einleitung«, in: *Der deutsche Protestantismus um 1900,* hrsg. von Friedrich Wilhelm Graf und Hans-Martin Müller, Gütersloh 1996, S. 9–18.

12 Dazu bereitet Steffen Bruendel derzeit eine Dissertation vor. Zur prominenten Rolle religiöser Semantik in den Debatten um die »Ideen von 1914« finden sich vielfältige Belege bei: Steffen Bruendel, *»Der neue deutsche Staat!«. Die »Ideen von 1914« als innenpolitische Ordnungsvorstellung deutscher Gelehrter in den Anfangsjahren des Ersten Weltkrieges,* Magisterarbeit Bielefeld 1997.

13 Uriel Tal, »Theologische Debatte um das ›Wesen‹ des Judentums«, in: *Juden im wilhelminischen Deutschland 1890–1914,* hrsg. von Werner E. Mosse und Arnold Paucker, Tübingen 1976, S. 601–632.

14 Der Text seiner »Absolutheitsschrift« liegt nun erstmals in einer kritischen Ausgabe vor, die neben den beiden Druckfassungen von 1902 und 1912 auch die zum Teil ausführlichen handschriftlichen Zusätze in Troeltschs Handexemplaren bietet: Ernst Troeltsch, *Kritische Gesamtausgabe,* Bd. 5: *Die Absolutheit des Christentums und die Religionsgeschichte (1902/1912) mit den Thesen von 1901 und den handschriftlichen Zusätzen,* hrsg. von Trutz Rendtorff in Zusammenarbeit mit Stefan Pautler, Berlin und New York 1998.

15 Als eine wichtige Ausnahme ist zu nennen: Friedrich Lenger, *Werner Sombart 1863–1941. Eine Biographie,* München 1994.

Christoph König

Wahrheitsansprüche. Goethes, Nietzsches und Hofmannsthals Ideen für eine allgemeine Philologie um 1905[1]

Der Streit zwischen Gelehrsamkeit und Dichtung um die Vorherrschaft auf dem Gebiet der Wahrheit ist alt. Durch Goethe gewinnt der Streit eine neue Qualität, als man sich mit ihm auf ein gemeinsames Verfahren einigt: *Stil* soll dazu dienen, Wissen zu gestalten und somit erst zu schaffen. Der Stil erhält die Dignität einer Methode und schafft in der *Bildung* eine besondere Art des Wissens, das die Grenzen zwischen Dichtung und Wissenschaft durchlässig werden läßt. Dieses Wissen ist mit dem wissenden Subjekt vermittelt und setzt einen allgemeinen Horizont von Werten und Kräften voraus, der dem einzelnen nicht zugänglich ist; daher vollziehen sich etwa Epochen – um den Historiker Ranke sprechen zu lassen – »nach Gesetzen, die uns unbekannt sind, geheimnisvoller und größer, als man denkt«. So können auch Goethe oder Hofmannsthal sprechen.[2] Sie profitieren von dem Drang des Historismus, die Welt und ihre Geschichte zu individualisieren: gerade Hofmannsthals Sinn für das aparte kulturhistorische Stück paßt dazu. Und sie teilen das Vertrauen des Historismus auf die »höheren« Grundlagen, die anthropologisch und theologisch gedacht und einem Stil zugänglich sind, der Zusammenhänge eines Ganzen (der ganzen Individualität) knapp entwickelt.[3] Diese Kunst zu schreiben ist indes nicht nur jener Dichtung vorbehalten. Friedrich Gundolf läßt – einer allgemeinen Vorstellung folgend – in seiner *Literärgeschicht* die großen Geschichtsschreiber des 19. Jahrhunderts den Sieg in der Literatur davontragen: »(Vielleicht dass damals Dichterkraft / Sich flüchtet in die Wissenschaft / Wenn *Ranke, Mommsen, Burkhardt* prall / Darstellen ein geschichtlich All.)«[4] Das so zu sehen, erlaubt die von Gundolf noch 1921, als er diese Zeilen dichtet, vertretene gemeinsame Grundlage von Literatur und Wissenschaft.

Doch nehmen Literatur und Wissenschaft in der Moderne eigene

Wege, so daß die lange verbürgte Gemeinsamkeit nicht mehr für alle gilt. Eine artistisch-rationale Literatur hat aus ihrer Kunstwelt die sinnversichernde historistische Zuversicht verbannt, und in der Wissenschaft wendet sich der Historismus – in seinem Erfolg – gegen sich selbst; auch die Prinzipien selbst werden geschichtlich interpretiert, und die Fülle des Wissens, die von der Produktivität der Methode zeugt, läßt die Möglichkeit abhanden kommen, es hermeneutisch zu sichern. Solches gilt als spekulativ und wird – bildungsbürgerlich – in die Öffentlichkeit verbannt, während man im geschlossenen Seminar der Universität die Grundlagen jener Bildung auflösen kann.

Die Distanz wird größer. Empfindlich reagieren die Dichter gerade gegen die Philologen, die Literarisches zu wissen beanspruchen und nunmehr, auf eine den Dichtern fremde Weise, in direkte Konkurrenz mit diesen treten. Egon Friedells Spott, daß Spezialisierung und Stillosigkeit »die Germanistik und Literaturwissenschaft zu einer ebenso lächerlichen wie furchtbaren Attacke gegen die Bildung« machten, wird ein Topos unter Dichtern, die der alten Verständigung nachtrauern. Daher tritt in den ersten Entwürfen für Hofmannsthals Lustspiel *Der Schwierige* ein Assyrologe auf, der nichts im Sinn hat, als sich am Buffet zu nähren.[5] Die Gelehrten haben zu diesem Topos der Rivalität zwischen Dichtung und Wissenschaft, der auf die Pedantenkritik in der französischen Komödie zurückgeht, ein Gegenstück: Sie können sich die zeitgenössische Literatur seit 1832 nicht als seriöses Sujet der Wissenschaft vorstellen, da die nötige Distanz des Betrachters fehle.[6] Das ist eine Abwehrgeste gegen die methodische Vermittlung der eigenen Position und wertet, indirekt, auch die »wissenschaftliche« Validität der Literatur und ihre Vorbildfunktion ab.

Doch um 1905 nähert sich eine wieder auf kulturelle Traditionen hin orientierte Dichtung mit ihrem reflexiven Potential einer Philologie, die aus theoretischen und bildungspolitischen Gründen über ihre Voraussetzungen nachdenken muß und die auf ihre geistesgeschichtliche Epoche zusteuert.[7] Insofern eine moderne »Kulturdichtung«, die sich gegen eine symbolistische und artistische Kunst stellt und damit der einen »Moderne« eine andere »Moderne« entgegenhält, Geschichte zur Bildung läutert, kann sie, so die Hoffnung, den Philologen helfen, wenn diese die mangelnden methodischen Grundlagen für das Suchen und Zusammenfassen ihres Wissens künftig durch kulturelle Werte aufbessern, die aus dem öffentlichen Raum stammen: die Esoterik des Seminars soll durch die exoterische Kultur und ihre Dichtung unterlaufen werden.

In drei Schritten soll der um 1905 mögliche Beitrag der Dichtung für die Lösung historistischer Probleme der Philologie erläutert werden. Hofmannsthal hat hierin einen ungewöhnlichen Grad der Reflexion entwikkelt; er steht daher im Mittelpunkt meines Gedankengangs: Die Universität wird dem Bildungsdilemma des modernen, eruditen Autors nicht gerecht (1); er unterstellt daher die Wissenschaft ästhetischen Normen (wie *Stil* oder *Ganzheit*) und schließt an eine Debatte über den konkurrierenden Wahrheitsanspruch von Poesie und Philologie in der Literaturgeschichte an – Goethes und Nietzsches Beiträge beachtet er besonders (2); eine eigene »philologische« Lösung konstruiert Hofmannsthal in der Habilitationsschrift über Victor Hugo (3) und bietet sie den Philologen seiner Zeit an.

I. Ein Bildungsdilemma in der Moderne

Auf anderes als Fakten zu sammeln verstanden sich die Philologen im 19. Jahrhundert lange Zeit nicht; so formulierten sie ihr Professionalisierungsprogramm, mit dessen Hilfe sie sich an den Universitäten durchsetzten.[8] Sie übersahen natürlich nicht, daß ihr Gegenstand bilden konnte, und verwiesen gern darauf. So bot sich ihnen eine günstige Möglichkeit, nationalen und öffentlichen Ansprüchen gerecht zu werden, ohne sie zu erfüllen. Denn man sah in der Vermittlung eine Vulgarisierung der eigenen Materie und lehnte sie ab: an die Tatsachen und nicht an Bildungsgüter sollten die Studenten in den Übungen herangeführt werden. Hegels Skepsis gegenüber der Philologie als »bloße Aggregate von Kenntnissen«[9] galt einer Philologie im engeren Sinn,[10] die Variantensammlung, Echtheitskritik, Stellenkommentar, Lexikographie, kritische Apparate, biographische Forschung und litterärhistorische Literaturlisten sich zur Aufgabe gemacht hatte. Der Bildungswert des eigenen Gegenstands war auf diese Weise nicht zu begründen.

Hofmannsthal hat die Universität als *Bildungsort* aufgesucht und bis kurz vor dem Ende des Habilitationsverfahrens an ihr festgehalten: um 1901 / 02 wird ihm diese Institution plötzlich obsolet. Hofmannsthal zieht seinen Habilitationsantrag zurück, nicht weil er das Programm seiner Schrift über *Die Entwickelung des Dichters Victor Hugo*[11] aufgibt, sondern weil er seine Ästhetik in der *Dichtung*, etwa in den nun entstehenden

Griechendramen besser entfalten zu können meint. Denn auch als Philologe hat er ästhetisch gedacht und sich einer modernen Problemstellung ausgesetzt, die ihn in ein Dilemma führt. Man kann den Zwiespalt so erklären: Gegen die herkömmliche Philologie im engeren Sinn grenzt er sich ab und sucht, in der Tradition des Historismus, die Individualität seines Gegenstands (etwa Victor Hugos) zu verstehen. Doch vermißt er bei Gelehrten wie Wilhelm Dilthey, den er verehrt,[12] den Drang, den Betrachter einzubeziehen. Hofmannsthal läßt diesem Drang für sich freien Lauf und befolgt damit eine hermeneutische Prämisse (die gilt, ob der Interpret totalisieren oder vor allem Unterschiede festhalten will). Er führt die kulturelle *Norm der Ganzheit* ein, die im individuellen Gegenstand aufzuweisen sei, und integriert den Betrachter in die Ganzheit. Das charakterisiert seine »Hermeneutik«. Auch nach den Erfahrungen der Moderne will er diese ältere Norm erhalten und sucht, eine eigene (mythologische, organizistische) Moderne[13] zu schaffen. Dieser Anstrengung muß eine neue »hermeneutische« Konstruktion dienen: Der Verstehensakt bezieht sich auf eine überindividuelle Kraft, die sowohl den historischen Gegenstand bemeistert als auch den Interpreten und sogar noch die Rezeption seiner Deutungen. Der Versuch, etwas Individuelles und Partikulares zu verstehen, wovon der Autor ausgegangen ist, wird unterlaufen. Immerhin gilt eine zweite, ästhetische und klassische Norm: daß sich das Ganze nicht auf einmal sagen läßt und nur in *Brechungen* (im »Stil«) zu ertragen sei. Doch entrinnt Hofmannsthal der Hybris, das Ganze (Göttliche) unmittelbar sehen zu wollen, nicht immer (am wenigsten in den Griechendramen wie *Elektra* oder *Ödipus und die Sphinx*). Das Ganze dringt dann, was nicht sein sollte, in die stilvolle Aktualisierung ein.

Diesem modernen Dilemma, das (ästhetisch konstruierte, organizistische) Ganze eines historischen Gegenstands nur in künstlicher Begrenzung verstehen zu können, sucht Hofmannsthal auch in seiner Habilitationsschrift gerecht zu werden. Auf seine Weise schließt er damit an eine theoretisch avancierte Debatte über die Leistungsfähigkeit der Kunst in den Wissenschaften an. Diese Debatte ist außerhalb der sich professionalisierenden Philologie geführt worden und reicht von Goethes Morphologie der Geschichte bis zu Nietzsches Philologie, die der höheren Aufsicht einer »Gesundheitslehre des Lebens« zu unterstellen sei. An der Universität und in der Wiener Romanistik findet der Dichter noch keine Bildung nach seinem Verstand.[14]

2. Zur Geschichte einer ästhetischen Wissenschaft

Die Homologie von Naturgesetzlichkeit und Wahrnehmung ist das Grundtheorem von Goethes Farbenlehre. Die Einsicht in diesen Zusammenhang ist einer Wissenschaft vorbehalten, deren Vorgeschichte Goethe im historischen (dritten) Teil seiner Farbenlehre erzählt: In den *Materialien zur Geschichte der Farbenlehre*[15] wendet er das Prinzip auf die Geschichte und denkt darüber in wissenschaftstheoretischen Einschüben nach, deren vielleicht wichtigster am Ende des Kapitels »Betrachtungen über Farbenlehre und Farbenbehandlung der Alten«[16] steht. Deutlich wird, daß die Kunst Goethe als Vorbild der Wissenschaft gilt, und besonders die Kunst der Griechen, deren Wissenschaft für ihn das ästhetische Vorbild indes nie einholen konnte. Ausgangspunkt von Goethes Konstruktion ist die Mannigfaltigkeit des Lebens bzw. des Organischen, die schon Empedokles eingesehen habe: »Die apparenten Farben wechseln hin und her; mannigfaltig verändert sich das Organische; die Werkstätten der Färber werden besucht und das Unendliche, Unbestimmbare des engen Kreises recht wohl eingesehen.«[17] Solange jedoch die Wissenschaft entweder nur das Wissen vervielfältigt, anstatt es zu begrenzen, oder, fern dem Empirischen, reflektiert und mit Begriffen spekuliert (beides wirft Goethe Aristoteles vor), kann sie der obersten Maxime nicht gerecht werden: Ganzheit zu schaffen. Sie erreicht diese Ganzheit, wenn sie Empirie und Begriff miteinander vermittelt, und sie muß das tun, weil das Leben selbst nicht gesetzlos ist. Es manifestiere sich in begrenzten Gestalten. Da »die Kunst [...] sich in ihren einzelnen Werken ab[schließt]; die Wissenschaft [...] uns grenzenlos [erscheint]«[18], muß man sich »die Wissenschaft notwendig als Kunst denken, wenn wir von ihr irgend eine Art von Ganzheit erwarten. Und zwar haben wir diese nicht im Allgemeinen, im Überschwänglichen zu suchen, sondern wie die Kunst sich immer ganz in jedem einzelnen Kunstwerk darstellt, so sollte die Wissenschaft sich auch jedesmal ganz in jedem einzelnen Behandelten erweisen.«[19]

Den Gedanken, daß die Natur in der Begrenzung ihre unendliche Fülle bemeistert und der Mensch diesen Vorgang, um ihn zu erkennen, gewissermaßen wiederholen muß, hat Hofmannsthal als Möglichkeit kultureller Existenz aus der Beherrschung der Geschichte gedeutet. Die Farbenlehre zeigt, welche Rolle dabei die Wissenschaft spielt und daß sie sich von Prinzipien der Kunst leiten lassen muß, um dieses Ziel zu erreichen. Die *Geschichte* der Farbenlehre demonstriert schließlich die Anwendung der eigenen Prinzipien auf die eigene Historie.[20] Sie gibt also Hofmannsthals Übertragung und Deutung recht. Rudolf Pannwitz hat das zu Hofmannsthal hin kongenial bestätigt: »die morphologie in der geschichte ist schon begründet und auf das fundamentalste u. verantwortlichste durch 1. Goethe: Materialien zur Gesch. der Farbenlehre [...].«[21]

Hat die Fülle der Natur und der Geschichte im einzelnen Gegenstand durch die Tat sich zu einem regelhaften Ganzen gestalten können, so sind die Ansprüche an den, der dies erkennen will, enorm. Man dürfe daher »keine der menschlichen Kräfte bei wissenschaftlicher Tätigkeit ausschließen. Die Abgründe der Ahndung, ein sicheres Anschauen der Gegenwart, mathematische Tiefe, physische Genauigkeit, Höhe der Vernunft, Schärfe des Verstandes, bewegliche, sehnsuchtsvolle Phantasie, liebevolle Freude am Sinnlichen, nichts kann entbehrt werden.«[22] Anstatt Regeln wissenschaftlichen Tuns zu geben, stellt sich Goethe ein Mysterium vor. Alle Kräfte werden aufgeboten und auf den Punkt der Intuition konzentriert. Diese Operation kennt für ihr Gelingen ein äußeres Kriterium: den Stil, der der Gestalt des Gegenstands gerecht wird. Wenn auch Goethe sieht, daß ein einzelner Gelehrter nicht imstande ist, alle diese Fähigkeiten in sich zu vereinen, so können mehrere zusammenwirken, weil sie das eine »Menschsein« verbindet.

Dieses Vertrauen ist dahin, wenn der Gegenstand übermächtig geworden ist und das historische Denken den Glauben an das *eine* Erkenntnisvermögen zerstört hat. Wie das Einvernehmen mit dem Betrachter erneuert werden kann, ist ein Hauptthema der Moderne. Höhere Kräfte werden dafür gesucht, oberhalb der Geschichte und der Psyche. Nietzsche setzt das »Leben« ein und gründet darauf eine kritische Historie, die den Gegenstand mit dem Leser verbindet und gelten läßt, was dem Leben gut tut (Wagners Publikumsorientierung und Nietzsches Bildungskritik stimmen darin überein, daß sie Werk und Wirkung prinzipiell aufeinander beziehen).

Nietzsche macht so mit der Bildung Ernst und begründet neu und *kritisch* die Literatur als Bildungsgegenstand. Ein neues Verständnis von »Philologie« ist die Folge: gegen die Tatsachenwissenschaft gerichtet, die nicht imstande sei, das Große und Bedeutende an den bildenden (klassischen) Texten zu begreifen. Als groß gilt die freie Gestaltung von Ganzheit: dafür wird der klassische Gedanke von der Freiheit in der Begrenzung im Konzept des Lebens erneuert. Nicht bloß die Aneignung von Kultur, sondern *Kulturkritik* verbindet den Betrachter mit seinem Objekt: »und nur der, dem eine gegenwärtige Noth die Brust beklemmt und der um jeden Preis die Last von sich abwerfen will, hat ein Bedürfniss zur kritischen, das heisst richtenden und verurtheilenden Historie«, lautet der berühmte Satz aus der Zweiten der *Unzeitgemäßen Betrachtungen*.[23] Ein so verstandener Gegenstand verlangte nach Verfahrensweisen, die über die im Fach vermittelten, *handwerklichen* Fertigkeiten hinauswiesen. Das ist schon vor 1900 ein Topos. Scherer weiß um die durch »Kongenialität« zu kompensierende »Unschärfe des philologischen Verfahrens«.[24] So etwa konnte sich der Respekt der Philologen vor der Kunst äußern.

Für Hofmannsthal ist Nietzsche als *Philologe* das große Vorbild, dessen Schriften er nach der Unterscheidung von Wissenschaft und Kunst liest. In sein Exemplar von *Zur Genealogie der Moral* notiert er schon 1892: »Erlebnis [Nietzsches]: [...] der eigene Beruf als Philologe und die Kritik davon. / Besitz: ein reiner Begriff vom schaffenden Künstler und seinem geheimen Verhältnis zum Leben.«[25] Und so spricht er auch viel später noch von Nietzsche, etwa am 4. 8. 1922 zu Nadler: »Mir ist Nietzsche [...] immer der geistreiche u. bedeutende Alt-philolog, das übrige liegt mir fern.«[26] Die Unterscheidung setzt ein gemeinsames Ziel voraus: Gemessen werden Poesie und Historie am Leben und danach, ob sie dieses zu steigern imstande sind. Das resultiert nicht in einer kategorischen Verurteilung der Philologie, deren historisches Gedächtnis die Lebensgeister unter einer immer größeren Last des Vergangenen allerdings oft genug ersticke. Ihr kühner und gefährlicher Wahlspruch zeige es: *fiat veritas pereat vita*.[27] Nützlich werde ihre Nüchternheit immerhin, wenn sie dekadente, dumme Lebensbilder zerstöre, oder wenn sie kräftigeren Menschen und Kulturen ihr Wissen zur Nahrung gebe. Historie kann dann zum Zwecke des Lebens getrieben werden. »Die historische Bildung ist vielmehr nur im Gefolge einer mächtigen neuen Lebensströmung, einer werdenden Cultur zum Beispiel, etwas Heilsames und Zukunft-Verheissendes, also nur dann, wenn sie von einer höheren Kraft beherrscht und geführt wird und nicht selber herrscht und führt.«[28]

Das Maß liegt bei der dionysisch-kreativen Kunst, und was immer die Wissenschaft sagt, es bleibt im Unverbindlichen. Weil sie unter diesen (bestimmten historischen) Voraussetzungen aber alles sagen kann und nichts wirklich gilt, bildet die Wissenschaft ihre eigene, unverbindliche

Kreativität aus. Sie entwickelt ihre Gedanken innerhalb eines sekundären Geltungsanspruchs. Hofmannsthal streicht bei seiner Lektüre folgenden Satz Nietzsches an: »An den Philologen bemerke ich: / 1. Mangel an Respekt vor dem Alterthum, / 2. Weichlichkeit und Schönrednerei, vielleicht gar Apologie, / 3. Einfaches Historisiren, / 4. Einbildung über sich selbst, / 5. Unterschätzung der begabten Philologen.«[29] Der mangelnde Ernst für den Gegenstand (Punkte 1 und 3), und ihm gegenüber das beinahe Solipsistische des Standpunkts (2 und 4): allein der begabte Philologe könnte das Getrennte verbinden. Er würde sich selbst ins Spiel bringen und nicht konstruieren, als gäbe es keine hermeneutischen Probleme. Hofmannsthal streicht wieder an: »So bedarf die Wissenschaft einer höheren Aufsicht und Überwachung; eine Gesundheitslehre des Lebens stellt sich dicht neben die Wissenschaft, und ein Satz dieser Gesundheitslehre würde eben lauten: das Unhistorische und das Überhistorische sind die natürlichen Gegenmittel gegen die Überwucherung des Lebens durch das Historische, gegen die historische Krankheit.«[30] Solche Philologie sucht die Nähe zur Kunst, sie verzichtet auf ein eigenes partikuläres Erkenntnisobjekt (etwa: die Geschichtlichkeit der Kunst) und will über die Kunst an der Wahrheit des Lebens teilhaben, von ihr und ihrer Wahrheitskraft profitieren.[31]

3. Der Stil der Habilitationsschrift

Hofmannsthal stellt in seiner Habilitationsschrift alles zusammen, was nötig sei, um ein »Ganzes« zu fassen, und präsentiert sozusagen die Elemente (Individuum, Gesellschaft, Betrachter, Publikum). Doch werden nicht alle Elemente ausgeführt, und das Ganze wird nicht unvermittelt lyrisch evoziert (wie in vielen Gedichten), denn dann müßte der Dichter auf Details verzichten, sondern historisch anhand einzelner Zusammenhänge beglaubigt. Damit ist die Studie ein Teil der Überlegung, die zur Gänze entwickelt wird. Hofmannsthal versteht unter Stil nicht eine bestimmte Technik, sondern den unterschiedlichen Einsatz von Techniken nach der ästhetischen Norm, das Ganze vorauszusetzen und es dennoch nie ganz zu realisieren (die lyrische Evokation eines Ganzen gehorcht, für sich genommen, noch keinem Stil, sondern erst der damit zu verbindende Verzicht auf Details des Ganzen). Hofmannsthal unterstellt die philologische Analyse eindeutig der Kunst. Er zeigt einer »höheren« Philologie, wie Vergangenheit und Zukunft, Betrachter und Gegenstand zu integrieren seien, und daß so der Bildungswert des Gegenstands, gemessen am Leben, geweckt werden kann – er macht aber auch deutlich, daß das nur innerhalb der Ästhetik seiner spezifischen Moderne möglich sei.

Gleich im ersten Absatz führt er die für das Buch entscheidende methodische Differenz ein – gegen die Leser, die an Fakta gewöhnt seien, gegen jene, die auf der heterogenen Oberfläche sichtbarer Äußerungen verbleiben und Widersprüche in der dort ausgemachten Entwicklung dem Dichter vorwerfen. Diese Leser verkennen den Dichter, da es gelte, das »Positive und Harmonische«[32] herauszuheben und auf die »Betätigung einer geistigen Kraft« zu achten, »der es, und dies ist das Wesen der künstlerischen Seelenkräfte, eben nur darauf ankommt, sich auszugeben«.[33] So werde er das Anekdotische, das biographische und literarhistorische Faktum möglichst vermeiden. Die »geistige Kraft«, auf die es ihm ankommt, erhält indes zwei Attribute, welche erst die Darstellung in Gang setzen: sie ist individuell und sie integriert sowohl die Voraussetzungen wie auch die Wirkungen der Werke. Hofmannsthal möchte »die individuellen Tendenzen (aufsuchen), welche in der Führung des Lebens und in der dichterischen Produktion sich gleichmäßig geltend machen, die aus der Fülle der einzelnen Züge erschlossen, dargestellt aber im Zusammenhange werden können, und deren Einheitlichkeit und tiefe Harmonie eben die literarische Person: Individuum, Werk, Wirkung und Nachwirkung zusammen ausmacht«.[34]

Diese dichte Definition bekräftigt die Differenz zwischen zwei Wirklichkeiten. *Sichtbar* wirken miteinander die empirische Person, die Einflüsse, denen sie ausgesetzt ist, ihr Produkt und dessen Effekt (einschließlich des langen Schicksals der Bücher). *Unsichtbar,* aber formend, auf einer »tieferen Ebene«, wirkt die individuelle geistige Kraft. Sie integriere, behauptet Hofmannsthal, das Sichtbare: das gemeinhin Literarhistorische, das in das Konkrete der Person und das Allgemeine von Einfluß und Publikum (»Wirkung«) zerfällt. Dieses Allgemeine existiere parallel zur Person oder wirke auf sie ein. Einen Bruch kann er nur vermeiden, die Vorstellung einer Integration aufrechterhalten, wenn das Allgemeine der Gesellschaft und das Konkrete des Dichters homolog sind und deshalb miteinander korrespondieren. Da diese Integration verbürgt ist durch die tiefer gelegene geistige Kraft, besteht deren Individualität darin, diese Korrespondenz herzustellen. Ihr Individuelles ist somit das Allgemeine der literarischen Person.

In der Ausführung dieses Programms, das die Einleitung aufgibt, achtet Hofmannsthal auf die Entwicklung der französischen Gesellschaft und den Lebensweg Hugos; sein konstruierender Ehrgeiz besteht darin, zu zeigen, daß diese beiden Geschichten zueinander passen. Vergleicht man die Studie mit anderen »historiographischen« Texten Hofmannsthals (etwa der »Einleitung zu einem Band von Goethes Werken, enthaltend die Singspiele und Opern« aus dem Jahr 1913/14 oder der Beethoven-Rede von 1920[35]), so fällt auf, daß hier an die Stelle der *aktualisierenden Evokation* des Ganzen, die den Leser erfassen soll, die *Explikation* eines geradezu epistemologischen Bedingungszusammenhangs tritt – und die historische Distanz des Gegenstands nicht (hin zur »Nachwirkung«) überwunden werden muß. Die *Konstruktion* des Lebens von Victor Hugo ist Hofmannsthals stilistische Brechung und drückt den nötigen ästhetischen Vorbehalt aus, als grenzte es an Blasphemie, wenn man das Ganze konstruierte und auch noch evozierte.

So begründet der Stil dieser Philologie ihren Geltungsanspruch. Die Wissenschaft ist eine seiner Möglichkeiten, was er weiß, zu brechen und in Form zu halten. Er macht Unterschiede in den Gattungen, oder er gestaltet nach Maßgabe seiner Leser, also entsprechend der jeweiligen Kommunikationssituation. Die Differenzierungen, die die Universität ihm bietet, etwa in Form verschiedener Fächer in der philosophischen Fakultät, sind ohne Bedeutung: An eine »stilvolle« Realisierung der allgemeinen Fragestellung nach einzelnen Fächern oder Gebieten innerhalb der Fächer denkt er nicht. Als die Habilitationskommission über die venia legendi uneins wird (soll er als Literarhistoriker von den romanischen Kulturen nur die französische vertreten dürfen, oder die ganze romanische Literatur, in einem allgemeinen Sinn, nicht aber die Sprache? hieß die Alternative), da zieht er sein Gesuch zurück. In einem umfassenderen Sinn heißt das: Eine ästhetisch begründete allgemeine Philologie findet ihre Erfüllung nicht in den einzelnen Disziplinen, also in den Gegenständen (nach denen sie sich definieren), sondern sie konkretisiert sich gemäß methodischer (hier: ästhetischer) Aspekte. Das weist voraus auf die Interpretation in der Geistesgeschichte.

Anmerkungen

1 Im folgenden skizziere ich einen Gedankengang aus meiner Habilitationsschrift *Hofmannsthal unter den Philologen. Zum Verhältnis von Dichtung und Wissenschaft in der Kultur der Moderne* (Humboldt-Universität zu Berlin 1997), die demnächst erscheint.

2 Leopold von Ranke, *Über die Epochen der neueren Geschichte* (1854). *Historisch-kritische Ausgabe*, hrsg. von Theodor Schieder und Helmut Berding, München und Wien 1971 (Aus Werk und Nachlaß 2), S. 67; zu Goethes Einfluß auf Ranke vgl. Daniel Fulda, *Wissenschaft aus Kunst. Die Entstehung der modernen deutschen Geschichtsschreibung 1760–1860*, Berlin und New York 1996 (European Cultures. Studies in Literature and the Arts 7), S. 303–315; zu Goethe und Hofmannsthal demnächst König (Anm. 1). Eine bislang unpublizierte Leseliste Hofmannsthals (Original im Freien Deutschen Hochstift, Frankfurt am Main) verzeichnet noch im Sommer 1924 »Ranke: Die Epochen der neueren Geschichte 1854 (enthalten in der Weltgesch.)«; schon im Gymnasium greift er 1887 etwa zu Macaulay, Duncker, Niebuhr und Mommsen.

3 Zur Historismusdebatte vgl. Ulrich Wyss, *Die wilde Philologie. Jacob Grimm und der Historismus*, München 1979; Jürgen Habermas, *Der philosophische Diskurs der Moderne. Zwölf Vorlesungen*, Frankfurt am Main 1988 (suhrkamp taschenbuch wissenschaft 749); Jörn Rüsen, *Konfigurationen des Historismus. Studien zur deutschen Wissenschaftskultur*, Frankfurt am Main 1993 (suhrkamp taschenbuch wissenschaft 1082); *Die Historismusdebatte in der Weimarer Republik*, hrsg. von Wolfgang Bialas und Gérard Raulet, Frankfurt am Main u. a. 1996 (Schriften zur politischen Kultur der Weimarer Republik 2), darin besonders: Holger Dainat, »Erlösung von jenem ertötenden Historismus. Die Neuere deutsche Literaturwissenschaft zu Beginn der zwanziger Jahre«, S. 248–271; zum Historismus in bezug auf *Hofmannsthal und die literarische Moderne* u. a. Gotthard Wunberg, »Unverständlichkeit. Historismus und literarische Moderne«, in: *Hofmannsthal-Jahrbuch* 1, 1993, S. 309–350. – »Historismus« ist – als Versuch, Geschichte mit Orientierungswissen zu verbinden – weniger als spezielle Ausprägung einer disziplinären Matrix zu beschreiben, die wissenschaftstheoretisch und also ohne Zeitindex konzipiert wird (vgl. Rüsen 1993), sondern innerhalb der Geschichte kulturellen Denkens, die in die Moderne führt. Nur wer die ganze Entwicklung berücksichtigt, kann in den späteren Antworten auf die »Krise des Historismus« alte Sedimente des Historismus erkennen. Die geistesgeschichtlichen Begriffspaare, die Dainat 1997 als Antworten auf den sog. Relativismus des Historismus deutet, verkörpern dessen alte Werte; auch Wunbergs Ansatz übersieht das »totalisierende« Moment im Historismus (vgl. Fulda, *Wissenschaft aus Kunst* (Anm. 2), S. 269), wenn er ihn mit unübersichtlicher Faktenvielfalt gleichsetzt und zum Pendant einer Moderne der »Unverständlichkeit« macht: während doch eine mythisierende Moderne (nicht nur bei Hofmannsthal) alte Werte des Historismus belebt, um seiner späten Erscheinungen Herr zu werden.

4 Friedrich Gundolf, »Die deutsche Literärgeschicht. Reimweis kurz fasslich herge-

richt«, in: *Mitteilungen. Marbacher Arbeitskreis für Geschichte der Germanistik* 1998, H. 13/14, Beilage, S. 1–8, hier S. 8; dazu: Ernst Osterkamp, »Friedrich Gundolfs ›Literärgeschicht‹«, ebd., S. 65–68.

5 Nach einer Eintragung im Tagebuch Harry Graf Kesslers vom 27. Februar 1910 (vgl. Hugo von Hofmannsthal, *Sämtliche Werke XII. Dramen 10: Der Schwierige*, hrsg. von Martin Stern, Frankfurt am Main 1993, S. 473).

6 Die Relation von (Kultur) Wissenschaft und Kunst (Dichtung) ist bislang nicht recht in den Blick der Wissenschaftsgeschichte geraten; die Geschichtskonstruktion von Heinz Schlaffer, *Poesie und Wissen. Die Entstehung des ästhetischen Bewußtseins und der philosophischen Erkenntnis*, Frankfurt am Main 1990, ist von der Trauer bestimmt, daß das in der Poesie aufgehobene alte Mythenwissen einer (lebensfernen) Philologie unzugänglich bleiben muß, und wirkt auf wunderliche Weise spekulativ befangen; sonst lassen sich zu einzelnen Epochen und Autoren Einzelstudien sammeln: etwa zu Nietzsche: Nikolaus Wegmann, »Was heißt einen ›klassischen Text‹ lesen? Philologische Selbstreflexion zwischen Wissenschaft und Bildung«, in: *Wissenschaftsgeschichte der Germanistik im 19. Jahrhundert*, hrsg. von Jürgen Fohrmann und Wilhelm Voßkamp, Stuttgart und Weimar 1994, S. 334–450, hier S. 419–441; zum poeta doctus im 20. Jahrhundert: Wilfried Barner, »Poeta doctus. Über die Renaissance eines Dichterideals in der deutschen Literatur des 20. Jahrhunderts«, in: *Literaturwissenschaft und Geistesgeschichte. Festschrift für Richard Brinkmann*, Tübingen 1981, S. 725–751; zur Geistesgeschichte: Christoph König, »Blättern statt Entscheiden. Von der Fremdheit zwischen Geistesgeschichte und Gegenwartsliteratur im Zeitraum 1910–1925«, in: *Begegnung mit dem »Fremden«. Akten des VIII. Internationalen Germanisten-Kongresses Tokyo 1990*, Bd. 6, München 1991, S. 27–35, und Ernst Osterkamp, »Friedrich Gundolf zwischen Kunst und Wissenschaft. Zur Problematik eines Germanisten aus dem George-Kreis«, in: *Literaturwissenschaft und Geistesgeschichte 1910–1925*, hrsg. von Christoph König und Eberhard Lämmert, Frankfurt am Main 1993 (Fischer Taschenbuch 11471), S. 177–198. Daß Philologen und Dichter regelmäßig über ihr Verhältnis nachdachten, bezeugt schon die von Holger Dainat und Cornelia Fiedeldey-Martyn zusammengestellte Bibliographie: »Literaturwissenschaftliche Selbstreflexion. Eine Bibliographie, 1792–1914«, in: Fohrmann/Voßkamp, *Wissenschaftsgeschichte* (Anm. 6), S. 538–549.

7 König/Lämmert, *Literaturwissenschaft* (Anm. 6).

8 Vgl. Klaus Weimar, *Geschichte der deutschen Literaturwissenschaft bis zum Ende des 19. Jahrhunderts*, München 1989, S. 210–253; Holger Dainat, »Von der Neueren Deutschen Literaturgeschichte zur Literaturwissenschaft. Die Fachentwicklung von 1890 bis 1913/14«, in: Fohrmann/Voßkamp, *Wissenschaftsgeschichte* (Anm. 6), S. 494–537, hier S. 497 ff.: Gegenüber der These: »Die Fragwürdigkeit seiner kognitiven Grundlagen stellt für das Fach *kein* Problem dar.« (ebd., S. 499), ist einzuwenden, daß die Zersplitterung gerade aufgrund theoretischer Überlegungen bewußt war (es genüge das Stichwort Historismus), die Forscher sich damit nicht zufriedengeben wollten (immerhin lebten sie in einem hochreflexiven Jahrhundert; vgl. Fritz K. Ringer, *Die Gelehrten. Der Niedergang der deutschen Man-*

darine 1890–1933 (1969), aus dem Englischen übersetzt von Klaus Laermann, Stuttgart 1987), doch keinen Ausweg sahen und eine Praxis übten, die ihnen Unbehagen bereitete. Das Problem ist die Validität externer Ordnungsangebote; zur »Krisis des Historismus« in den Philologien vgl. u. a. Rainer Kolk, »George-Kreis und zeitgenössische Germanistik 1910–1930«, in: *George-Jahrbuch* 1, 1996/97, S. 107–125.

9 Georg Wilhelm Friedrich Hegel, *Enzyklopädie der philosophischen Wissenschaften im Grundrisse* (1830), Frankfurt am Main 1970 (Werke Bd. 8), S. 61.

10 Vgl. Wegmann, »Was heißt einen ›klassischen Text‹ lesen?« (Anm. 6), S. 342; Wilfried Barner, »Zwischen Gravitation und Opposition. Philologie in der Epoche der Geistesgeschichte«, in: König/Lämmert, *Literaturwissenschaft* (Anm. 6), S. 201–231.

11 Hugo von Hofmannsthal, »Studie über die Entwickelung des Dichters Victor Hugo«, in: ders., *Gesammelte Werke in zehn Einzelbänden. Reden und Aufsätze I: 1891–1913*, hrsg. von Bernd Schoeller in Beratung mit Rudolf Hirsch, Frankfurt am Main 1979, S. 247–320.

12 Hofmannsthal schrieb 1911 einen Nekrolog auf Dilthey (ebd., S. 451–454); er hatte ihm Bd. 1 der *Kleinen Dramen* (1906) gewidmet; Anfang 1907 traf er ihn in Berlin. Dilthey schickte ihm 1907 die Rede *Dichterische Einbildungskraft und Wahnsinn* (1886) sowie die Abhandlung *Beiträge zum Studium der Individualität* (1895/96). Hofmannsthal hatte auch Diltheys *Schleiermacher* und die *Einleitung in die Geisteswissenschaften* auf einer seiner Leselisten aus der Zeit nach 1917, als er Burdachs *Faust und Moses* las (H VII 10; Freies Deutsches Hochstift); vgl. an Burdach am 17. 2. 1918: »Die Erinnerung an diese Gestalt ist mir unschätzbar, und von symbolischer Bedeutung.«; vgl. Hugo von Hofmannsthal und Rudolf Pannwitz, *Briefwechsel 1907–1926*, in Verbindung mit dem Deutschen Literaturarchiv hrsg. von Gerhard Schuster, Frankfurt am Main 1993, S. 725 f.

13 Vgl. auch den Beitrag von Renate Schlesier in diesem Buch.

14 Vgl. den Beitrag von Frank-Rutger Hausmann in diesem Buch.

15 Die *Materialien zur Geschichte der Farbenlehre* sind – nach Dorothea Kuhn – nicht eine »beliebige Sammlung historischer und biographischer Gegebenheiten, sondern ein Werk Goethes, welches seine Anschauungen und seine Anschauungsweise, sein Denken und seine Darstellungsart besonders deutlich zeigt« (Dorothea Kuhn, »Goethes Geschichte der Farbenlehre als Werk und Form« (1960), in: dies., *Typus und Metamorphose. Goethe-Studien*, hrsg. von Renate Grumach, Marbach am Neckar 1988 (Marbacher Schriften 30), S. 18–36, hier S. 36).

16 Johann Wolfgang von Goethe, »Materialien zur Geschichte der Farbenlehre«, in: ders., *Zur Farbenlehre. Historischer Teil*, bearbeitet von Dorothea Kuhn, Weimar 1957 (*Die Schriften zur Naturwissenschaft*, hrsg. im Auftrage der Deutschen Akademie der Naturforscher Leopoldina, Abt. I, Bd. 6), S. 68–78.

17 Ebd., S. 74 f.

18 Ebd., S. 76.

19 Ebd., S. 76 f.

20 Vgl. Kuhn, »Goethes Geschichte der Farbenlehre« (Anm. 15).

21 Und er setzt fort: »3. Breysig: sämtliches von ihm / 2. Burckhardt: Weltgeschichtliche Betrachtungen. / bei Nietzsche u. mir: praktische ausbildungen. / bei Wölfflin: die ausbeutung beginnend. / ich stosze jetzt aller enden auf ähnliche schwindler.« (Hofmannsthal / Pannwitz, *Briefwechsel* (Anm. 12), S. 390. Hofmannsthals Lektüre der Geschichte der Farbenlehre ist in seinen Leselisten dokumentiert (Originale im Freien Deutschen Hochstift): ohne Datum heißt es etwa »Sommer mitnehmen [...] Goethe: Geschichte der Farbenlehre etc.« (H VB 25.31); die Farbenlehre taucht in den Notizen erstmals im Dezember 1892 auf, dann 1896 in den nachgelassenen Aufzeichnungen (*Gesammelte Werke in zehn Einzelbänden. Reden und Aufsätze III: 1925–1929. Buch der Freunde. Aufzeichnungen*, hrsg. von Bernd Schoeller und Ingeborg Beyer-Ahlert (Aufzeichnungen) in Beratung mit Rudolf Hirsch, Frankfurt am Main 1980, S. 414 und S. 416). In der Hofmannsthal-Bibliothek im Freien Deutschen Hochstift ist keine Ausgabe erhalten (er besaß sie wahrscheinlich in der vierzigbändigen Cotta-Ausgabe, Stuttgart und Tübingen 1840).

22 Goethe, »Materialien zur Geschichte der Farbenlehre« (Anm. 16), S. 77.

23 Friedrich Nietzsche, »Unzeitgemässe Betrachtungen. Zweites Stück: Vom Nutzen und Nachtheil der Historie für das Leben«, in: ders., *Werke. Kritische Gesamtausgabe*, hrsg. von Giorgio Colli und Mazzino Montinari, 3. Abt., Bd. 1, Berlin und New York 1972, S. 239–330, hier S. 260.

24 Hans-Martin Kruckis, »Goethe-Philologie als Paradigma neuphilologischer Wissenschaft im 19. Jahrhundert«, in: Fohrmann / Voßkamp, *Wissenschaftsgeschichte* (Anm. 6.), S. 451–493, hier S. 484.

25 Zitiert nach Michael Hamburger, »Hofmannsthals Bibliothek. Ein Bericht«, in: *Euphorion* 55, 1961, S. 15–76, hier S. 36.

26 »Hugo von Hofmannsthal und Josef Nadler in Briefen, mitgeteilt von Werner Volke«, in: *Jahrbuch der Deutschen Schillergesellschaft* XVIII, 1974, S. 37–88, hier S. 78.

27 Vgl. Nietzsche, »Unzeitgemäße Betrachtungen« (Anm. 23), S. 268.

28 Ebd., S. 253.

29 In Hofmannsthals Bibliothek im Freien Deutschen Hochstift finden sich: Nietzsche, *Werke. Taschen-Ausgabe*, Bde. 1–10, Leipzig 1906; am meisten Anstreichungen finden sich im zweiten Stück der »Unzeitgemäßen Betrachtungen«. Die hier zitierte Anstreichung stammt aus dem Abschnitt »Wir Philologen« (ebd., S. 360); jetzt in ders., »Nachgelassene Fragmente von Anfang 1875 bis Frühling 1876«, in: ders., *Werke. Kritische Gesamtausgabe*, hrsg. von Giorgio Colli und Mazzino Montinari, 4. Abt., Bd. 1, Berlin und New York 1967, S. 98 (Notizen zu »Wir Philologen«, März 1875).

30 Vgl. Nietzsche, »Unzeitgemäße Betrachtungen« (Anm. 23), S. 327.

31 Vgl. zu diesem Vorgang um 1910 Heinz Schlaffer, *Poesie und Wissen* (Anm. 6), S. 243: »Mit dem Anspruch, Wesen und Wahrheit des Lebens zu entdecken, versenkte sich die der Poesie angenäherte Literaturwissenschaft in die Kunstwerke.«

32 Hofmannsthal, »Victor Hugo« (Anm. 11), S. 247.

33 Ebd.

34 Ebd., S. 248.

35 Hugo von Hofmannsthal, »Einleitung zu einem Band von Goethes Werken, enthaltend die Singspiele und Opern«, in: ders., *Gesammelte Werke* (Anm. 11), S. 443–448, und [Zürcher Rede auf Beethoven] in: ders., *Gesammelte Werke in zehn Einzelbänden. Reden und Aufsätze II: 1914–1924*, hrsg. von Bernd Schoeller in Beratung mit Rudolf Hirsch, Frankfurt am Main 1979, S. 69–81.

II. Paradigmen und Leitdisziplinen

Ulrich Wyss

Abgrenzungen. Die Germanistik um 1900 und die Tradition des Faches

Wenn eine Gestalt des Lebens alt geworden ist, breitet die Eule der Minerva ihre Schwingen und beginnt ihren Flug. Hans Mayer hat Hegels Satz auf das Verhältnis der deutschen Literaturgeschichte zur klassischen deutschen Literatur bezogen: Als große deutsche Literatur fürs erste nicht mehr geschrieben wurde, begann man sich in deren Geschichte zu vertiefen.[1] Historiographie also als ein Phänomen der Spätzeit und der Krise, als ein Diskurs, der immer erst im nachhinein möglich wird? Er läßt sich auf zwei Arten betreiben: als Geschichte *von innen* und *von außen*. Wissenschaftssoziologen aus der Schule der Systemtheorie haben es uns vorgemacht: Man kann irgendeine Disziplin als ein soziales System beschreiben, ohne sich um die Sachfragen zu kümmern, um die es jeweils geht. Von Biochemie, von römischem Recht oder klassischer Philologie selber braucht der Analytiker des Sozialsystems, in welchem diese Wissenschaften betrieben werden, nichts zu verstehen. Anders ist es um die Wissenschaftsgeschichte »von innen« bestellt. Sie wurde früher im Modus des Erinnerns vorgetragen. Den Erfahrungsschatz »eines alten Germanisten« packte Konrad Burdach um 1930 aus, und Friedrich Neumann tat es ihm 1970 nach.[2] Vielleicht wäre eine andere Perspektive noch interessanter: ein Bericht »aus dem Leben eines germanistischen Taugenichts« gewissermaßen. Ich habe einmal einen Vortrag mit diesem Titel für die Studenten meiner Universität gehalten. Der Blick auf die Wissenschaftsgeschichte ist immer ein Moment der Selbstbesinnung gewesen; Erinnern und Durcharbeiten vergangener Problematiken ist nicht nur in der Psychoanalyse ein Weg zum gesunden Urteil. Doch worin besteht dann das Kriterium der wissenschaftlichen Seriosität? Ich habe, um mir Konstellationen und Konflikte zu vergegenwärtigen, hin und wieder mythologische Figuren heraufbeschworen: Jacob Grimm etwa als den Gründungsvater der Germanistik. Das ist mir kürzlich als Rückgriff auf »in gewissem Sinn vorwissenschaftliche Erklärungsmodelle« angekreidet worden[3] – ich denke jedoch, daß es ohne Mythologica gar nicht geht. Traditionsreiche, bedeutungsstarke Metaphern und Kernfabeln aus dem Bestand unserer Erzählkultur machen Zusammenhänge klar, die in den Diskursen, aber auch in den Sozialbeziehungen einer Wissenschaft, vor allem in deren früher Phase, nicht ohne weiteres zutage liegen. Wilhelm Scherer hat uns das Verfahren vorgemacht, als er seine Grimm-Biographie schrieb. Er begann damit unmittelbar nach dem Tod seines Helden, und seine Erzählung kodifizierte dann das Verständnis des Faches von seinem Wesen und seinem Werden. Vor allem der Bericht von dem Verriß, den August Wilhelm Schlegel den *Altdeutschen Wäldern* der Brüder Grimm angedeihen ließ, markiert den Übergang von der romantischen Spekulation zur strengen Wissenschaftlichkeit. Das ist eine mythologische Anekdote, aber sie zeigt, was derlei Erzählfiguren leisten: Mythen sind kristallisierte Erfahrungen, die wir mit unserem Fach gemacht haben; in ihnen verdichten sich die Potentiale der Selbstreflexion. Noch ein ganz moderner Wissenschaftshistoriker wie Rainer Kolk hat für seine Untersuchung des Sozialsystems Germanistik nach dem Tod der Gründer eine mythische Chiffre herangezogen, wenn er den sogenannten »Nibelungenstreit« unter dem Titel *Berlin oder Leipzig?* abhandelt.[4] Das ist eine vielsagende topographische Abbreviatur für ein sehr kompliziertes, vielschichtiges historisches Geschehen. Unter dem Blick des Wissenschaftshistorikers, der notgedrungen mythisiert, verwandelt sich die Landkarte in ein magisches Reich, in welchem jede Einzelheit etwas Besonderes bedeutet: »gar âventiure ist al diz lant« (Parzival 548,10).

I

Wenn wir nun nach der Notwendigkeit fragen, sich von dem disziplinär Herkömmlichen zu distanzieren, bekommen wir es zunächst mit Abgrenzungen zu tun, die *strukturell gegeben sind.* Sie gelten für alle Germanisten um die Jahrhundertwende in gleichem Maße. Und zwar zunächst die *Abgrenzung von den unwissenschaftlichen, sozusagen romantischen Anfängen*: eben so, wie sie in Scherers Grimm-Biographie formuliert worden war. Mit der *Deutschen Grammatik* hatte die Germanistik zumindest im Prinzip das Niveau einer strengen Universitätsdisziplin erreicht, hinter das zurückzufallen fortan undenkbar erschien. Rückstände aus der Frühzeit, die sich in den späteren Werken Grimms erhalten hatten, ließen sich nach und nach abtragen; ein romantisch-spekulatives Moment nach dem anderen, in der Sprachgeschichte, der Mythologie, der Literarästhetik wurde umformuliert und modernisiert. Zum zweiten galt die *Abgrenzung der Fachgermanistik von den Dilettanten und den Popularisierern.* »Generalistenprofessoren«, welche ihre Studenten in der Kunst der Beredsamkeit zu unterweisen hatten, wurden von den Lehrstühlen seit den Jahren um 1820 verdrängt und kamen nicht wieder.[5] Erst in unseren Tagen hat ein deutscher Germanist die Reaktivierung dieses verschollenen Paradigmas gefordert.[6] Im Nibelungenstreit hatte man sich außerdem auf die Minimalstandards philologischer Professionalität zu einigen vermocht. Wer ein Fachmann war und wer nicht, verstand sich jetzt von selber. Und drittens: zwingend wurde jetzt auch die *Abgrenzung von Kunst und Literatur der Gegenwart.* Als ein überdeutliches Symptom hierfür lesen wir Karl Kraus' hemmungslose Polemik gegen die Literarhistoriker, die so heißen, weil sie nichts mit *Literatur* zu tun haben.[7] Es gibt keine Komplizität der Poeten und der Philologen mehr wie zu den Zeiten der Brüder Grimm und der Romantiker. Arnim und Brentano unternahmen ihre Liedersammlung *Aus des Knaben Wunderhorn* als eine Art Parallelaktion zu der Sammlung der *Kinder- und Hausmärchen* durch Jacob und Wilhelm Grimm. Auch die Doppelrolle des Dichters und Literarhistorikers, wie Ludwig Uhland sie verkörpert hatte, gibt es um 1900 nicht mehr. Gewiß, dann und wann studierte ein Schriftsteller ein philologisches Fach, Lion Feuchtwanger zum Beispiel; eine akademische Laufbahn aber war mit dem Dichterberuf unvereinbar. Vielleicht hätte der expressionistische Lyriker Ernst Stadler, der *Über das Verhältnis der Handschriften D und G von Wolframs Parzival* im Jahr 1906 in Straßburg promoviert wurde und dann in Brüssel unterrichtete, eine Ausnahme darstellen können; doch er fiel schon 1914 vor Ypern. Dichterphilologen von höchstem Rang waren Hofmannsthal und Borchardt; doch der eine scheiterte mit der Habilitation an der Wiener Philosophischen Fakultät, während der andere eine Göttinger Dissertation, über die es Gerüchte gab, wohl doch nicht geschrieben hat.[8] Bei aller stupenden Gelehrsamkeit: wie sollen wir uns den so ganz unbürgerlichen Dichter Borchardt auf einer deutschen Lehrkanzel vorstellen? Und schließlich gehört auch ein berühmtes Wort Georges in diesen Zusammenhang, das Edgar Salin überliefert hat: »Von mir aus führt kein Weg zur Wissenschaft.«[9] In seinem Konflikt mit Gundolf geht es am Ende vor allem darum, daß sich der Meister des Jüngers, wenn er als Philologe tätig wird, nicht sicher sein kann. Kein Weg soll von der literarischen Produktivität zur Begabung des literarischen Kritikers führen. Das Gedicht *An Gundolf* aus dem *Siebenten Ring* formuliert das geradezu als eine Art Ressentiment: »Warum so viel in fernen menschen forschen und in sagen lesen / Wenn selber du ein wort erfinden kannst.«[10]

2

Zu den Abgrenzungen, die strukturell gegeben waren, traten jedoch um 1900 einige spezifische *Abgrenzungsbewegungen*, in denen sich das Bedürfnis verrät, erkannte Defizite zu kompensieren und dem Fach neue Horizonte zu erschließen. Ich nenne ihrer vier:

1. Die Gründung des *Euphorion* durch August Sauer im Jahr 1894. Die neue Zeitschrift setzte sich drei Ziele: Der Akzent sollte auf der neugermanistischen Forschung liegen; der Kontakt mit der Gegenwartsliteratur war erst einmal herzustellen; die Zeitschrift sollte aktuelle Fragen des Faches diskutieren.[11] Mit dem zweiten Punkt stieß dieses Programm sehr schnell an den strukturellen Zwang, der die Kommunikation von Dichtung und Wissenschaft blockierte. Auch der Vorrang der Neugermanistik ließ sich nicht wirklich durchsetzen, weil die Germanistik immer noch unterm Bann des Philologisierungsparadigmas stand, für welches das »deutsche Altertum« den Gegenstand der Disziplin bildete.[12] Und auch als Diskussionsforum wurde der *Euphorion* kaum genutzt. Lag es daran, daß der öffentliche Streit um prinzipielle Fragen in der deutschen Gelehrten-Kultur, und gerade in jener der Philologen, nicht üblich war? Man verstand sich auf erbittertes Polemisieren, das wohl – daß auch Theorien und Methoden mit Anstand und Vernunft erörtert werden können, war nicht selbstverständlich. So zeichnet sich das besondere Profil des neuen Fachorgans vor dem Hintergrund der älteren Schwestern nicht so recht ab, und erst die *Deutsche Vierteljahrsschrift* wird einen neuen

Typ von germanistischer Zeitschrift repräsentieren: weil sie sich ganz explizit mit einem neuen Paradigma der Geisteswissenschaften verbündet.

Wenn auch die Präsentation einer neuen Wissenschaft so recht nicht gelang, der Neueinsatz wurde im ersten Heft mit großem Aufwand inszeniert.[13] Nach einer Erklärung des Herausgebers Sauer lesen wir einen offenen Brief des Grazer Kollegen Anton E. Schönbach, der für die neuere Literatur eine Lanze bricht, gefolgt von einem Schreiben des Literaten Otto Harnack. Ein Germanist von Profession also kam zu Wort und ein Vertreter des an Literatur interessierten weiteren Publikums. Jacob Minor dann, der Wiener Ordinarius, erörterte die Nützlichkeit von »Centralanstalten für die literaturgeschichtlichen Hilfsarbeiten« – auch die Fragen der Organisation von Forschungsprozessen sollten in Zukunft ernst genommen werden. Die Programmatik des neuen Fachorgans wird in diesen ersten Beiträgen in allen wichtigen Teilen symbolisiert. Doch dem allem geht ein älterer Text voran: das Fragment einer Berliner Vorlesung Wilhelm Scherers, mitgeteilt von Erich Schmidt, dem Inhaber von Scherers Berliner Lehrstuhl. »Wissenschaftliche Pflichten« lautet die Überschrift, und was wir lesen, ist ein Bekenntnis zur großen Tradition des Faches. Für uns ist daran vor allem interessant, daß Sauer und die Seinen ihre Innovationen nicht auf die eigene Kappe nehmen wollten. Sie betonen vor allem die Kontinuität, die sie an Scherers Intentionen anzuschließen zwingt, der seinerseits Grimm und Lachmann als Autoritäten beschwört. Durch den Filter von Scherers Programmatik kommunizieren sie mit dem Ursprung der Disziplin.

2. Die Begründung der *Deutschen Texte des Mittelalters* durch die »Deutsche Kommission« der Berliner Akademie der Wissenschaften. Diese neue Reihe wurde vor allem von Gustav Roethe und Konrad Burdach initiiert,[14] um literarische Denkmäler vornehmlich aus dem Spätmittelalter zugänglich zu machen. In unserem Zusammenhang ist daran vor allem interessant, daß der zentrale Fetisch der Berliner Germanistik, als deren Gralshüter gerade Burdach und Roethe immer wieder auftraten, über Bord geworfen wurde: die strenge Textkritik. Im Nibelungenstreit hatte man die gegnerische Partei eben wegen deren Vernachlässigung attackiert. Jetzt zeigte es sich, daß die zum Teil sehr umfangreichen Legendare, Lehrdichtungen und Chroniken aus dem späten XIII. und dem XIV. Jahrhundert, für die man

sich zu interessieren begann, innert nützlicher Frist nicht zu edieren waren, wenn man *more lachmanniano* verfuhr; so verstand man sich nun dazu, eine vertrauenswürdige Handschrift ohne viel editorisches Beiwerk erst einmal abzudrucken. Daß man damit ein zentrales Dogma des eigenen Konzepts von Philologie preisgab, nahmen Roethe und Burdach in Kauf.

3. Um 1900 erwachte eine neue Lust am Reden über Theorien und Methoden. Nicht nur kümmerte man sich um Fragen der Wissenschaftsorganisation, die sich den Gründervätern noch nicht gestellt hatten; man suchte einige neue Paradigmen zu entwickeln. Berühmt, auch ein wenig berüchtigt, ist bis heute August Sauers Prager Rektoratsrede aus dem Jahr 1907.[15] Wer von Literaturgeschichte handelt, muß von den »Stammesmerkmalen« der Dichter ausgehen, lehrte Sauer; diese bilden die »älteste und festeste Schicht« unseres Wissens über die Vergangenheit der Nation. Von den Familien muß die Untersuchung über lokale und provinziale Gegebenheiten zu den Stämmen und Landschaften aufsteigen. Dabei wird sie auf die Volkskunde zurückgreifen – und das soll nun auch wieder nichts umwälzend Neues bedeuten. Nannte nicht schon Goethe einen »volkstümlich deutschen Sinn« sein eigen,[16] der ihm das Interesse fürs Volksleben, für Bräuche und Sagen eingab? Und auch die »stammheitliche Volkskunde« gibt es, genaugenommen, schon bei Jacob Grimm ... Das Neue kommt also wieder einmal als das gute Alte daher.
4. Daß die Dinge sich zu ändern beginnen, zeigt schließlich das Auftreten des jungen Friedrich Gundolf. Ihm gelang es, sich über die strukturellen Voraussetzungen der Disziplin hinwegzusetzen, und dies gleich in dreifacher Hinsicht. Er praktizierte sein Fach ganz offen als eine Art »Wissenschaftskunst«.[17] Das bedeutet eine Grenzüberschreitung, das Aufreißen neuer Horizonte; zugleich reaktiviert Gundolf damit ein romantisches Motiv aus der Welt des jungen Friedrich Schlegel, zu dessen Projekt einer progressiven Universalpoesie auch die Ermächtigung der Philologie gehört hatte.[18] Freilich bezieht er seine Wissenschaft nicht auf die Frühromantik, sondern zunächst auf Stefan George: Dessen Evangelist und Ausleger will er sein. Die Habilitationsschrift des jungen Germanisten ist als »Kompendium der geistigen Bewegung« geplant, deren Grundschrift und heiliger Text die Gedichte des Meisters waren. Gundolf spricht geradezu von einer »heiligen Ehe« der Dichtung mit der Philologie.[19]

Dazu kommt ein zweites Motiv: Gundolf gab die Esoterik der disziplinären Diskurse preis. Die äußeren Anzeichen gelehrter Schriften läßt er weg, also vor allem die Fußnoten mit dem gelehrten Apparat, und von Anbeginn greift er über die Grenzen seines Faches hinaus. So gibt es in der Dissertation einen Abschnitt, der Shakespeares Caesar-Drama behandelt, also ein Thema, das von Rechts wegen der Anglistik gehört. Ist es ein Zufall, daß wir gerade an dieser Stelle zum ersten Mal den spezifischen Gundolf-Ton vernehmen? Auf Seite 58 ändert sich der Gestus, statt drögem Vorweisen von Belegstellen erhalten hoher Stil und ästhetisches Pathos ihr Recht; Sätze werden wie aus Marmor gehauen. »Er billigt nicht, er mißbilligt nicht«, heißt es etwa, »er bildet.«[20]- Und drittens unterscheidet sich Gundolfs Produktionsweise von der unter Gelehrten bis dahin üblichen. Die 490 Folioseiten des Shakespeare-Buches will er in zwei Monaten niedergeschrieben haben – in einem Rausch des Produzierens und Gestaltens, der ihm selber wie das »unverhoffte Geschenk eines Daimons, der mich besessen hat«[21] vorkam. (Der Fakultät in Heidelberg wurde allerdings nicht der ganze Text vorgelegt; sie bekam nur die ersten 80 Seiten zu lesen, und zwar unter der Überschrift *Shakespeare und der deutsche Geist vor dem Auftreten Lessings.*[22]) So rasant pflegen Philologen sonst nicht zu arbeiten, auch nicht die Schnellschreiber unter ihnen; sie sind es gewohnt, in kontinuierlicher Sorgfalt Material zusammenzutragen und dann vor dem Leser auszubreiten. Gundolf dagegen kam es auf das Komponieren einer Darstellung an, wie es im Vorwort der Buchausgabe dann lakonisch heißen wird (es fehlte in der Version für die Heidelberger Fakultät): »Darstellung, nicht bloß Erkenntnis liegt uns ob.«[23] Es ist wohl charakteristisch, daß der Tonsetzer Arnold Schönberg ganz ähnlich gearbeitet hat: Phasen eruptiver Schaffenskraft machten es ihm möglich, seine Ausdrucksbedürfnisse in unerhörten künstlerischen Formen sich kristallisieren zu lassen. Thomas Mann oder Richard Strauss hielten es, wie wir wissen, anders. Sie setzten sich mit beamtenartiger Regelmäßigkeit jeden Tag an den Schreibtisch und gaben dem Pegasus die Sporen ...

3

Was als Tendenz zur Abgrenzung symptomatisch erscheint, läßt sich vielleicht in systematischen Begriffen entfalten. Ich denke, daß die Problematik des alten und eines neuen Verständnisses von der Wissenschaft um 1900 sich in drei Prinzipien fassen läßt: dem Bedürfnis nach der *Entlehnung von Paradigmen*; der Neigung, *gelehrte Standards zu brüskieren*; und drittens in *Problemen der Traditionsbildung*.

1. Daß die Philologie nicht nur ihre eignen Methoden auszubilden habe, sondern auch ihres Gegenstands sicher sei, war für die Generation Karl Lachmanns und für deren Schüler selbstverständlich gewesen. Das gilt auch, wenn wir bedenken, daß es philologische Temperamente gibt, die wir, wie seinerzeit Jacob Grimm, leicht voneinander unterscheiden können.[24] Die Wörter um der Sachen willen treiben oder die Sachen um der Wörter willen – die Formel hat viel für sich, wenn wir sie als Einsicht in die Physiognomik der literarischen Intelligenz verstehen und nicht als Aufforderung zum Methodenstreit. Sich an Nachbardisziplinen anzuschließen, war nicht nötig, wenn man von vornherein über Totalisierungskonzepte gebot, die für Übergänge, zum Beispiel von der Poesie ins Recht oder von der Sprache in die Geschichte, sorgten. Noch Scherers vielzitiertes Bonmot: »Die Naturwissenschaft zieht als Triumphator auf dem Siegeswagen einher, an den wir alle gefesselt sind«[25] ironisiert das Bedürfnis nach einer durchgreifenden Klärung der Zusammenhänge zwischen den Wissenschaften; starke Metaphern leisten im Notfall mehr als jede Reflexion auf ein System der Disziplinen. Um die Jahrhundertwende ändert sich das. Die Autarkie philologischer Erkenntnis wird zum Problem, so daß man sich nach Paradigmen umsieht, an die das eigene Forschen anzulehnen wäre. Der Student Friedrich Gundelfinger hatte von seinen germanistischen Lehrern nicht mehr viel zu lernen, wie er an Wolfskehl schrieb; Inspiration erhoffte er sich von Heinrich Wölfflin: »Erich Schmidt wird täglich läppischer, Meyer gallertiger – aber Wölfflin ist für eine ganze Generation Studierender in Berlin ein Glück für das ich Gott danke [...] ein ächter Künstler der Wissenschaft und auf seinem Gebiete endlich der synthetische Kopf der wieder bauen kann statt Karren zu schieben, wann kommt der Philologie ein Gleicher, der Germanischen wenigstens?«[26] Wir wissen, daß das Rendezvous der Germanistik mit Wölfflins »Grundbegriffen« im be-

sten Fall ein schöpferisches Mißverständnis war;[27] die Verlockung jedoch, sich außerhalb der Fachgrenzen Inspiration zu holen, ließ sich nicht mehr abweisen. Was nach dem Ersten Weltkrieg als geistesgeschichtliche Wende der Germanistik diagnostiziert wird – es ist nichts anderes als die Systematisierung dieses Versprechens der Exogamie.

2. Wo die Inspiration von außen kommen muß, steht es schlecht um die Ordnung drinnen im Haus. Die sakrosankten Standards der Wissenschaftlichkeit müssen es sich gefallen lassen, daß man sie kritisch hinterfragt (so würde man einige Jahrzehnte später gesagt haben). Gundolf faßte seine Bücher als gelehrte Kunstwerke auf; und er brachte diese auf dem Katheder zur Aufführung. Das ist ein Beispiel für die Brüskierung der Standards; ein anderes findet sich im 14. Jahrgang des *Euphorion*. Er wird mit einer Abhandlung des vielgeschmähten Richard M. Meyer eröffnet: über »Vollständigkeit«.[28] Das ist nichts Spektakuläres, kein souveränes Abtun des Üblichen wie Gundolfs Erklärung, er werde, wenn es für einen Sachverhalt zehn Belege gebe, nur den prägnantesten anführen;[29] als Symptom für das Zerfließen des disziplinären Profils müssen wir es dennoch ernst nehmen.

3. Schließlich die Traditionsbildung im Fach. Sie war seit langem mit großem Aufwand betrieben worden. Wilhelm Scherers Grimm-Biographie erzählte der eben etablierten Germanistik den Mythos ihrer Ursprünge, und 1870 hatte Rudolf von Raumer das Panorama des Fachs als ein detailreiches Kolossalgemälde ausgepinselt.[30] Dabei ging es nie einfach darum, in Erinnerungen zu schwelgen. In der Geschichte des Faches sah man lange die Garantie für dessen Identität; Edward Schröder sollte das im Jahr 1930 auf die Formel bringen: »Das Bild der Altmeister hat unsere Wissenschaft vor Zersplitterung bewahrt.«[31] Daran glaubte der eine oder andere Altmeister der Germanistik noch vor dreißig, vierzig Jahren – es war schon zu Schröders Zeiten ein mehr oder weniger frommer Wunsch. Um 1900 kristallisiert sich das Problem der Identität qua Tradition *im Verhältnis zu Wilhelm Scherer*. Mit Scherer nämlich, der am 6. August 1886 gestorben war, verbanden sich für jeden Germanisten zwei Errungenschaften: die Etablierung der Neugermanistik und die Dissemination der Diskursformen, die einem Professor zu Gebote stehn. Scherer war der erste Vertreter der deutschen Philologie, welcher einen Lehrstuhl für die Geschichte der neueren Literatur innehatte, und er entfaltete eine durchaus ungewöhnliche publizistische Aktivität in Zeitungen

und Zeitschriften, in denen er nicht nur über Themen aus dem engeren Bereich seines Faches schrieb. Beide Neuerungen bergen einen inneren Widerspruch. Neugermanist war Scherer, indem er das Philologisierungsparadigma beibehielt. Er blieb Karl Müllenhoffs Meisterschüler, der in der Schule Lachmanns »die Methode gelernt« und die Denkmäler der althochdeutschen Literatur vorbildlich ediert hatte. So markiert seine Gestalt eine Kontinuität zugleich mit der Epochenzäsur. Später wird die Spaltung des Faches in eine geisteswissenschaftliche und eine philologische Fraktion sich entlang der Bruchlinie zwischen der älteren und der neueren Abteilung vollziehen: Die Altgermanisten halten in der großen Mehrheit am alten Paradigma fest. Das ist der eine Punkt. Als Journalist und Essayist aber nimmt Scherer den neuen Typ des medienkundigen Gelehrten vorweg, weckt aber auch den Argwohn bei den minder weltläufigen Kollegen, bei Müllenhoff oder Friedrich Zarncke: Ist ein Kollege, der über Gott und die Welt zu räsonieren versteht, nicht doch ein Dilettant, ein Generalist, ein Kulturschwätzer? Die Expansion des Faches wurde zu teuer bezahlt, wenn sie auf Kosten eines selbstgerechten Expertentums zustande kam.

Offen wurde Scherer indessen kaum jemals angefeindet. Seine Produktivität und seine Leistungen in der Wissenschaftsorganisation mußten immer wieder Bewunderung hervorrufen. Und als er mit 45 Jahren starb, war es, als ob die Götter einen Liebling zu sich gerufen hätten. Mit der objektiven Ambivalenz seiner Position in der Geschichte des Faches aber hängt es zusammen, daß sich sehr schnell ein Geflecht von Legenden um seine Person zu schlingen begann. Sie sind inzwischen, vor allem in den Büchern von Jürgen Sternsdorff und Wolfgang Höppner,[32] demontiert worden. Ich zähle ihrer acht:

1. Scherer der Erzpositivist, Mechanist, Materialist und Darwinist, der gesagt haben soll, wir brauchten Methoden, die auch ein Esel handhaben kann;[33]
2. Scherer der idealistische Philologe, dem es zuallererst um ästhetische Bildung ging, wobei seine geistigen Väter nicht Auguste Comte und Hyppolite Taine waren, sondern Herder und Goethe, wie Burdach meinte;[34]
3. Scherer der Subjektivist, Essayist und Feuilletonist, als welchen ihn einige Kollegen verdächtigten;[35]
4. Scherer der Superphilologe, der den Neugermanisten zeigte, wie man

das traditionsreiche Paradigma weiterbenutzt – er hatte das Modell der Homerkritik Friedrich August Wolfs, welches Lachmann auf die Nibelungen appliziert hatte, seinerseits auf den *Faust* angewandt;

5. Scherer als Förderer und Verteidiger der modernen, der zeitgenössischen Literatur;
6. Scherer als der Literarhistoriker, welcher die Literatur der Gegenwart verdammen muß, weil sein Geschichts-Schematismus sie in ein Wellental hinabstürzt;
7. Scherer der wilhelminische Chauvinist und autoritäre Zwangscharakter;[36]
8. Scherer der liberale Intellektuelle, der Freund der Frauen und der Juden: Denn Achtung vor dem weiblichen Geschlecht und Toleranz für Andersgläubige sind für ihn, zusammen mit der Kultiviertheit der Sprache, die Kriterien für jene Blütezeiten, die der deutschen Literatur nur alle 600 Jahre geschenkt werden.

Woran sollte man sich halten? Daß diese Scherer-Bilder immer nur der Herren eignen Geist profilieren, liegt auf der Hand. Es zeigt sich auch hier, daß jene Reflexivität, die sich an dem Blicken auf die Wissenschaftsgeschichte nährt, zwangsläufig Mythologeme hervortreibt. Grimms Bild hatte noch auf *einen* Sinn hingedeutet: den Ursprung der Germanistik; Scherers Bild dagegen steht für die Widersprüche ihrer Etablierung. Das macht den Unterschied zwischen dem »Grimm-Zeitalter« und dem »Scherer-Zeitalter« – man hat die Geschichte des Faches tatsächlich nach diesem Kriterium gegliedert[37] – aus. Scherer kann für die Tradition in Anspruch genommen werden, aber auch für den Aufstand gegen sie: wie das bei Mythen eben der Fall ist. Dafür ein letztes Beispiel. Gustav Roethe entschloß sich im Jahr 1898, die Kleineren Schriften Scherers, die seit einigen Jahren gesammelt vorlagen, im *Anzeiger für deutsches Altertum* zu besprechen. Er wundert sich, daß im wichtigsten Fachorgan kein Nekrolog auf Scherer erschienen sei; das will er jetzt nachholen, indem er durchmustert, was die verstreuten Aufsätze über Scherer erzählen: über den Wert seiner Wissenschaft und den Zauber seiner Person. Als er zu den Rezensionen moderner Literatur kommt, fragt sich Roethe: »wo stünde er heute?«, und was er dann sagt, gilt für den ganzen Scherer: »doch seine stimme will nicht antworten.«[38] Das muß uns nicht wundern, denn Scherers Stimme dringt »wie ein gruß aus größerer zeit«[39] zu uns hinüber … Die größere Zeit – es ist das heroic age, in welchem Länder zu erobern und Reiche zu gründen waren. Demgegenüber sieht sich Roethe von einem Prozeß der Schrumpfung und Regression bedroht: »wir sind vielleicht allzu bereit zu resignieren, selbstbeschränkung zu üben.«[40]

Das Fin-de-siècle erlebt also auch Roethe, der die Tradition sonst militant verteidigt, als eine Phase der Stagnation, in welcher dem Fach die Perspektiven abhanden kommen. Was hilft dagegen? Die Reaktivierung von Scherers Vielseitigkeit und Kreativität? Es fragt sich allerdings, ob Kreativität mit dem Fetischisieren der Standards vereinbar wäre; wir sehen hier den Grund für die Erfindung der »Deutschen Texte des Mittelalters«, die dazu beitragen sollten, den Kanon der edierten und deshalb auch gelesenen Texte aus der älteren Literatur aufzubrechen. Es war ein Versuch, mit den Mitteln der Philologie neue Horizonte aufzuschließen. Besonders radikal tat das Konrad Burdach: sein riesiges Projekt lief darauf hinaus, den Deutschen ihre Renaissance in der Literatur des Trecento, Quattrocento und Cinquecento zu schenken; er tat es als Philologe und durch philologische Archäologie. Den anderen Weg gingen jene Germanisten, die sich an moderne Philosophien anzuschließen bereit waren, an Psychologie, Volkskunde und Kunstwissenschaft. Ihnen war es verwehrt, Scherers Potentiale einfach zu reaktivieren; aus ihren Reihen stammt deshalb die Mythe vom Positivisten, der nur noch als ein toter Hund zu behandeln sei. Auch hier gibt es indes Gegenstimmen und Relativierungen, zum Beispiel von Gundolf, der später schreiben sollte, er erstrebe im Prinzip »nichts anderes als Scherer oder Ranke«[41]; nur sei die Aufgabe Scherers eben erfüllt, man könne seine Arbeit dankbar benutzen, nicht aber wiederholen. Wenn Burdach Gundolf vorgeworfen hatte, eine Art geisteswissenschaftliche Gnosis zu treiben, hielt Gundolf dagegen: »ich gebe mich ganz an die Sachen hin und will mit ›Schau‹ oder bewusster ›Mythologie‹ oder ›Bekenntnis‹ gar nichts zu tun haben.« Es gelte allerdings auch, daß das, was wir für Objektivität halten, nichts anderes sei als »die Subjektivität der Großväter«[42]. Und im übrigen: »Würde ich [...] meine Belege als Rohstoff in Anmerkungen und Anhängen oder im Text selber ausschütten, statt sie streng in der Darstellung zu verarbeiten, so würde man mir wahrscheinlich mehr Objektivität zubilligen, und mich etwa der wissenschaftlichen Richtung Burdachs annähern, dessen Verdikt gegen die Gnosis mich keineswegs trifft.«[43]

Auch von Gundolf gibt es Legenden, vor allem die, er sei der Bohemien unter den Philologen gewesen, der sich um die Amtsgeschäfte eines deutschen Professors keinen Deut gekümmert habe. Noch Benno von Wiese hat das in seinen Memoiren so weitergetratscht;[44] obwohl er es besser hätte wissen können. Es ist ein Topos, den wir nach seinem Wert als Symptom befragen können. Wenn Grimm für den Ursprung steht und Scherer für den Widerspruch in der Etablierung des Faches, so zeigt Gundolfs verzaubernde Gestalt an, daß es eine disziplinäre Identität der Germanistik nicht mehr geben wird. Alle drei haben im übrigen eines gemeinsam: sie eignen sich gerade deshalb als emblematische Repräsentanten von Epochen der Wissenschaftsgeschichte, weil sie selber, genaugenommen, nicht Schule gemacht haben. Scherer hat es von Jacob Grimm gesagt: mit Worten, die als Selbstaussage zu lesen gewiß kein Fehler ist. Grimm habe, lesen wir bei ihm, »ja überhaupt das Glück gehabt – und das ist einer der hervorstechendsten Züge seiner Größe – thatsächlich in der Wissenschaft nicht Autorität zu werden«.[45] Der mythische Gründervater zeugt Söhne nur in einem spirituellen Sinn, und so gibt es denn auch eine Scherer-Schule nicht wirklich. Es waren Erich Schmidt und Gustav Roethe, die im Namen Scherers einen Schulzusammenhang zu organisieren unternahmen. Sie waren Schulmeister und Zeloten, denen ein hohes Alter, gesegnet mit vielen Doktoranden und immensem Einfluß auf den Betrieb, gegeben war. Scherer dagegen, das jugendliche Genie aus der Fremde – er starb, ich habe es schon erwähnt, in einem für Professoren jugendlichen Alter. Als wilhelminischen Greis mit ergrautem Rauschebart sollten wir ihn uns also nicht vorstellen. Früh aber haben die Götter auch den Friedrich Gundolf zu sich gerufen. Das trägt zu seiner Aura bei. Scherer war, mit den Worten Klaus Weimars, der ihn besser gelesen hat als die meisten, die alles über ihn zu wissen meinen, ein »zentraler Außenseiter«[46]; dies Oxymoron hätte man getrost auch für Jacob Grimm gebrauchen dürfen, und für Gundolf erst recht. Man könnte sie auch, mit dem Ausdruck von Marcel Duchamps, »machines célibataires«, nennen, also »Junggesellenmaschinen«. An Gelehrten dieses schwierigen und seltenen Typus lernen wir mehr über die Wissenschaft als von den behäbigen Vertretern der Normalität.

4

Was lehrt uns der Blick auf die letzte Jahrhundertwende? Ich denke, es ist leicht zu sehen, daß die Symptome einer Abgrenzung von den Traditionen des Faches Germanistik nach wie vor virulent sind. Noch gibt es die Philologie mit ihrem Anspruch auf Alleinvertretung der Professionalität, oder aber den Ruf nach einer Rephilologisierung, welche die Rückkehr zu den in der Arglist der Zeitläufte verlorengegangenen Standards garantieren soll. Es gibt aber auch das Gegenteil: die Inszenierung von Diskontinuität, das demonstrative Ausborgen von Paradigmen aus exotischen Zusammenhängen. Ja, es werden mehr Paradigmen verschlissen als je zuvor, und in sehr kurzen Zeitabständen. Dafür gibt es auch sozusagen kontingente Ursachen, politische nämlich. Der Zeitenwechsel von 1945 hat die Berufung auf das Herkommen weitgehend unmöglich gemacht. In den Berichten von damals jungen Germanisten, die dann um 1960 Lehrstühle erklommen, findet sich immer wieder der Hinweis, mehr als alle germanistische Fachliteratur habe einem Auerbachs *Mimesis* Eindruck gemacht,[47] welches Buch 1946 bei Francke in Bern zum ersten Mal erschien. Da lehnte man sich an einen Romanisten an, der ins Exil getrieben worden war. Und auch das Jahr 1968 brachte eine Zeitenwende; sie wäre, was die Germanistik angeht, noch zu analysieren.

Eine disziplinäre Gemeinschaft bildet die Germanistik weniger denn je. Man ist sich darüber, was ein Germanist zu können und zu lernen habe, durchaus nicht einig. Und weil die Probleme mit der Traditionsbildung nicht weniger geworden sind, wird die Geschichte des Faches jetzt selber untersucht: in einem eigenen, eigenständigen Forschungsgebiet, das in Marbach über ein eigenes Spezialarchiv und ein Publikationsorgan verfügt. Es ist inzwischen gar nicht mehr so selten, daß sich junge Kollegen über Themen aus der Wissenschaftsgeschichte für »Deutsche Philologie« habilitieren. Und so weiter. Aber auch neue Fragen sind hinzugekommen. Treiben die neuen Medien der Kommunikation neue Formen des Wissens hervor, die der überlieferten Gestalt philologischer Erkenntnis den Garaus machen? Ist unser Fach ein Residuum aus der Epoche vorindustrieller Arbeit und seine Produktionsweise unrettbar veraltet? Gibt es andere, neuartige Bestände von Wissen, denen die Muster unserer Professionalität nicht gewachsen sind? Müssen wir die Humanwissenschaften umdefinieren, ihre Grenzen neu bestimmen? Man hat sich Ähnliches vor hundert Jahren fragen müssen. Aus der Unübersichtlichkeit, die damals eine neue war, ist eine alte und ewige geworden.

Anmerkungen

1 Hans Mayer, »Literaturwissenschaft in Deutschland«, in: *Das Fischer Lexikon Literatur II/1*, Frankfurt am Main 1965, S. 317–333, hier S. 317.

2 Konrad Burdach, *Wissenschaftsgeschichtliche Eindrücke eines alten Germanisten*, Berlin 1939; Friedrich Neumann, *Studien zur Geschichte der deutschen Philologie. Aus der Sicht eines alten Germanisten*, Berlin 1971.

3 Ulrich Hunger, »Die altdeutsche Literatur und das Verlangen nach Wissenschaft: Schöpfungsakt und Fortschrittsglaube in der Frühgermanistik«, in: *Wissenschaftsgeschichte der Germanistik im 19. Jahrhundert*, hrsg. von Jürgen Fohrmann und Wilhelm Voßkamp, Stuttgart 1994, S. 236–263, hier S. 238.

4 Rainer Kolk, *Berlin oder Leipzig? Eine Studie zur sozialen Organisation der Germanistik im »Nibelungenstreit«*, Tübingen 1990 (Studien und Texte zur Sozialgeschichte der Literatur 30).

5 Klaus Weimar, *Geschichte der deutschen Literaturwissenschaft bis zum Ende des 19. Jahrhunderts*, München 1989, S. 230ff.

6 Nämlich Jochen Vogt (Essen) in seinem Einleitungsvortrag zum Internationalen Kongreß der Portugiesischen Germanistenvereinigung in Coimbra (Januar 1996).

7 Karl Kraus, »Razzia auf Literarhistoriker«, in: ders., *Literatur und Lüge*, hrsg. von Christian Wagenknecht, Frankfurt am Main 1987 (Schriften 3, suhrkamp taschenbuch 1313), S. 246–262.

8 Vgl. Max Rychner, »Erinnerung an Rudolf Borchardt«, in: ders., *Zeitgenössische Literatur. Charakteristiken und Kritiken*, Zürich 1947, S. 57–71; Thomas Poiss, »Rudolf Borchardt und die universitäre Altphilologie«, in: *Rudolf Borchardt und seine Zeitgenossen*, Berlin 1997, S. 56–72.

9 Edgar Salin, *Um Stefan George. Erinnerung und Zeugnis*, München und Düsseldorf 1954, S. 48f.

10 Stefan George, *Werke in zwei Bänden*, Bd. 1, Düsseldorf und München 1958, S. 324.

11 August Sauer, »Vorwort«, in: *Euphorion* 1, 1894, S. III–VI; zur Geschichte dieser Zeitschrift vgl. Wolfgang Adam, »Einhundert Jahre Euphorion. Wissenschaftsgeschichte im Spiegel einer germanistischen Fachzeitschrift«, in: *Euphorion* 88, 1994, S. 1–72.

12 Dazu vgl. Ulrich Wyss, »Deutsches oder europäisches Mittelalter?« in: *Germanistik: Disziplinäre Identität und kulturelle Leistung. Vorträge des deutschen Germanistentages 1994*, hrsg. von Ludwig Jäger, Weinheim 1995, S. 332–338.

13 *Euphorion* 1, 1894, S. 1–4: »Wissenschaftliche Pflichten. Aus einer Vorlesung Wilhelm Scherers«; S. 4–16: »Zwei offene Briefe an den Herausgeber« (Anton E.

Schönbach, Otto Harnack); S. 17–26: Jacob Minor, »Centralanstalten für die literaturgeschichtlichen Hilfsarbeiten«.

14 Gustav Roethe, in: *Neue Jahrbücher für das klassische Altertum, Geschichte und deutsche Literatur* 31, 1913, S. 38 ff.; Burdach, *Wissenschaftsgeschichtliche Eindrücke* (Anm. 2), S. 19.

15 August Sauer, *Literaturgeschichte und Volkskunde, Rektoratsrede, gehalten am 18. November 1907*, Prag 1907.

16 Ebd., S. 30.

17 Vgl. Ernst Osterkamp, »Friedrich Gundolf zwischen Kunst und Wissenschaft. Zur Problematik eines Germanisten aus dem George-Kreis«, in: *Literaturwissenschaft und Geistesgeschichte 1910 bis 1925*, hrsg. von Christoph König und Eberhard Lämmert, Frankfurt am Main 1993, S. 177–198.

18 Vgl. seine »Philosophie der Philologie«, hrsg. von Josef Körner, in: *Logos* 17, 1928, S. 1–72.

19 Stefan George und Friedrich Gundolf, *Briefwechsel*, hrsg. von Robert Boehringer mit Georg Peter Landmann, München und Düsseldorf 1962, S. 206.

20 Friedrich Gundelfinger, *Caesar in der deutschen Literatur*, Berlin und Leipzig 1904 (Palaestra 33), S. 58. Den Hinweis auf diesen Bruch in der Tonlage verdanke ich Michael Rißmann (Erlangen).

21 George / Gundolf, *Briefwechsel* (Anm. 19), S. 208.

22 Es handelt sich um einen Vorabdruck aus dem Buch, das dann bei Georg Bondi erscheinen sollte; auf dem Titelblatt ist er als »Habilitationsschrift zur Erlangung der Venia legendi der Hohen Philosophischen Fakultät der Ruprecht-Karls-Universität Heidelberg vorgelegt von Friedrich Gundelfinger Dr. phil.« charakterisiert.

23 Friedrich Gundolf, *Shakespeare und der deutsche Geist*, VIII. Aufl., Berlin 1927, S. VII.

24 Vgl. Jacob Grimm, »Rede auf Lachmann«, in: ders., *Selbstbiographie*, hrsg. von Ulrich Wyss, München 1984 (dtv 2139), S. 82.

25 Wilhelm Scherer, »Die neue Generation«, in: ders., *Vorträge und Aufsätze zur Geschichte des geistigen Lebens in Deutschland und Österreich*, Berlin 1874, S. 408–414, hier S. 413; dazu Weimar, *Literaturwissenschaft* (Anm. 5), S. 459.

26 Gundolf an Wolfskehl, ca. 14. Juli 1901, in: Karl und Hanna Wolfskehl, *Briefwechsel mit Friedrich Gundolf 1899–1931*, hrsg. von Karlhans Kluncker, Bd. 1, Amsterdam 1976, S. 124 f.

27 Vgl. Heinrich Dilly, »Heinrich Wölfflin und Fritz Strich«, in: König / Lämmert, *Geistesgeschichte* (Anm. 17), S. 265–285.

28 Richard M. Meyer, »Vollständigkeit«, in: *Euphorion* 14, 1907, S. 1–17.

29 »Wo durch zehn Zeugnisse dieselbe Richtung bewiesen wird, geht nur dasjenige uns an das sie am deutlichsten ausdrückt«, in: Gundolf, *Shakespeare* (Anm. 23), S. VIII.

30 Wilhelm Scherer, *Jacob Grimm. Neudruck der zweiten Auflage mit Beigaben aus der ersten Auflage und Scherers Rede auf Grimm*, besorgt von Siegfried v. d. Schu-

lenburg, Berlin 1921; Rudolf von Raumer, *Geschichte der Germanischen Philologie, vorzugsweise in Deutschland,* München 1870.

31 Edward Schröder, »Deutsche Philologie«, in: *Aus fünfzig Jahren deutscher Wissenschaft,* hrsg. von Gustav Abb, Berlin 1930, S. 198–215, hier S. 199.

32 Jürgen Sternsdorff, *Wissenschaftskonstitution und Reichsgründung. Die Entwicklung der Germanistik bei Wilhelm Scherer. Eine Biographie nach unveröffentlichten Quellen,* Bern 1979 (Europäische Hochschulschriften Reihe I, 321); Wolfgang Höppner, *Das »Ererbte, Erlebte und Erlernte« im Werk Wilhelm Scherers. Ein Beitrag zur Geschichte der Germanistik,* Köln, Weimar und Wien 1993 (Europäische Kulturstudien 5).

33 Vgl. dazu Weimar, *Literaturwissenschaft* (Anm. 5), S. 459 mit Anm. 239.

34 Burdach, *Wissenschaftsgeschichtliche Eindrücke* (Anm. 2), S. 9.

35 Vgl. Sternsdorff, *Scherer* (Anm. 32), S. 204 ff.

36 Vgl. Gunter Reiss, »Einleitung«, in: Wilhelm Scherer, *Poetik. Mit einer Einleitung und Materialien zur Rezeptionsanalyse,* hrsg. von Gunter Reiss, München 1977 (dtv 4290).

37 Josef Dünninger, »Geschichte der deutschen Philologie«, in: *Deutsche Philologie im Aufriß,* hrsg. von Wolfgang Stammler, Bd. 1, 2. Aufl., Berlin 1957, S. 83–222.

38 Gustav Roethe, Rezension von: *Kleine Schriften* von Wilhelm Scherer, Berlin 1893, in: *Anzeiger für deutsches Altertum* 24, 1998, S. 225–242, hier S. 237.

39 Ebd., S. 242.

40 Ebd.

41 Gundolf an Harry Maync, 11. 1. 1927, in: *Gundolf Briefe. Neue Folge,* hrsg. von Lothar Helbing und Claus Victor Bock, Amsterdam 1965, S. 220–223, hier S. 221.

42 Ebd.

43 Ebd., S. 221 f.; er bezieht sich auf Konrad Burdachs Kritik in: *Jahrbuch der Goethe-Gesellschaft* 6, 1919, S. 16.

44 Benno von Wiese, *Ich erzähle mein Leben,* Frankfurt 1982; vgl. auch Helmut Neuhaus, »Dr. phil. Joseph Goebbels«, in: *Zeitschrift für deutsche Philologie* 93, 1974, S. 398–416.

45 Wilhelm Scherer, *Kleine Schriften zur altdeutschen Philologie,* hrsg. von Konrad Burdach, Berlin 1893 (Kleine Schriften 1), S. 396.

46 Weimar, *Literaturwissenschaft* (Anm. 5), S. 457.

47 Vgl. die Beiträge in: *Wie, warum und zu welchem Ende wurde ich Literarhistoriker? Eine Sammlung von Aufsätzen aus Anlaß des 70. Geburtstags von Robert Minder,* hrsg. von Siegfried Unseld, Frankfurt am Main 1972 (suhrkamp taschenbuch 60).

Mitchell G. Ash

Psychologie in Deutschland um 1900. Reflexiver Diskurs des Bildungsbürgertums, Teilgebiet der Philosophie, akademische Disziplin

Die bislang gängige Disziplingeschichtsschreibung stellt die Entstehung der akademischen Psychologie als die Herauskristallisierung einer neuen Naturwissenschaft aus der Sinnesphysiologie und der Philosophie – und damit quasi als wissenschaftsimmanenten Befreiungsakt – dar. Dieses Deutungsmuster entspricht dem Modell einer Fortschrittsgeschichte von der metaphysischen Spekulation zum empirischen und quantitativen Wissen und von dort zum gesellschaftlichen Nutzen. In historisch fundierten Arbeiten über die Herausbildung des modernen Forschungssystems[1] scheint hingegen durch, daß die Ausdifferenzierung von Disziplinen mit der von Forschungsbereichen nicht notwendigerweise übereinstimmt, und daß beide Vorgänge in verschiedenen Ländern oder Kulturgebieten zu verschiedenen Zeiten geschehen und zuweilen mit sehr unterschiedlichen Mitteln gerechtfertigt werden. Folglich bedarf es einer Analyse der Mühen und Kämpfe, d. h. *der gesellschaftlichen und kulturellen Arbeit, speziell der institutionspolitischen und rhetorisch-diskursiven Mittel,* die für die Herstellung und Legitimierung von Fächergrenzen gegenüber Staat, Wirtschaft und Kultur und auch innerhalb des jeweiligen Wissenschaftssystems im Einzelfall notwendig ist.

In Anbetracht dieser neuen Forschungsergebnisse möchte ich im folgenden eine – im Vergleich zur herkömmlichen – etwas gebrochenere Narrative entwerfen. Dabei gehe ich davon aus, daß die Geschichte der akademisch etablierten Wissenschaft »Psychologie« von einer dauerhaften *Abgrenzungs- und Legitimierungsnot* geprägt ist, und zwar nicht nur gegenüber den Natur- und Medizinwissenschaften, und nicht nur gegen andere psychologisch orientierte Fächer und Berufe, insbesondere die Psychiatrie, sondern auch und vor allem gegen die »kulturellen Selbstverständlichkeiten«[2] oder bevorzugten Sprachstile der jeweiligen Zeit. So betrachtet wird die Geschichte der Psychologie zu einem Dauerkampf um die Definitionsmacht über ein scharf umkämpftes diskursives und praktisches Feld. Folglich handelt es sich bei der Entstehung dieses Faches und bei dessen Institutionalisierung an den Universitäten nicht um einen Befreiungsakt, sondern vielmehr um die Herstellung einer relativen, nie ganz gesicherten Autonomie, die durch immer neue Grenzziehungen immer wieder neu verhandelt worden ist und verhandelt werden mußte. Dabei wird das Ensemble von psychologischen Redeweisen und Praktiken, also ihre sogenannten »Inhalte«, ständig umgestaltet. Als notwendiger Hintergrund zur Analyse der Situation um die Jahrhundertwende seien einige Aspekte der Entwicklungen vor 1900 kurz umrissen.

I. Psychologie als diskursiv-praktisches Ensemble bis 1900

Seit dem späten 18. Jahrhundert hat sich im deutschsprachigen Raum ein weitverzweigter Diskurs um die Seelenstrukturen und -vorgänge herausgebildet.[3] Dieser Diskurs hatte literarische, medizinische, natur- und kulturwissenschaftliche Aspekte. Seine Spannbreite im ausgehenden 18. Jahrhundert reichte von der durch Christian Wolff und andere verkörperten philosophischen Lehrbuchtradition einer systematisch klassifizierenden »empirischen« und »rationalen« Psychologie über das von Karl Philipp Moritz, Salomon Maimon und anderen zehn Jahre lang aufrechterhaltene, weitgehend aus introspektiven Selbstzeugnissen bestehende *Magazin für Erfahrungsseelenkunde* bis zur von Johann Kaspar Lavater und anderen betriebenen Physiognomik.[4]

Aus diesem diskursiven Ensemble schälten sich mehrere psychologische Disziplinen, darunter schon lange vor der akademischen Psychologie auch die Psychiatrie und nach ihr die Psychoanalyse, heraus.[5] Wichtig in diesem Zusammenhang ist jedoch der Hinweis darauf, daß die Grenzen zwischen den literarischen, philosophischen, medizinischen und naturwissenschaftlichen Dimensionen dieses diskursiven und praktischen Ensembles während des gesamten 19. Jahrhunderts und darüber hinaus fließend blieben. So könnte selbst das im Jahre 1879 von Wilhelm Wundt gegründete Laboratorium für experimentelle Psychologie in Leipzig in gewisser Hinsicht als eine Fortsetzung des *Magazins für Erfahrungsseelenkunde* für »normale« Menschen begriffen werden.

In seiner Untersuchung dieser und anderer psychologischer Forschungsmethodiken hebt Kurt Danziger zu Recht das Verhältnis von Versuchsleiter und Versuchsperson hervor.[6] In der Hypnose, die als Untersuchungs- und Heilverfahren in Frankreich vor allem unter Neurologen etabliert und u. a. durch Sigmund Freud in die deutschsprachigen Länder eingeführt wurde, gerieten die Patientinnen nicht nur metaphorisch unter die Kontrolle des Versuchsleiters. Im starken Kontrast dazu waren diese Rollen im Wundtschen psychologischen Experiment prinzipiell austauschbar. Eine Untersuchung des sozialen Status der Beteiligten und der Versuchsprotokolle selbst ergibt so etwas wie eine Art reduziertes Gespräch zwischen Gleichrangigen und Gleichgesinnten. Wundt selbst schrieb in den 90er Jahren, daß die Mitglieder meist Studenten der Mathematik und der Naturwissenschaften waren; diejenigen, die aus der Philosophie kamen, waren mehrheitlich künftige Gymnasiallehrer.[7] Es war eine Gemeinschaft, deren Beteiligte – selten mehr als 25 im Jahr – im Gegensatz zu den Beitragsautoren des *Magazins für Erfahrensseelenkunde* tagtäglich mehrere Stunden am selben Ort im Dienst derselben Sache beisammen waren. Die Sache, d. h. den Zweck der Forschungsarbeit, beschrieb Wundt als die Entdeckung der Grundlagen einer von der physikalischen unterschiedlichen »psychischen Kausalität«.[8] Diese künftigen Bildungsbürger waren also dabei, die kausalen Gesetze ihrer eigenen Subjektivität zu entdecken.

Entsprechend diesem Zweck betonte Wundt, daß die hierfür am besten geeigneten Versuchspersonen ganz »normale« Erwachsene seien. Dies begründete er damit, daß die Methodik der Selbstbeobachtung besondere Konzentrationsfähigkeit und Disziplin sowie auch die Fähigkeit, das gerade Erlebte ohne kausale Attribution wiederzugeben, erfordere. Ferner sprach er vom »verständnisvollen Eingehen« des Beobachters auf die Intentionen des Experimentators – ein Einverständnis, das ohne entsprechende Vorbildung kaum zu erwarten gewesen wäre.[9] Die Versuchsprotokolle sollten auf die Wiedergabe einfacher Urteile und die genau bemessenen Bedingungen der jeweiligen Reizvorlagen beschränkt bleiben; bei Arbeiten beispielsweise über die Zeitdauer von Empfindungs- und Wahrnehmungsvorgängen konnte ein einziges Wort, wie »höher« oder »heller«, und eine Zeitangabe genügen. Die zunehmend formalisierten, oft genug sehr trocken geschriebenen Forschungsberichte, die aus solchen Untersuchungen hervorgingen, waren mit den seelischen Selbstzeugnissen von Karl Ph. Moritz und anderen aus dem vorigen Jahrhundert hinsichtlich ihrer literarischen Qualitäten kaum zu vergleichen. Gleichwohl handelte es sich in beiden Fällen um ein empirisch fundiertes Selbstgespräch unter Bildungsbürgern, die sich als Repräsentanten der Menschheit an sich begriffen.

Andere Grenzziehungen kamen zum Vorschein, als es um die Absonderung der »neuen« Psychologie von den »Amateuren« ging. Als Beispiele zu nennen sind der Kampf Wundts gegen den Spiritismus und den Hypnotismus in den 80er und 90er Jahren und die Arbeit von Oskar Pfungst, einem Mitarbeiter im Berliner Psychologischen Institut, mit einem berühmten Pferd, dem »Klugen Hans«, um die Jahrhundertwende.[10] In beiden Fällen ging es darum, Befunde und Methoden vermeintlicher »Amateure« in Mißkredit zu bringen. Im Falle des »Klugen Hans« geschah dies dadurch, daß Pfungst die erstaunlich häufig richtigen »Antworten« des Tieres bei Arithmetikaufgaben auf subtile Signale des Tierhalters zurückführte.

Trotz vielbeachteter Erfolge konnten die Gründer der experimentellen Psychologie in Deutschland aber nie mehr als einen kleinen Teil des oben beschriebenen diskursiv-praktischen Ensembles unter ihre institutionelle oder kognitive Kontrolle bringen. Selbst die Bedeutung der Bezeichnung »experimentelle Psychologie« blieb lange Zeit umstritten. In Frankreich blieb die »Psychologie expérimentale« für längere Zeit gleichbedeutend mit der Hypnose. In Berlin gab es ab 1888 eine Gesellschaft für experimentelle Psychologie, die sich aber hauptsächlich der Erforschung der außersinnlichen Welt widmete.[11] Erst nach der Gründung der Gesellschaft für experimentelle Psychologie unter dem Vorsitz von Georg Elias Müller im Jahre 1904 konnte die Bedeutung dieses Terminus als Beschreibung dessen, was in den universitären Labors geschah, einigermaßen festgeschrieben werden.

Mit der Erweiterung des experimentell-quantitativen Verfahrens von den Empfindungs- und Wahrnehmungsvorgängen auf menschliche Lern- und Gedächtnisleistungen durch Hermann Ebbinghaus, G. E. Müller und andere Forscher schien die »neue« Experimentalpsychologie um die Jahrhundertwende ihres Gegenstandes habhaft geworden und eine Grenze zur Physiologie erfolgreich gezogen worden zu sein. Die Mathematisierungs- und graphischen Visualisierungstechniken der »neuen« Psychologie, sowie vor allem das Gewicht der aus Messing, Stahl und Holz gebauten Meßinstrumente in den Labors, vermittelten den Eindruck kontrollierten Wissens und kumulativen Wissenserwerbs.

Trotzdem blieben Gegenstandsbestimmung, Methode und wissenschaftlicher Status der Psychologie unter ihren Vertretern strittig. »Viele neue Psychologien gibt es«, schrieb William Stern im Jahre 1900, »aber noch nicht *die* neue Psychologie.«[12]

2. Natur- oder Geisteswissenschaft – und zu welchem Zweck?

Mitverantwortlich für die Uneinigkeit unter den Psychologen waren die weit auseinandergehenden Urteile darüber, wie die »neue« Psychologie im System der Wissenschaften eingeordnet werden und welchem praktischen Zweck sie dienen sollte. Für seinen Teil betrachtete Wundt seine »physiologische« Psychologie lediglich als eine Art Brücke zwischen den naturwissenschaftlich zu erfassenden Grundlagen der psychischen Vorgänge, einschließlich Empfindungen und Wahrnehmungen, und einer allgemeinen Psychologie der Emotionen, der Willenshandlungen und des Denkens, die nur teilweise auf experimentelle Untersuchungen gestützt werden könnte.[13] Die Krönung des Ganzen sollte seine *Völkerpsychologie*, eine vergleichende Analyse menschlicher Kulturerzeugnisse, insbesondere Sprachen, Mythen und Sitten, werden, die ab 1900 in zehn Bänden erschien.[14] Erst die Zusammenführung von »physiologischer« Psychologie, allgemeiner Psychologie und geisteswissenschaftlich erarbeiteter Völkerpsychologie sollte das Fundament der Geisteswissenschaften bilden.

In seinen *Prinzipien der Sprachgeschichte* ging Hermann Paul noch weiter, indem er alle natürlichen und kulturellen Entwicklungen auf eine historische »Prinzipienwissenschaft« zurückführen wollte, die ihrerseits »auf der Basis der experimentellen Gesetzeswissenschaft (wozu ich auch die Psychologie rechne)« aufzubauen wäre.[15] So konnte auch er die Psychologie »die vornehmste Basis aller in einem höheren Sinne gefaßten Kulturwissenschaft« nennen, ohne mit der Sprachtheorie oder der Völkerpsychologie Wundts im einzelnen übereinzustimmen.[16] Bemerkenswert ist, daß Paul sich ausdrücklich auf die experimentelle Psychologie beruft, und nicht auf die zwischen 1860 und 1890 in zwanzig Bänden erschienene, von Moritz Lazarus und Haim Steinthal gegründete *Zeitschrift für Völkerpsychologie und Sprachwissenschaft*, die ohne experimentelle Arbeiten auskam.

Es ging also nicht allein um die fundamentale Rolle, die der Psychologie von vielen Seiten zugedacht war, sondern darum, *welche* Psychologie am besten geeignet sein könnte, diese Rolle auszufüllen. Die vielbeachtete Kontroverse zwischen Wilhelm Dilthey und seinem einstweiligen Berliner Kollegen Hermann Ebbinghaus war nur ein Teil dieser weiteren Auseinandersetzung. Schon 1883, in seiner *Einleitung in die Geisteswissenschaften,* hatte Dilthey die Bedeutung psychologischer Überlegungen für die Kulturtheorie hervorgehoben. Denn »Systeme der Kultur« seien keine Produkte eines abstrakten »Volksgeistes«, sondern beruhten »auf psychischen oder psychophysischen Inhalten«, d. h. auf spezifischen gemeinsamen Erlebnissen.[17] Gegen eine angeblich durch die neue Experimentalpsychologie untermauerte »Mechanik der Seele« verwahrte sich Dilthey dann im Jahre 1894 mit dem Argument, daß im Hinblick auf den unmittelbar erlebten Sinnzusammenhang von Erkennen, Fühlen und Wollen, sowie auf die zentrale Rolle einer all diese Vorgänge tragenden, sinngebenden Persönlichkeit, das Ganze vor den Teilen geht: »Der erlebte Zusammenhang ist hier das erste, das Distinguieren der einzelnen Glieder ist das Nachkommende.«[18] Nur eine von solchen Grundlagen ausgehende, mit verstehender Methode arbeitende Psychologie und eine darauf aufbauende, systematische Erforschung der Herausbildungsformen des »entwickelten Kulturmenschen« versprach seiner Meinung nach Ergebnisse, die »für den Historiker, den Ökonom, den Politiker und Theologen« von Nutzen sein könnten.[19]

In seiner Antwort warf Ebbinghaus Dilthey vor, sich auf ein veraltetes Gegenbild zu beziehen. Das Leitbild der »neuen« Psychologie sei weniger die klassische Physik als vielmehr die Biologie; man wolle die funktionellen Zusammenhänge der Bewußtseinserscheinungen und ihre Bedeutung für die Selbsterhaltung des Menschen erforschen.[20] Dieser Sprachgebrauch signalisiert eine tiefgreifende Wandlung. Die Fakultätenlehre hatte man abgestreift, man sprach jetzt allenthalben von psychischen Vorgängen oder Funktionen. Von einer Seele, die anders und mehr sein sollte als Körper oder bloßer Geist, sprach man jedoch noch immer. Deshalb meinte William Stern im Jahre 1900, die zentrale Alternative sei nicht allein naturwissenschaftliche gegen geisteswissenschaftliche Psychologie, sondern »Subjektpsychologie« gegen »subjektlose Psychologie«.[21]

All diese theoretischen Stellungnahmen für und wider eine naturwissenschaftliche oder geisteswissenschaftliche Psychologie waren mit spezifischen praktischen Funktionsentwürfen verbunden. In den Auseinandersetzungen über die Möglichkeit und Rolle einer angewandten Psychologie ging es damals vornehmlich um das Verhältnis zur Pädagogik und zur Lehrerschaft. Dieser Berufsstand wurde um die Jahrhundertwende zum Hauptrezipienten der »neuen« Psychologie. Zusammen mit akademischen Verbündeten wie Eduard Meumann und William Stern wollten viele Lehrer eine wissenschaftlich fundierte Pädagogik etablieren und diese zur Grundlage einer reformierten Schule werden lassen. Einige Lehrervereine, z. B. der Leipziger, besaßen eigene psychologische Laboratorien, während andere solcher Gruppierungen die Arbeit der Universitätsinstitute nach Kräften unterstützten.[22] Statt wie bisher weitgehend auf intuitive Beurteilungen der Charakterstärke und Leistungsfähigkeit der Schüler angewiesen zu sein, sollten die Lehrer jetzt an der objektiven Bemessung der von Meumann so genannten »geistigen Arbeit« mitarbeiten, um eine optimale Verteilung derselben und damit eine endgültige Lösung des Überbürdungs- und Ermüdungsproblems zu ermöglichen.[23]

Ebenfalls um die Jahrhundertwende machte sich der Wundt-Schüler und Psychiater Emil Kraepelin daran, das Verhältnis von körperlicher und geistiger Ermüdung mittels empirisch bemessener »Arbeitskurven« zu ermitteln, um damit auch die Fabrikarbeit zu objektivieren. Als Antwort darauf stellte Hugo Münsterberg die Aufgabe einer »industriellen Psychotechnik« auf und versuchte, Fabrikdirektoren und Betriebsleiter von der eigenständigen Bedeutung des »Faktors Mensch« für die Produktion zu überzeugen.[24] In einer ausführlichen Besprechung vor allem der Arbeiten Kraepelins und seiner Schüler verwies Max Weber jedoch auf die Schwierigkeiten einer Übertragung exakter Labormessungen auf empirische Arbeitsvorgänge in Betrieben sowie auf die Einflüsse sozialer und sozialpsychologischer Faktoren, wie z. B. kulturell oder weltanschaulich bedingter Einstellungen auf die Gestaltung der Fabrikarbeit.[25] Zum Teil über diese Kritik gelangte Weber zu einer Grenzziehung zwischen experimenteller Psychologie und verstehender Sozialwissenschaft. Dies schloß jedoch ein gleichzeitiges Kooperationsangebot und die Betonung der potentiellen Praxisbezogenheit beider Wissenschaften nicht aus.

3. Psychologie und Philosophie – Einbeziehung oder Ausgrenzung?

Trotz dieser grundsätzlichen Unentschlossenheit über Gegenstand, Methode und gesellschaftliche Funktion der »neuen« Psychologie war bis zur Jahrhundertwende eine wissenschaftliche Arbeitsgemeinschaft mit allen Merkmalen einer neuen Disziplin entstanden. Die führenden Vertreter der neuen Fachrichtung konnten sich die Unterstützung von Physiologen und Psychiatern, beispielsweise als Mitherausgeber der *Zeitschrift für Psychologie und Physiologie der Sinnesorgane,* sichern, und sie machten sowohl bei diesen Fächern als auch bei anderen Naturwissenschaften instrumentelle und begriffliche Anleihen. Doch trotz dieser Grenzüberschreitungen blieb das neue Fach institutionell in der akademischen Philosophie verankert. Wundt und Theodor Ziehen, zu jener Zeit Professor in Halle, waren die einzigen Gründer der »neuen« Psychologie, die von der Physiologie bzw. der Medizin herkamen. Die anderen waren allesamt ausgebildete Philosophen, die keine bloßen Imitate der Methoden Wundts verwendeten, sondern eine schon lange vorhandene Tradition der empirischen Psychologie mit den Mitteln des Experiments fortzusetzen gedachten. Selbst Wundt schrieb, daß er lediglich um die Legitimierung seiner »Physiologischen Psychologie« »als Teilgebiet der Philosophie« bemüht war.[26]

Diese Strategie entsprach durchaus den Gegebenheiten des deutschen Universitätssystems. Für ausgebildete Philosophen, die mit den neuen Methoden arbeiten wollten, war es einfacher, die herkömmlichen Fächergrenzen zu akzeptieren, als mehrere Fakultäten und Ministerien entweder gleichzeitig oder nacheinander von der Notwendigkeit einer neuen Disziplin überzeugen zu müssen. Diese Strategie entsprach aber auch der Überzeugung der Mehrheit der Experimentalpsychologen, daß ihre Arbeit durchaus zur empirischen Lösung von philosophischen Problemen, z. B. in der Erkenntnistheorie und der Logik, beitragen konnte. Wie Carl Stumpf 1891 meinte, könnten Erkenntnistheoretiker »an der Frage nach dem Ursprung der Begriffe nicht vorbeigehen«, während alle Psychologen, deren Wissenschaft »mehr als ein bloßes Handwerk ist«, zugleich die erkenntnistheoretischen Grundlagen ihrer eigenen Forschung mit zu bedenken hätten.[27] So handelte es sich seiner Meinung nach nicht um zwei verschiedene Fächer, sondern um zwei Teilgebiete der Philosophie. Ihm wie auch Wundt ging es nicht um eine Ausgrenzung, sondern um eine Umorganisierung der Arbeitsteilung der Philosophie von innen her.

Der Kampf um die universitäre Verortung der Psychologie zwischen der Medizin und der Philosophie war somit als Verteilungskampf um institutionelle Ressourcen mit kognitiven Mitteln so gut wie vorprogrammiert. Die kognitiven Ressourcen dieser Auseinandersetzung kamen aber vor allem aus der ab 1900 entbrannten Auseinandersetzung um den »Psychologismus« in der Erkenntnistheorie.[28] Im ersten Band seiner *Logischen Untersuchungen* (1900) behauptete z. B. Edmund Husserl im Anschluß an Argumente Gottlob Freges, daß die logische Validität von Erkenntnisaussagen prinzipiell nicht auf die erfahrungsmäßigen Ursprünge von Begriffen zurückgeführt werden kann; Aussagen über unendliche Größen und Zahlenreihen können richtig sein, auch wenn solche Gegenstände prinzipiell nicht erlebbar sind.[29] Indes gab es verschiedene Definitionen des »Psychologismus« und auch verschiedene Stellungnahmen gegen diesen nie einheitlich definierten Standpunkt. Husserl selbst ließ es eine Zeitlang unklar erscheinen, ob er alle Erfahrungsanalysen aus der Philosophie gebannt sehen wollte, oder ob er, wie vor ihm schon Dilthey, die Philosophie, genauer die Erkenntnistheorie, auf eine andere Psychologie als die der Laborpsychologen aufbauen wollte, nämlich eine beschreibende, phänomenologische.

Wenn dies ein Mißverständnis war, war es für die psychologische Wissenschaft ein äußerst fruchtbares. Viele Forscher sahen eine Chance, die vom Physiologen Ewald Hering schon seit Jahrzehnten verwendeten Forschungsmethoden in der Sinnespsychologie, die ebenso vom unmittelbar Erlebten und nicht von den durch die Sinnesorgane aufgenommenen Reizen ausgingen, erkenntniskritisch zu untermauern. So habilitierte sich David Katz, der Vorlesungen bei Husserl in Göttingen gehört hatte, im Jahre 1911 mit einer bis dahin an Feinsinnigkeit unübertroffenen experimentellen Phänomenologie der Farbwahrnehmung.[30] Der bedeutendste Vermittlungsversuch in dieser Auseinandersetzung war ohne Zweifel die »Würzburger Schule« der Denkpsychologie. Dort leitete Oswald Külpe eine Reihe von Untersuchungen, welche unter anderem den Einfluß dynamischer Faktoren wie z. B. der Einstellung von Versuchspersonen auf die Wahrnehmung und die Existenz »neuer«, über die Empfindungen hinausgehender Bewußtseinsinhalte, nachwiesen. Die Forscher dieser Schule strichen die erkenntnistheoretischen Implikationen ihrer Arbeiten heraus, indem sie ihre Arbeiten als Beiträge zum Problem des Urteils, des Willens oder der Abstraktion betitelten. Külpe selbst versuchte, eine kritisch-realistische Erkenntnistheorie z. T. auf der Grundlage dieser Forschungen aufzubauen, bei der er, wie auch Husserl, die primäre Rolle im Erkenntnisvorgang nicht der Empfindung, sondern der Wahrnehmung zusprach. Die Psychologen, welche noch der Assoziationspsychologie David Humes anhingen, so schrieb er 1912, »bieten Steine und nicht Brot an die Vertreter der Geisteswissenschaften, die psychologische Unterstützung verlangen«.[31]

Bestimmte rhetorische Topoi kamen aber zum Einsatz, die zeigten, daß es sich dabei auch um die kulturelle Einordnung von Wissenspraktiken handelte. Am schärfsten fiel die Abgrenzung bei Wilhelm Windelband aus. Er spricht von einer Philosophie mit der Stoppuhr und meinte in einer vielbeachteten Polemik, daß es einen Tiefpunkt in der deutschen Philosophiegeschichte markierte, als man das Erkenntnisproblem zu lösen sich anschickte, indem man feststellte, daß einige Menschen bestimmte Buchstaben schneller tippen könnten als andere.[32] Die in solchen Worten zum Ausdruck kommende Aversion spiegelt das tradierte Verhältnis der Kopfarbeit der »reinen« Philosophie zur »Handarbeit« des naturwissenschaftlichen Experiments wider. Sie mögen auch als Indizien für die im traditionellen Bildungsbürgertum verbreiteten Ängste und Ressentiments gegen die moderne Industriegesellschaft gelten.[33]

Solche Argumente vermischten sich zunehmend mit unverhohlenen Standesinteressen. So äußerte Husserl in seinem grundlegenden Aufsatz *Philosophie als strenge Wissenschaft* von 1911 sein Unbehagen darüber, daß die Mehrheit der Naturwissenschaftler in den Philosophischen Fakultäten die eigentlichen Philosophen immer wieder überstimmten und Experimentalpsychologen auf philosophische Lehrstühle setzen würden.[34] Wie Oswald Külpe 1912 bemerkte, beruhte diese Sorge durchaus auf Gegenseitigkeit; der Zeiteinsatz für Laboruntersuchungen habe es vor allem für jüngere Psychologen unmöglich gemacht, philosophische Lehre und psychologische Forschung gleichzeitig zu betreiben.[35] Eine Eskalation des Streites löste Ende 1912 die Berufung des Experimentalpsychologen Erich Rudolph Jaenschs auf die Nachfolge des Neukantianers Hermann Cohen in Marburg aus, die eine von 107 Dozenten und Professoren für Philosophie unterzeichnete Protesterklärung nach sich zog.[36] Der Text wurde in sämtlichen philosophischen Fachzeitschriften abgedruckt und allen Kultusministerien zugeschickt. Wie der wissenschaftspolitisch versierte Psychologe und Mediziner Willy Hellpach kommentierte, »wird die Seelenwissenschaft nun glücklich zur Selbstständigkeit gedrängt« – ohne die Vertreter derselben zu fragen, ob sie dies wollten.[37]

Zu diesem Zeitpunkt erreichte der Kampf auch die Aufmerksamkeit des gebildeten Publikums. Gelehrte wie Paul Natorp, Karl Lamprecht, Heinrich Rickert, Georg Simmel und Wilhelm Wundt gaben ihre Stellungnahmen in Zeitschriften wie *Die Zukunft* oder sogar in Tageszeitungen ab. Lamprecht kritisierte vor allem den Ton der Auseinandersetzung und sah darin ein bedauernswertes Beispiel der in der spätwilhelminischen Gesellschaft allenthalben um sich greifenden Reduzierung von Sachfragen auf enge politische und materielle Interessen.[38] In seiner Antwort darauf verwies der Berliner Sozialphilosoph Georg Simmel jedoch auf eine andere Dimension der Auseinandersetzung, die man die kulturpolitische Ebene nennen könnte. Die philosophisch interessierte Jugend, so Simmel, suche »noch etwas Allgemeineres, oder, wenn man will, Persönlicheres«, als die Gesetze der Psychophysik: »wo es der Jugend nicht mehr geboten wird, wenden sich gerade ihre besten Elemente anderen Quellen zu«, wie der Mystik, der Sozialdemokratie, der Literatur, »einem falsch verstandenen Nietzsche oder einem skeptisch gefärbten Materialismus«.[39] Damit schien die Herausforderung klar zu sein: Wollte die Universitätsphilosophie »die innerlichste Führung der Jugend« wiedererlangen, so müsse sie sich der experimentellen Psychologie entledigen und diesen »tiefen Bedürfnissen« zuwenden.

Indessen traf Wundt selbst in seiner Streitschrift *Die Psychologie im Kampf ums Dasein* den Kern der Kontroverse. Die Philosophen wollten, so Wundt, offensichtlich nicht die gesamte Psychologie, sondern die »banausische Kunst« des Experiments aus ihrer Mitte ausschließen. Da die Anwendungsmöglichkeiten der Psychologie noch lange nicht ausreichten, um die Gründung eigener Lehrstühle und damit die Etablierung eines eigenständigen Fachs zu rechtfertigen, so sei es gleichermaßen im Interesse von Psychologen und Philosophen, niemanden zur Habilitation auf diesem Gebiet zuzulassen, »der bloßer Experimentator und nicht zugleich ein psychologisch wie philosophisch gründlich durchgebildeter und von philosophischen Interessen gefüllter Mann (*sic!*) ist«.[40] Als Konsens der Beteiligten stellte sich heraus, daß für eine wie immer geartete Psychologie Lehrstühle in der Philosophischen Fakultät eingerichtet werden sollten.[41]

4. Schluß

Interessanterweise hatte diese hitzige Kontroverse weder für die kognitive noch für die institutionelle Ausdifferenzierung der Psychologie in Deutschland sichtbare Folgen. Trotz vielfacher Bemühungen hatte die »neue« Psychologie ihre Selbsteingrenzung als »reine Wissenschaft« und Teil der Philosophie nicht überwunden und auch noch kein für Außenstehende erkennbares Berufsbild entworfen. Eine der Folgen der Auseinandersetzung von 1912/13 waren allerdings ausführliche Schilderungen der schon erlangten Bedeutung der Psychologie für verschiedene Praxisgebiete, von der Aufklärung von Unfällen für Versicherungen bis hin zur Zeugenvernehmung vor Gericht.[42] Im Ersten Weltkrieg zeigten sich Experimentalpsychologen erfinderisch in der Konvertierung ihrer Forschungsapparate in Kriegsgerät, beispielsweise im Einsatz psychophysischer Tests bei Eignungsprüfungen für Flieger und Kraftfahrer, oder in der Entwicklung eines »Richtungshörers« für Artilleriegeschosse.[43] In den 20er Jahren argumentierte man mit diesen Kriegsverdiensten, um die Stellung des Faches durch die Gründung neuer Lehrstühle, vor allem an Technischen Hochschulen, sowie durch die Erweiterung bestehender Institute zu verbessern.[44]

Dennoch blieb die grundsätzliche Ambivalenz der Vertreter der Psychologie hinsichtlich ihrer eigenen Fächergrenzen auch in den 20er Jahren bestehen. Dies belegt eine Erklärung, die im Jahre 1929 beim Kongreß der damals gerade von »Gesellschaft für experimentelle Psychologie« in »Deutsche Gesellschaft für Psychologie« umbenannten Fachorganisation abgegeben wurde. In einem »Kundgebung« genannten Manifest protestierten sie vehement gegen die Abwanderung philosophischer Lehrstühle, die einmal für Psychologen vorgesehen waren, an die Pädagogik oder gar zurück an die »reine« Philosophie. Offenbar wollte man sich doch nicht ganz von der Philosophie hinwegbegeben. Wie es hieß, könne »die Philosophie des Geistes, der Werte und der Kultur weniger denn je das exakte Studium des seelischen Lebens entbehren«.[45]

Auch in der Zwischenkriegszeit waren die psychologischen Bezüge vieler der führenden geistes- und kulturwissenschaftlichen Denkrichtungen kaum zu übersehen. Beispiele sind Karl Jaspers' *Psychologie der Weltanschauungen,* die geisteswissenschaftliche Psychologie Eduard Sprangers, die Leipziger Ganzheits- und die Berliner Gestaltpsychologie sowie die Sprachtheorie Karl Bühlers und Ernst Cassirers Philosophie der symbolischen Formen.[46] Aber erst im Dritten Reich, nachdem Mittel und Wege gefunden wurden, im Bereich der Personalauslese und -diagnostik intuitive Deutungsverfahren von der Handschriftenanalyse bis hin zur Physiognomik, die in der Weimarer Zeit als Konkurrenten zur akademischen Psychologie aufgekommen waren, für die Personalauslese in der Wehrmacht verwendbar zu machen, konnte sich das Fach im Jahre 1941 von der *mater philosophia* lösen und durch den Erlaß einer Diplomprüfungsordnung eigenständig etablieren.[47] Ob die dadurch erfolgte Herausdifferenzierung einer neuen Disziplin nun eine Erfolgsstory gewesen ist, steht auf einem anderen Blatt.

Diese Beispiele sollten zeigen, daß die kognitive und die soziale Ausdifferenzierung von Wissenschaften weder lineare noch gleichzeitige Vorgänge sein müssen, und weshalb Fächergrenzen keine wesensmäßigen Selbstverständlichkeiten, sondern historisch begründete Konstrukte sind. In diesem Fall wie auch in anderen Fällen ist die relative Autonomie im Wissenschaftsbereich kein Wert an sich, sondern stets Verhandlungssache. Wie und vor allem mit wem diese Verhandlungen jeweils geführt werden, wie sich die Verhältnisse von bestimmten Wissenschaften nicht nur zu anderen Fächern, sondern auch zum gebildeten Publikum sowie politischen und sozialen Interessengruppen gestalten, und wie sich dabei auch die sogenannten »Inhalte« von Wissenschaften wandeln können, sind Forschungsfragen, denen nachzugehen es sich weiterhin lohnen wird.

Anmerkungen

1 Siehe z. B. Rudolf Stichweh, *Zur Entstehung des modernen Systems wissenschaftlicher Disziplinen. Physik in Deutschland 1740–1890*, Frankfurt am Main 1984.

2 Wolf Lepenies, *Das Ende der Naturgeschichte. Wandel kultureller Selbstverständlichkeiten in den Wissenschaften des 18. und 19. Jahrhunderts*, Frankfurt am Main 1978.

3 Zum Folgenden vgl. Siegfried Jaeger und Irmingard Staeuble, *Die gesellschaftliche Genese der Psychologie*, Frankfurt am Main 1978; Doris Kaufmann, *Aufklärung, bürgerliche Selbsterfahrung und die »Erfindung« der Psychiatrie in Deutschland 1770–1850*, Göttingen 1995.

4 Zur philosophisch-psychologischen Tradition vgl. Gary Hatfield, »Psychology as a Natural Science in the Eighteenth Century«, in: *Revue de Synthèse* 115, 1994,

S. 375–391. Zu Moritz vgl. Jaeger / Staeuble, *Psychologie* (Anm. 3), und Kaufmann, »*Erfindung« der Psychiatrie* (Anm. 3), insbes. Teil I, sowie Klaus Sachs-Hombach, *Philosophische Psychologie im 19. Jahrhundert. Ihre Entstehung und Problemgeschichte*, Freiburg und München 1993. Zur Physiognomik vgl. Claudia Schmölders, *Das Vorurteil im Leibe. Eine Einführung in die Physiognomik*, Berlin 1995.

5 Auf diese kann hier nicht näher eingegangen werden. Vgl. u. a. Heinz-Peter Schmiedebach, *Psychiatrie und Psychologie im Widerstreit. Die Auseinandersetzung in der Berliner Medicinisch-psychologischen Gesellschaft (1867–1899)*, Husum 1987.

6 Kurt Danziger, *Constructing the Subject. Historical Origins of Psychological Research*, Cambridge 1990, insbes. Kap. 2–4.

7 Wilhelm Wundt, »Psychophysik und experimentelle Psychologie«, in: *Die deutschen Universitäten*, hrsg. von Wilhelm Lexis, Bd. 1, Berlin 1893, S. 450–457, hier S. 456.

8 Wilhelm Wundt, »Über psychische Kausalität und das Prinzip des psychophysischen Parallelismus«, in: *Philosophische Studien* 10, 1894, S. 1–124.

9 Wilhelm Wundt, »Die Aufgaben der experimentellen Psychologie« (1882), in: ders.: *Essays*, 2. Aufl., Leipzig 1906, S. 187–212, hier S. 208.

10 Wilhelm Wundt, »Hypnotismus und Suggestion«, in: *Philosophische Studien* 8, 1893, S. 1–85; Oskar Pfungst, *Das Pferd des Herrn von Osten (Der »Kluge Hans«)*, Leipzig 1907.

11 Adolf Kurzweg, *Die Geschichte der Berliner »Gesellschaft für Experimentalpsychologie« mit besonderer Berücksichtigung ihrer Ausgangssituation und des Wirkens von Max Dessoir*, Diss. med. Freie Universität Berlin, 1976.

12 William Stern, »Die psychologische Arbeit des 19. Jahrhunderts«, in: *Zeitschrift für Pädagogische Psychologie* 2, 1900, S. 415.

13 Wilhelm Wundt, *Grundriss der Psychologie*, 8. Aufl., Leipzig 1907, S. 18–19; ders., *Logik*, 3. Aufl. (Stuttgart 1907), Bd. 3, Kap. 3. Allerdings hat Wundt die angemessene Reichweite der experimentellen Methodik innerhalb dieses weitgespannten Programms zu verschiedenen Zeiten unterschiedlich eingeschätzt.

14 Wilhelm Wundt, *Elemente der Völkerpsychologie. Grundlagen einer psychologischen Entwicklungsgeschichte der Menschheit*, Leipzig 1912.

15 Hermann Paul, *Prinzipien der Sprachgeschichte*, 6. Aufl., Tübingen 1960, S. 2–3. Vgl. den Beitrag von Ulrike Haß-Zumkehr in diesem Band.

16 Ebd., S. 6; zur Kritik Pauls an der Völkerpsychologie Wundts vgl. die Vorrede zur 4. Aufl. (1909), insbes. S. v–vi.

17 Wilhelm Dilthey, *Einleitung in die Geisteswissenschaften* (1883), 5. Aufl., Stuttgart 1962, S. 135, zit. nach Christian G. Allesch, »›Kultur‹ als Gegenstand der Psychologie«, in: *Arbeiten zur Psychologiegeschichte*, hrsg. von Horst Gundlach, Göttingen 1994, S. 105.

18 Wilhelm Dilthey, »Ideen über eine beschreibende und zergliedernde Psychologie« (1894), in: ders., *Gesammelte Schriften*, Bd. 5, 6. Aufl., Göttingen 1974, S. 139–240, hier S. 144.

19 Ebd., S. 157.

20 Hermann Ebbinghaus, »Über erklärende und beschreibende Psychologie«, in: *Zeitschrift für Psychologie* 9, 1896, S. 161–205.
21 Stern, »Die psychologische Arbeit« (Anm. 12).
22 Monika Schubeius, *»Und das psychologische Laboratorium muss der Ausgangspunkt pädagogischer Arbeiten werden!« Zur Institutionalisierungsgeschichte der Psychologie 1890–1933*, Frankfurt am Main 1990; Karl-Heinz Ingenkamp, »Das Institut des Leipziger Lehrervereins 1906–1933 und seine Bedeutung für die Empirische Pädagogik«, in: *Empirische Pädagogik* 1, 1987, S. 60–70.
23 Siegfried Jaeger, »Zur Herausbildung von Praxisfeldern der Psychologie«, in: *Geschichte der deutschen Psychologie im 20. Jahrhundert*, hrsg. von Mitchell G. Ash und Ulfried Geuter, Opladen 1985. Den Begriff der »geistigen Arbeit« übernahm Meumann von Emil Kraepelin, siehe Anm. 24.
24 Emil Kraepelin, »Die Arbeitskurve«, in: *Philosophische Studien* 19, 1902, S. 459–507; Hugo Münsterberg, *Psychologie und Wirtschaftsleben*, Leipzig 1912; ders., *Grundzüge der Psychotechnik*, Leipzig 1914. Vgl. Anson Rabinbach, *The Human Motor: Energy, Fatigue and the Origins of Modernity*, Berkeley 1990.
25 Max Weber, »Zur Psychophysik der industriellen Arbeit« (1908), in: ders., *Gesamtausgabe*, Abt. I, Bd. 11, hrsg. von Wolfgang Schluchter, Tübingen 1995, insbes. S. 218 ff., 272 ff.
26 Wilhelm Wundt, *Erlebtes und Erkanntes*, Leipzig 1920, S. 313.
27 Carl Stumpf, »Psychologie und Erkenntnistheorie«, in: *Abhandlungen der königlich Bayerischen Akademie der Wissenschaften* 18, 1891, I. Kl., S. 508.
28 Matthias Rath, *Der Psychologismusstreit in der deutschen Philosophie*, Freiburg im Breisgau 1994; Martin Kusch, *Psychologism. An Essay in the Sociology of Philosophical Knowledge*, London 1995.
29 Edmund Husserl, *Logische Untersuchungen*, Bd. 1, Halle 1900. Die genannte Unterscheidung greift auf eine Unterscheidung Hermann Lotzes zwischen der Genese und der Geltung von Ideen zurück. Rudolf Hermann Lotze, *Logik*, Leipzig 1874, Bd. 3, Kap. 4.
30 David Katz, »Die Erscheinungsweisen der Farben und ihre Beeinflussung durch die individuelle Erfahrung«, in: *Zeitschrift für Psychologie*, Ergänzungsband 7, 1911.
31 Oswald Külpe, »Über die moderne Psychologie des Denkens«, in: ders., *Vorlesungen zur Psychologie*, Leipzig 1922, S. 312.
32 Wilhelm Windelband, *Die Philosophie im deutschen Geistesleben des 19. Jahrhunderts*, Tübingen 1909, S. 93.
33 Vgl. Georg Bollenbeck, *Bildung und Kultur. Glanz und Elend eines deutschen Deutungsmusters*, 2. Aufl., Frankfurt am Main 1994, sowie der Beitrag desselben Autors in diesem Band.
34 Edmund Husserl, »Philosophie als strenge Wissenschaft«, in: *Logos* 1, 1910/11, S. 289–341, hier S. 321, Anm. 1.
35 Oswald Külpe, »Psychologie und Medizin«, in: *Zeitschrift für Pathopsychologie* 1, 1912, S. 266 f.
36 Paul Natorp, »Das akademische Erbe Hermann Cohens. Psychologie oder Philosophie?«, in: *Frankfurter Zeitung*, 12. Oktober 1912; Karl Marbe, *Die Aktion gegen*

die Psychologie. Eine Abwehr, Leipzig 1913. Über die Hintergründe vgl. Ulrich Sieg, *Aufstieg und Niedergang des Marburger Neukantianismus,* Würzburg 1994, S. 357 ff.

37 Willy Hellpach, Besprechung von Külpe, »Psychologie und Medizin« (Anm. 35), in: *Zeitschrift für Psychologie* 64, 1913, S. 440 f.

38 Karl Lamprecht, »Eine Gefahr für die Geisteswissenschaften«, in: *Die Zukunft* 83, 1913, S. 18.

39 Georg Simmel, »An Herrn Prof. Karl Lamprecht«, in: *Die Zukunft* 83, 1913, S. 233.

40 Wilhelm Wundt, *Die Psychologie im Kampf ums Dasein,* Leipzig 1913, S. 9 und S. 36 f.

41 Siehe u. a. Max Frischeisen-Köhler, »Philosophie und Psychologie«, in: *Die Geisteswissenschaften* 1, 1914, S. 371–375 und S. 400–403.

42 Karl Marbe, »Die Bedeutung der Psychologie für die übrigen Wissenschaften und die Praxis«, in: *Fortschritte der Psychologie und ihrer Anwendungen* 1, 1913, S. 5–82; August Messer, »Die Bedeutung der Psychologie für Pädagogik, Medizin, Jurisprudenz und Nationalökonomie«, in: *Jahrbücher der Philosophie* 2, 1914, S. 183–217.

43 Horst Gundlach, »Faktor Mensch im Krieg. Der Eintritt der Psychologie und Psychotechnik in den Krieg«, in: *Berichte zur Wissenschaftsgeschichte* 19, 1996, S. 131–143.

44 Ulfried Geuter, *Die Professionalisierung der deutschen Psychologie im Nationalsozialismus,* Frankfurt am Main 1988, S. 85 ff.

45 »Kundgebung der Deutschen Gesellschaft für Psychologie. Über die Pflege der Psychologie an den deutschen Hochschulen«, in: *Bericht über den XI. Kongreß der Deutschen Gesellschaft für Psychologie,* Jena 1929, S. viii.

46 Karl Jaspers, *Psychologie der Weltanschauungen,* 3. Aufl., Berlin 1925; Eduard Spranger, *Lebensformen. Geisteswissenschaftliche Psychologie und Ethik der Persönlichkeit,* 3. Aufl., Halle 1922; Karl Bühler, *Sprachtheorie. Die Darstellungsfunktion der Sprache,* Jena 1934; Ernst Cassirer, *Philosophie der symbolischen Formen. Teil 1, Die Sprache,* Berlin 1923. Vgl. Angelika Ebrecht, *Das individuelle Ganze. Zum Psychologismus der Lebensphilosophie,* Stuttgart 1992; Helmut Hildebrandt, *Zur Bedeutung des Begriffs der Alltagspsychologie in Theorie und Geschichte der Psychologie. Eine psychologiegeschichtliche Studie anhand der Krise der Psychologie in der Weimarer Republik,* Frankfurt am Main 1991; Mitchell G. Ash, *Gestalt Psychology in German Culture 1890–1967. Holism and the Quest for Objectivity,* Cambridge 1995, Part 3.

47 Geuter, *Professionalisierung* (Anm. 44).

Rüdiger vom Bruch

Verengung und Erweiterung. Die deutschen Staatswissenschaften um 1900 im Kulturdiskurs

Der Titel macht stutzig; denn von einer in Lehre und Forschung etablierten Universitätsdisziplin »Staatswissenschaft« wie auch von einem methodologisch konsistenten und thematisch zentrierten Fächerverbund »Staatswissenschaften« konnte um 1900 kaum die Rede sein. Wohl bestand die Kennzeichnung in den Vorlesungsverzeichnissen fort, wurde nach dem Ersten Weltkrieg gar unter dieser Nomenklatur an prominenter Stelle eine Reform wirtschafts-, verwaltungs- und rechtswissenschaftlicher Studien erörtert[1], doch wissenschaftlich gestaltende Kraft kam dieser altererbten, aber traditionsmüden Fächerzuweisung nicht mehr zu. Was in der fachlichen Selbstwahrnehmung als Nationalökonomie oder Volkswirtschaftslehre galt, wurde in Vorlesungsverzeichnissen als »wirtschaftliche Staatswissenschaften« rubriziert. Zusammen mit dem öffentlichen Recht, das sich aus dem frühneuzeitlichen »jus publicum« herausgebildet, aber längst schon als integraler Bestandteil einer (privatrechtlich dominierten) justizjuristischen Rechtswissenschaft den vormaligen staatswissenschaftlichen Praxisbezug weitgehend gekappt hatte,[2] markierte die Nationalökonomie den Rumpffortsatz eines einstmals enzyklopädischen Fächerverbundes praxisnaher Wissenschaften im Dienste kameralistischer Wohlstandsmehrung und (aufgeklärt) absolutistischer Staatsausdehnung.[3]

Der Terminus Staatswissenschaften setzte sich erst im frühen 19. Jahrhundert durch und knüpfte an den im 18. Jahrhundert vorwiegend gebräuchlichen Terminus (Staats- und) Kameralwissenschaften an, der einen Fächer-, Erkenntnis- und Ausbildungsverbund mit kameralistisch-naturrechtlichem Schwerpunkt auf Staatswirtschaftslehre, Staatsrecht und historisch-politischer Staatenkunde meinte. Nach einer einzelfachliche Autonomisierung begünstigenden und zugleich einem neuen Wissenschaftsgeist in Philosophie, Geschichte und Staatskunde vorarbeitenden Blütephase an der Göttinger Universität im letzten Drittel des 18. und noch im frühen 19. Jahrhundert,[4] im Spannungsfeld zwischen fürstenstaatlicher Administration und bürgerlicher Vertragsgesellschaft, unterlagen im Verlauf des 19. Jahrhunderts die im Lehrbetrieb verankerten Staatswissenschaften einem mehrfachen, politisch-gesellschaftlichen wie innerwissenschaftlichen Anpassungsdruck, der dann in der zweiten Jahrhunderthälfte eben jene Reduktion auf Nationalökonomie und öffentliches Recht im Rahmen der juristischen Prüfungen bewirkte.

Die vormalige naturrechtliche Systematisierung kameralistischer Nützlichkeitsregeln zur fürstlichen, öffentlichen und privaten Wohlstandsmehrung war zerfallen; unter dem Einfluß Kants und der historischen Rechtsschule hatte sich die Jurisprudenz zu einer erkenntnistheoretisch verankerten und methodologisch autonomen Rechtswissenschaft entwickelt; aus der aufklärerischen Staatenkunde war eine dem historischen Prozeß selbst verpflichtete Geschichtswissenschaft erwachsen; die enzyklopädische Staatswirtschaftslehre hatte sich unter dem Eindruck der westeuropäischen Klassiker zu einer theoriegeleiteten Lehre der Marktbeziehungen entwickelt, und die vormalige Wissenschaft der Politik verkümmerte (aber starb nicht aus) mit der Austrocknung der gemeineuropäisch-aristotelischen Traditionen von Ethik und praktischer Philosophie.[5] Als der Begriff »Staatswissenschaft« sich in der wissenschaftlichen Literatur des frühen 19. Jahrhunderts einbürgerte und zur Begründung entsprechend benannter Fakultäten führte, trat er bereits in Konflikt zur Trennung von Staat und Gesellschaft in der bürgerlich-liberalen Theoriebildung.[6] Der künftige Historiker Heinrich von Treitschke hatte denn auch 1859 seine staatswissenschaftliche Habilitationsschrift im Kontrast zu Mohls im gleichen Jahr erschienener Enzyklopädie der Staatswissenschaften mit »Gesellschaftswissenschaften« überschrieben.[7]

Waren damit die vormaligen Staatswissenschaften obsolet geworden, insofern sie auf einen wissenschaftssystematisch schlüssigen Kontext, auf einen gemeinsamen Ausbildungsbezug und auf einen staatlich-gesellschaftlichen Verwertungszusammenhang abzielten? Das erscheint fraglich, denn in allen drei Bereichen wirken trotz einzelfachlicher Autonomisierung, veränderter Expertenrekrutierung und neuen Anforderungen einer obrigkeitsstaatlich verfaßten liberalen Bürgergesellschaft die praxisnah-wohlfahrtsstaatlichen Ausgangsmuster in der Orientierung an staatlichen Ordnungsaufgaben weiter. Gerade in dem Maße, in dem die aus dem staatswissenschaftlichen Verbund entlassenen Einzelwissenschaften fachautonome Selbständigkeit beanspruchten, erwiesen sie staatspolitische Nützlichkeit als eine spezifisch deutsche Wissenschaft.[8] Eine genauere Analyse des Universitätsbetriebs im Spannungsfeld von praktischen Ausbildungserfordernissen und wissenschaftlicher Produktion belegt zudem langfristige praxisnahe und bewußtseinsprägende Kontinuitätsmuster in der finanz- und wirtschaftswissenschaftlichen Kameralausbildung, welche von den nationalökonomischen Theoriediskursen überformt, aber nicht ausgehebelt wurden.[9]

War um 1900 von Staatswissenschaften die Rede, dann meinte dies vornehmlich eine Nationalökonomie, welche in der Zuweisung als »wirtschaftliche Staatswissenschaften« all diese historisch gewachsenen disziplinären und politischen Konnotationen wahrte, ohne darum einen selbstbewußt vermerkten autonomen Methodenkanon, Theorienhaushalt und Gegenstandsbereich preiszugeben. Unterschiedliche Fakultätseinbindungen – in Preußen durchweg in der philosophischen Fakultät, in Süddeutschland und Österreich überwiegend in den juristischen bzw. in rechts- und staatswissenschaftlichen Fakultäten – spielten für die Selbstwahrnehmung keine Rolle. Weitaus wichtiger war etwas anderes: »Als sich die deutsche Nationalökonomie im Laufe des 19. Jahrhunderts als eine den bereits etablierten Wissenschaften ebenbürtige Disziplin einzurichten gewußt hatte, war ihr das vorwiegend dadurch gelungen, daß sie sich als Geisteswissenschaft verstanden und ausgebildet hat.«[10]

Genauer gesagt, als vor der Mitte des 19. Jahrhunderts die klassische Ökonomie auch auf den deutschen Universitäten in Hochblüte stand, suchten junge Volkswirtschaftslehrer wie Bruno Hildebrand, Karl Knies und Wilhelm Roscher diese klassische Ökonomie mit der historisch-geisteswissenschaftlichen Ausstrahlung der jungen deutschen Forschungsuniversität zu verknüpfen, mit der historischen Rechtsschule eines Savigny, der Philosophie Hegels, der Grimmschen Sprachwissenschaft und dem historischen Programm von Droysen und Ranke. Man hat, in bedenklicher Simplifizierung,[11] von einer älteren historischen Schule der deutschen Nationalökonomie gesprochen; bedenklich insofern, als es sich um drei unterschiedliche Ansätze handelte, eine noch unbestrittene, generalisierende Marktökonomik auf die im deutschen Raum besonders vielgestaltige geschichtliche Welt abzubilden, keineswegs um eine Schule. Aber indem diese Ökonomen, am ausgeprägtesten Roscher, sich zu einer sozialkonservativ gestimmten Gemeinwohlverpflichtung bekannten, forcierten sie nicht nur eine geisteswissenschaftliche Positionierung ihrer Disziplin, sie schlugen auch eine Brücke von der »Beförderung der allgemeinen Glückseligkeit« als Staatszielvorgabe des aufgeklärten Absolutismus zu staatlich-sozialpolitischem Regelungsbedarf in der liberalkapitalistisch freigesetzten modernen Industriegesellschaft.

An beides knüpfte die »jüngere historische Schule« um den sozialliberal-freihändlerischen Lujo Brentano und um den auf einen gouvernemental gelenkten Erziehungsprozeß der lohnabhängigen Schichten vertrauenden Gustav Schmoller an, schulbildend in der Tat, aber im Selbstverständnis des mächtigen Schulhaupts Schmoller keine »jüngere« Schule, sondern der Ausgangspunkt für eine historisch-ethische Durchdringung der dadurch erst zu einer Wissenschaft reifenden Nationalökonomie. »Gemeinwohl« und »Gerechtigkeit«, so lauteten die zentralen ethischen Komponenten, um Rahmenbedingungen für eine behutsam »von oben« zu steuernde, institutionell verfaßte Selbstorganisation der noch ungleichgewichtigen verschiedenen Sozialgruppen zu schaffen, um soziale Schäden im Volkskörper zu beheben und damit Revolution durch Reformen zu verhindern. Insbesondere mit dem 1872/73 von Schmoller, Brentano und dem – methodisch in der Tradition Hegel/Knies verankerten, sozialethisch aber nahen – Staatssozialisten Adolph Wagner gegründeten Verein für Sozialpolitik wurde eine öffentlich wirksame, wenn auch hinter den Ausgangserwartungen zurückbleibende Stimmung für Sozialreform erzeugt, die vorwiegend meinungsführende Teile des protestantischen deutschen Bürgertums erfaßte. Sie pflanzte sich in vergleichbaren Organisationen wie dem 1890 gegründeten Evangelisch-Sozialen Kongreß und der 1901 gegründeten, stärker sozialpartnerschaftlich akzentuierten Gesellschaft für Soziale Reform fort und trug nicht zuletzt dazu bei, daß die »soziale Frage« als ein vorrangig zu lösendes Gegenwarts-Problem auch als eine wissenschaftstheoretische und methodologische Herausforderung in anderen Disziplinen, von der Theologie über die Rechtswissenschaft bis zur Medizin, wahrgenommen wurde, ohne der Nationalökonomie ihren durch Problemlösungskompetenz bestätigten Rang als eine Art »Leitwissenschaft« streitig zu machen.[12] Auch wenn der jeweilige fachwissenschaftliche Eigenstatus unangetastet blieb, verwischten sich Fächergrenzen angesichts der jeweils zu erbringenden zeitdiagnostischen und problemlösenden Leistungen im staats- und gesellschaftspolitischen Brennpunkt einer von den Nationalökonomen definierten sozialen Frage.

Nationalökonomie als historisch-ethische Gesellschaftswissenschaft, das meinte im Verständnis Schmollers nicht nur eine gegenwarts- und zukunftsgestaltende Verantwortung, einen Sitz der Wissenschaft »mitten im Leben«, das meinte zugleich eine historisch-empirische Überprüfung abstrakt formulierter Gesetze als Voraussetzung für eine differenzierte Analyse der geschichtlichen Welt, aus der heraus ein in Sitte, Institutionen und nationaler Prägung eingebundener Homo oeconomicus sich erst zu entfalten vermochte. Nur dann könne ein von blutleerer Abstraktion befreites, gleichwohl theoriegeleitetes Programm für die Nationalökonomie als Wissenschaft formuliert werden. Dieses bereits 1926 von Joseph Schumpeter[13] trefflich gekennzeichnete Programm Schmollers, der dann über Jahrzehnte hinweg als »toter Hund« in der Wirtschaftswissenschaft galt, hat seit dessen 150. Geburtstag 1988 eine bemerkenswerte Neubesichtigung erfahren.[14] Auch im internationalen Vergleich wird man dieser deutschen »ethisch-historischen« Schule keine »Randständigkeit« mehr attestieren können, wie eine in letzter Zeit breit angeschwollene Forschungsliteratur zur Geschichte der deutschsprachigen Ökonomie im Vorkriegs-Kaiserreich belegt.[15]

In seinem letzten großen Beitrag zum theoretischen und methodologischen Standort der Nationalökonomie hat Schmoller diese mehrfach und dezidiert als Geisteswissenschaft klassifiziert.[16] Sie galt ihm als eine den engeren wirtschaftswissenschaftlichen Kontext sprengende »historische Sozialwissenschaft«, wie Werner Sombart als ein maßgeblicher Vertreter der »jüngsten« historischen Schule der Nationalökonomie das spezifisch deutsche Forschungsinteresse in einer im Weltkrieg erschienenen Neuauflage seines Riesenwerkes über den »modernen Kapitalismus« kennzeichnete, mehr noch aber als eine historische Kulturwissenschaft. Das meinte eben keine fachdisziplinär verengten Themenkataloge, Theorie- und Methodenstrategien, sondern transdisziplinäre Neugier und Lernbereitschaft. Je strenger die wissenschaftliche Verankerung, desto aussichtsreicher eine zeitdiagnostisch erhärtete Problemlösungskompetenz; in dem Maße, in dem die vormalige Konzentration auf eine sozialökomisch zu beurteilende »soziale Frage« sich zu einem umfassenden Kulturdiskurs öffnete, hatte sich die Nationalökonomie als eine historisch vergewisserte Gesellschaftswissenschaft auf eine Analyse von »Kulturtatsachen« überhaupt zu erweitern.

Sombarts Anliegen entsprach durchaus der inneren Logik des Schmoller-Programms; doch gerade dieser, der das Tor für einen fachgrenzensprengenden und eben darum um methodische Exaktheit bemühten Kulturdiskurs weit geöffnet hatte, der um 1900 eine mit gesetzförmigen Kategorien arbeitende neue, sozial- und wirtschaftsgeschichtliche Probleme integrierende Kulturgeschichtsschreibung um Karl Lamprecht und Kurt Breysig als notwendige Herausforderung der allzu etablierten Fachhistorie entschieden begrüßt hatte,[17] er wurde zur gleichen Zeit von einer konsequent voranschreitenden Überprüfung seiner eigenen Anregungen in die Defensive gedrängt und überholt. Soweit Wertbeziehungen die Lebensführung kulturell vergesellschafteter Individuen und Gruppen prägten, seien sie als Gegenstand der Forschung einer methodisch konsistenten Analyse zu unterziehen; sie könnten aber keineswegs mit Mitteln der Wissenschaft begründet oder entschieden werden – das hatten Werner Sombart und Max Weber Schmoller bereits 1897 bzw. 1904 kühl entgegengehalten.[18] Damit kappten sie eine zentrale Triebfeder der historisch-ethischen Schmollerschule, welche sozialpolitische Wertmaßstäbe aus sozialwissenschaftlicher Erkenntnis ableitete. Wie grundsätzlich diese erkenntnistheoretisch geführte Kontroverse eine auf Wissenschaft gegründete »Gelehrtenpolitik« im Kaiserreich in Frage stellte, belegt die kurz vor dem Ersten Weltkrieg im Verein für Sozialpolitik ausgetragene Werturteilsdebatte.[19]

Nicht minder prinzipiell gelangte die historisch-empirische Arbeitsweise der Schmollerrichtung mit zwei höchst unterschiedlichen Stoßrichtungen auf den Prüfstand. Wollte Schmoller »Historiker und Nationalökonom zugleich« sein,[20] so lauteten die Vorwürfe um 1900, als Ökonom sei er gescheitert, weil seine Mischung von Wirtschaft und Geschichte keine theoriegestützte prognostische Kraft entfalte, als Historiker greife er zu kurz, weil er keine hinreichenden kulturwissenschaftlichen Forschungsstrategien zur Analyse moderner Vergesellschaftungsprozesse entwickelt habe.

Beide Angriffe zielten auf neue Zuweisungen im geistes- und sozialwissenschaftlichen Fächerdiskurs. Auf der einen Seite stand der Versuch, das »ganze Gebiet der Socialwissenschaften« mit Schwerpunkt auf der Nationalökonomie nicht durch eine Einheit der Gegenstände, sondern durch theoretisch-exakte Stimmigkeit zusammenzuführen, um die soziale Zukunft der Nation in methodischer wechselseitiger Beeinflussung von statistisch-sozialwissenschaftlichen und biologisch-medizinischen

Disziplinen steuern zu können; diesem Ziel hatte sich die 1898 von dem Breslauer Nationalökonom Julius Wolf begründete *Zeitschrift für Socialwissenschaft* als »Vereinigungspunkt« für »Nationalökonomie, Gesellschaftsphilosophie, sociale Ethik, Socialgeschichte und sociale Jurisprudenz, Entwicklungslehre, Anthropologie, Massen- auch Individualpsychologie, Medicin und Hygiene« verschrieben.[21] Mit den vormaligen Staatswissenschaften hatte diese paradigmatische Superwaffe, die ethisch-sozialreformerische Impulse der Schmollergeneration schroff zurückwies, die nicht wie Brentano, Schmoller und Wagner auf »Verteilungsgerechtigkeit«, sondern auf einen sozialbiologisch konzipierten Generationenvertrag abstellte, kaum etwas zu tun. Dieser Ansatz scheiterte, weil die geforderte Theoriebildung sich in methodologischen Detaildebatten auflöste und die Zeitschrift seit 1912 vorwiegend als Plattform für eine disziplinär konzentrierte, theoretisch der Neoklassik verpflichtete Wirtschaftswissenschaft diente.[22] Er belegt aber zugleich symptomatisch[23] eine sozialbiologische Erweiterung der als »wirtschaftliche Staatswissenschaften« firmierenden deutschen Sozialwissenschaft um 1900, welche zudem vertrauten Stereotypen über »zwei Kulturen« in der deutschen Wissenschaftslandschaft dieser Zeit widerspricht.

Der zweite Angriff zielte auf den Historiker Schmoller, dessen »Historische Schule« vor einer konsequenten Historisierung der Disziplin zurückschreckte und eben damit in einer seit dem ausgehenden 19. Jahrhundert scharf diagnostizierten »Krise des Historismus« versagte. Aus der historischen Schule heraus, aber sie kritisch-radikal auf ihre Schranken abklopfend, debattierten Sombart und Weber sowie ihnen nahestehende Sozialwissenschaftler wie Ernst Troeltsch über Erkenntnischancen kultureller Vergesellschaftungsprozesse. Eine zeitdiagnostische Tiefenschärfe zur Wahrnehmung gegenwärtiger soziokultureller Verwerfungen der kapitalistischen Gesellschaft lasse sich nur über eine systematisch vergleichende Kulturgeschichte des Kapitalismus gewinnen.[24] Aus der Krise des Historismus heraus erwuchs ein wissenschaftsmethodologisch innovativer Diskurs über Fächergrenzen hinweg, um ein in sehr unterschiedlichen Fachzusammenhängen verortetes »Unbehagen an der Kultur« historisch zu perspektivieren.[25] Sombart und Weber wollten nicht »Ökonomen und Historiker zugleich« sein, sie gewannen der Geschichte ein begriffsscharf-methodisches Rüstzeug für eine moderne Sozialwissenschaft ab; ihre Verankerung in einer staatswissenschaftlichen Tradition, welche eine virtuose Beherrschung historisch-philologischer, philosophischer, juristischer, ökonomischer und soziologischer Arbeitsformen erlaubte, hat den interdisziplinär-diskursiven Absprung aus einem brüchig gewordenen Traditionsgehäuse erleichtert.

Unter dem Eindruck der Kriegsniederlage und des politischen Systemwandels setzten sich in gänzlich neuen Konstellationen jene beiden Tendenzen der Vorkriegszeit fort, nämlich die wirtschaftlichen Staatswissenschaften als spezialisierte Fachwissenschaft Ökonomie zu begrenzen bzw. zu einer sozialwissenschaftlichen Erklärung kultureller Veränderungen zu erweitern. »Entweder wollte man eine aktuell als gültig angesehene Theorie zur Prognose und, im Rahmen des damals Möglichen, zu Interventionszwecken verwenden; dahin zielte die Konjunkturforschung. Oder es mußte ein umfassender Begründungszusammenhang gesucht werden, um die Bestrebung der Historischen Schule fortzusetzen, die geschichtliche Transformation der Wirtschaftsweise zu beschreiben.«[26] Es entsprach dem Zeitgeistwandel der zwanziger Jahre, wenn auch in ganz anderer Weise ästhetische Auswege aus einer lebensweltlich empfundenen Kulturkrise gesucht wurden und der Ökonom Edgar Salin etwa unter dem Einfluß Stefan Georges auf eine aus der Fachdisziplin heraus nicht zu leistende geistige Erneuerung hoffte.[27]

Hier drückte sich eine ästhetisierende Kultivierung von Erleben in kulturkritischer Absicht aus, wie sie im gleichen Zeitraum auch so unterschiedliche Gelehrte wie Carl Heinrich Becker und Eduard Spranger beeinflußte, der Max Weber bereits 1917 in seinem Vortrag vor Münchener Studenten über »Wissenschaft als Beruf« eine scharfe Absage erteilt hatte und zu der Hugo von Hofmannsthal 1926 bemerkte: »Wir leben in einem kritischen Weltmoment [...] Aus Kriegen der Völker und Konflikten der Klassen sind neuartige Religionskriege geworden, Geisteskriege, umso mörderischer, als sie in der Halbnacht wechselseitigen Nichterkennens geführt werden; [...] Bald verkleidet sich Ökonomie als Geist, bald Geist als Ökonomie.«[28] Präziser konnte die Distanz zu den Debatten um 1900 über die Kulturbedeutung des historisch zu entschlüsselnden Kapitalismus kaum benannt werden.

Anmerkungen

1 *Die Reform der staatswissenschaftlichen Studien. Fünfzig Gutachten im Auftrag des Vereins für Sozialpolitik*, hrsg. von J. Jastrow, München und Leipzig 1920.

2 Vgl. Michael Stolleis, *Geschichte des öffentlichen Rechts in Deutschland*, 2 Bde., München 1988/92.

3 Dazu Rüdiger vom Bruch, »Wissenschaftliche, institutionelle oder politische Innovation? Kameralwissenschaft – Policeywissenschaft – Wirtschaftswissenschaft im 18. Jahrhundert im Spiegel der Forschungsgeschichte«, in: *Die Institutionalisierung der Nationalökonomie an deutschen Universitäten*, hrsg. von Norbert Waszek, St. Katharinen 1988, S. 77–108; Keith Tribe, *Governing Economy. The Reformation of German Economic Discourse, 1750–1840*, Cambridge 1988.

4 Vgl. Luigi Marino, *Praeceptores Germaniae. Göttingen 1770–1820*, Göttingen 1995.

5 Vgl. Birger P. Priddat, *Der ethische Ton der Allokation. Elemente der Aristotelischen Ethik und Politik in der deutschen Nationalökonomie des 19. Jahrhunderts*, Baden-Baden 1991.

6 Symptomatisch Robert von Mohl, »Ueber die Errichtung staatswissenschaftlicher Fakultäten an den deutschen Universitäten«, in: *Deutsche Vierteljahrsschrift* 3, 1840, H. 4, S. 237–257; ders., »Gesellschafts-Wissenschaften und Staats-Wissenschaften«, in: *Zeitschrift für die gesamte Staatswissenschaft* 7, 1851, S. 3–71; ders., *Encyklopädie der Staatswissenschaften*, Tübingen 1859.

7 Heinrich von Treitschke, *Die Gesellschaftswissenschaften. Ein kritischer Versuch*, 1859, Reprint Darmstadt 1980.

8 Vgl. Pierangelo Schiera, *Laboratorium der bürgerlichen Welt. Deutsche Wissenschaft im 19. Jahrhundert*, Frankfurt am Main 1992.

9 Vgl. David F. Lindenfeld, *The Practical Imagination. The German Sciences of State in the Nineteenth Century*, Chicago und London 1997.

10 Karl Häuser, »Das Ende der historischen Schule und die Ambiguität der deutschen Nationalökonomie in den zwanziger Jahren«, in: *Geisteswissenschaften zwischen Kaiserreich und Republik. Zur Entwicklung von Nationalökonomie, Rechtswissenschaft und Sozialwissenschaft im 20. Jahrhundert*, hrsg. von Knut Wolfgang Nörr, Bertram Schefold und Friedrich Tenbruck, Stuttgart 1994, S. 46.

11 David Lindenfeld, »The Myth of the Older Historical School of German Economics«, in: *Central European History* 26, 1993, S. 405–416.

12 Vgl. Rüdiger vom Bruch, »Bürgerliche Sozialreform im deutschen Kaiserreich«, in: *Weder Kommunismus noch Kapitalismus. Bürgerliche Sozialreform in Deutschland vom Vormärz bis zur Ära Adenauer*, hrsg. von Rüdiger vom Bruch, München 1985, S. 61–179.

13 Joseph Schumpeter, »Gustav Schmoller und die Probleme von heute«, in: *Schmollers Jahrbuch*, 50, 1926, S. 337–388.

14 Karl Heinrich Kaufhold, »Gustav von Schmoller (1838–1917) als Historiker, Wirtschafts- und Sozialpolitiker und Nationalökonom«, in: *Vierteljahrschrift für Sozial- und Wirtschaftsgeschichte* 75, 1988, S. 217–252; Rüdiger vom Bruch, »Gustav

Schmoller«, in: *Wissenschaftspolitik in Berlin,* hrsg. von Wolfgang Treue und Karlfried Gründer, Berlin 1987, S. 175–193; *Gustav Schmoller in seiner Zeit. Die Entstehung der Sozialwissenschaften in Deutschland und Italien,* hrsg. von Pierangelo Schiera und Friedrich Tenbruck, Berlin 1989; *Gustav Schmoller heute. Die Entwicklung der Sozialwissenschaften in Deutschland und Italien,* hrsg. von Michael Bock, Harald Homann und Pierangelo Schiera, Berlin 1989; *Gustav von Schmoller und die Probleme von heute,* hrsg. von Jürgen G. Backhaus, Berlin 1993; Hartmut Harnisch, »Gustav von Schmoller und der gesellschaftliche Wandel seiner Zeit«, in: *Von der Arbeiterbewegung zum modernen Sozialstaat. Festschrift für Gerhard A. Ritter zum 65. Geburtstag,* hrsg. von Jürgen Kocka, Hans-Jürgen Puhle und Klaus Tenfelde, München u. a. 1994, S. 560–581; Birger P. Priddat, *Die andere Ökonomie. Eine neue Einschätzung von Gustav Schmollers Versuch einer »ethisch-historischen« Nationalökonomie im 19. Jahrhundert,* Marburg 1995 (Beiträge zur Geschichte der deutschsprachigen Ökonomie 2).

15 Vgl. Heino Heinrich Nau, »Von der historischen Nationalökonomie zur Wirtschaftswissenschaft. Neuere Forschungsliteratur zur Geschichte der deutschsprachigen Ökonomie 1871 bis 1914«, in: *Neue Politische Literatur* 42, 1997, S. 70–99.

16 Gustav Schmoller, »Volkswirtschaft, Volkswirtschaftslehre und -methode«, in: *Handwörterbuch der Staatswissenschaften,* 3. Aufl., Bd. 8, Jena 1911, S. 473, S. 483 und S. 490.

17 Vgl. Rüdiger vom Bruch, »Weiterführung der Schmollerschen und Lamprechtschen Traditionen in der Weimarer Republik?«, in: *Karl Lamprecht weiterdenken. Universal- und Kulturgeschichte heute,* hrsg. von Gerald Diesener, Leipzig 1993, S. 225–241; Roger Chickering, *Karl Lamprecht. A German Academic Life (1856–1915),* Atlantic Highlands, N. J. 1993, S. 255 ff.

18 Werner Sombart, »Ideale der Sozialpolitik«, in: *Archiv für soziale Gesetzgebung und Statistik* 10, 1897, S. 1–48; Max Weber »Die ›Objektivität‹ sozialwissenschaftlicher und sozialpolitischer Erkenntnis«, in: *Archiv für Sozialwissenschaft und Sozialpolitik* 19, 1904, S. 22–87.

19 Vgl. Nereu Feix, *Werturteil, Politik und Wirtschaft,* Göttingen 1987; Rita Aldenhoff, »Nationalökonomie und Kulturwerte um 1900«, in: *Kultur und Kulturwissenschaften um 1900. Krise der Moderne und Glaube an die Wissenschaft,* hrsg. von Rüdiger vom Bruch, Friedrich Wilhelm Graf und Gangolf Hübinger, Stuttgart 1989, S. 45–62; *Die Äußerungen zur Werturteilsdiskussion im Ausschuß des Vereins für Sozialpolitik,* hrsg. von Heino Heinrich Nau, Marburg 1996 (Beiträge zur Geschichte der deutschsprachigen Ökonomie 8); zur »Gelehrtenpolitik« Rüdiger vom Bruch, *Wissenschaft, Politik und öffentliche Meinung. Gelehrtenpolitik im Wilhelminischen Deutschland (1890–1914),* Husum 1980.

20 Gustav Schmoller, Vorrede zu *Umrisse und Untersuchungen zur Verfassungs-, Verwaltungs- und Wirtschaftsgeschichte besonders des preußischen Staates im 17. und 18. Jahrhundert,* Leipzig 1898.

21 Julius Wolf, »Zur Einführung«, in: *Zeitschrift für Socialwissenschaft,* 1, 1898, S. 1–3.

22 Dazu Rüdiger vom Bruch, »Von der Sozialethik zur Sozialtechnologie? Neuorien-

tierungen in der deutschen Sozialwissenschaft um 1900«, in: *Kultur und Kulturwissenschaften um 1900 II: Idealismus und Positivismus,* hrsg. von Gangolf Hübinger, Rüdiger vom Bruch, Friedrich Wilhelm Graf, Stuttgart 1997, S. 260–276.

23 Zur Breitenstreuung dieser neuen Schwerpunkte vgl. Gisela Wallgärtner, *Der soziologische Diskurs im Kaiserreich. Auswertung sozialwissenschaftlicher Zeitschriften,* Münster 1991.

24 Vgl. Gangolf Hübinger, »Kapitalismus und Kulturgeschichte«, in: Vom Bruch / Graf / Hübinger: *Kultur und Kulturwissenschaften* (Anm. 19), S. 35–43.

25 Zu diesem jüngst intensiv erörterten Konnex von Krisenwahrnehmung und Krisenverarbeitung um 1900 vgl. Vom Bruch / Graf / Hübinger, *Kultur und Kulturwissenschaften um 1900* I / II (Anm. 19 und Anm. 22); *Vom Weltbildwandel zur Weltanschauungsanalyse. Krisenwahrnehmung und Krisenbewältigung um 1900,* hrsg. von Volker Drehsen und Walter Sparn, Berlin 1996; Klaus Lichtblau, *Kulturkrise und Soziologie um die Jahrhundertwende. Zur Genealogie der Kultursoziologie in Deutschland,* Frankfurt am Main 1996; Otto Gerhard Oexle, *Geschichtswissenschaft im Zeichen des Historismus. Studien zur Problemgeschichte der Moderne,* Göttingen 1996; *Krisenbewußtsein, Katastrophenerfahrungen und Innovationen 1880–1945,* hrsg. von Wolfgang Küttler, Jörn Rüsen und Ernst Schulin, Frankfurt am Main 1997 (Geschichtsdiskurs 4).

26 Bertram Schefold, »Nationalökonomie und Kulturwissenschaften: das Konzept des Wirtschaftsstils«, in: Nörr / Schefold / Tenbruck, *Geisteswissenschaften* (Anm. 10), S. 217.

27 Edgar Salin, *Platon und die griechische Utopie,* München und Leipzig 1921; ders., *Wirtschaft und Staat,* Berlin 1932; vgl. dazu auch Schefold »Nationalökonomie« (Anm. 26), ebd., zum Kontext: Carola Groppe, *Die Macht der Bildung. Das deutsche Bürgertum und der George-Kreis,* Köln u. a. 1997.

28 Hugo von Hofmannsthal, »Vermächtnis der Antike«, in: *Gesammelte Werke in Einzelausgaben. Prosa IV,* hrsg. von Herbert Steiner, Frankfurt am Main 1955, S. 313–318, hier S. 315.

Otto Gerhard Oexle

Auf dem Wege zu einer Historischen Kulturwissenschaft

1

In der Geschichtswissenschaft und zugleich in anderen Kulturwissenschaften manifestiert sich seit einigen Jahren ein auch wissenschaftsgeschichtlich interessanter Prozeß wissenschaftlicher Rekapitulation.[1] Er bezieht sich auf jenen Durchbruch einer historisch orientierten Kulturwissenschaft in Europa um 1900, der mit den Namen vor allem von Émile Durkheim, Georg Simmel, Aby Warburg und Max Weber verbunden ist, Wissenschaftlern also, die ein und derselben Generation angehörten, der Generation der um 1860 Geborenen: Durkheim und Simmel wurden 1858 geboren, Weber 1864 und Warburg 1866. Außerdem seien Name und Werk des Philosophen und Kulturwissenschaftlers Ernst Cassirer (1874–1945) hier angefügt. Diese Rekapitulation äußert sich seit Beginn der 1980er Jahre im Erscheinen großer Unternehmen der Edition des Œuvres der Genannten, aber auch anderer, [...] die von zahlreichen Initiativen einer wissenschaftsgeschichtlichen Erörterung der Œuvres und ihrer Bedeutung begleitet werden. [...]

2

Dieser Vorgang der Neuaneignung bezieht sich auf eine Phase der Wissenschaftsgeschichte in Deutschland, die Zeit zwischen 1880 und 1930 nämlich, die man unlängst mit Recht als eine »Achsenzeit« moderner Wissenschaft bezeichnet hat.[2] Diese Neuaneignung ist ein Vorgang im Rahmen wissenschaftlicher Erinnerungskultur, ein Vorgang des kulturellen Gedächtnisses der Wissenschaften, wobei die hier erinnerte Historische Kulturwissenschaft um 1900 mit ihren ausgearbeiteten epistemologischen Fundierungen und ihrer weitausgreifenden historischen und kulturvergleichend ausgerichteten Reflexion selbst als eine Form kulturellen Gedächtnisses der Moderne aufgefaßt werden kann.[3] Er gehört zugleich in einen Zusammenhang umfassender Historisierungen, in denen der Weg der sogenannten »Geisteswissenschaften« in Deutschland seit dem Ende des 19. Jahrhunderts neu diskutiert wird, gerade auch im Blick auf die epochalen Katastrophen-Jahre 1918, 1933 und 1945.[4] Mehr und mehr wird nach dem Vergessenen und Verdrängten, nach den Bedingungen der Umorientierungen gefragt,[5] nach den Weichenstellungen, die jeweils erfolgten, aber auch nach den Alternativen dazu.[6] Dazu kommt, daß vertraute Denkfiguren und Deutungsschemata der Wissenschaft, die in den letzten Jahren Geltung hatten, ihre Relevanz zu verlieren scheinen: die vielberedete »Postmoderne« als eine angeblich neue Epoche, der Streit über Makro- und Mikrohistorie,[7] die Suggestionen des »Linguistic Turn«.[8] Der alte Streit über »Historismus« in der Geschichtswissenschaft hat sich durch Historisierung verändert.[9] Außerdem wirkt sich die weltpolitische Wende von 1989/91 in der wissenschaftsgeschichtlichen Reflexion aus, darin nämlich, daß wir auch dadurch in einen umfassenden Vorgang der Historisierung eingetreten sind,[10] dessen Dimensionen sich erst allmählich in vollem Umfang abzeichnen.

Zu alledem tritt ein zweites Moment, das sich spezifisch auf die Neuaneignung einer Historischen Kulturwissenschaft auswirkt: die Wiederkehr der Subjekte. Dabei geht es darum, daß die Fiktion subjektloser »Strukturen« und »Diskurse«, die in den letzten Jahrzehnten wie selbständig agierende Subjekte dargestellt wurden, ihre Attraktivität verloren hat – um so mehr, als sich inzwischen auch die »darstellerische Perfektion« manifestierte, »mit der sich die Theoretiker subjektloser Entwürfe als persönlich ausgestaltete Leerstelle ihrer Theorien« inszenierten, als die »leibhaftig performatorische Existenz dessen, was nicht existieren soll«.[11] Die »verloren geglaubten«, gesellschaftlich handelnden Subjekte kehren also zurück.[12] Historiker sprechen von der »Wiederkehr des Individuellen«, von einem »neuen Interesse an Menschen mit Namen und unterscheidbarer Geschichte«[13] und an der »sinnstiftenden, wertenden und deutenden Tätigkeit der historischen Subjekte« als einem »konstitutiven Element jeder sozialen Welt«.[14] Der französische Sozialhistoriker Roger Chartier konstatierte soeben einen »Retour à la philosophie du sujet«, die Rückkehr zur Frage nach der Rolle der Individuen in der Konstruktion der sozialen Bindungen.[15] Sogar die Ökonomen entdeckten in jüngster Zeit, daß wirtschaftliche Prozesse konstituiert und gesteuert werden von kulturell bedingten Denkformen, von Deutungsmustern der sozialen Wirklichkeit und Verhaltensweisen, daß sie das Ergebnis von Deutungen und Handlungen und sozialen Lernens bei Individuen und Gruppen sind.[16] Die Subjekte kehren zurück: zum einen die historisch-konkreten Akteure an ihren jeweiligen, historisch-konkreten Orten – zugleich aber auch die konkreten Beobachter und Interpreten, die Historiker mit ihren jeweils spezifischen Deutungshorizonten, mit ihren lebensweltlich bedingten Erfahrungen, Wahrnehmungsweisen und Vorurteilen, in denen man nun nicht mehr Störungen der Erkenntnis wahrnimmt, sondern eher das kreative und erkenntnisfördernde Potential, das sie immer enthalten.

Ein solches Selbstverständnis, eine solche Zugehensweise auf historische »Gegenstände« repräsentiert die Historische Kulturwissenschaft um 1900 mitsamt ihrem Begriff der »Kultur«.[17]

Max Weber hat den Begriff der »Kultur« ausgehend von der Subjektivität der Individuen und ihrem daraus sich ergebenden sozialen Handeln konstituiert. Der Aufbau von Kultur ist auf »Wertideen« bezogen, das heißt: auf die Fähigkeit und den Willen des Menschen, »bewußt zur Welt Stellung zu nehmen und ihr einen Sinn zu verleihen«.[18] Aus solchen Stellungnahmen und Sinngebungen, die sich in »Wertideen« konkretisieren, aus Denkformen, Mentalitäten und geistigen Haltungen von Individuen und Gruppen resultiert das soziale Handeln der Menschen, aus dem wiederum objektive Hervorbringungen entstehen, literarische und künstlerische Werke, Symbole, Lebensformen, Rituale und Institutionen.[19] »Kultur« ist hier also nicht zu verstehen als die dritte »Potenz« neben Staat und Religion (Jacob Burckhardt) oder als jener »Rest«, der nach einer vorangegangenen Analyse von »Herrschaft« und »Wirtschaft« übrigbleibt (Hans-Ulrich Wehler).[20] »Kultur« ist vielmehr, wie auch Georg Simmel erläuterte, das Ganze, die »Totalität«,[21] also die Gesamtheit der Hervorbringungen des Menschen auf allen Gebieten des Lebens,[22] die dann immer wieder aufs neue transformiert und umgedeutet, verstanden oder mißverstanden, angeeignet oder abgelehnt werden.[23] »Kultur« gilt hier, wie auch in anderen Reflexionen über »Kulturwissenschaft« um 1900, »primär als Inbegriff geschichtlicher Lebenswelt«.[24] Demzufolge handelt es sich bei »Kulturwissenschaften« um jene Disziplinen, »welche die Lebenserscheinungen in ihrer Kultur*bedeutung* zu erkennen streben«.[25]

Die Erkenntnis Webers, daß subjektiv gemeinter »Sinn«[26] ein konstitutiver Faktor für die Entstehung gesellschaftlicher Wirklichkeit ist, entspricht zugleich der fundamentalen Erkenntnis Émile Durkheims, daß die »gedachte« Wirklichkeit nicht weniger »wirklich« ist als die »reale«.[27] Die beiden Erkenntnis-Durchbrüche wurden vor allem – und zwar in Verbindung mit dem Begriff der »Lebenswelt« – in der Wissenssoziologie weitergeführt[28] und in das für alle Kulturwissenschaften relevante Konzept der »gesellschaftlichen Konstruktion der Wirklichkeit« transformiert.[29] Hier trat die Absicht zutage, Webers Auffassung von der Konstituierung gesellschaftlicher Wirklichkeit durch »Sinngebung« und »Verstehen« sich in gleicher Weise anzueignen wie Durkheims Auffassung von der »Faktizität« der kollektiven gesellschaftlichen Phänomene[30] und damit gesellschaftliche Wirklichkeit als einen dialektischen Prozeß von Externalisierung, Objektivation und Internalisierung zu deuten[31]: »Aufgrund von Externalisierung ist die Gesellschaft Produkt des Menschen. Aufgrund von Objektivierung wird sie Wirklichkeit *sui generis*. Aufgrund von Internalisierung ist der Mensch Produkt der Gesellschaft.«[32] Diese menschliche Welt ist die »Kultur«. Kultur ist also das, was vom Menschen »produziert und reproduziert« wird, die »Totalität« seiner materiellen wie immateriellen Hervorbringungen.[33] Zur Kultur gehört also auch das, was man »Gesellschaft« nennt: diese ist ein »Bestandteil der immateriellen Kultur«, nämlich jener »Aspekt der Kultur, welcher den immer in Gang befindlichen Beziehungen des Menschen zu seinen Mitmenschen Struktur verleiht«. »Gesellschaft« ist aber nicht nur eine Folge von »Kultur«, sondern zugleich auch die für diese »unerläßliche Bedingung«.[34] Es sei eigens darauf hingewiesen, daß ein entscheidender Vorzug einer solchen Theorie der gesellschaftlichen und kulturellen Konstruktion der Wirklichkeit auch darin liegt, daß sie zugleich eine Theorie der kulturellen Dynamik und des kulturellen Wandels impliziert, insofern die Dialektik von Externalisierung, Objektivierung und Internalisierung unablässig wirkt und Neues hervorbringt.

Setzt man den Begriff »Kultur« in diesem Sinn in seine Rechte ein, versteht man darunter also das »Ganze« des wechselseitigen Zusammenspiels von Denkformen, Formen des Sich-Verhaltens und sozialen Handelns und den wiederum daraus entstehenden Objektivationen, dann erscheint die Frage zweitrangig, ob man nun mit Durkheim eher das »Objektive« betont oder eher, mit Max Weber, den Akzent der Fragestellung auf die subjektiven Mentalitäten, Sinngebungen, Werthaltungen, Weltdeutungen der Individuen und der Gruppen legt, die dem sozialen Handeln und damit auch den Objektivationen zugrundeliegen;[35] ob man mit Roger Chartier eher nach den »symbolischen« Konkretionen sozialer »Praktiken« fragt, um an diesen dann die »Sinngebungen« zu ermitteln, die ihnen zugrundeliegen und in ihnen produziert werden,[36] oder ob man eher, wie das zum Beispiel in den Ansätzen einer politikwissenschaftlichen Institutionenforschung der Fall ist,[37] das Interesse vorrangig auf die sozialen (und dann auch auf die politischen) »Institutionen« richtet, nämlich auf die »durch Internalisierung verfestigten Verhaltensmuster und Sinnorientierungen mit regulierender sozialer Funktion«.[38]

3

Der französische Sozialhistoriker Roger Chartier sprach unlängst davon, daß es darauf ankomme, die etablierten Grenzen der Fächer »zu erschüttern, ja durcheinanderzubringen«.[39] Dem ist zuzustimmen: die Geschichtswissenschaft bedarf einer entschlossenen Ent-Disziplinierung, und das gilt vielleicht auch für andere kulturwissenschaftliche Fächer. Die anhaltende und – wie wir gesehen haben – sogar zunehmende Faszination, die seit einiger Zeit und vor allem seit den 1980er Jahren vom Werk Simmels, Warburgs, Webers, aber auch von dem Ernst Cassirers ausgeht, hat gerade auch in der hier angelegten Nivellierung tradierter Disziplinengrenzen ihre Wurzeln. Freilich bedarf die »Ent-Disziplinierung« jederzeit einer ebenso intensiv wahrgenommenen »Disziplinierung«, in dem Sinne nämlich, daß die einzelnen kulturwissenschaftlichen Fächer sich ihrer historisch begründeten spezifischen Leistungen und ihrer historisch ausgeprägten spezifischen Leistungsfähigkeit bewußt sind und sie zur Geltung bringen. »Ent-Disziplinierung« bedeutet nicht Aufhebung oder Verwischung der unterschiedlichen Profile dieser Fächer, sondern die Entdeckung ihrer wechselseitigen Komplementarität. Eine solche Kulturwissenschaft ist allerdings nicht allein durch »interdisziplinäre« Anstrengungen herzustellen, an denen es ja nicht fehlt, sondern vielmehr durch die Konstituierung eines gemeinsamen Bewußtseins von »Kulturwissenschaft« als Aufgabe.

Diese Bewußtwerdung kann sich in mehreren Hinsichten aussprechen, wie hier nur angedeutet werden kann.

(1) Auf einer ersten Ebene bilden sich die Fragestellungen einer auf »Gegenstände« bezogenen Forschung selbst. Es verdient festgehalten zu werden, daß auch eine nur vorläufige und andeutende Bilanzierung von Forschungspraxis der Geschichtswissenschaft zeigt, daß sich »kulturwissenschaftlich« angelegte Fragestellungen in jüngster Zeit deutlich vermehrt haben, die auf eine Kooperation mit anderen Kulturwissenschaften zielen oder in eine solche bereits eingetreten sind. In der Mediävistik, um nur davon zu sprechen,[40] manifestieren sich solche Fragestellungen zum Beispiel in der Erforschung von Oralität und des Verhältnisses von Mündlichkeit und Schriftlichkeit, in der zunehmenden Aufmerksamkeit, die Ritualen geschenkt wird, in der Erforschung religiöser Mentalitäten, in der Erforschung ständischer wie gruppengebundener »Kulturen«, in der Erforschung von Marginalität, von sozialem Wandel, von »Alltag« und »Erfahrung« in der Gesellschaft des Mittelalters, um nur einige Beispiele zu nennen.[41] Von Interesse ist auch die Beobachtung von Konvergenzen eines kulturwissenschaftlichen Interesses, die in verschiedenen Fächern anhand gleichgerichteter Fragestellungen gleichzeitig zutage treten. Das ist zum Beispiel bei dem Paradigma des »kulturellen Gedächtnisses« der Fall, das in der Altertumswissenschaft und Ägyptologie konzipiert wurde,[42] dem aber analoge Unternehmungen im Kreis der Literaturwissenschaften,[43] auch der literaturwissenschaftlichen Mediävistik[44] entsprechen. Vergleichbare Fragestellungen hat im Rahmen der Geschichtswissenschaft vor allem die Mittelalterforschung auf den Weg gebracht.[45] Eine ähnliche Fokussierung zeigt sich seit geraumer Zeit in der Frage nach Metaphern als Denkmustern, als Formen, »Wirklichkeit« zu erfassen und zu deuten, ein Unternehmen, in dem sich die Anstrengungen von Literaturwissenschaftlern,[46] Politikwissenschaftlern,[47] Philosophen[48] und Historikern[49] vereinigen. Ähnliches gilt für die Erforschung der Formen »Bildhafter Rede« in Mittelalter und früher Neuzeit.[50]

(2) Zu den Vorzügen einer Historischen Kulturwissenschaft, wie sie um 1900 begründet wurde, gehört auch ihre epistemologische Bewußtheit, die Tatsache also, daß hier die Frage nach den Bedingungen, nach der Tragweite und auch nach den Grenzen wissenschaftlicher, kulturwissenschaftlicher und historischer Erkenntnis von vornherein gestellt wurde und in die Praxis der Forschung stets integriert war. Vertreter dieser Historischen Kulturwissenschaft wie Georg

Simmel oder Max Weber wandten sich dabei gegen alle Formen eines wissenschaftlichen Objektivismus, sei er nun mit Leopold von Ranke idealistisch, mit Karl Marx materialistisch oder aber mit Thomas Buckle, Hippolyte Taine oder Karl Lamprecht positivistisch begründet. Sie rekurrierten dabei auf Kants Transzendentalphilosophie und ihre Grundaussage vom Erscheinungscharakter der Gegenstände einer uns möglichen Erfahrung und der darin begründeten Idee von Wissenschaft als einem Weiterschreiten ins Indefinite, in eine unbestimmbare Weite.[51] Denn jede Antwort, jedes wissenschaftliche Ergebnis erzeuge sogleich neue Fragen.

Auf dieser Linie des kantischen Kritizismus zeigte Georg Simmel in seinem Buch *Die Probleme der Geschichtsphilosophie* (2. Auflage von 1905), daß man das Einzelne nicht beschreiben kann, wie es wirklich war, weil man das Ganze nicht beschreiben könne. Eine »Wissenschaft von der Totalität des Geschehens« sei nicht nur »wegen ihrer nicht zu bewältigenden Quantität ausgeschlossen, sondern weil es ihr an einem *Gesichtspunkt* fehlen würde, den unser Erkennen braucht, um ein Bild, das ihm genüge, zu formen [...]«. Es gebe also »kein Erkennen überhaupt, sondern immer nur eines, das durch qualitativ determinierte, also unvermeidlich einseitige Einheitsbegriffe geleitet und zusammengehalten« werde.[52] [...]. Bekanntlich sind dies auch Grundannahmen von Max Webers sogenannter »Wissenschaftslehre«: Daß Wissenschaft immer ein empirisch gestütztes Hypothesenwissen darstellt; daß die Konstituierung von »Gegenständen« der Erkenntnis auf einer wertbezogenen Auswahl aus der unendlichen Fülle möglicher Gegebenheiten und möglicher Fragestellungen beruht; daß der »Zweck« der Wissenschaft deshalb geradezu im Veralten und Überholtwerden aller Ergebnisse besteht, weil »jede wissenschaftliche ›Erfüllung‹ [...] neue Fragen« bedeutet und »überboten werden und veralten will«; und daß deshalb jede »tüchtige« Erkenntnis immer notwendigerweise eine »spezialistische« Erkenntnis ist.[53] Daß in diesen Stellungnahmen eine umfassend begründete Absage an Rankes Idee einer metaphysisch und religiös, nämlich durch Teilhabe und Glauben begründeten Erkenntnis des Historikers liegt, hat die Geschichtswissenschaft bis heute nicht recht wahrgenommen.[54] Noch jüngst hat Thomas Nipperdey die Stärken von Rankes Theorie der historischen Erkenntnis, dem berühmten »Zeigen, wie es eigentlich gewesen« dargelegt, sogar mit der Behauptung, daß

Rankes Theorie auch dann eine starke Theorie sei, wenn man ihre metaphysischen und religiösen Prämissen beiseite lasse.[55] Es kennzeichnet die Situation der Geschichtswissenschaft in Deutschland, daß an die Epistemologie der Historischen Kulturwissenschaft um 1900 eigens erinnert werden muß, während in Frankreich ein führender Historiker wie Marc Bloch sich schon in den zwanziger und dreißiger Jahren die Grundannahmen eben dieser Epistemologie zu eigen machte, gerade auch in der Fassung, die ihr Max Weber gegeben hat.[56] Darüber hinaus ist evident, daß die vielfältige und seit Jahrzehnten bewiesene Innovationsfähigkeit der französischen Geschichtswissenschaft im Sinne einer »Histoire Nouvelle« darauf beruht, daß sie sich Fragestellungen der Historischen Kulturwissenschaft um 1900 zu eigen machte, während die deutsche Geschichtswissenschaft gerade dies abgelehnt hat.[57]

In seiner *Philosophie des Geldes* von 1900, zweite Auflage von 1907, hat Georg Simmel das praktische Vorgehen am konkreten historischen Phänomen gezeigt.[58] In diesem Buch geht es nicht um das Geld im ökonomischen Sinn. Es geht vielmehr um das Geld als kulturelles Phänomen. Es geht einerseits darum, »die Voraussetzungen dar[zu]stellen, die, in der seelischen Verfassung, in den sozialen Beziehungen, in der logischen Struktur der Wirklichkeiten und der Werte gelegen, dem Geld seinen Sinn und seine praktische Stellung anweisen«. Es geht darum, die »geschichtliche Erscheinung des Geldes« aus den »Wertgefühlen, der Praxis den Dingen gegenüber und den Gegenseitigkeitsverhältnissen der Menschen als ihren Voraussetzungen zu entfalten«. Andererseits wollte Simmel wiederum die Wirkungen des Geldes auf die »innere Welt« der Menschen, auf das »Lebensgefühl der Individuen, auf die Verkettung ihrer Schicksale, auf die allgemeine Kultur« darstellen. Gegenstand der Erkenntnis war also nicht die Zweckbedeutung des Geldes in den ökonomischen Zusammenhängen, sondern die »Umsetzung in andere Werte«. Die Geeignetheit gerade dieses Gegenstandes liegt, nach Simmel, besonders darin, daß es sich um eine »Einzelheit des Lebens« handelt, um ein Detail, ein Detail freilich, an dem sich »der ganze Umfang der geistigen Welt«, die »Ganzheit« fassen lasse. Gerade durch die Begrenztheit und Kleinheit des Gegenstands könne an ihm durch »Erweiterung und Hinausführung« die Totalität und das Allgemeinste gezeigt werden. Simmel begründet hier also gewissermaßen eine »Mikrohistorie«, aber er begründet diese »Mikrohistorie« in engster Verbindung mit »makrohistorischen« Erkenntniszielen.[59] Außerdem gehe es darum, wie Simmel erläuterte, »dem historischen Materialismus ein Stockwerk unterzubauen, derart, daß der Einbeziehung des wirtschaftlichen Lebens in die Ursachen der geistigen Kultur ihr Erklärungswert gewahrt wird, aber eben jene wirtschaftlichen Formen selbst als das Ergebnis tieferer Wertungen und Strömungen, psychologischer, ja, metaphysischer Voraussetzungen erkannt werden«.[60] [...].

(3) Aus einer solchen Definition von Historischer Kulturwissenschaft und der sie mit begründenden Epistemologie ergibt sich ein anderes Verhältnis zu den Naturwissenschaften als das übliche. Oft wird vergessen, daß das Reden von »Geisteswissenschaftlern« über »Geisteswissenschaften« in ihrem Gegensatz zu den Naturwissenschaften eine bestimmte Theorie der historischen Erkenntnis impliziert. Sie geht auf Wilhelm Dilthey zurück, von dem überhaupt der Begriff der Geisteswissenschaften in seinen heutigen Besetzungen stammt. Er wurde so zuerst in seinem frühen Werk *Einleitung in die Geisteswissenschaften* von 1883 begründet.[61] Dilthey ging es darum, eine »Kritik der historischen Vernunft« zu schaffen, und zwar in Opposition zu den Grundauffassungen der damaligen, weitgehend positivistischen Naturwissenschaft und ihres auf andere Wissenschaften übergreifenden Imperialismus.[62] Davon wollte Dilthey die Nicht-Naturwissenschaften befreien. Historische Wissenschaften wollte er deshalb als eine Wissenschaftsgruppe eigener Art definieren, die unabgeleitet und als selbständiges Ganzes den Naturwissenschaften gegenüberstehen, eben die Geisteswissenschaften. Es handle sich hier um »zwei Klassen von Wissenschaften«, um zwei grundverschiedene Erkenntnisweisen also. Die Unterscheidung sei begründet in der »Tiefe und Totalität des menschlichen Selbstbewußtseins«. Das dadurch konstituierte »Reich der Geschichte« (den Bereich der Geisteswissenschaften also) hat Dilthey in seiner Unterschiedenheit von »Reich der Natur« mit einer Reihe von kontradiktorischen Gegenüberstellungen beschrieben wie: Freiheit gegen »objektive Notwendigkeit« (Kausalität), einmalige »Tat des Willens« gegen »leere und öde Wiederholung« des »Naturlaufs«. Die Unterschiedenheit beider Wissenschafts-Arten sei in der »Unvergleichlichkeit des geistigen Lebens« begründet, nämlich in den »Tatsachen des Selbstbewußtseins und der mit ihm zusammenhängenden Einheit des Bewußtseins« und in der »Freiheit und den mit ihr

verbundenen Tatsachen des sittlichen Lebens« – im Gegensatz zur Gleichförmigkeit materieller Vorgänge und zur »räumlichen Gliederung und Teilbarkeit der Materie«. »Geist« ist nach Dilthey Einmaligkeit und Freiheit, »Natur« ist Wiederholung und Gesetz. »Naturwissenschaft« sei deshalb »Zergliederung«, »Zerlegung« und »Auflösung«, »Geisteswissenschaft« aber »Ganzheit« und »Leben«. [...]. Es stellt sich längst die Frage, wie lange die »Geisteswissenschaften« sich noch »geisteswissenschaftlich« definieren wollen, nachdem die Naturwissenschaften sich, zumindest prinzipiell, schon seit der ersten Hälfte unseres Jahrhunderts nicht mehr positivistisch definieren.[63]

Die Begründer einer Historischen Kulturwissenschaft jedenfalls haben, in kontradiktorischem Gegensatz zu Diltheys »Kritik der historischen Vernunft«, die Unterschiede zur Naturwissenschaft und den Unterschied zwischen Verstehen und Erklären ausdrücklich anders gefaßt. Max Weber definierte das naturwissenschaftliche Experiment und die kulturwissenschaftliche Bildung von Begriffen als zwei verschiedene, aber gleichrangige Verfahren der Erkenntnis,[64] die beide auf ein und derselben Idee von Wissenschaft beruhen. Nämlich: daß alle Wissenschaft »Forschung« ist, das heißt: eine empirisch gestützte und in Hypothesen fortschreitende Form der Erkenntnis, die sich in einem prinzipiell unabschließbaren Prozeß des Fragens und Suchens befindet. Erst in zweiter Linie und nur in Entsprechung zu den jeweils spezifischen Gegenstandsbereichen differenzieren sich dann Natur-Wissenschaft und Kultur-Wissenschaft. Die Begriffe der *Geistes*wissenschaft (im Sinne Diltheys) und der *Kultur*wissenschaft (im Sinne Webers) sind also nicht austauschbar. Sie beziehen sich vielmehr auf grundsätzlich verschiedene Theorien der wissenschaftlichen und der historischen Erkenntnis und implizieren eben deshalb unter anderem auch ein jeweils ganz anderes Verhältnis zu den Naturwissenschaften. *Kultur*wissenschaft hat eine gemeinsame Basis mit der Naturwissenschaft, insofern auch diese als empirisch gestützte Hypothesenwissenschaft Erklärungs-Charakter hat. Erst als eine Wissenschaft, die sich mit dem Menschen, mit den Formen seines Denkens, seines Handelns und mit seinen kulturellen Hervorbringungen befaßt, hat Kulturwissenschaft sodann auch Verstehens-Charakter, weil sie »Gegenstände« erkennt, die im Verhältnis zum erkennenden Subjekt von gleicher Art sind.

(4) Die modernen Kulturwissenschaften stehen im Zeichen des Historismus, der seit der Mitte des 18. Jahrhunderts sich allmählich durchsetzenden Denkform der universalen Historisierung alles dessen, was ist – einem konstitutiven Kennzeichen der Moderne.[65] Für diese Wissenschaften bedeutet der Historismus eine Reihe von grundsätzlichen Problemen, die seit den 1870er Jahren in allen Einzelwissenschaften mit zunehmender Intensität erörtert wurden.[66] Der Philosoph und Theologe, Kirchenhistoriker und Soziologe Ernst Troeltsch hat diese Probleme unter dem Stichwort der »Krisis des Historismus«, also der vom Historismus ausgelösten »Krise« zusammengefaßt,[67] nämlich: das Problem der »wissenschaftlichen Objektivität«, also die Frage nach der Begründung und der Geltung wissenschaftlicher Erkenntnis; – sodann: die Erfahrung der gesellschaftlichen Bedingtheit aller historischen, gesellschaftlichen oder kulturellen Vorgänge und damit auch der wissenschaftlichen Erkenntnis selbst; – und schließlich: die Erfahrung der Relativierung aller Werte durch den Historismus, die Erfahrung des modernen Relativismus also. Es geht hier in allen drei Hinsichten um die von Friedrich Nietzsche gestellte, von Max Weber auf der Basis des kantischen Kritizismus beantwortete Frage nach dem Verhältnis von »Wissenschaft« und »Leben«.[68]

In der Historischen Kulturwissenschaft um 1900 wurden diese Fragen aufgenommen und beantwortet. Epistemologische Grundsatzreflexion war in der Historischen Kulturwissenschaft eines Ernst Cassirer, Georg Simmel oder Max Weber selbstverständlich. Sie trat damit in Konkurrenz und in Gegensatz zu einer ganzen Reihe von bereits vorliegenden Theorien der historischen Erkenntnis, die alle im Zeichen des Historismus entstanden waren. Die Geschichte dieser Epistemologien ist, bis heute, nicht als eine schlichte Fortschrittsgeschichte aufzufassen. Das Spätere ist nicht eo ipso das Bessere. Es handelt sich vielmehr um die Geschichte einer begrenzten Anzahl unterschiedlicher und konkurrierender Ansätze, die in konkreten historischen Situationen entstanden und aufeinander »antworten«. Zu einem großen und einheitlichen Ganzen – wie es oft gewünscht wird – sind sie nicht vermittelbar, eben weil sie auf sehr verschiedenen historischen Voraussetzungen und Problemstellungen beruhen.[69] Der auf Ideenerkenntnis abzielende, »metaphysische, objektive Idealismus« eines Wilhelm von Humboldt, Leopold von Ranke und Carl von Savigny[70] ist weder mit dem Positivismus oder dem historischen Materialismus zu verknüpfen, noch mit Diltheys gegen die positivistische Naturwissenschaften gerichteten Theorie der Geisteswissenschaften und des Verstehens; erinnert sei auch an die Wissenschaftsphilosophie Friedrich Nietzsches – sei es mit der Idee einer Historie, die aufhören muß, eine Wissenschaft zu sein, um sich in den Dienst des ›Lebens‹ begeben zu können,[71] sei es mit der Entlarvung von Wissenschaft als einer Fiktion im Dienste des »Willens zur Macht«, die von Martin Heidegger in den zwanziger Jahren erneut aktualisiert wurde, um in unseren Tagen in der Gestalt des französischen »Neostrukturalismus«,[72] u. a. durch Michel Foucault, ein eigentümliches, sowohl beim Urheber wie bei den Rezipienten freilich auf erheblichen Verdrängungen beruhendes[73] Comeback zu erleben. Diese einzelnen Ansätze untereinander zu verbinden oder gar synkretistisch zu vermengen erscheint untunlich. Vielmehr geht es darum, sich ihrer unterschiedlichen historischen Kontexte und ihrer unterschiedlichen Begründungen und Zielsetzungen zu vergewissern, um dadurch die Leistungsfähigkeit aller dieser Ansätze, aber auch ihre Grenzen genauer zu bestimmen. Der einzelne Wissenschaftler hat hier die Wahl, freilich muß er sich auch entscheiden. Selbstverständlich fließen bei dieser Entscheidung auch lebensweltliche Kriterien ein. Man hat sich zu entscheiden zum Beispiel zwischen bewußtseinsphilosophischen und lebensphilosophischen Begründungen, hat sich dabei an die Verdrängung jener durch diese während der Weimarer Republik zu erinnern (was auch für die Neubegründung der Kulturwissenschaften in Deutschland nach 1945 nicht ohne Folgen geblieben ist). Man hat die Wahl, ob man eher mit Max Weber auf der Basis des kantischen Kritizismus seine Wissenschaft betreibt oder eher auf der Grundlage eines von Michel Foucault und anderen vertretenen »Neostrukturalismus«, in dem aber offenkundig die deutsche Tradition des Irrationalismus eines Friedrich Nietzsche und Martin Heidegger in französischem Gewande wiedererstand.

(5) Historismus bedeutet die Historisierung alles dessen, was ist, also auch der wissenschaftlichen Erkenntnis selbst, und auch einer Historischen Kulturwissenschaft. Wissenschaftsgeschichte gehört deshalb zu den Grundbedingungen von Wissenschaft in der Moderne. Sie ist in dem Unternehmen einer Historischen Kulturwissenschaft im

Sinne Max Webers bereits angelegt. Denn Kulturwissenschaft im Sinne Max Webers war sich durch die Art ihrer Konstituierung selbst unmittelbar ihrer kulturellen Bedingtheit und damit auch ihrer historischen Gewordenheit bewußt.[74] Max Weber hat dies in seiner Abhandlung über »Die ›Objektivität‹ sozialwissenschaftlicher und sozialpolitischer Erkenntnis« von 1904 erläutert. Wenn wissenschaftliche Erkenntnis nicht in der Abbildung äußerer »Wirklichkeit« besteht, sondern wenn sie gerade als empirische Hypothesenerkenntnis eine »Wirklichkeitswissenschaft« ist, dann liegen den Arbeitsgebieten der Kulturwissenschaften, wie Weber sagt, »nicht die ›*sachlichen*‹ Zusammenhänge der ›*Dinge*‹, sondern die *gedanklichen* Zusammenhänge der *Probleme*« zugrunde, und bleiben die »Ausgangspunkte der Kulturwissenschaften« in eine »grenzenlose Zukunft« hinein »wandelbar«, weil nämlich der »ewig fortschreitende Fluß der Kultur« den »historischen Disziplinen« stets »neue Problemstellungen zuführt« und ihnen eben damit »ewige Jugendlichkeit« beschert. Denn dies bedeutet die Vergänglichkeit aller Fragestellungen ebenso wie die »Unvermeidlichkeit« immer neuer.[75] Es bedeutet aber auch, daß die Frage nach der kulturellen und historischen Bedingtheit aller dieser Fragestellungen mit zu bedenken ist. Wissenschaftsgeschichtliche Reflexion ist deshalb als Element einer Historischen Kulturwissenschaft unabdingbar.

Diese wissenschaftsgeschichtliche Reflexion sollte sich jeweils als eine wissenschaftliche »Problemgeschichte« verstehen, als eine Wissenschaftsgeschichte also, die sich im Unterschied zu einer monodisziplinär ausgerichteten Wissenschaftsgeschichte multidisziplinär orientiert, nämlich die »Entwicklung von Disziplinkomplexen« in bestimmten Zeiträumen beobachtet, im Sinne der Einsicht, daß »verschiedene Disziplinen in einem überschaubaren Zeitraum sich mehr ähneln können als die unterschiedlichen Ausformungen ein und derselben Disziplin über längere Zeitstrecken hinweg« (Wolf Lepenies).[76] Zum anderen kann Problemgeschichte dazu verhelfen, jene tieferen Schichten der Genese wissenschaftlicher Erkenntnis zu erfassen, jene Zonen der Erkenntnis zu beobachten, in denen in der Auswahl bestimmter Ansätze und Sichtweisen die Einzelforschung konstituiert wird. Hier geht es also um die Einsicht, wie und warum in der Wahl von Fragestellungen aus einer Vielzahl von in gleicher Weise möglichen anderen bestimmte Optionen getroffen, wie und warum in der Auswahl von Elementen für Definitionen bestimmte »Gegenstände« und Erkenntnisziele gegenüber anderen bevorzugt werden.[77]

Gerade die Problemgeschichten der Kulturwissenschaften machen darauf aufmerksam, daß Wissenschaft stets einen Teil der »Kultur« darstellt und in eine jeweilige »Kultur« eingebunden ist und daß damit wissenschaftliche Erkenntnis auch von den Bedingungen ihrer Gegenwart geprägt wird. Man wird dies nicht zu bedauern haben, weil es ja gerade dieser Sachverhalt ist, der den historischen Wissenschaften und Kulturwissenschaften ihre »ewige Jugendlichkeit« verschafft.

Anmerkungen

1 Dieser Beitrag ist erstmals unter demselben Titel erschienen in: *Mediävistische Komparatistik,* hrsg. von W. Harms und J.-D. Müller, Stuttgart und Leipzig 1997, S. 241–262, und wird hier etwas gekürzt abgedruckt. Die Kürzungen sind angezeigt mit [...].

2 R. Kany, *Mnemosyne als Programm. Geschichte, Erinnerung und die Andacht zum Unbedeutenden im Werk von Usener, Warburg und Benjamin,* Tübingen 1987, S. 4.

3 Otto Gerhard Oexle, »Memoria als Kultur«, in: *Memoria als Kultur,* hrsg. von O. G. Oexle, Göttingen 1995, S. 69 ff.

4 Darüber Otto Gerhard Oexle, *Geschichtswissenschaft im Zeichen des Historismus. Studien zu Problemgeschichten der Moderne,* Göttingen 1996, Einleitung.

5 Darüber anregungsreich O. Lepsius, »Erkenntnisgegenstand und Erkenntnisverfahren in den Geisteswissenschaften der Weimarer Republik«, in: *Ius Commune. Zeitschrift für Europäische Rechtsgeschichte* 22, 1995, S. 283–310.

6 D. van Laak, *Gespräche in der Sicherheit des Schweigens. Carl Schmitt in der politischen Geistesgeschichte der frühen Bundesrepublik,* Berlin 1993.

7 *Sozialgeschichte, Alltagsgeschichte, Mikrohistorie. Eine Diskussion,* hrsg. von W. Schulze, Göttingen 1994; Otto Gerhard Oexle, »Nach dem Streit. Anmerkungen über ›Makro-‹ und ›Mikrohistorie‹«, in: *Rechtshistorisches Journal* 14, 1995, S. 191–200.

8 Otto Gerhard Oexle, »Sehnsucht nach Klio. Hayden Whites ›Metahistory‹ – und wie man darüber hinwegkommt«, in: *Rechtshistorisches Journal* 11, 1992, S. 1–18; Roger Chartier, »L'Histoire Culturelle entre ›Linguistic Turn‹ et Retour au Sujet«, in: *Wege zu einer neuen Kulturgeschichte. Mit Beiträgen von Rudolf Vierhaus und Roger Chartier,* hrsg. von H. Lehmann, Göttingen 1995, S. 29–58, S. 31 ff.

9 A. Wittkau, *Historismus. Zur Geschichte des Begriffs und des Problems*, 2. Aufl., Göttingen 1994, und die in dem oben Anm. 4 genannten Band *Geschichtswissenschaft im Zeichen des Historismus* wiederabgedruckten Texte. Von germanistischer Seite vor allem die Arbeiten von D. Niefanger, *Produktiver Historismus. Raum und Landschaft in der Wiener Moderne*, Tübingen 1993; *Historismus und literarische Moderne*, hrsg. von Moritz Baßler u. a., Tübingen 1996.

10 Dazu B. Rüthers, »Kontinuitäten. Zur Wirkungsgeschichte von Carl Schmitt in der Bundesrepublik Deutschland«, in: *Rechtshistorisches Journal* 13, 1994, S. 142–164.

11 Hans-Georg Soeffner, *Die Ordnung der Rituale. Die Auslegung des Alltags 2*, 2. Aufl., Frankfurt am Main 1995, S. 7.

12 Ebd., S. 16.

13 W. Hardtwig, »Alltagsgeschichte heute. Eine kritische Bilanz«, in: Schulze, *Sozialgeschichte, Alltagsgeschichte, Mikrohistorie* (Anm. 7), S. 19–32, hier S. 21.

14 U. Daniel, »Quo vadis, Sozialgeschichte? Kleines Plädoyer für eine hermeneutische Wende«, in: Schulze, *Sozialgeschichte, Alltagsgeschichte, Mikrohistorie* (Anm. 7), S. 54–64, hier S. 60.

15 Chartier, »L'Histoire Culturelle« (Anm. 8), S. 46.

16 Vgl. H. Siegenthaler, *Regelvertrauen, Prosperität und Krisen. Die Ungleichmäßigkeit wirtschaftlicher und sozialer Entwicklung als Ergebnis individuellen Handelns und sozialen Lernens*, Tübingen 1993.

17 Die folgenden Feststellungen werden wiederholt aus Otto Gerhard Oexle, »Geschichte als Historische Kulturwissenschaft«, in: *Kulturgeschichte Heute*, hrsg. von W. Hardtwig und H.-U. Wehler, Göttingen 1996, S. 14–40, S. 24 ff.

18 Max Weber, »Die ›Objektivität‹ sozialwissenschaftlicher und sozialpolitischer Erkenntnis« (1904), in: ders., *Gesammelte Aufsätze zur Wissenschaftslehre*, 5. Aufl., Tübingen 1982, S. 146–214, S. 180 f.

19 D. J. K. Peukert, *Max Webers Diagnose der Moderne*, Göttingen 1989, S. 11 ff. und S. 27 ff.; F. Jaeger, *Bürgerliche Modernisierungskrise und historische Sinnbildung. Kulturgeschichte bei Droysen, Burckhardt und Max Weber*, Göttingen 1994, S. 182 ff.

20 Jacob Burckhardt, *Über das Studium der Geschichte. Der Text der »Weltgeschichtlichen Betrachtungen« auf Grund der Vorarbeiten von Ernst Ziegler nach den Handschriften*, hrsg. von P. Ganz, München 1982, S. 254; Hans-Ulrich Wehler, *Deutsche Gesellschaftsgeschichte*, Bd. 1, München 1987, S. 10 ff.

21 Georg Simmel, *Philosophie des Geldes* (2. Aufl. 1907), Vorrede, hrsg. von D. P. Frisby und K. Ch. Köhnke, Frankfurt am Main 1989, S. 9 ff.

22 Zu Webers Verwendungen des Begriffs »Kultur« vgl. die Hinweise bei Ch. Braun, *Max Webers »Musiksoziologie«*, Laaber 1992, S. 50 ff. und 60 ff., sowie L. A. Scaff, »Max Webers Begriff der Kultur«, in: *Max Webers Wissenschaftslehre. Interpretation und Kritik*, hrsg. von G. Wagner und H. Zipprian, Frankfurt am Main 1994, S. 578–699.

23 Dazu auch K.-S. Rehberg, »Kulturwissenschaft und Handlungsbegrifflichkeit. Anthropologische Überlegungen zum Zusammenhang von Handlung und Ordnung

in der Soziologie Max Webers«, in: Wagner/Zipprian, *Max Webers Wissenschaftslehre* (Anm. 22), S. 602–661.

24 Rüdiger vom Bruch und Gangolf Hübinger, »Einleitung: Kulturbegriff, Kulturkritik und Kulturwissenschaften um 1900«, in: *Kultur und Kulturwissenschaften um 1900: Krise der Moderne und Glaube an die Wissenschaft*, hrsg. von Rüdiger vom Bruch, Friedrich Wilhelm Graf und Gangolf Hübinger, Stuttgart 1989, S. 9–24, hier S. 16.

25 Weber, »Die ›Objektivität‹« (Anm. 18), S. 175.

26 Ebd., S. 175 ff.

27 Émile Durkheim, *Les formes élémentaires de la vie religieuse*, 6. Aufl., Paris 1986, S. 603 f.

28 A. Schütz, *Der sinnhafte Aufbau der sozialen Welt. Eine Einleitung in die verstehende Soziologie* (1932), Neudruck Frankfurt am Main 1974.

29 P. L. Berger und Th. Luckmann, *Die gesellschaftliche Konstruktion der Wirklichkeit. Eine Theorie der Wissenssoziologie*, Frankfurt am Main 1969.

30 P. L. Berger, *Zur Dialektik von Religion und Gesellschaft. Elemente einer soziologischen Theorie*, Frankfurt am Main 1973, S. 4, Anm. 2.

31 Berger/Luckmann, *Die gesellschaftliche Konstruktion der Wirklichkeit* (Anm. 29), S. 65.

32 Berger, *Zur Dialektik* (Anm. 30), S. 4.

33 Ebd., S. 7.

34 Ebd., S. 7 f.

35 So auch U. Daniel, »›Kultur‹ und ›Gesellschaft‹. Überlegungen zum Gegenstandsbereich der Sozialgeschichte«, in: *Geschichte und Gesellschaft* 19, 1993, S. 69–99, mit der Forderung, »Welt- und Gesellschaftsdeutungen in ihrer Relevanz für soziales Handeln und Verhalten, für gesellschaftliche Kontinuitäten und Diskontinuitäten ebenso ernst zu nehmen wie sozioökonomische oder andere Strukturen« (S. 92 f.). Mit Blick auf Weber: Rehberg, »Kulturwissenschaft und Handlungsbegrifflichkeit« (Anm. 23).

36 Vgl. Roger Chartier, »Kulturgeschichte zwischen Repräsentationen und Praktiken«, in: ders., *Die unvollendete Vergangenheit. Geschichte und die Macht der Weltauslegung*, Berlin 1989, S. 7–20; ders., »L'Histoire Culturelle« (Anm. 8).

37 Zuletzt *Die Eigenart der Institutionen. Zum Profil politischer Institutionentheorie*, hrsg. von G. Göhler, Baden-Baden 1994.

38 G. Göhler, »Soziale Institutionen – politische Institutionen. Das Problem der Institutionentheorie in der neueren deutschen Politikwissenschaft«, in: *Politik und Repräsentation. Beiträge zur Theorie und zum Wandel politischer und sozialer Institutionen*, hrsg. von W. Luthardt und A. Waschkuhn, Marburg 1988, S. 12–18, S. 16.

39 Chartier, »L'Histoire Culturelle« (Anm. 8), S. 49.

40 Zum Stand der historischen Mittelalterforschung vgl. die Beiträge in *Stand und Perspektiven der Mittelalterforschung am Ende des 20. Jahrhunderts. Mit Beiträgen von Arnold Esch, Johannes Fried und Patrick J. Geary*, hrsg. von Otto Gerhard Oexle, Göttingen 1996.

41 Vgl. Oexle, »Geschichte als Historische Kulturwissenschaft« (Anm. 17), Abschnitt III/2.

42 J. Assmann, *Das kulturelle Gedächtnis. Schrift, Erinnerung und politische Identität in frühen Hochkulturen*, München 1992.

43 Vgl. *Memoria. Vergessen und Erinnern*, hrsg. von A. Haverkamp und R. Lachmann, München 1993.

44 J.-D. Müller, *Gedechtnus. Literatur und Hofgesellschaft um Maximilian I.*, München 1982; F. Ohly, »Bemerkungen eines Philologen zur Memoria«, in: Schmid / Wollasch, *Memoria* (wie unten Anm. 45), S. 9–68; H. Wenzel, *Hören und Sehen, Schrift und Bild. Kultur und Gedächtnis im Mittelalter*, München 1995.

45 *Memoria. Der geschichtliche Zeugniswert des liturgischen Gedenkens im Mittelalter*, hrsg. von K. Schmid und J. Wollasch, München 1984; M. Borgolte, *Petrusnachfolge und Kaiserimitation. Die Grablegen der Päpste, ihre Genese und Traditionsbildung*, Göttingen 1989; *Memoria in der Gesellschaft des Mittelalters*, hrsg. von D. Geuenich und Otto Gerhard Oexle, Göttingen 1994, sowie der oben Anm. 3 genannte Band *Memoria als Kultur*.

46 Hier wurde dieser Ansatz vor allem durch die Arbeiten von Friedrich Ohly gefördert: Friedrich Ohly, *Schriften zur mittelalterlichen Bedeutungsforschung*, Darmstadt 1977 (2. Aufl. 1983); ders., *Ausgewählte und neue Schriften zur Literaturgeschichte und zur Bedeutungsforschung*, hrsg. von U. Ruberg und D. Peil, Stuttgart 1995. Vgl. auch D. Peil, *Untersuchungen zur Staats- und Herrschaftsmetaphorik in literarischen Zeugnissen von der Antike bis zur Gegenwart*, München 1983.

47 Dazu der von W. Euchner, F. Rigotti und Pierangelo Schiera herausgegebene Band *Il potere delle immagini. La metafora politica in prospettiva storica – Die Macht der Vorstellungen. Die politische Metapher in historischer Perspektive* (Bologna und Berlin 1993). Außerdem F. Rigotti, *Die Macht der Metaphern. Über die sprachlichen Bilder der Politik*, Frankfurt am Main 1994.

48 Hier ist in erster Linie an die Arbeiten von Hans Blumenberg zu erinnern.

49 Vgl. U. Meyer, *Soziales Handeln im Zeichen des ›Hauses‹. Zur Ökonomik in der Spätantike und im früheren Mittelalter*, Göttingen 1998.

50 Dazu die Beiträge in dem von W. Harms und K. Speckenbach herausgebenen Band *Bildhafte Rede in Mittelalter und früher Neuzeit. Probleme ihrer Legitimation und ihrer Funktion*, Tübingen 1992.

51 Dazu Otto Gerhard Oexle, »Die Geschichtswissenschaft im Zeichen des Historismus. Bemerkungen zum Standort der Geschichtsforschung«, in: *Historische Zeitschrift* 238, 1984, S. 17–55, S. 30 ff.; ders., »›Der Teil und das Ganze‹ als Problem geschichtswissenschaftlicher Erkenntnis. Ein historisch-typologischer Versuch«, in: *Teil und Ganzes. Zum Verhältnis von Einzel- und Gesamtanalyse in Geschichts- und Sozialwissenschaften*, hrsg. von K. Acham und W. Schulze, München 1990, S. 348–384, S. 379 ff.

52 Georg Simmel, *Die Probleme der Geschichtsphilosophie. Eine erkenntnistheoretische Studie*, 2. Aufl., Leipzig 1905, S. 46.

53 Max Weber, »Wissenschaft als Beruf«, in: ders., *Gesammelte Aufsätze* (Anm. 18), S. 582–613, S. 592 ff.

54 Dazu W. Hardtwig, »Geschichtsreligion – Wissenschaft als Arbeit – Objektivität. Der Historismus in neuer Sicht«, in: *Historische Zeitschrift* 252, 1991, S. 1–32.

55 Thomas Nipperdey, »Zum Problem der Objektivität bei Ranke«, in: *Leopold von Ranke und die moderne Geschichtswissenschaft*, hrsg. von W. J. Mommsen, Stuttgart 1988, S. 215–222.

56 Otto Gerhard Oexle, »Marc Bloch et la critique de la raison historique«, in: *Marc Bloch aujourd'hui*, hrsg. von H. Atsma und A. Burguière, Paris 1990, S. 419–433.

57 Dazu U. Raulff, *Ein Historiker im 20. Jahrhundert: Marc Bloch*, Frankfurt am Main 1995; Otto Gerhard Oexle, »Was deutsche Mediävisten an der französischen Mittelalterforschung interessieren muß«, in: *Mittelalterforschung nach der Wende 1989*, hrsg. von M. Borgolte, München 1995, S. 89–127.

58 Simmel, *Philosophie des Geldes* (Anm. 21), S. 9ff.

59 Dazu Oexle, »Nach dem Streit« (Anm. 7).

60 Simmel, *Philosophie des Geldes* (Anm. 21), S. 9ff.

61 Wilhelm Dilthey, *Einleitung in die Geisteswissenschaften. Versuch einer Grundlegung der Gesellschaft und der Geschichte*, 8. Aufl., Stuttgart 1979.

62 Zum folgenden bereits Oexle, »Sehnsucht nach Klio« (Anm. 8), S. 10ff.

63 Dazu Oexle, »Die Geschichtswissenschaft« (Anm. 51), S. 46ff.

64 Für Max Weber sind »Begriff« und »Experiment« die beiden »großen Mittel alles wissenschaftlichen Erkennens«: Weber, »Wissenschaft als Beruf«, in: ders., *Gesammelte Aufsätze* (Anm. 18), S. 596.

65 Dazu die Beiträge in Oexle, *Geschichtswissenschaft im Zeichen des Historismus* (Anm. 4) sowie die oben Anm. 9 genannten Titel.

66 Wittkau, *Historismus* (Anm. 9).

67 E. Troeltsch, »Die Krisis des Historismus«, in: *Die Neue Rundschau* 1. XXXIII. Jahrgang der *Freien Bühne* 1922, S. 572–590.

68 Darüber A. Germer, *Wissenschaft und Leben. Max Webers Antwort auf eine Frage Friedrich Nietzsches*, Göttingen 1994.

69 Vgl. Oexle, *Geschichtswissenschaft im Zeichen des Historismus* (Anm. 4), Einleitung.

70 Dazu J. Rückert, *Idealismus, Jurisprudenz und Politik bei Friedrich Karl von Savigny*, Ebelsbach 1984, bes. S. 240ff.

71 Dazu Germer, *Wissenschaft und Leben* (Anm. 68).

72 Dazu eingehend M. Frank, *Was ist Neostrukturalismus?*, Frankfurt am Main 1984.

73 Darüber M. Frank, »Politische Aspekte des neufranzösischen Denkens«, in: ders., *Conditio moderna. Essays, Reden, Programm*, Leipzig 1993, S. 119–139; vgl. ebd., S. 13.

74 Dazu Oexle, »Geschichte als Historische Kulturwissenschaft« (Anm. 17), S. 37ff.

75 Weber, »Die ›Objektivität‹« (Anm. 18), S. 166, S. 184 und S. 206.

76 Dazu Wolf Lepenies, »Vergangenheit und Zukunft der Wissenschaftsgeschichte – Das Werk Gaston Bachelards«, in: Gaston Bachelard, *Die Bildung des wissenschaftlichen Geistes. Beitrag zu einer Psychoanalyse der objektiven Erkenntnis*, Frankfurt am Main 1978, S. 7–34 (das Zitat ebd., S. 30f.); ders., »Probleme einer

historischen Wissenschaftsforschung«, in: *Grundlegung der historischen Wissenschaftsforschung*, hrsg. von C. Burrichter, Basel 1979, S. 23–74. Als Beispiel sei genannt: ders., *Die drei Kulturen. Soziologie zwischen Literatur und Wissenschaft*, München 1985.

77 Dazu Oexle, *Geschichtswissenschaft im Zeichen des Historismus* (Anm. 4), Einleitung.

Martin Warnke

Epochen als Kunstwerke. Zur Entwicklung der Periodisierungstechnik in der Kunstgeschichte des 19. Jahrhunderts

Die Aufgliederung der Geschichte in stilgeschichtliche Epochen war das erfolgreichste Paradigma, das die noch nicht lange als selbständiges Fach etablierte Kunstgeschichte den Geisteswissenschaften anbieten konnte. Um 1900 übernahmen immer mehr Historiker, Literaturwissenschaftler und Kulturhistoriker die kunstgeschichtlichen Stilbegriffe als Gliederungshilfe für ihren eigenen historischen Gegenstandsbereich. Daß Heinrich Wölfflin im Jahre 1911 als erster Kunsthistoriker in die Preußische Akademie der Wissenschaften aufgenommen wurde, bestätigt die Definitionsmacht, welche die kunstgeschichtliche Stilforschung in den Geisteswissenschaften erlangt hatte.[1]

Wie es in der Kunstgeschichte zu dieser Kompetenz für ein stilgeschichtliches Entwicklungsschema gekommen ist, hat viele Gründe und Voraussetzungen, die bis in das 16. Jahrhundert zurückreichen. Durch Vasari war eine überzeugende Vorgabe gemacht worden, die Winckelmann an der antiken Kunstgeschichte erneuerte und kanonisierte.[2] Hegel brauchte diesen Rahmen nur zu einem geistesgeschichtlichen Universalkursus zu vertiefen, um den Grundriß zu sichern, auf dem dann Franz Kugler und Carl Schnaase die ersten großen Weltgeschichten der Kunst erstellen konnten. Dieser Rahmen war gefestigt durch Wertmaßstäbe, die die Gipfelleistungen sparsam, aber unabweisbar an die Zeiten verteilten. Für die Entwicklungsstadien der Architektur, Malerei und Skulptur waren mit den Vorstellungen vom Altertum, vom Mittelalter und von der Neuzeit Begriffe bereitgestellt,[3] die zugleich Qualitätskriterien bezeichneten: Für die Kunstgeschichte bedeutete das Mittelalter einen Abfall von der antiken Höhe, die erst wieder mit der Renaissance erreicht wurde, um danach wiederum zu verfallen.

Das wichtigste Ergebnis kunstgeschichtlicher Stilforschung bestand darin, dieses Werteschema allmählich außer Kraft gesetzt oder ersetzt zu haben durch ein differenziertes Bild vom künstlerischen Stilablauf, in dem ästhetische Normen immer weniger noch eine Rolle spielten. Die allmähliche Positivierung der stilistischen Bestrebungen aller Epochen ist um 1900 zu einem gewissen Abschluß gekommen. Hier soll diese Entwicklung nicht noch einmal als ideengeschichtlicher Ablauf nachgezeichnet werden. Vielmehr möchte ich dem Vorschlag Heinrich Dillys folgen, bei der Rekonstruktion der kunstgeschichtlichen Theoriegeschichte die »präsentative Praxis« mit zu berücksichtigen, die dem Fach die theoretischen Positionen mehr oder weniger aufgezwungen haben könnte.[4] Auf der Praxisebene haben die allgemeinen Ideen nicht nur eine fachspezifische Ausprägung, sondern auch weiterführende Abwandlungen erfahren.

I

Zu den kunsthistorischen Praxisfeldern des 19. Jahrhunderts gehören die denkmalpflegerischen Aufgaben ebenso wie der Datenbedarf eines aufblühenden Kunstmarktes, vor allem aber die Unterbringung und Darbietung des enormen Bestandes überlieferter Kunstwerke in den von allen Kulturnationen neu gegründeten Museen.

Mit der Säkularisation der Klöster und Kirchen, aber auch mit der Öffnung der herrscherlichen Schlösser, nicht zuletzt aber mit der massenweisen Sequestrierung und Präsentation von Kunstwerken während der napoleonischen Kriegszüge ergab sich die Aufgabe, eine unübersehbare Menge an Objekten erst einmal zu ordnen, zu datieren, zu lokalisieren und zu konservieren, d. h. materiell und historisch zu sichern. Neben rein praktischen und konservatorischen Fragen mußten Fragen der historischen Klassifikation, nach denen das sehr heterogene Material in typologische, topographische und chronologische Reihen zu bringen war, von selbst einen Arbeits- und Urteilsraum herstellen, in dem die Kunstwerke als neutrale Überreste zu behandeln waren. Doch in den Museen trafen der antiquarische Erkenntnis- und der praktische Handlungsbedarf auf Wertnormen, die den Objekten durch ihre Zugehörigkeit zu einer historischen Epoche jeweils anhafteten. Im Museum wurde der sachliche Ausstellungsauftrag überlagert von einem ästhetischen Bildungsauftrag, denn den Museen war die Aufgabe zugewiesen worden, das Publikum im ästhetischen Genuß anzuleiten und zu erziehen. Wie aber sollte dies möglich sein angesichts der großen Menge an künstlerischen Zeugnissen aus dunklen Zeiten und aus herabgesunkenen Kulturen? Zu den Dokumenten des Verfalls zählten nicht nur die Kunstwerke aus dem Mittelalter, sondern auch die zahllosen Werke aus dem vlämischen oder französischen 17. und 18. Jahrhundert.

Im Wiener Oberen Belvedere hatte der Basler Kunsthändler und Freund Winckelmanns, Christian von Mechel, 1781 die teils sequestrierten, teils zusammengezogenen Bestände erstmals nach nationalen und regionalen Schulen, darin nach Künstlern und in einzelnen Abteilungen chronologisch gehängt.[5] Dieses Prinzip der »redenden Geschichte der Kunst« stellte ausdrücklich den historischen Erkenntnisgewinn vor die ästhetische Schönheitsnorm[6] – mit schlechtem Gewissen, wie die berühmten Sternchen zeigen, die von Mechel den vorzüglichsten Bildern anheften ließ. Doch die chronologische Hängung wurde in Frankreich im Louvre und 1803 im Musée Napoleon übernommen, wo die Gebrüder Boisserée sie kennenlernten und für ihre Heidelberger Sammlung anwandten, wo Hegel sie gesehen hat. Das historisch-lineare Prinzip konnte jedem Objekt aus jeder beliebigen Epoche einen legitimen Platz einräumen. Dieser Platz war neutral, kraft historischer Entstehung, nicht mehr kraft normativer Geltung zugewiesen. Karl Friedrich Schinkel, der 1816 als potentieller Käufer bei den Boisserée vorsprach, hat sogleich aus der neuartigen Hängung einen Erkenntnisgewinn festgehalten, der sich ihm aus der »historischen Ordnung dieser Sammlung« ergab: »Der schöne notwendige Zusammenhang, in dem man sich dadurch festgehalten sieht, läßt dem sonst unbedeutenden Gegenstand seinen Wert auf der Stelle, wo er steht, man sieht: was vor ihm war – wie es so entstehen konnte –, was nach ihm wurde. Das historische Sehen entfaltet sich emphatisch vor den van Eyckschen Bildern, die eine Welt aufschließen, nicht wie andere Gipfelmeisterstücke eine ganze Welt abschließen, und man steht vor ihnen mit frischer Kraft, angeregt für das, was noch sein soll in dieser Welt.«[7] Für Schinkel ergibt sich aus der diachronen Ordnung der Dinge eine Bewegungslinie, die das ganze geschichtliche Material auf ein Zukunftsziel hin ausrichtet und die Zyklen in eine permanente Weiterentwicklung auflöst. Der Rückblick, den eine historische Sammlung gewährt, erlaubt die Stadien der Besserung und des Fortschritts zu überblicken, regt in der Gegenwart die Kräfte an, die wissen, »was noch sein soll in dieser Welt«. In diesem Konzept hat eine historische und stilgeschichtliche Forschung, die jedem Objekt seinen Stellenwert im Gang der Entwicklung anweist, einen emphatischen Sinn, aus dem einsichtig wird, daß ein Progreß menschenmöglich ist. Auch Hegel äußert sich im Februar 1829 in seinen Vorlesungen über die Ästhetik erwartungsvoll zu der bevorstehenden Museumseröffnung in Berlin: »Das zweckmäßigste für das Studium und den sinnvollen Genuß wird deshalb eine historische Aufstellung sein. Solch eine Sammlung, geschichtlich geordnet, einzig und unschätzbar in ihrer Art, werden wir bald in der Bildergalerie des hier errichteten königlichen Museums zu bewundern Gelegenheit haben.«[8] Für den räsonierenden Philosophen bereitet es kein Problem, den historischen Entwicklungsgang für einen belehrenden Kursus zu halten. Für die museale Praxis jedoch erfaßt die theoretische Sinngebung allenfalls diejenigen Kunstwerke, die sich auf einen Gipfel hinbewegen; sie bedenkt nicht den großen Bestand an Werken, der sich nicht auf dem Höhepunkt der Entwicklung halten konnte, sondern nach allgemeiner Auffassung in epigonale oder akademische Verirrung geraten war, und die der Museumsmann trotzdem zeigen muß, wenn er den historischen Sinn bedienen will.

Das Alte Museum zu Berlin, das nach der Rückkehr der von Napoleon entführten königlichen Bilder geplant wurde und für das Schinkel 1823 einen Entwurf geliefert hat, war ein exponierter Schauplatz, auf dem die Aporien einer normativen Ästhetik und einer historischen Aufbewahrungspflicht offen ausgetragen wurden. Bei der Einrichtung des Museums kamen grundsätzliche Vorgaben und pragmatische Gegebenheiten nicht überein, trafen ästhetische Dogmen und die Realpräsenz der Werke unvereinbar aufeinander. Nach der Vorstellung Schinkels hätte sich der Widerspruch in einer Kulturgeschichte aufgehoben, denn das Museum sollte »nicht nur überhaupt Werke der Kunst, [...] sondern eben so auch als eine geschichtlich geordnete Sammlung gleichsam ein großes, unmittelbares Bild einer allgemeinen Culturgeschichte darstellen«.[9] Die von Schinkel noch konzipierten Fresken in der Vorhalle des Museums stellten die »Entwicklung der Weltkräfte, *als Wesen von ethischer Bedeutung*, die Entwicklung von der Nacht zum Licht, den ganzen Makrokosmos dar, während die beiden anderen zur Rechten ihrerseits uns in den Mikrokosmos einführen, in die Entwicklung der geistigen Cultur des Menschen, vom Morgen zum Abend des Lebens«, der am Ende aber von einer Flamme überstrahlt wird, die »wie eine starke Hoffnung in die Zukunft hinausleuchtet«.[10] Nach einer Erläuterung von 1855 wirkten diese Fresken als »eine Art illustrirter Vorrede oder Einleitung für das Studium der im Museum aufgestellten Kunstdenkmäler«.[11]

Zur Eröffnung des Alten Museums 1830 erschien auch der erste Katalog, den der Direktor Gustaf Friedrich Waagen selbst verfaßt hatte. Er dokumentiert die Wegscheide, vor der sich die Kunstfreunde, wenn sie nicht lasen, sondern ins Museum gingen, jetzt gestellt sahen. Im Anhang bringt der Katalog einen Grundriß mit der Verteilung der etwa 1300 Bilder (Abb. 1). In 37 Kabinetten, in denen der Besucher »in vollständiger geistiger Sammlung mit seinen Lieblingen« verkehren können sollte, sind die Bilder nach Schulen im Norden und Süden, innerhalb der Schulen aber in einer strikt historischen Zeitfolge untergebracht: »Um hieraus für Kunstbetrachtung und kunstgeschichtliches Studium möglichst grossen Vortheil zu ziehen, wurde eine sonst nicht versuchte, streng systematische Anordnung nach Perioden und nach Schulen durchgeführt.«[12] Man nannte dies später das »organische System«, das eine geographische und zeitliche Einbindung des Kunstwerkes anstrebte.[13] Dieses System, das den Kunstgelehrten aller Länder so imponierte, spiegelt sich in dem Katalog, der ebenfalls die Kunstwerke nach Schulen aufführt; zugleich aber bietet der Katalog entschiedene Werturteile an, die das historische Konstrukt geradezu bloßstellen. Anders als im Britischen Museum in London und dann auch in München fielen in Berlin die obligatorischen »Führungen durch Beamte völlig weg«[14]. Um so deutlicher mußten Anhaltspunkte für den Rundgang geliefert werden. Schon im Grundriß werden ganze Zimmerfluchten unter ein negatives Vorzeichen gesetzt, so wenn in den beiden Hauptabteilungen von »Nachahmern« oder »Akademikern« die Rede ist. Vollends gesperrt ist dem Besucher die Dritte Abteilung in den beiden Sälen zu den Höfen hin. In der Vorrede zum Katalog begründet Waagen diese Sperre mit dem Erziehungsauftrag, der ihm nahelegt, dem Besucher das Schlimmste vorzuenthalten: »Um indeß den Hauptzweck der Sammlung, Gewährung aesthetischen Genusses, nicht zu verfehlen, sind eine beträchtliche Anzahl von Bildern, bei denen das historische Interesse zu einseitig vorwaltet, sei es nun, daß sie einer Epoche angehören, in welcher die Malerei noch auf einer sehr niedrigen Stufe der Ausbildung stand, oder daß ihre verdienstlichen Seiten durch allzuwiderstrebenden überwogen werden, für die Freunde der Kunstgeschichte in gänzlich abgesonderten Räumen aufgestellt worden.«[15]

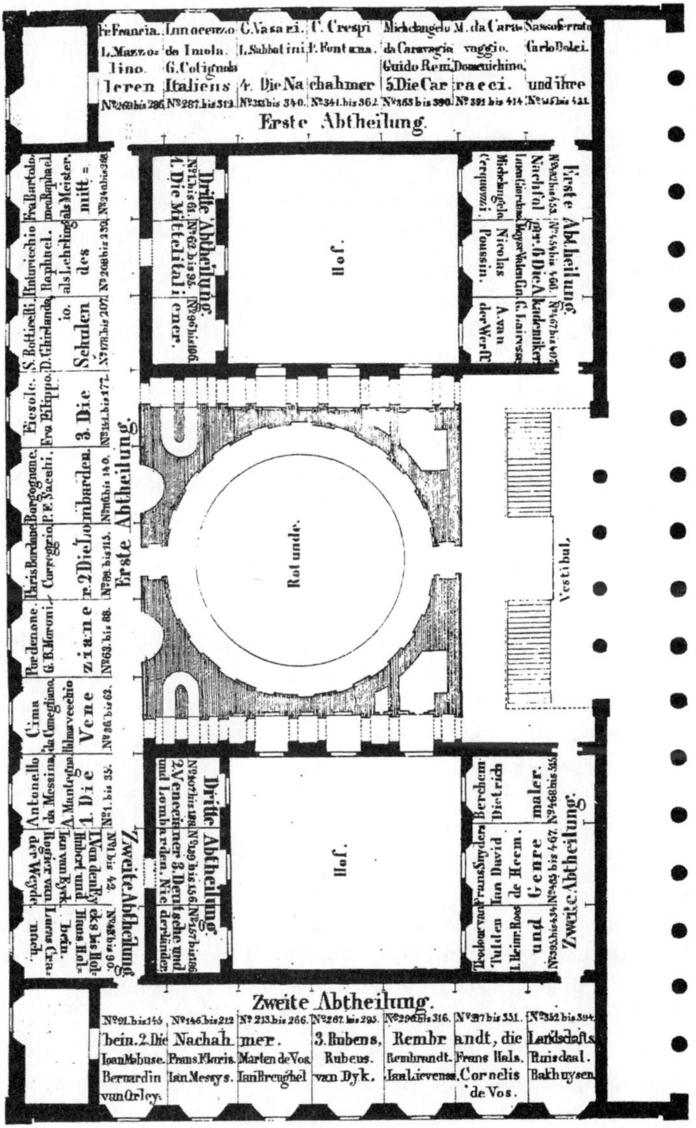

Abb 1: Grundriß des Obergeschosses des Alten Museums in Berlin nach G. F. Waagens Katalog von 1830

Die Schwierigkeit, in die ein mit dem traditionellen Wertekanon ausgestatteter Museumsdirektor vor der historischen Rekonstruktion der Kunstgeschichte geraten konnte, tritt in den Zwischentexten, die den einzelnen Abteilungen und Klassen vorangestellt sind, drastisch zutage. Waagen hatte für sein neues Museum aus den königlichen Schlössern 378 Gemälde herausholen dürfen; durch Erwerb zusätzlicher Sammlungen kam ein breiter Grundstock von mehreren Tausend Bildern zusammen. Von dieser ganzen Bildermasse entsprachen allenfalls zwei Dutzend den ästhetischen Normen, denen Waagen sich verpflichtet fühlte. Die Treue zu diesen Normen hatte ihn veranlaßt, auf die exquisiten Franzosen des 18. Jahrhunderts in den preußischen Schlössern zu verzichten.[16] Es ist geradezu bewundernswert, wie Waagen, indem er in den Einführungen zu den einzelnen Klassen in seinem Katalog an jenen Kategorien festhält, einen Museumsführer vorlegt, der etwa 90 Prozent der Bilder seiner Sammlung abfällig bewertet: In der Ersten Klasse, bei den Venezianern, verfallen die einen »in übertriebene und zu schroffe Formenbezeichnung«, die anderen »in zu scharfe Angabe der Formen, eine naturwidrige Behandlung des Gewandwesens und Vernachlässigung des Colorits«. Lediglich Tizian, von dem die Galerie gerade zwei Schulkopien, drei Schulwerke, aber kein Original aufzuweisen hat, ist nach Waagen dem klassischen Anspruch gerecht geworden. In der Zweiten Klasse, bei den Lombarden, hat der unvertretene Lionardo da Vinci segensreich gewirkt, was die Galerie gut belegen kann, doch nur die drei Werke Correggios zeigen »die höchste Ausbildung dieser Richtung«[17]. Obwohl in der Dritten Klasse die florentinischen Quattrocentisten bei allem lobenswerten Bemühen die »Bedeutung der christlich-religiösen Aufgaben bisweilen weniger beachtet haben«, kommt doch dort, ebenso wie in Umbrien, »jener Ausdruck einer fleckenlosen Seelenreinheit und einer tiefen Sehnsucht zum Höchsten, welcher das Gemüth so innig anspricht«, zustande;[18] aber von den Meistern, die dies erreichten: Lionardo, Michelangelo und Raffael, kann Waagen seinem Publikum gerade sechs, meist unausgereift frühe Raffaelwerke zur Anschauung anbieten. In der Vierten Klasse, die die italienischen Schulen »aus der Zeit der Abnahme der Malerei vor und nach dem Jahre 1550« vereint, sieht der Katalog Beispiele, die »in Unwahrheit im Ausdruck, arge Übertreibung und falsche Ostentation in der Zeichnung, endlich ein kaltes und unharmonisches Colorit verfielen«. Alle die Nachahmer des Correggio verwandeln dessen Grazie »in frazzenhafte Geziertheit«[19]. Auch die Akademiker in der Sechsten Klasse lassen den Beschauer »innerlich kalt«[20]. Nach Maßgabe dieser Anleitung von Waagen waren die meisten der von ihm eingerichteten Kabinette ästhetisch Horrorkabinette.

In der Zweiten großen Abteilung der nordeuropäischen Schulen konnte Waagen, der als einer der ersten Kenner dieser Schulen hervorgetreten war,[21] mit den Flügeln des Genter Altares aufwarten, denen er »in allen Theilen eine bewundrungswürdige Ausführlichkeit und ergreifende Lebendigkeit«[22] bestätigen kann. Neben Cranach und Holbein erfährt hier in der Ersten Klasse Dürer das höchste Lob, doch kann Waagen von ihm kein Original vorweisen. Die Niederländer des späteren 16. Jahrhunderts, die dem Raphael nachstreben, leiden unter einem »Mangel an feinerem Verständnis der Form« oder entwickeln einen »Hang zum Abenteuerlichen, und Unwahrheit in der Zusammenstellung, durch eine bunte und grelle Färbung, der es an Gesamthaltung fehlt«, weshalb sie »immer nur ein untergeordnetes Interesse« gewähren.[23] Rubens, von dem zehn Bilder aus königlichem Besitz in die Sammlung gelangt waren, bescheinigt Waagen dennoch bloß, daß er diesen »verderblichen Kunstbestrebungen [...] durch Einführung einer ganz neuen Weise ein Ziel« setzte. Rubens ging zwar nicht über »die ihn umgebende Wirklichkeit« hinaus und behandelte »die Form meist sehr nachlässig und willkührlich«, dennoch kommen sein Colorit, die Freiheit und Lebendigkeit seiner Motive wenigstens einer »überraschenden Wirkung« zugute.[24] Rembrandt, schon damals mit acht Bildern sehr gut vertreten, wird trotz seines rücksichtslosen Hanges »zum Phantastischen« gelobt, weil er im Helldunkel »Tiefe, Gluth, Klarheit und Harmonie« erreichte.[25] Waagen teilt mit seinen Zeitgenossen eine Vorliebe für die holländische Genremalerei wegen deren »Sinn für Naturwahrheit«, ihrer Lichtverteilung, doch am Ende werden auch sie »allmählig kalt in der Färbung, geistlos und gequält in der Ausführung«.[26] Auch in den nordischen Schulen der Galerie findet der Direktor kaum etwas vor, das er seinem Publikum guten Gewissens zum Genuß empfehlen kann. Diese Bilanz muß einen Museumsleiter geschmerzt haben, der das Ziel verfolgte, »nur mittels der Schönheit wahre Bildung auch unter den unteren Klassen der menschlichen Gesellschaft zu verbreiten«, und dem »der erste und höchste Zweck eines Museums« gewesen ist, »die geistige Bildung der Nation durch die Anschauung des Schönen zu fördern. Erst der zweite Zweck ist der historische.«[27]

2

Es kann hier nicht im einzelnen geschildert werden, wie sich der Widerspruch zwischen historischer Genesis und ästhetischer Geltung, den Waagen so offen austrägt, allmählich in eine selbstzufriedene historistische Linearität auflöst. Es soll nur darauf hingewiesen werden, daß dieser Prozeß in dem Praxisfeld des Museums sehr viel dringlicher auf eine Klärung drängte als in den Hörsälen der Universitäten, denn »in dieser Epoche sind die Museen der eigentliche Ort der Kunst, wo alle Diskussionen um die Kunst stattfinden«.[28] Mehr als irgendeine theoretische Erwägung wird die reale Gegenwart der Objekte aus allen Zeiten und Regionen in den Museen auch deren ästhetische Akzeptanz wünschbar gemacht haben. Unter dem Druck des Historismus und im Namen eines »historischen Interesses« war jener große Bestand an Kunstwerken, der einem überlieferten Bildungsbegriff gar nicht oder nur beschränkt zur »Gewährung ästhetischen Genusses« taugte, der Wahrnehmung des Publikums akzeptabel zu machen. Mochten einzelne Sammler oder einzelne Theoretiker und Sachforscher längst jene ästhetischen Vorbehalte abgelegt haben – im Museum mußte der Vorrang des historischen Interesses in einen Verzicht auf bildungsmächtige ästhetische Normen in eine Art ästhetische Toleranz münden, die leicht auch als ästhetische Indifferenz erscheinen konnte.

Je stärker das historische Interesse den selegierenden Effekt des ästhetischen Werturteils außer Kraft setzte und die Masse einzugliedernder Kunstwerke aus allen Zeiten und Regionen wuchs, um so wichtiger wurden die epochalen Orientierungshilfen, die den Besuchern eine neue Wahrnehmung abverlangten. Die Fähigkeit zu einer historischen Lokalisierung und Datierung muß die ästhetische Aneignung nach dem Kriterium der Schönheit zurückdrängen. Eigentlich war es im Sinne eines vorwiegend historischen Interesses folgerichtig, daß maßgebliche Berliner Kreise ab 1839 darangingen, eine Gipssammlung von Skulpturen aller Zeiten und Länder für das Neue Museum »in möglichst chronologischer Ordnung«[29] anzulegen, um damit eine vollständig dokumentierte Kunstgeschichte präsentieren zu können, wie dies dann im Germanischen Nationalmuseum in Nürnberg systematisch verfolgt wurde. Der handelskundige Wilhelm Bode wußte diese Bestrebungen abzustellen, doch der Zwang, alle Entwicklungen und Epochen mit Originalen zu belegen, blieb bestehen. Er führte zu jener expansiven Erwerbungspolitik, deren eigentlicher Antrieb nicht ein imperialistisches Machtbestreben gewesen zu sein scheint, sondern eher ein historistisches Vollständigkeitsbedürfnis, das die historische Bildung zum Hauptzweck der Erziehung erkoren hat und deshalb unter »Lücken« in der chronologischen Belegkette leidet. Schon Wilhelm von Humboldt hat diesen Zwangsmechanismus bemerkt, als er aus dem Vorzug von Waagens Aufstellung, welche die Sammlung »systematisch über alle Perioden der Malerei ausdehnt«, so daß »die Geschichte der Kunst sich in ihr von ihren Anfängen an verfolgen läßt«, die dringliche Notwendigkeit einer »Ausfüllung der wirklichen und wesentlichen Lücken« ableitete.[30]

Zu den Instrumenten einer kunsthistorischen Praxis, die das stilgeschichtliche Sehen und die stilgeschichtlichen Epochenbegriffe durchsetzen halfen, gehört auch ein Typus zeitgenössischer Malerei, mit deren Hilfe die Museen bemüht waren, jene Begriffe dem Publikum oder auch sich selbst nahezubringen und tragfähig zu machen.[31] Daß die Fresken in der Vorhalle von Schinkels Museum als »illustrierte Vorrede« an den Besucher der Galerie bezeichnet wurden, kennzeichnet ihre Funktion. Die Museumsleiter veranlassen zeitgenössische Historienmaler, für die Vorhallen und Treppenhäuser Epochen-Bilder zu entwerfen, in denen anschaulich zusammengefaßt und kulturgeschichtlich angereichert ist, was in den Museumsräumen nur unvollständig mit Originalgemälden belegt werden kann. Als künstlerische Zeugnisse der Gegenwart entschädigten sie für die Distanz, in die die Werke der Vergangenheit durch ihre epochale Einbettung entrückten. Die beabsichtigte Wirkung solcher Geschichtsbilder traf sich mit dem Selbstverständnis zeitgenössischer Maler: »Geschichte müssen wir malen, Geschichte ist die Religion unserer Zeit, lehrte Kaulbach, Geschichte allein ist zeitgemäß.«[32]

Leitthema aller Freskenprogramme in den Vorhallen oder Treppenhäusern der Museen ist das Epochenthema. Es kann in den verschiedensten Formen entfaltet werden. In der Münchener Pinakothek war 1840 das Programm des Cornelius dominiert von den Wittelsbacher Patronen; die Episoden aus der italienischen und deutschen Kunstgeschichte waren in Lünetten und Gewölben in die zweite Reihe gerückt.[33] Charles Louis Muller hat 1866 für den Louvre die *Epochen als Werke der Herrscher* gezeigt und die Künstler der »art du Moyen-Age« um Ludwig den Heiligen, die der »art classique« um Ludwig XIV., und die der »art moderne« um Napoleon I. geschart; ein Bau der jeweiligen Epoche hinterfängt die Szene.[34] Über diese Fixierung der Epochen an Herrscher geht der Zyklus von Wilhelm Kaulbach im Neuen Museum zu Berlin 1854 hinaus, in dem die Periodisierung durch *Epochale Ereignisse* charakterisiert wird: In sechs Hauptbildern werden historische Ereignisse vorgestellt, doch »nicht die Vorkommnisse, sondern die aus ihnen sich ergebende philosophische Erkenntnis wollte er fassen«, denn er malte, »wie er selbst sagte, den Geist Gottes in der Geschichte«.[35] So steht die Zerstörung Jerusalems für den Untergang der Antike oder »Das Zeitalter der Reformation« für die gesamte »moderne Zeit«; in einem Unterzyklus treten auch Moses, Solon, Karl der Große und Friedrich Rotbart als »die persönlichen Hauptrepräsentanten der verschiedenen Hauptkulturepochen« auf.[36] In einigen Fällen wird die *Epoche als künstlerische Tat* vorgestellt, so 1843 in Stuttgart, wo am Außenbau die Entwicklung der Bildhauerei und die der Malerei in Relieffriesen, jeweils auf die Flügel verteilt, dargestellt waren, während im Innern Fresken lokale und internationale künstlerische Entwicklungen in Szenen parallelisierten.[37] In Karlsruhe waren 1865 deutsche und italienische Künstler der Hochrenaissance, darunter auch Goethe und Beethoven, gegenübergestellt, und dann auch die badische Kunstgeschichte aus Gnaden der jeweiligen Landesherren geschildert.[38] In Dresden ist 1855 Sempers Bau außen auf der Theaterseite im Figurenprogramm auf die Kunst und Kultur der Antike, auf der Zwingerseite auf die Kunst und Kultur der »christlich-romantischen« Epoche abgestimmt worden; im Vestibül waren, nebst zahlreichen Personifikationen, in reliefierten Gipsfriesen Szenen aus den südlichen und nördlichen Schulen und Epochen der Kunstgeschichte gegeben.[39] In Wien wird 1884 bis 1889 an der Decke des Stiegenhauses des Kunsthistorischen Museums in Tizians Atelier ein Symposion großer Geister und Meister inszeniert, die allesamt vom Genius des Ruhms überflogen werden (Abb. 2).[40] Daß man den erzieherischen Wert dieser aufwendigen Fresken nicht gering einschätzte, geht daraus hervor, daß das Preußische Kultusministerium 1883 für das Vestibül des Düsseldorfer Kunstmuseums einen Wettbewerb ausschrieb zum Thema »Die Entwicklung der bildenden Kunst von der Antike bis zur Neuzeit und ihre Glanzepochen«; Carl Gehrts bekam den Zuschlag und lieferte 1897 in zwei Großfresken als Glanzepochen »die Antike« und »die Renaissance«, letztere veranschaulicht als Künstlertreffen in Nord und Süd unter Vorsitz der Ecclesia; in sechs weiteren Bildern war das »Schicksal der bildenden Kunst im Wechsel der Zeiten« erzählt, welches sodann in 18 weiteren, kleineren Bildern in Legendenform oder in Allegorien ausgebreitet wurde.[41]

Abb. 2: Mihály von Munkácsy: Studie zu dem Deckenbild im Stiegenhaus des Kunsthistorischen Museums in Wien: »Apotheose der Renaissance«. Federzeichnung. Datiert »Paris 1888, oct. 18.« Aufbewahrungsort unbekannt.

Da alles Geschehen immer wieder über Personen und Ereignisse zu epochalen Allgemeinformen, zu einem Epochengeist, zusammengefaßt werden mußte, lag es nahe, die *Epoche als Personifikation* einzuführen. Im Vestibül des Antwerpener Museums wurde der Gemäldezyklus angebracht, den Nicaise de Keyser schon zwischen 1864 und 1866 gemalt hatte: Den verschiedenen Episoden, die vlämische Künstler bei internationalen Auftritten zeigen, präsidiert im Hauptbild Antwerpia, zu deren Füßen die Figuren der Gotik und der Renaissance sitzen,[42] die erstere züchtig gekleidet, gen Himmel blickend, die zweite nackt, besinnlich, schreibend (Abb. 3). Ferdinand Keller hat im Stuttgarter Landesmuseum das »Mittelalter« und die »Neuzeit« so personifiziert, daß die lichtbringende Figur der »Neuzeit« 1896 auch für das Plakat der Ausstellung für Elektrotechnik Verwendung finden konnte.[43] Die Vorstellung, daß sich kunstgeschichtliche und geschichtliche Epochen verkörpern ließen, hat Walter Friederici

um 1903 zu einer galanten Personifikation des »Rokoko« (Abb. 4) und ein Jahr darauf den amerikanischen Bildhauer Henry Linder, der in München gelernt hatte, zu einer Personifikation der »Kunst des Mittelalters« (Abb. 5) inspiriert: In hellenistischem Gewand gekleidet hält sie wie eine Ecclesia Kelch und Reliquiar sinnend in ihren Händen.[44] Solche Personifikationen der Epochenbegriffe[45] machen verständlich, daß die Begriffe auch in der wissenschaftlichen Literatur handelnde Subjekte werden, daß etwa bei Heinrich Wölfflin 1888 der Barock »Zwecke erreicht«, Proportionen »aufsucht« oder ihnen »aus dem Wege geht«, oder daß es dort heißt: »Die Renaissance hatte schon früher ein klares Bewußtsein darüber ausgebildet [...]«; »der Barock wagt es, unreine Proportionen zu haben [...].«[46]

Die Eingangsbilder, die den Museumsbesucher empfingen und einstimmten, machten aus dem historischen Sehen in Epochen eine eigentümliche Erlebnisform. Die Gegenwartskunst leistete Anschauungshilfe für die Besichtigung der alten Kunst. Fast durchgehend werden die kunsthistorischen Epochenleistungen auf die zeitgleichen politischen, literarischen, philosophischen, kurz auf die gleichzeitige »Kultur« projiziert; es wird illustriert »die Auffassung des Stilbegriffs als *Lebensstil* einer Zeit, als Ausdruck der Lebenseinheit, der *Gestalt* einer Zeit«[47].

Abb. 3: Nicaise de Keyser: Die Personifikation der Stadt Antwerpen, der Gotik und der Renaissance umgeben von Künstlern der Antwerpener Schule. Wandmalerei, 1864. Antwerpen, Koninklijk voor Schone Kunsten.

Mit der Zeit konnte es nicht dabei bleiben, daß die Künstler mit ihren Fresken die »Vorreden« hielten, im übrigen aber die Exponate für sich selbst sprachen. Die Treppenhausfresken wurden entbehrlich, als die epochengliedernde »Kulturgeschichte« in die Ausstellungssäle selbst einzog. Im Jahre 1885 hat Anton Springer auch für die schreibende Kunstgeschichte gefordert: »Die Verbindung der Kunstgeschichte mit der Culturgeschichte wird durchschnittlich so angebahnt, daß jedem größeren Zeitabschnitt eine Einleitung vorangeht, welche sich mehr oder weniger ausführlich über die allgemein herrschenden Zustände und Sitten, den Grad der intellektuellen und moralischen Bildung, das politische und gesellschaftliche Treiben ausspricht. Gegen die Abtrennung dieser Erwägungen, so geistvoll sie zuweilen auch sein mögen, von der kunstgeschichtlichen Erzählung treten mannigfache Bedenken auf, noch größere gegen das Zusammenfassen großer Zeiträume in diesen Einleitungen.«[48] Diese Synthetisierung von Kunst und Kultur wurde wohl zuerst von der musealen Praxis vorgeführt, nicht nur in den neu gegründeten Kulturhistorischen Museen wie im Germanischen Nationalmuseum in Nürnberg 1853, sondern dann auch in den Kunstmuseen. Das zwischen 1894 bis 1900 erbaute Bayerische Nationalmuseum wird folgen-

Abb. 4: Walter Friederici: »Rokoko«. Um 1903. Aufbewahrungsort unbekannt.

dermaßen beschrieben: »Für je eine örtlich, zeitlich und namentlich stilistisch zusammenhängende Gruppe von Kunstwerken ward ein in Stil, Form und Farbe, Beleuchtung genau passender Innenraum geschaffen, der auch nach außen seinem Innern entsprechend behandelt wurde. So entstand eine Reihe unter sich verschiedener romanischer, gotischer, Renaissance-, Barock-, Rokoko- und Empirebauten, die nach außen in zwangloser, rein malerischer Weise unter Zuhilfenahme von Türmen und Türmchen miteinander verbunden, z. T. sogar unter einem Dach vereinigt wurden.«[49] Schon im Jahr darauf erschien eine Karikatur von Josef Bradl auf diese gebaute »anthropologisch-kunsthistorische Entwicklung«: Der Bau wird in Entwicklungsstadien auseinandergelegt, die vom Urschleim, über die Pfahlbauten, im Turm zur Blüte der klassisch-monumentalen Richtung gelangt, um danach wieder zu verfallen (Abb. 6).[50] In den hier bespotteten Räumen war auch architektonisch mitgeliefert, was dann der museale »Epochenraum« heißen wird. Auch der Salonmaler Hans Makart hat ihn sich für das Wiener Museum vorstellen können, als er vorschlug, den venezianischen Bildern venezianische

Rahmen zu geben, und »ebenso müßte die Decke in dem Geschmacke und in dem herrschenden Farbtone jener Kunstepoche geschmückt sein: die Ecken des Saales wären mit entsprechenden Kaminen zu verkleiden, in der Mitte könnte man Altarbilder in den geschnitzten Schreinen der damaligen Zeit anbringen. So würde der ganze Raum etwas künstlerisch Harmonisches und in dem wahren Sinne Malerisches bieten.«[51] Auch in Wilhelm Bodes Museumsinszenierungen gewinnt das historistische Sehen und Denken eine ästhetische Gestalt, die den Keim für neue Konzepte enthielt.

Wilhelm Bode hat von seinem Amtsvorgänger Waagen geschrieben, daß er so »umfassende Kenntnisse wie kein zweiter in seiner Zeit« gehabt habe, doch »eines war ihm nicht verliehen: Geschmack und Qualitätssinn.«[52] Aus diesem Urteil spricht der überlegene Universalist, der gelernt hatte, alle künstlerischen Erzeugnisse aus allen Zeiten und Weltgegenden zu schätzen, historisch einzuordnen und zu erwerben. Das von

Abb. 5: Henry Linder: »Medieval Art«. Bronze, 1909. New York, Metropolitan Museum

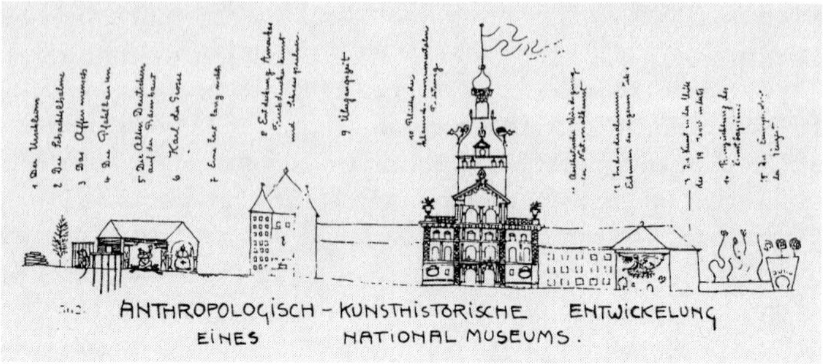

Abb. 6: Jakob Bradl: Parodie auf den Neubau des Bayerischen Nationalmuseums in München. 1901

Richard Schöne und Wilhelm Bode inspirierte ehemalige Kaiser Friedrich-Museum, das von 1897 bis 1904 errichtet wurde, will nichts mehr verbergen (Abb. 7). Die Mittelachse scheidet noch immer in zwei Abteilungen: Nord und Süd. Noch immer herrscht das »organische System« der chronologisch vorgestellten nationalen und regionalen Schulen, von dem auch die Museen des 20. Jahrhunderts nicht haben ablassen können. Doch in 72 zum Teil großen Räumen sind 17 Räume denjenigen Bildwerken und Bildern aus dem Trecento und Quattrocento eingeräumt, die Waagen zum Teil noch verstecken zu müssen glaubte. Der größte Saal ist den »Tapeten« von Raffael gegeben, der zweitgrößte Rubens, aber auch Rembrandt hat einen eigenen großen Raum. Es gibt keine Zurückdrängung, keine verschämten Ecken mehr, sondern zahllose sehenswerte Einzelwerke und herausgehobene, schwergewichtige große Künstlerheroen.[53]

Bode hatte seine berühmte »integrierte Präsentation«, die durch Objekte aus Kunsthandwerk, Skulptur, Malerei und Architektur ein historisches Ambiente zu evozieren versucht, in Ausstellungen erprobt, bevor er sie dann vor allem für die Renaissancesäle des Kaiser Friedrich-Museums in großem Stil realisierte.[54] Doch Bodes »Epochenräume«, die man auch »Stilräume« genannt hat,[55] waren ästhetische Inszenierungen (Abb. 8), in denen die Bilderwände den Gesetzen der Symmetrie, die Räume in Licht und Wandbespannung auf die Kunstwerke eingestimmt waren, diese hervorhoben, zusammenführten und auszeichneten. Hier waren die niederen Künste des Kunstgewerbes, so etwa Truhen, Teppiche

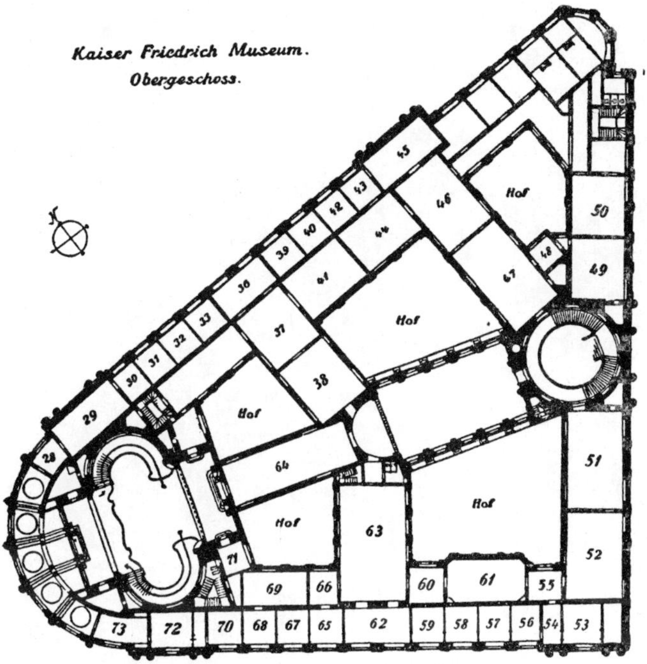

28—29. Italienische Bilder des 14. und aus der ersten Hälfte des 15. Jahrh.
30. Florentinische Bilder des 15. Jahrh.
31. Bildwerke der della Robbia.
32. Bildwerke Donatellos und Desiderios in Marmor.
33. Italienische Plaketten.
34. Florentinische Bilder und Bildwerke des 15. Jahrhunderts.
35. Italienische Bilder und Bildwerke des 16. Jahrhunderts.
36. Italienische Bronzebildwerke.
37. Florentinische Bilder und Bildwerke des 15. Jahrhunderts.
38. Florentinische Bilder des 15. Jahrh.
39. Sammlung James Simon.
40. Florentinische Bilder und Bildwerke des 15. Jahrhunderts.
41. Italienische Bilder und Bildwerke des 15. Jahrhunderts.
42. Oberitalienische Bilder und Bildwerke des 15. Jahrhunderts.
43. Venezianische Bilder des 15. Jahrh.
44. Oberitalienische Bilder und Bildwerke des 15. Jahrhunderts.
45. Italienische Bilder und Bildwerke des 16. Jahrhunderts.
46. Venezianische Bilder des 16. Jahrh.
47. Italien. Bilder des 17. und 18. Jahrh.
48. Tiepolo-Raum.
49. Spanische Bilder des 17. Jahrh.
50. Deutsche, französische, englische Bilder des 17. und 18. Jahrh.
51. Italienische Bilder d. 17. und 18. Jahrh.
52. Holländische Bilder des 17. Jahrh.
53. Sammlung Adolf Thiem.
54—58. Holländische Bilder des 17. Jahrh.
59. Frans Hals.
60. Vlämische Bilder des 17. Jahrh. und Miniaturbilder.
61. Rembrandt.
62. Vlämische Bilder des 17. Jahrh.
63. Rubens.
64. Die »Tapeten« von Raffael.
65—66. Deutsche Bilder des 16. Jahrh.
67. Dürer und Holbein.
68—70. Niederländische Bilder des 15. und 16. Jahrhunderts.
71. Niederländische Bilder des 16. Jahrh.
72. Der Center Altar.

Abb. 7: Grundriß des Obergeschosses des Kaiser Friedrich-Museums Berlin, eingeweiht 1904. Nach dem Museumskatalog 1911

Abb. 8: Ein »Epochenraum« Wilhelm Bodes im Kaiser Friedrich-Museum. Das italienische Cinquecento, Fotografie, 1904

oder Bronzekopien, mit den Erzeugnissen der Hohen Kunst zusammengestimmt, so vorurteilsfrei wie in den Büchern Alois Riegls[56]. Erstrebt war »die Abrundung sämtlicher auf einer Wand aufgehängter Bilder zu einem harmonischen Gesamtbild durch Mannigfaltigkeit und Symmetrie der Gegensätze in Format, Gegenstand, Farbe und Ton«[57]. Die ausgestellte, morphologisch gerichtete Geschichte wurde selbst ästhetisch.

In welchem Ausmaß ein Museumsmann jetzt in der Lage war, historische Fakten ästhetisch wahrzunehmen, kann man der Schrift des langjährigen Direktors der Dresdener Gemäldegalerie Karl Woermann entnehmen, der 1897 sich darüber ausläßt, »was uns die Kunstgeschichte lehrt«[58]. Woermann geht von der Frage aus, worin man das »Ewiggiltige« bei der »ungeheuren Verschiedenartigkeit der Kunstwerke« aus allen Ländern und Zeiten, mit denen es der Kunstfreund zu tun habe, erkennen könne. Die Antworten lauten: Ein Kunstwerk könne Anspruch auf ewige Gültigkeit erheben, wenn es in seiner Entstehungszeit volkstümlich, im nationalen Wurzelboden verankert gewesen ist; wenn die

Künstler als »Söhne ihrer eigenen Zeit« handeln und »vom Feuer ihrer eigenen Tage durchglüht gewesen« sind, so daß auch ihre Werke, je mehr in ihnen »die ganze Empfindung ihrer eigenen Zeit wiederklingt«, desto »echter und lebendiger der Nachwelt« erscheinen werden;[59] schließlich bleibt ein Werk lebendig, in dem Maße es als die Schöpfung eines Individuums erkennbar ist, das die Natur »mit eigenen Augen angesehen«[60] hat. Damit ist allen »vorgefaßten Meinungen der abstrakten Ästhetik« eine Absage erteilt, denn schön kann nur das historisch begriffene Kunstwerk sein. Cornelius Gurlitt, der selbst den verachteten Barock entdecken half, beschreibt den Lernprozeß nicht ohne Selbstironie: »Wie nach und nach ganze Zeiten in Aufnahme kamen, wie die Gelehrten ins Kunstland auf Entdeckungsreisen gingen und die Fahne des Verständnisses hier und dort als Zeichen der Besitzergreifung hißten: wie sie, mit ästhetischen Scheuklappen wohl ausgestattet, den Kopf nach allen Seiten wenden lernten, verwundert das Verachtete schön, das Verhöhnte ernst, im Unbedeutenden Sinn fanden.«[61]

Die um 1900 erreichte Historisierung der ästhetischen Urteilsfähigkeit ist durch eine Museumspraxis nahegelegt worden, in der die Werke aller Zeiten und Völker nach Akzeptanz verlangten und dadurch die ästhetischen Normen zurückdrängen konnten. Die Museen werden darin bald unterstützt von einer eifrigen Reproduktionsindustrie, die ihre Bildermappen auch als »Museum« ausgeben können.[62]

»Die alte normative Ästhetik ist überwunden, an ihre Stelle ist die Ästhetisierung der Geschichte getreten.«[63] Der ästhetische Genuß verwandelt sich in geschichtliche Erkenntnis, die vornehmlich aus der stilgeschichtlichen Einordnung der Objekte in den Museen gewonnen wird. Derjenige Kunsthistoriker, der das »Toleranzedikt der neuen Ästhetik« mit einer »zwanghaften Unerbittlichkeit verfochten« hat, Alois Riegl, ist aus einem Geschichtsinstitut über das Museum für Kunsthandwerk auf die Lehrkanzel an der Wiener Universität gelangt.[64] Als er dort über den Barock zu lesen hatte, tadelt er mit Recht, daß sein Kollege Heinrich Wölfflin in seinem Buch über *Renaissance und Barock* von 1888, obwohl er doch historische »Gründe des Stilwandels« zum Barock hin angegeben hatte, dennoch im Habitus der normativen Ästhetiker im Barockstil »die Symptome des Verfalls« und der »Verwilderung und Willkür« sah.[65] Wölfflins *Kunstgeschichtliche Grundbegriffe* werden dann im Jahre 1914 alle Werte und Normen ausklammern, aber sie werden auch die kulturgeschichtlichen Hintergründe, die geschichtlichen Bedingtheiten, um die sich Wölfflin in den vorangegangenen Jahren wie kaum ein anderer in seinen Notizen bemüht hatte, ganz außen vor lassen.[66] Doch auch in dieser Wendung, die Wölfflin der stilgeschichtlichen Epochenbestimmung gegeben hat, ist vieles eingegangen von der ästhetischen Konfiguration, in die Kunstwerke in den Museen im Verlauf des 19. Jahrhunderts geraten konnten. Zahlreiche Jahrgänge aus allen geisteswissenschaftlichen Disziplinen sind durch Wölfflin auch an der Universität in den Genuß einer wertfreien, aber schön konstruierten stilgeschichtlichen Epochenbestimmung gelangt, wie sie in den Museen vorbereitet war.

Anmerkungen

1 Vgl. Rainer Rosenberg, »Epochengliederung. Zur Geschichte des Periodisierungsproblems in der Literaturwissenschaft«, in: *Stil und Epoche*, hrsg. von Friedrich Möbius und Helga Sciurie, Dresden 1989 (Fundus-Bücher 118/119), S. 293 f. Der Übertragungsprozeß scheint schon früh einzusetzen, jedenfalls schreibt 1853 Wilhelm H. Riehl: »Die Wörter *Rokoko* und *Zopf* galten anfangs nur der bildenden Kunst; man gewöhnt sich aber allmählich, sie für die ganze Kulturperiode zu gebrauchen; denn jene Wörter sind aus dem Leben, aus der sinnlichen Anschauung gegriffen, während wir sonst nur noch tote Schulwörter für derlei Dinge zu erfinden pflegen.« (Wilhelm H. Riehl, »Der Kampf des Rokoko mit dem Zopf«, wieder abgedruckt in: ders., *Kulturstudien aus drei Jahrhunderten*, 6. Aufl., Stuttgart und Berlin 1903, S. 141); vgl. auch Jost Hermand, *Literaturwissenschaft und Kunstwissenschaft. Methodische Wechselbeziehungen seit 1900*, Stuttgart 1965, S. 38 ff., und Wilfried Barner, *Barockrhetorik*, Tübingen 1970, S. 4 ff. vor allem zur Aufnahme des Barockbegriffs bei Nietzsche.

2 Ursula Link-Heer, »Giorgio Vasari oder der Übergang von einer Biographien-Sammlung zur Geschichte einer Epoche«, in: Hans-Ulrich Gumbrecht und Ursula Link-Heer, *Epochenschwellen und Epochenstrukturen im Diskurs der Literatur- und Sprachhistorie*, Frankfurt am Main 1985, S. 73–88.

3 Reinhart Koselleck, »›Neuzeit‹. Zur Semantik moderner Bewegungsbegriffe«, in: ders., *Vergangene Zukunft. Zur Semantik geschichtlicher Zeiten*, Frankfurt am Main 1979, S. 300–348, hier S. 306.

4 Heinrich Dilly, *Kunstgeschichte als Institution*, Frankfurt am Main 1979, S. 133 ff.

5 Vgl. Thomas Ketelsen, *Künstlerviten – Inventare – Kataloge*, Diss. Hamburg 1988, S. 155 ff. Thomas Ketelsen gab mir den Hinweis auf Debora J. Meijers, *Kunst als Natur. Die Habsburger Gemäldegalerie in Wien um 1780*, Mailand 1995 (Schriften des Kunsthistorischen Museums 2), die vieles zu einer differenzierten Beurteilung von Mechels Vorgehen beiträgt, so auch auf S. 31 die Angabe, daß nur die deutsche und die niederländische Abteilung chronologisch geordnet waren. Vgl. auch Giles

Waterfield, »The Origins of the Early Picture Gallery Catalogue in Europe, and its Manifestation in Victorian Britain«, in: *Art in Museums*, hrsg. von S. Pearce, London 1995 (New Research in Museum Studies 5), S. 42–73, und für die Weiterentwicklung des Hängungsprinzips Dilly, *Kunstgeschichte* (Anm. 4), S. 139 ff.

6 Wofür er am schärfsten von Johann S. von Rittershausen getadelt wurde, vgl. Meijers, *Kunst als Natur* (Anm. 5), S. 82 ff.

7 Vgl. Martin Warnke, »Die Entstehung des Barockbegriffs in der Kunstgeschichte«, in: *Europäische Barock-Rezeption*, hrsg. von Klaus Garber, Teil II, Wiesbaden 1991(Wolfenbütteler Arbeiten zur Barockforschung 20), S. 1207–1223, hier S. 1209.

8 Georg Friedrich Wilhelm Hegel, *Ästhetik*, Berlin 1955, S. 790. Hotho notiert in einer Anmerkung, daß »diese Äußerung dem im Jahre 1829 am 17. Februar gehaltenen Vortrage entnommen« sei.

9 *Die Königlichen Museen in Berlin, Leipzig und Dresden*, o. J. (um 1850), S. 8.

10 Ebd., S. 15. Die Beschreibung der Fresken bei Gustav F. Waagen, *Kleine Schriften*, Stuttgart 1875, S. 351 ff. Kunsthistorisch gewürdigt bei Monika Wagner, *Allegorie und Geschichte. Ausstattungsprogramme öffentlicher Gebäude des 19. Jahrhunderts in Deutschland*, Tübingen 1989, S. 105 ff. Ferner Helmut Börsch-Supan, »Die Kunst im Herzen der Stadt – Schinkels Idee vom Museum«, in: *Jahrbuch der Kunsthistorischen Sammlungen in Wien* 88, 1992, S. 21–38.

11 Zitiert bei Volker Plagemann, *Das deutsche Kunstmuseum 1790–1870*, München 1967, S. 79.

12 So Alfred Woltmann in seiner biographischen Skizze Waagens in: Gustav F. Waagen, *Kleine Schriften*, Stuttgart 1875, S. 8.

13 *Wissenschaftliches Verzeichnis der Älteren Gemälde der Galerie Weber in Hamburg* von Dr. Karl Woermann, 2. Aufl., Dresden 1907, S. XV.

14 Valentin Scherer, *Deutsche Museen*, Jena 1913, S. 168.

15 *Verzeichniß der Gemälde-Sammlung des Königlichen Museum zu Berlin* von Dr. Gustav F. Waagen, Berlin 1830, S. VIIf. Auf S. 45 wird für die Dritte Klasse eine Konzession gemacht: »Um von dieser Kunstart einen Begriff zu geben, sind in der Gallerie einzelne Probestücke aufgestellt.« Lange nach Fertigstellung dieses Manuskripts habe ich hinzuweisen auf Robert Trautwein, *Geschichte der Kunstbetrachtung*, Köln 1977, wo besonders S. 206–218 Waagens Hängung analysiert wird; die Aporien des 1830er Katalogs allerdings werden nicht behandelt.

16 Paul Schubring, *Berlin. I. Das Kaiser Friedrich-Museum*, Stuttgart, Berlin und Leipzig 1905, S. 2.

17 *Verzeichniß* (Anm. 15), S. 37.

18 Ebd., S. 45 ff.

19 Ebd., S. 84. So auch zur Fünften Klasse S. 97.

20 Ebd., S. 115.

21 Vgl. Gabriele Bickendorf, *Der Beginn der Kunstgeschichtsschreibung unter dem Paradigma »Geschichte« – Gustav Friedrich Waagens Frühschrift »Über Hubert und Johann van Eyck«(1822)*, Worms 1985.

22 *Verzeichniß* (Anm. 15), S. 127.

23 Ebd., S. 160.
24 Ebd., S. 193.
25 Ebd., S. 194.
26 Ebd., S. 194 ff.
27 So in einer Denkschrift, die Waagen am 21. 8. 1830 vorlegte, und aus der Alfred Woltmann in seiner biographischen Skizze zitiert, in: Waagen, *Kleine Schriften* (Anm. 12) S. 8. Woltmann fügt hinzu: »Das vorhandene Material war nun freilich derart, dass die neue Sammlung nicht ganz diesem Ideale entsprach.« – Das glatte historistische Bild, das Meijers (Anm. 5), S. 159 ff. von Waagen zeichnet, ist ganz verfehlt, da auch sie Waagens Zwischentexte nicht zur Kenntnis genommen hat.
28 Gudrun Calov, »Museen und Sammler des 19. Jahrhunderts in Deutschland«, in: *Museumskunde* 38, 1969, S. 66 f.
29 Plagemann, *Kunstmuseum* (Anm. 11), S. 121.
30 Zit. nach Plagemann, *Kunstmuseum* (Anm. 11), S. 76.
31 Vgl. Sabine Schulze, *Bildprogramme in deutschen Kunstmuseen des 19. Jahrhunderts*, Frankfurt am Main 1984.
32 Cornelius Gurlitt, *Die deutsche Kunst des Neunzehnten Jahrhunderts. Ihre Ziele und Taten*, 3. Aufl., Berlin 1907, S. 292.
33 Plagemann, *Kunstmuseum* (Anm. 11), S. 88.
34 *Musée National du Louvre. Peintures. Ecole française. XIXe siècle*, Bd. 3, Paris 1960, Nr. 1442.
35 Gurlitt, *Deutsche Kunst* (Anm. 32), S. 293, und Hermann Beenken, *Das Neunzehnte Jahrhundert in der deutschen Kunst*, München 1944, S. 292.
36 Über diesen Zyklus vgl. vor allem Monika Wagner, *Allegorie und Geschichte* (Anm. 10), S. 126–164.
37 Plagemann, *Kunstmuseum* (Anm. 11), S. 106 f.
38 Ebd., S. 98 f.
39 Vgl. Heinrich Magirius, »Die bildkünstlerische Ausgestaltung von Gottfried Sempers Gemäldegalerie in Dresden«, in: *Jahrbuch der Kunsthistorischen Sammlungen in Wien* 88, 1992, S. 71–87, hier S. 75 ff.
40 Vincenz Oberhammer, »Michael von Munkácsy's Deckengemälde im Stiegenhaus des Kunsthistorischen Museums in Wien«, in: *Jahrbuch der kunsthistorischen Sammlungen in Wien* 70, 1974, S. 221–317, hier S. 277 ff. Die hier abgebildete, bei Oberhammer nicht berücksichtigte Zeichnung im Verkaufskatalog Joseph Fach 1988, Nr. 42: Vorne links hinter der Balustrade Lionardo und Raffael, dahinter Tizian, seinen Schüler auf die Frauenaktgruppe rechts weisend; vorne rechts wohl Veronese vor der Leinwand. Ganz im Hintergrund Papst Julius II. Über allen Gloria. Die Zeichnung schließt an die Studie Abb. 216 bei Oberhammer S. 266 an.
41 *Kataloge des Kunstmuseums Düsseldorf*, Bd. IV / 2: *Malerei*, Bd. 2: *Die Düsseldorfer Malerschule*, Düsseldorf 1969, S. 107 ff., Inv.Nr. 4547 und 4548 (die Skizzen zu den 1945 zerstörten Fresken).
42 *Koninklijk Museum voor Schone Kunsten Antwerpen. Catalogus Oude Meesters*, Antwerpen 1959, S. XXVII, und Ausstellungskatalog: *G. Wappers en zijn School*, Antwerpen 1976, Nr. 1679a.

43 U. Thieme und F. Becker, *Allgemeines Lexikon der Bildenden Künstler,* Bd. 20, Leipzig 1927, S. 98/99.

44 Zu Frederici vgl. *Die Kunst* 9, 1903/4, S. 515, zu Linder A. Ten Eyck, *American Sculpture. Katalog des Metropolitan Museums,* New York 1965, Nr. 14.77, S. 63. Wahrscheinlich wurde die Figur für das Fine Arts Building in St. Louis gemacht.

45 In der Museumsrotunde in Boston werden klassische und romantische Kunst 1916 ebenfalls personifiziert, indem die Figuren jeweils den epochalen Gehalt gestisch als Verinnerlichung und als Entäußerung zu vermitteln suchen. Eine Karikatur von Adolf Oberländer über »Gotiker und Renaissancier«, datiert 1884, abgebildet in *Die Kunst für Alle* 4, 1888/89, S. 53.

46 Heinrich Wölfflin, *Renaissance und Barock* (1888), Leipzig 1986, S. 68, S. 69, S. 72 und S. 75.

47 Dagobert Frey, *Kunstwissenschaftliche Grundfragen,* Wien 1946, S. 45.

48 Anton Springer, *Bilder aus der neueren Kunstgeschichte,* Bd. 2, Bonn 1886, S. 399. Ähnlich ironisch über »viel Lächerliches in den sogenannten kulturhistorischen Einleitungen« und über »die Aufzählung derartiger Kulturpotenzen« äußert sich Wölfflin, *Renaissance und Barock* (Anm. 46), S. 82 f.

49 Friedrich Haack, *Die Kunst des XIX. Jahrhunderts,* 3. Aufl., Esslingen 1909, S. 309.

50 Vgl. *Beiträge zur Rezeption der Kunst des 19. und 20. Jahrhunderts,* hrsg. von Wulf Schadendorf, München 1976, S. 114.

51 Zit. nach Beatrix Kriller, »Die Grenzen der Freiheit: Künstler, Kustos und Ausstattungsmalerei am Beispiel der Antikensammlung des Kunsthistorischen Museums«, in: *Jahrbuch der Kunsthistorischen Sammlungen in Wien* 88, 1992, S. 157–187, hier S. 161.

52 Wilhelm von Bode, *Mein Leben,* Bd. 1, Berlin 1930, S. 55.

53 Die Kataloge der Ära Bode ziehen sich von jeder indoktrinierenden Aufgabe zurück, indem sie auf alle Einleitungen und Zwischentexte verzichten. Seit 1879 werden die Kunstwerke in den »Beschreibenden Verzeichnissen« nicht mehr nach Schulen, sondern unter dem alphabetisch aneinandergereihten Namen des jeweiligen Künstlers aufgeführt, vgl. Ketelsen, *Künstlerviten* (Anm. 5), S. 206 f.

54 Nach Scherer, *Deutsche Museen* (Anm. 14), S. 247 hätte das Kronprinzenpaar aus Anlaß einer Ausstellung aus Privatbesitz zu ihren Ehren 1883 in einer Denkschrift die Anregung gegeben, »ein herrliches und harmonisches Ganzes« aus Exponaten aller Kunstgattungen herzustellen. Zugleich aber meint man dort ganz traditionell: »Daher will es scheinen, als ob die kostbaren Originale, von Meisterhand geschaffen, ihren Zweck, durch Schönheit zu wirken, nicht erfüllen, wenn sie bloß als Nummer in der Sammlung oder Exemplar dieser oder jener Schule, dieses oder jenes Meisters aufgestellt sind.« Zit. nach Barbara Paul, »Wilhelm von Bodes Konzeption des Kaiser Friedrich-Museums«, in: *Berlins Museen. Geschichte und Zukunft,* hrsg. vom Zentralinstitut für Kunstgeschichte, München 1994, S. 209.

55 Vgl. die vorzügliche Analyse der Bodeschen Hängung durch Thomas Gaehtgens, »Das Kaiser-Friedrich-Museum in Berlin«, in: *Jahrbuch der Kunsthistorischen Sammlungen in Wien* 88, 1992, S. 53–70, hier S. 59 ff.

56 Willibald Sauerländer, »Alois Riegl und die Entstehung der autonomen Kunstge-

schichte am Fin de siècle«, in: *Fin de siècle. Zu Literatur und Kunst der Jahrhundertwende,* hrsg. von Roger Bauer, Frankfurt am Main 1977, S. 125–139, hier S. 132f. Eine ähnliche Beobachtung über die Deduzierbarkeit dieses Rieglschen Paradigmas aus der Museumsarbeit bei Kriller, »Freiheit« (Anm. 51), S. 181f.

57 Paul, »Bode« (Anm. 54), S. 212.

58 Karl Woermann, *Was uns die Kunstgeschichte lehrt,* Dresden 1897.

59 Ebd., S. 87f und S. 96.

60 Ebd., S. 116.

61 Gurlitt, *Deutsche Kunst* (Anm. 32), S. 301.

62 Anton Springers Handbuch der Kunstgeschichte ging aus der seit 1877 erscheinenden Reihe der »Bilderbogen« hervor, die in der ersten Gesamtausgabe nicht weniger als 4500 Kunstwerke abbildeten, vgl. Alfred Langer, *Kunstliteratur und Reproduktion,* Leipzig 1983, S. 48f.

63 Sauerländer, »Riegl« (Anm. 56), S. 129.

64 Die Zitate aus Wolfgang Kemp, »Alois Riegl«, in: *Altmeister moderner Kunstgeschichte,* hrsg. von Heinrich Dilly, Berlin 1990, S. 37–60, hier S. 45, und Sauerländer, »Riegl« (Anm. 56), S. 136.

65 Vgl. Alois Riegl, *Die Entstehung der Barockkunst in Rom,* Wien 1908, S. 14. Zu Wölfflins Wertbegriff vgl. Carl F. Friedrich, »Der Stil als Ordnungsprinzip geschichtlicher Deutung«, in: *Edwin Redslob zum 70. Geburtstag,* hrsg. von Georg Rohde u. a., Berlin 1955, S. 214–223, hier S. 219. Vielleicht ist es kein Zufall, daß das, was Makart und Bode eine »malerische Anordnung« nannten, einen der Grundbegriffe von Wölfflin bezeichnet.

66 Vgl. Nicolaus Meier, »Heinrich Wölfflin«, in: *Altmeister moderner Kunstgeschichte,* hrsg. von Heinrich Dilly, Berlin 1990, S. 63–79, hier S. 69ff. Ich habe diese Askese als eine Form des Protestes gegen das kulturnationale Feldgeschrei, unter dem die Soldaten in den Ersten Weltkrieg geschickt wurden, gedeutet, vgl. Martin Warnke, »L'emprise de son époque sur Heinrich Wölfflin«, in: *Relire Wölfflin,* hrsg. von Matthias Waschek, Paris 1995 (Louvre conférences et colloques), S. 103ff. Eine ähnliche Einschätzung der Annäherungsversuche Oskar Walzels an Wölfflins Methode finde ich bei Rainer Rosenberg, »Wechselseitige Erhellung der Künste? Zu Oskar Walzels stiltypologischem Ansatz der Literaturwissenschaft«, in: *Stil. Geschichten und Funktionen eines kulturwissenschaftlichen Diskurselements,* hrsg. von Hans Ulrich Gumbrecht und K. Ludwig Pfeiffer, Frankfurt am Main 1986, S. 269–280, hier S. 270.

Michel Espagne

Die Germanistik im europäischen universitären Umfeld. Das Beispiel Frankreich

Wer sich mit der Entstehung der Fremdsprachenphilologien in Frankreich um 1900 befaßt, wird einerseits mit einem Differenzierungsprozeß innerhalb einer Fachrichtung konfrontiert, die es unter dem Namen »Ausländische Literaturen« seit den 30er Jahren des 19. Jahrhunderts schon gab, andererseits mit anderen geisteswissenschaftlichen Fachorientierungen, innerhalb deren ein Freiraum aufgetan werden muß. Die Geschichte der französischen Geisteswissenschaften im 19. Jahrhundert zeigt, wie ausschlaggebend die Auseinandersetzung mit Deutschland gewesen ist, ob sie zur radikalen Ablehnung oder zum Import neuer methodischer Ansätze führte.[1] Deshalb wird eine Wissenschaft, die sich den deutschen Kulturraum zum Gegenstand nimmt, gleichzeitig eine zentrale und eine marginale Stellung besetzen. Denn die meisten geisteswissenschaftlichen Fächer der Jahrhundertwende von der Philosophie bis zur Geschichtswissenschaft und von der griechischen Philologie bis zur Soziologie haben etwas mit Deutschland zu tun und möchten diese Dimension ihrer Eigenidentität keineswegs einem neuen Fach abtreten.

I. Die Sozialwissenschaften

Die offizielle Geburtsstunde einer institutionalisierten französischen Germanistik[2] schlug bekanntlich, als Charles Andler 1904 zum Professor an der Sorbonne berufen wurde. Eigentlich hatte schon Ernest Lichtenberger kurz vor dem Rentenalter seinen Lehrstuhl für ausländische Literatur zu einem Lehrstuhl für deutsche Sprache und Literatur umbenennen können. Er gehörte aber noch zu einer vergangenen Periode. Charles

Andler hatte sich gegen seinen Willen zu einem Germanisten entwickelt. Er wollte ursprünglich die viel höher eingeschätzte Laufbahn eines Philosophieprofessors antreten und war nur deshalb auf die deutsche Literaturgeschichte ausgewichen, weil er mehrmals hintereinander beim Staatsexamen für Philosophie durchgefallen war. Seine Doktorarbeit trägt die Spur dieser Unentschiedenheit. Eigentlich hatte er, wie damals üblich, 1897 zwei Abhandlungen eingereicht und öffentlich verteidigt. Die lateinische Dissertation *Quid ad fabulas Germanorum Hiberi contulerunt* bezog sich auf das Problem der keltischen und germanischen Berührungspunkte im Mittelalter. Die französische Dissertation *Les origines du socialisme d'Etat en Allemagne* war den sozialwissenschaftlichen und sozialpolitischen Folgen der deutschen Philosophie des 19. Jahrhunderts verpflichtet. Auch wenn er Vorlesungen über Literaturgeschichte insbesondere des 19. Jahrhunderts las, lag der Schwerpunkt seines Interesses eindeutig im philosophischen Bereich. Auch sein mehrbändiges Werk über Nietzsche untersucht den Autor des *Zarathustra* unter dem Gesichtspunkt der verschiedenen zusammenlaufenden geistigen Strömungen des 19. Jahrhunderts. Der deutschsprachige Elsässer Andler, der die Beschießung der Innenstadt von Straßburg als eine Erinnerung der frühen Jugend behielt und wie seine Zeitgenossen der Vorkriegszeit Deutschland als eine gefährliche Macht betrachtete, hatte den Aufstieg der Sozialdemokratie in Deutschland und Frankreich mit großer Anteilnahme verfolgt. Als er 1908 mit Studenten seines Instituts eine Reise nach Berlin unternahm und dort eine einigermaßen anerkennende Rede hielt, löste er Demonstrationen in Paris aus.[3] Ein Grunderlebnis der Intellektuellen seiner Generation war die Dreyfusaffäre gewesen, die eine Welle des Antisemitismus und der gleichzeitigen Deutschlandfeindlichkeit durch das Land hochschlagen ließ. Kein Wunder, daß die Germanistik unter seinem Banner von vornherein eine sozialwissenschaftliche Richtung einschlug.

Eine solche Tendenz hat auch damit zu tun, daß das gesamte wissenschaftliche Umfeld der Zeit von diesen Sozialwissenschaften dominiert wurde. Um 1900 wird etwa von Émile Durkheim die französische Soziologie begründet. Dem Rabbiner-Sohn aus der östlichen Provinz war der deutsche Kulturraum immer vertraut gewesen. Ein längerer Aufenthalt an der Universität Leipzig gab ihm Gelegenheit, sich in der Mitte der 1880er Jahre mit der Entwicklung der deutschen Sozialwissenschaften zu konfrontieren, noch bevor er sich an der Universität Bordeaux niederließ und dort mit der Niederschrift seiner bahnbrechenden Beiträge zur Soziologie ansetzte. Nach dieser Reise, auf welcher Durkheim die Ausstrahlung der Psychologie von Wilhelm Wundt ganz besonders feststellte, publizierte er zwei Aufsätze über den Zustand der deutschen Sozialwissenschaft. Ein Lehrstuhl für Soziologie am Collège de France, diese höchste Anerkennung einer Fachrichtung, war Émile Durkheim versagt geblieben und wurde erst von seinem Neffen Marcel Mauss erreicht, der nach einem ersten erfolglosen Versuch im Jahre 1909 1930 einen Ruf erhielt. Zu betonen ist in diesem Kontext, daß der Gutachter, der auf der Versammlung der Professoren für die Gründung des neuen Lehrstuhls plädierte und seinen Zweck erreichte, der Germanist Charles Andler gewesen ist.[4]

2. Die Philosophie

Zu den wissenschaftlichen Disziplinen, welche die in Entstehung begriffene französische Germanistik der Jahrhundertwende prägen und mit Inhalt auffüllen, gehört die Philosophie. Die französischen Philosophen des ausgehenden 19. Jahrhunderts hatten in vielen Fällen verstanden, daß sie sich intensiver als bisher mit der deutschen Philosophie auseinandersetzen mußten, und die Kantische Moral war im Sekundarunterricht gar zu einem offiziellen Dogma erklärt worden. In einigen Fällen haben sich aber Philosophen zu Literaturwissenschaftlern weiterentwikkelt, bzw. die kulturhistorische Dimension ihres Fachs hervorgehoben. Hier muß besonders der Name von Victor Basch genannt werden.[5] Ab 1888 hatte dieser Germanist jüdisch-ungarischer Herkunft die deutsche Sprache und Literatur an der Universität Rennes unterrichtet. 1906/07 wechselte er zur Sorbonne. Ab 1920 bis zum Pensionsalter 1933 vertrat er allerdings das neu eingerichtete Fach der Ästhetik. Victor Basch verkörpert den Typus des Intellektuellen, der ausdrücklich zu den Problemen der Stunde Stellung nahm. Seine 1897 verteidigte Doktorarbeit hatte er der Kantischen Ästhetik gewidmet. Die zweite, lateinisch geschriebene, bezog sich auf die Schillersche Ästhetik. Seine zahlreichen Veröffentlichungen behandeln die deutsche Philosophie des 19. Jahrhunderts in ihrer ästhetischen und politischen Dimension. Auch wurde er gerade um die Jahrhundertwende von einer als anarchistisch empfundenen Tendenz dieser Philosophie tief beeindruckt. Er publizierte 1904 ein Buch über Stirner, zwei Jahre nach der Publikation einer Einleitung zu Schillers Ästhetik. Victor Basch gehört außerdem zu den Entdeckern Nietzsches in Frankreich. Die ersten Zeilen widmete er Nietzsche in einem 1897 erschienenen Heft über die geistigen Tendenzen in Deutschland seit 1870.[6] In den Jahren um 1880 sei das deutsche Geistesleben unter dem Einfluß der Psychologie Wundts oder der Dramen Ibsens dem Realismus verfallen. Dieser Realismus werde endlich durch Nietzsches Individualismus abgelöst, der den Geist der Moderne in Deutschland verkörpert habe. Victor Basch begeistert sich gar für den Übermenschen, der die von den Juden kodifizierte Moral des Ressentiments überwunden habe. Der Übermensch war für ihn der Höhepunkt einer individualistischen Tendenz innerhalb des deutschen Denkens um 1900. Wichtig war dabei, daß die Konflikte, die diesen extremen Individualismus hervorgerufen hatten, sich in einer ästhetischen Vorstellung der Überwindung lösten. Die Nietzsche-Rezeption in Frankreich um 1800 hatte eine Brückenfunktion zwischen der philosophischen und der germanistischen Debatte.

Ein weniger bekanntes Beispiel für den Übergang von der Philosophie zur Germanistik und darüber hinaus zur französischen Literaturwissenschaft wird von einem namhaften Rousseau-Forscher, Louis Ducros, geliefert. 1883 und 1884 hatte dieser ehemalige Lehrer des Straßburger Gymnasiums Deutsche Literatur an der Universität Bordeaux unterrichtet. Dort hatte er seine Promotionsarbeit abgeschlossen. Die lateinische »thèse« war der Kantischen Philosophie gewidmet.[7] Die französische Dissertation bestand aus einer Kritik der Schopenhauerschen Philosophie.[8] In diesem durchaus rationalistischen Buch nahm Ducros den kantischen Kritizismus gegen eine Philosophie der Noumena in Schutz, die er bei Fichte und Schelling, aber auch in dem Schopenhauerschen Willen zu entdecken glaubte. In dem Willen sah er eigentlich eine Form der blinden Willkür. In Bordeaux las Ducros insbesondere über Lessing. Um diese Zeit hatte er wahrscheinlich schon sein Heine-Buch in Angriff genommen, das 1886 publiziert wurde.[9] Dieses Buch, das als einer der allerersten wissenschaftlichen Beiträge zur Heine-Forschung anzusehen ist, beruht auf einem durchaus zuverlässigen Dokumentationsmaterial und bezieht eine erstaunliche Perspektive. Es geht ihm gar nicht darum, Heines Aufenthalt in Frankreich zu untersuchen. Ihn interessiert eher die Bildungszeit des Dichters in Deutschland und insbesondere die Beziehung Heines zur Hegelschen Philosophie. Das Buch widmete Ducros dem Bibliothekar der Straßburger Bibliothek Reuss. Obwohl er sich zuerst als Philosoph ausgewiesen und seine Laufbahn als Germanist begonnen hatte, wurde er als Romanist an die Universität Aix berufen, wo er sich zu einem der namhaftesten Aufklärungsforscher entwickelte. Er schrieb ein Buch über *Diderot, l'homme et l'écrivain* (1894), ein Buch über *Les encyclopédistes* (1900). Insbesondere hat ihm die Rousseau-Forschung sehr viel zu verdanken. Sein mehrbändiges Buch *Jean-Jacques Rousseau* (1918–1920) wurde zu einem Standardwerk der Rousseauforschung. Bemerkenswert bleibt allerdings, daß er sein spezielles Interesse für Rousseau durch die These legitimiert, daß der französische Philosoph eine außerordentlich tiefgreifende Rezeption gerade in der deutschen Literatur habe.

3. Die Ethnologie

Um 1900 vollzieht sich innerhalb der französischen Geistes- und Sozialwissenschaften eine sehr eigenartige Differenzierung. Die vergleichende Grammatik der indogermanischen Sprachen, die sich insbesondere an der IV. Sektion der École pratique des hautes études etabliert und schon in der vergleichenden Mythenforschung eine mögliche Erweiterung ihres Untersuchungsfeldes gefunden hatte, entwickelte sich zu einer Sozialgeschichte zeitlich wie räumlich entfernter Kulturen.

Parallel dazu gehen einzelne Philosophen, die wie Durkheim ihre Ausbildung an deutschen Universitäten ergänzt haben, zu den Sozialwissenschaften über und konzentrieren sich auf Urkonstellationen der Sozialbeziehungen. Diese Blütezeit des ethnologischen Denkens hat einerseits deutsche Wurzeln und wirkt andererseits auf die französische Wahrnehmung des deutschen Kulturraums zurück.

Es müssen als Vertreter dieses komplizierten Umfeldes die Namen von Henri Hubert und Marcel Mauss genannt werden.[10] Beide haben sich in den Seminaren der École pratique kennengelernt, wo sie später zu Professoren berufen wurden. Als Neffe von Émile Durkheim war Marcel Mauss sehr früh mit der Problematik der Soziologie konfrontiert worden und schrieb unermüdlich Rezensionen für das Organ der neuen Fachrichtung, *Année sociologique*. Henri Hubert, der von Lucien Herr beeinflußt worden war, schrieb auch für die *Année sociologique*. Beide interessierten sich aber auch für indische Sprachen und Religionen. Aus diesem Zusammenspiel entstand ein erstes wichtiges gemeinsames Werk: *Versuch über die Natur und Funktion des Opfers.*[11] Ein soziales Phänomen wurde auf der Grundlage von orientalischen oder antiken Textüberlieferungen analysiert. Eine gewisse Verwandtschaft mit dem von Max Müller[12] initiierten Übergang von der Philologie zur Anthropologie ist unübersehbar. Man könnte sich fragen, was die ethnologische Wende der Philologie mit der Germanistik im engeren Sinne zu tun hat. Weder Henri Hubert noch Marcel Mauss haben je einen Lehrstuhl für deutsche Literaturwissenschaft innegehabt. Beide nahmen aber einerseits Anteil an der Aufdeckung gesellschaftlicher Zusammenhänge, die den Kreis um Charles Andler und Lucien Herr kennzeichnet. Hubert ist noch dazu der Verfasser einer wichtigen, obgleich lange unveröffentlichten Arbeit über die Germanen, die auf seinen Unterricht an der École pratique zurückgeht. In diesen Vorlesungen über die Germanen, die als Kontrapunkt zu einem Unterricht über die Kelten anzusehen sind, bemühte sich Hubert, den Nachweis zu erbringen, daß ein germanischer Stamm nur als ideologisches Konstrukt anzusehen ist. Dessen Funktion erschöpfe sich darin, die auf dem deutschsprachigen Territorium zusammengewürfelten Völkerschaften zu einem einheitlichen Selbstbewußtsein zu bringen. Neben sprachlichen Befunden berücksichtigt er auch anthropologische Erhebungen. Zwar sind diese Vorlesungen erst um die Mitte unseres Jahrhunderts postum publiziert worden.[13] Sie weisen aber eindeutig auf den schon um 1900 ansetzenden Versuch, die Ethnologie als Gegengift gegen nationale Ansprüche anzuwenden und sie in den Dienst einer sozialwissenschaftlich orientierten Deutschlandkunde zu stellen.

Wer sich mit der Geschichte des ethnologischen Denkens um 1900 als Kontext für die Entstehung der Germanistik befaßt, begegnet sehr bald dem Namen Lucien Lévy-Bruhl. Lévy-Bruhl hatte eigentlich einen Lehrstuhl für Philosophie. Seinen sehr ambivalenten Ruf in den Sozialwissenschaften verdankte er einer Reihe von Veröffentlichungen zum Denksystem der angeblich primitiven Völker.[14] Im Gegensatz zu den westeuropäischen Gesellschaften, deren Handlungen von einem geerbten und vererbbaren logischen Sinn vorgeprägt sei, gäbe es primitive Völker, die in einem vorlogischen Stadium leben. Dieses vorlogische Stadium habe etwas mit dem Zustand zu tun, den die westliche Kultur als Mystik bezeichnet.

Bevor Lévy-Bruhl sich der Ethnologie zuwandte, hatte er zwei Bücher über das deutsche Geistesleben publiziert. 1894 erschien eine Abhandlung *La philosophie de Jacobi*, in der er dem Gegensatz zwischen Kant und Jacobi nachging. Sobald die Erkenntnislehre zu einem rationalistischen Dogma erstarrt sei, werde das Bedürfnis nach Kompensierung spürbar. Im Gegensatz dazu habe Jacobi eine Art mystischen Realismus entwickelt, der ihm ermögliche, das Bewußtsein der äußeren Welt mit dem Gefühl des Übersinnlichen zu verbinden. Für Jacobi lasse sich die Wirklichkeit in keinem Fall auf eine logische Schematisierung reduzieren. Jacobi habe den Weg eingeschlagen, der zur Philosophie Hegels und zur Versöhnung der Widersprüche führe. Die Parallelität zwischen Lévy-Bruhls Analyse einer zentralen Debatte im deutschen Idealismus und seiner Vorstellung der primitiven Mentalität ist nicht nur auffällig. Wenn Jacobi innerhalb der deutschen philosophischen Debatte dieselbe Rolle spielt wie das der Mystik zugetane primitive Volk, das die engen logischen Kategorien um die Dimension des Gefühls erweitert, dann hat offenbar die Geschichte der deutschen Philosophie der entstehenden französischen Ethnologie ein wichtiges Paradigma geliefert.

1890 hatte Lévy-Bruhl übrigens auch ein Buch zur deutschen Geistesgeschichte unter dem Titel *L'Allemagne depuis Leibniz. Essai sur le développement de la conscience nationale en Allemagne 1700–1848* (Deutschland seit Leibniz. Versuch über die Entwicklung des Nationalbewußtseins in Deutschland 1700–1848) publiziert. In diesem philologisch durchaus verläßlichen und wohlinformierten Buch untersuchte er abwechselnd literarische (etwa Gottsched, Klopstock), philosophische (Kant, Fichte) und politische Formen. Neben der informativen Seite dieser Einführung muß der ideologische Hintergrund hervorgehoben werden. Lévy-Bruhl ist auf der Suche nach den Bestandteilen und dem Konstituierungsprozeß eines deutschen Mythos, der die deutsche Einheit legitimieren konnte. Die Dichter oder Politiker Deutschlands zeichnen sich durch ihre Treue zu einem Mythos aus, der sie in die Nähe der primitiven Völker rückt. Die deutsche Geistesgeschichte liefert den Schlüssel zur Ethnologie. Umgekehrt erscheint die deutsche Literatur als ein Gegenstand sozialwissenschaftlicher Untersuchungen.

4. Die Komparatistik

Die französische Komparatistik beginnt, als Joseph Texte um 1900 zum ersten Lehrstuhl für Komparatistik an die Universität Lyon berufen wird. Joseph Texte, der über *J.-J. Rousseau et les origines du cosmopolitisme littéraire. Études sur les relations littéraires de la France et de l'Angleterre au XVIIIe siècle* (1895) (J.-J. Rousseau und die Herkunft des literarischen Kosmopolitismus. Studien zu den literarischen Beziehungen Frankreichs zu England im 19. Jahrhundert) promoviert hatte, war eigentlich eher ein Anglist, verdankte aber dem Werk von Brandes oder Max Koch seine theoretischen Impulse. Die Erforschung der französischen Nationalliteratur in ihrem Zusammenhang, was wohl dem Begriff der Komparatistik entspricht, ist zu einem großen Teil eine Untersuchung der Widerspiegelungen Deutschlands in der französischen Literatur, die Untersuchung einer interpretatorischen Aneignung, schließlich auch ein texthermeneutischer Beitrag zur Germanistik.

Diese Vermutung erhärtet sich, wenn man die Persönlichkeit des ersten Professors für Komparatistik an der Sorbonne, Fernand Baldensperger, betrachtet. 1871 geboren, war er ab 1900 der Nachfolger von Joseph Texte in Lyon. Er hatte aber seine Laufbahn etwas früher als Dozent für deutsche Sprache und Literatur an der Universität Nancy begonnen. In der Zeit seiner Ausbildung hatte er die Universitäten Heidelberg, Berlin und Bonn besucht. Seine beiden Dissertationen, die 1899 eingereicht wurden, bezogen sich auf den Dänen Oehlenschläger und auf Gottfried Keller. Eine der ersten Buchveröffentlichungen Baldenspergers war seine Geschichte der Goethe-Rezeption im Frankreich des 19. Jahrhunderts,[15] die man einerseits als ein Stück französische Literaturgeschichte betrachten darf, andererseits aber als einen Deutungsversuch der Goetheschen Schriften unter der Perspektive fremder Autoren, d. h. im Grunde auch als einen Beitrag zur Germanistik. Nach seiner Zeit in Lyon ging er nach Straßburg, wo er zu der Generation von jungen Gelehrten gehörte, welche die nunmehr französische Universität Straßburg zu einer Hochburg der Geisteswissenschaften machen sollten. In Paris wirkte Baldensperger erst ab 1923. Früher gab es in der Hauptstadt keinen Lehrstuhl für Komparatistik im engeren Sinne.

Ein wichtiger Impuls für die Entscheidung Baldenspergers zugunsten der Komparatistik kam von der Begegnung mit dem nach Amerika ausgewanderten Elsässer Louis Betz,[16] der den ersten Versuch machte, das neugegründete Fach Komparatistik bibliographisch abzusichern und dabei den starken Bezug des neuen Fachs zur deutschen Literaturwissenschaft betonen mußte.[17]

Wenn die offizielle Komparatistik um 1900 eine ganz enge Beziehung zur Germanistik hat, so ist es noch weit mehr der Fall für die Vorgeschichte der Germanistik und der Fremdsprachenphilologien, die man vor dem Differenzierungsprozeß als »Littératures étrangères« bezeichnete. Als erster Vertreter der Fachrichtung an der Sorbonne ab 1830 war Claude Fauriel ein Anhänger der Philosophie des 18. Jahrhunderts. Er hatte aber die methodische Tragweite der deutschen Philologie auch in einem unmittelbaren Kontakt zu Schlegel oder Grimm entdeckt und sie auf die Erforschung des südfranzösischen Mittelalters angewandt.[18] Eigentlich gehörte er zu den Begründern der Romanistik als Kultur- und Sprachwissenschaft. Die Tatsache aber, daß diese Neuschöpfung ihm durch den Import methodischer Ansätze möglich wurde, die der entstehenden Germanistik ebenfalls zugrundeliegen, schlägt von vornherein eine Brücke zur Germanistik als Methode.

5. Literatur und deutscher Geist

Die letzte und am wenigsten charakteristische Komponente der französischen Germanistik in ihrem Anfangsstadium wäre sicher die der Literaturbetrachtung im engeren Sinne. Neben Charles Andler, dem Nietzsche-Forscher, spielte Henri Lichtenberger eher die Rolle des literarisch interessierten Germanisten. Seine Dissertation, die er 1891 abschloß, war dem Nibelungenlied gewidmet. Nicht daß er die kulturhistorische und sogar kulturpolitische Dimension des Faches unterschätzt hätte. Im Gegenteil, er war ein unermüdlicher Redner auf Kongressen und Veranstaltungen und verstand sich als Vermittler zwischen Deutschland und Frankreich bis in die Nazi-Zeit. Er publizierte 1898 ein Nietzsche-Buch[19], das bis 1923 mehr als 50mal wieder aufgelegt wurde, er publizierte ein Jahr später auch ein Buch über Richard Wagner[20]. Beide Veröffentlichungen illustrieren die Vorstellung eines deutschen Geistes, den es gegen die kriegerischen Entwicklungen in Schutz zu nehmen gelte. In diesem Sinne schrieb er am Ende der 1930er Jahre, kurz vor dem Ausbruch des Zweiten Weltkrieges ein zweibändiges Werk über Goethe.[21] Die

Schüler von Henri Lichtenberger hielten sich an die vom Lehrer definierten Perspektiven und huldigten diesem deutschen Geist.

Neben Lichtenberger verkörpert auch Lucien Rouge die geistesgeschichtliche Richtung der Germanistik um 1900. Nach dem Staatsexamen 1892 hatte er am Gymnasium der Stadt Nîmes unterrichtet, wo er unter seinen Schülern den künftigen Germanisten Edmond Vermeil kennenlernte. Etwa 1900 wurde Rouge zum Dozenten und anschließend zum Ordinarius für deutsche Sprache und Literatur an der Universität Bordeaux, die er 1909 für eine Stelle an der Sorbonne verließ. Er schrieb eine Doktorarbeit in zwei Teilen. Die erste Abhandlung ist ein Kommentar des Romans *Lucinde*, während die zweite *Friedrich Schlegel et la genèse du romantisme allemand* betitelt ist. Dort ging es Rouge darum, die Entstehungsgeschichte der deutschen Romantik auf der Grundlage vom Werk Schlegels zu untersuchen.[22] Rouge bemühte sich schon 1906 um einen Ruf an die Sorbonne. Andler wehrte sich aber gegen diesen Kandidaten und und gab Victor Basch den Vorzug, der sich wissenschaftlich besser ausgewiesen hatte.[23] An der Sorbonne setzte Rouge, der neben Andler, Lichtenberger und Basch zu den ersten Professoren für deutsche Literatur zählte, seine Laufbahn als reiner Literarhistoriker fort und las vornehmlich über literarische Themen. Unter Literaturunterricht verstand er wie sein Kollege Lichtenberger weder Texthermeneutik noch die Untersuchung der Textstruktur, sondern die Erforschung der Spuren eines deutschen Geistes. Diese Tradition der literarischen Kunstbetrachtung kennzeichnet sich von vornherein durch ihre engere Anlehnung an das Modell der deutschen Germanistik: sie hat kaum neue und eigenständige kritische Perspektiven eröffnet. Sie lenkte die Aufmerksamkeit von dem kulturhistorischen Kontext sowohl in den 1930er Jahren wie in der unmittelbaren Nachkriegszeit ab, wo sie als ästhetische Zuflucht verwendet, wenn nicht mißbraucht wurde. Andererseits setzte sie sich als gemeinsamer Nenner der Disziplin durch. Die schon angedeutete Spannung zwischen dem literarischen Kern der Disziplin und ihrer für das französische Wissenschaftsfeld spezifischen Funktion konstituierte sich schon am Anfang.

Die Liste der um 1900 verteidigten Dissertationen von künftigen Germanisten zeigt dieselbe strukturbildende Zäsur. Kontz aus Besançon verteidigt 1899 eine Arbeit über Schillers Jugenddramen, Jules Legras hat 1897 über Heine promoviert, Baldensperger über Keller, Joseph Dresch über Gutzkow und das Junge Deutschland, Spenlé über Novalis, Georges

Belouin über das Theater zwischen Gottsched und Lessing, Louis Reynaud über Lenau. Daneben hat Charles Andler bekanntlich seine Doktorarbeit über die Herkunft des Staatssozialismus in Deutschland geschrieben. Henri Schoen war zeitweilig in Aix tätig, nachdem er 1902 eine Dissertation über Hermann Lotzes Metaphysik eingereicht hatte. Albert Lévy, der Andler-Schüler, der in Nancy und Aix wirkte, hatte eine Dissertation über die Philosophie Feuerbachs und ihren Einfluß auf die deutsche Literatur geschrieben. Joachim Pinloche, der zu Beginn des Jahrhunderts das Fach in Lille vertrat, hatte sich 1890 mit einer Arbeit über die Reform der Erziehung in Deutschland ausgewiesen. Victor Basch war 1897 als Kantforscher hervorgetreten. Diesen Überblick müßte man mit der Liste der akademischen Arbeiten von Doktoranden ergänzen, die über deutsche Themen promoviert haben, ohne die Laufbahn eines Hochschulgermanisten anzutreten.

Die französische Germanistik wurde im Prozeß der Identitätsfindung mit Schwierigkeiten konfrontiert, die der deutschen Germanistik durchaus fremd waren. Die beiden Fachrichtungen werden deshalb völlig zu Unrecht mit demselben Wort bezeichnet. Der Kern der französischen Germanistik um 1900 identifiziert sich in Anlehnung an das deutsche Modell mit der Literaturwissenschaft. Der spezifische Inhalt der Germanistik im französischen Zusammenhang gerät aber durch diese falsche Parallelität in den Hintergrund. Die Berührungspunkte zwischen der Germanistik und den entstehenden Sozialwissenschaften sowie zwischen Germanistik und Philosophie sind wie alle Berührungspunkte auch an der Grenze des Wissenschaftsfeldes angesiedelt. Gleichzeitig decken sich die wissenschaftlichen Innovationen gerade mit diesen Randgebieten, welche von Persönlichkeiten wie Andler oder Basch vertreten wurden und außerhalb der Fachgrenzen ebenfalls ihre Verteidiger gefunden haben. Das Problem der Fachgrenzen, die in Deutschland und Frankreich unterschiedliche gewesen sind, wirft ein methodisches Problem der Fachgeschichte auf. Wer sich auf den Kern konzentriert, der in einem hohen Grade von dem muttersprachlichen Paradigma abhängt, nimmt sich vor, eine Geschichte epigonaler Leistungen zu schreiben. Wer eher eine Erfolgsgeschichte schreiben möchte, sollte sich auf die Randzonen, ja auf die zahlreichen Grenzüberschreitungen fixieren, welche den spezifischen Charakter einer französischen Germanistik um 1900 ausmachen.

Anmerkungen

1 Michel Espagne, *Le paradigme de l'étranger. Les chaires de Littérature étrangère au XIXe siècle,* Paris 1993; vgl. auch Christophe Charle, *Les intellectuels en Europe au XIXe siècle. Essai d'histoire comparée,* Paris 1996.
2 *Les études germaniques en France (1900–1970),* hrsg. von Michel Espagne und M. Werner, Paris 1994.
3 Antoinette Blum, »Charles Andler en 1908: Un germaniste pris entre la France et l'Allemagne«, in: *Revue germanique internationale* 4, 1995, S. 27–33; Charles Andler, *La vie de Lucien Herr,* Paris 1932; *Correspondance entre Charles Andler et Lucien Herr 1891–1926,* érablie présentée et annotée par Antoinette Blum, Paris 1992.
4 Marcel Fournier, »L'élection de Marcel Mauss au collège de France«, in: *Genèses* 22, 1996, S. 160.
5 Françoise Basch, *Victor Basch. De l'affaire Dreyfus au crime de la Milice,* Paris 1994.
6 Michel Espagne, »Lecteurs juifs de Nietzsche en France autour de 1900«, in: *De Sils-Maria à Jérusalem. Nietzsche et le judaïsme,* hrsg. von Dominique Bourel und Jacques le Rider, Paris 1991, S. 227–245.
7 *Quando et quomodo Kantium Humius e dogmatico somno excitaverit.*
8 *Schopenhauer. Les origines de sa métaphysique ou les transformations de la chose en soi.*
9 Louis Ducros, *Henri Heine et son temps (1799–1827),* Paris 1886.
10 Vgl. Marcel Fournier, *Marcel Mauss,* Paris 1994.
11 Henri Hubert und Marcel Mauss, »Essai sur la nature et la fonction sociale du sacrifice«, in: *Année sociologique* 2, 1899, S. 29–138.
12 Vgl. Cristiano Camporesi, *Max Müller: la malattia del linguaggio e la malattia del pensiero,* Firenze 1989.
13 Henri Hubert, *Les Germains. Cours professé à l'École du Louvre en 1924–1925,* Paris 1952.
14 Lucien Lévy-Bruhl, *L'âme primitive,* Paris 1927.
15 Fernand Baldensperger, *Goethe en France. Étude de littérature comparée,* Paris 1904.
16 Fernand Baldensperger, *Une vie parmi d'autres. Notes pour servir à la chronique de notre temps,* Louis Conard 1940.
17 Louis Betz, *Littérature comparée,* Strasbourg 1900.
18 Michel Espagne, »Claude Fauriel en quête d'une méthode ou l'Idéologie à l'écoute de l'Allemagne«, in: *Romantisme* 73, 1991, S. 7–18.
19 Henri Lichtenberger, *La philosophie de Nietzsche,* Paris 1898.
20 Henri Lichtenberger, *Richard Wagner, penseur et poète,* Paris 1899.
21 Henri Lichtenberger, *Goethe. La personnalité, le savant, l'artiste. Histoire, métaphysique et religion,* 2 Bde., Paris 1937 und 1939.
22 Lucien Rouge, *Friedrich Schlegel et la genèse du romantisme allemand (1791–1797),* Bordeaux 1904, S. X.
23 *Correspondance entre Charles Andler et Lucien Herr 1891–1926* (Anm. 3), S. 68.

III. Institution und Politik

Pierangelo Schiera

Das Politische der »Deutschen Wissenschaft«

Die Beziehung zwischen Wissenschaft und Politik ist weder ein Spezifikum des endenden 19. Jahrunderts noch eine exklusive Eigenschaft der deutschen Kulturgeschichte.[1] Wissenschaft hat oft die Herrschaft unterstützt und ist oft von der Herrschaft gefördert worden. Nur im Abendland konnte sich aber das epochale Phänomen der Schriftlichkeit (literacy) vervollkommnen, das eine entscheidende Bedeutung für die Entstehung und Fixierung eines neuen Verhältnisses zwischen Herrscher und Untertanen bekam. Das Spannungsfeld zwischen persönlicher Gewissensfreiheit und staatlich-kirchlicher Bekenntnisbindung hat in der deutschen Geschichte der Neuzeit durch die Kombination der beiden Figuren der Bildung und des Gelehrten eine besondere Rolle gespielt.[2]

Die preußische Universität Halle wurde 1694 gegründet, um institutionell Experten auszubilden, die den Bedürfnissen des neuen Verwaltungsstaates durch die Erziehung zum Verständigen, Nützlichen und Zweckmäßigen dienen mußten. Mit der 1737 inaugurierten Universität Göttingen wurde der Charakter der *Staats*universität weiter betont, der besonders auf einem neuen Konzept der Wissenschaft (1751 vereinigte sich die Elite der Göttinger Professoren aus den historisch-philosophischen und mathematisch-naturwissenschaftlichen Fächern in der Gesellschaft der Wissenschaften) und des Gelehrten (bis heute erscheinen die *Göttinger Gelehrten Anzeigen*) beruhte. In den neuen Gebieten der Geschichtswissenschaft und der Anthropologie verwirklichte sich hier jene Verschmelzung zwischen naturwissenschaftlichen und neuhumanistischen Zügen, die zur Erschöpfung der für das 19. Jahrhundert bahnbrechenden Kategorie der Wissenschaft führen mußte. Die Eröffnung der Friedrich-Wilhelm-Universität zu Berlin im Jahre 1810 bedeutete endlich »eine grundlegende Abkehr von dem bis dahin gültigen System von

Landesuniversitäten zur Ausbildung der jeweiligen territorialen Beamten, das im späten 18. Jahrhundert in eine tiefgreifende Krise geraten war, und eröffnete den Weg zu einem neuen Zeitalter der deutschen Universitätsgeschichte im 19. und 20. Jahrhundert, das auf dem erstmals in Berlin realisierten idealistischen Bildungskonzept des Neuhumanismus beruht«.[3]

Es würde jedoch ein Fehler sein, diesen Vorgang als einen der Entpolitisierung des Wissens statt als einen der Neutralisierung der Politik zu deuten. Die mit den »Göttinger Sieben« entstandene und in der Frankfurter Paulskirche gipfelnde Figur des »politischen Professors« konnte die Enttäuschung der gescheiterten liberalen Revolution nicht überwinden.[4] Die Professoren kehrten zu ihren Lehrstühlen zurück und blieben dort, nicht nur um ihre Studenten wissenschaftlich auszubilden, sondern auch um von dort her den raschen Umschwung der deutschen Politik durch die Reichsgründung fördern und unterstützen zu können.

Von hier aus soll der eigentümliche Sinn des »Politischen« bei der Deutschen Wissenschaft in der zweiten Hälfte des 19. Jahrhunderts definiert werden. Dieser beruht außerdem auf der Tatsache, daß der Politik, der Wissenschaft und den Professoren selbst durch ihre Organisation in der »Humboldtschen« Universität im Deutschen Kaiserreich eine gemeinsame Funktion zukam, die als »Modell« für die ganze Welt wirken konnte. Denn aus der »Deutschen Wissenschaft« wurde ein verfassungsmäßiger Faktor des politischen Systems, indem sie nicht nur bei dem Modernisierungsprozeß der »inneren« Reichsgründung mitwirkte, sondern auch die besondere Gestaltung des politischen Verhältnisses zwischen der rechts-sozial legitimierten Gewalt des Staates und der bürgergebildeten Verpflichtungsideologie der bürgerlichen Gesellschaft prägte.

So agierte die Deutsche Wissenschaft sowohl innerlich, was den Strukturbau des neuen Staats berührte, als auch äußerlich, durch die aktive und konkurrierende Teilnahme am Weltstaatensystem als eine Art Zeitraffer der Entwicklung Deutschlands zur Großmacht. Das ist besonders und fast selbstverständlich wahr für das wissenschaftliche Gebiet der Sozial- und Staatswissenschaften, betrifft aber, wenn ich richtig sehe, die gesamte Frage der Fächergrenzen in der Zeit, die von der Reichsgründung bis zum Ersten Weltkrieg geht. Auch die »Deutsche Philologie« kann, mit dem Akzent einer »politischen« Entwicklung der Deutschen Wissenschaft, nur mit Rücksicht auf die Sozial- und Staatswissenschaften verstanden werden.

Der Spezialisierungsprozeß des Wissens erhielt auch in Deutschland in der zweiten Hälfte des 19. Jahrhunderts eine deutliche Beschleunigung.[5] Das hatte zur Folge, daß keine der aus der gegenseitigen Grenzdifferenzierung entstandenen Wissenschaften mehr in der Lage war, das gesamte Bild der Politik zu decken. Im Gegenteil, die neuen Disziplinen konnten bessere und tiefgreifendere Resultate in den verschiedenen Bereichen bewirken, die die komplexe Basis des Gesamtlebens bildeten. Das war mit der zunehmenden Wirkung des neuen Staates verbunden, der – durch die Reichsverfassung – zur notwendigen Verwaltungsmaschine für die Ausfüllung der neuen Interventionsausgaben wurde.[6]

Die erste Germanistenversammlung 1846 war bekanntlich der Brennpunkt der ganzen politischen Bewegung, die sich aus Frankfurt über Deutschland verbreitete. Von Anfang an war die Veranstaltung als Versammlung der »Kräfte, die in Deutschland für deutsche Geschichte, Sprache und deutsches Recht am Werke waren«, gemeint. Die gleiche Idee inspirierte das Manifest, das zu Beginn des Jahres 1846 als Einladung nach Frankfurt von 18 Gelehrten unterzeichnet wurde: »Drei Wissenschaften, aufs Innigste unter sich selbst zusammenhängend und im letzten Menschenalter wechselseitig durch einander erstarkt und getragen, wollen jener Vortheile gleichfalls theilhaft zu werden suchen. Allem tritt noch ein eigenthümlicher vaterländischer Reitz hinzu.« Als Vorsitzender der Versammlung eröffnete Jacob Grimm die Zusammenkunft mit einem Vortrag »über die wechselseitigen Beziehungen und die Verbindung der drei in der Versammlung vertretenen Wissenschaften«. Sein Ziel war »Deutschheit« als gemeinsamen Begriff der drei Wissenschaften festzustellen: damit tritt zum ersten Mal die Benennung der Germanistik als eine »deutsche« Wissenschaft auf.[7]

35 Jahre später jedoch nahm die Deutsche Wissenschaft aus ganz neuen Gründen mit dem festlichen Diplom der Preußischen Akademie der Wissenschaften (am 17. März 1871) am Sieg des Deutschen Heeres teil. Davon ging auch eine neue Phase der Geschichte der deutschen Wissenschaft aus, die durch ihre besonders profilierte verfassungsmäßige Funktion charakterisiert war. Es ging nicht mehr um die Gründung der Deutschheit als Ziel der nationalen Einigung, sondern vielmehr um die Umwandlung der erreichten Reichseinheit in einen Staatsleistungsfaktor, wodurch der deutsche Staat selbst mit den anderen europäischen Großstaaten (insbesondere England und Frankreich) gleichgestellt werden konnte. Bahnbrechend in diesem Prozeß waren selbstverständlich die

Sozial- und Staatswissenschaften, über deren theoretische Gründung, politische Bedeutung und innere Gliederung sehr viel debattiert wurde. Die Rechtswissenschaft, die schon in Frankfurt bei der ersten Germanistenversammlung die Hauptrolle spielte, bekam eine zunehmend wichtigere äußere Legitimationskraft, indem sie ihren ursprünglich ausschließenden Anspruch verlor, die Deutschheit zu repräsentieren, um sich nach den wachsenden Aufgaben des Staats innerlich zu spezialisieren. Das wichtigste Resultat war die Entstehung des Verwaltungsrechts aus dem alten Staatsrecht, neben dem die Nationalökonomie und die Finanzwissenschaft eine flankierende Funktion im Dienste des Staats innehatten. Die Geschichtswissenschaft selbst erhielt gemäß der komplexen Struktur des Kaiserreichs und seiner Mitgliedstaaten mehr und mehr spezialisierte Ziele und löste als Grundlegung der Geisteswissenschaften die Philologie ab,[8] und die Soziologie als Erfahrungswissenschaft konnte, wenn noch nicht als Fachdisziplin, so mindestens als ergänzendes und komplizierendes Element der neuen Komplexität in den Vordergrund treten.[9]

Es ist hier nicht möglich, die Entwicklung des Staatsbegriffs und der Staatswirklichkeit im dynamischen Kontext der inneren Reichsverfassung und im Vergleich mit der entsprechenden Wandlung der Realität der Nation zu verfolgen. Es darf aber kaum bestritten werden, daß das gesamte Panorama der Fachdisziplinen an den deutschen Universitäten Ende der achtziger Jahre eine ganz andere Vision darstellte als die, die noch Mitte des Jahrhunderts am Frankfurter Römer und später an der Paulskirche dominant war. Der in dieser neuen Landschaft von den Sozial- und Staatswissenschaften besetzte Raum war größer denn je. Dadurch wurden nicht nur der Raum, das Ansehen und die Wichtigkeit der übrigen traditionellen »deutschen« Fächer reduziert; sie wurden allmählich, aber in letzter Instanz unvermeidlich von den neuen Wissenschaften »der Erfahrung« auch inhaltlich und sozusagen ideologisch beeinflußt, indem diese mehr und mehr universelle Ansprüche annahmen und sich als Wissenschaften »der Bildung« vorstellten.

Ein kleines Beispiel möchte ich kommentieren, das zur Darstellung meiner These dienen kann. Es handelt sich um einen von Max Weber an Gustav Schmoller am 23. Juni 1908 geschriebenen Brief.[10] Sein Schluß enthält einige Überlegungen, die die methodologische Auseinandersetzung zwischen Weber und Schmoller mit besonderer Aufmerksamkeit auf die Beziehung zwischen »theoretischer und historischer Erkenntnis

[...] in unsrer Wissenschaft« berühren. Der Brief ist ein wirkliches Meisterwerk akademischer Diplomatie, weil Weber Schmoller selbst zum Verantwortlichen der neuen methodologischen Richtung der »Jüngeren« erklärt, und zwar der neuen Einsicht, »mit den Mitteln theoretischer Begriffsbildung« zu arbeiten.

Was mich interessiert, ist die Einschätzung der Rolle Schmollers in der Universitätsfrage, denn das Thema war gerade zu dieser Zeit auch für Weber von zentraler Bedeutung. Er betont (sub 1) den Beitrag Schmollers bezüglich des »Einflusses der Universitäten auf das öffentliche Leben«. Weber mußte damit etwas meinen, was über die normalen institutionellen Funktionen der Universität hinausging. »Öffentliches Leben« erinnert gleichzeitig an die gesellschaftliche und an die staatliche Ebene. In beiden Richtungen wird die Politik einbezogen, mit der die Universität zu tun hat, als Motor sowohl der kulturellen Bildung als auch der politischen Sensibilisierung der betroffenen Bevölkerung. Ein Leseschlüssel liegt vielleicht in dem chronologischen Verweis, den Weber mit den Jahren 1837–1848 als Vergleichsdatum hinzufügt, die das triumphale Jahrzehnt des deutschen Vormärz darstellen, mit der entsprechenden Hochspannung jener politischen und zivilen Ideale, die sich nach dem Scheitern der Revolution in die große »Enttäuschung« verwandelt hatten. Jedenfalls entspricht der beschriebene Kontext der Lage der »neuen« Universität und ihrer Hauptmitglieder (oder Repräsentanten), jenen Professoren, die sich in denselben Jahren gerade als »politische Professoren« verstanden. Diese sehr elitäre Tatsache soll aber mit dem Gang der Immatrikulationen an der Universität kombiniert werden: »Bis zur Gründung des deutschen Nationalstaates haben die Studentenzahlen vier Jahrzehnte lang stagniert oder waren sogar rückläufig, dann verdoppelten sie sich bis zum Beginn der nationalsozialistischen Diktatur ungefähr alle zwei Jahrzehnte.« Davon wurde auch die innere Verfassung der Universität geprägt, also »ihr Selbstverständnis als Stätte der Forschung und vor allem des forschenden Lehrens und Lernens«.[11] Um so mehr wird Schmoller von Weber gelobt, weil er durch seine wissenschaftliche Leistung einen neuen Einfluß der Universität auf die Gesellschaft ausgeübt hat. In welche Richtung konnte das aber passieren und in welchem Sinne war die neue Zeit »diesem Einfluß so ungünstig wie möglich?«[12]

Eine befriedigende Antwort kann nicht lediglich aus dem Innern des Universitätswesens kommen. Im nächsten Punkt seines Briefes behandelt Weber (sub 2) das Thema der »akademisch Gebildeten«, deren soziologische Bestimmtheit gerade von der Berührung der drei Hauptlinien Universität, Gesellschaft und Staat gekennzeichnet wird. Sie stellen in der Tat eine Art Oberberufsstand dar. Ihren Mitgliedern kam, aufgrund der Absolvierung der Universitätsstudien und der entsprechenden Erlangung eines vom Staat reglementierten akademischen Grads, in der Gesellschaft eine hervorragende Verantwortung nicht nur im politischen und zivilen Sinne, sondern auch als berufsfähig und -tätig im staatlichen Dienst oder in den freien Berufen zu.[13]

Dem allgemein anerkannten Rang der Universitäten als »Pflanzstätten des wissenschaftlichen Geistes der ganzen Nation« entsprach die synthetische Figur des akademisch Gebildeten, als tragende Kraft des Staats und konsequenterweise als Mitwirkender an der Lösung der riesigen Wachstumsprobleme desselben; gleichwohl aber auch als Vertreter eines neuen »Geistesraums«, der weiterhin vom historistischen Prinzip der aktiven Vernunft in der Geschichte bestimmt war und sich in der Gesellschaft entfalten konnte. In wenigen Worten redet Weber vom »sozial-politischen *Idealismus* der akademisch *Gebildeten*«. Beide Phänomene des Idealismus und der Gebildeten sind aber für ihn – wenn ich es richtig sehe – sehr konkrete Faktoren des »öffentlichen Lebens«, die auch dank Schmoller »nicht nur in der öffentlichen Meinung, sondern auch bei Denen, welche die *Macht hatten*«, zur Geltung gekommen sind. Nur durch die immer mehr in der öffentlichen Meinung verbreitete (und institutionalisierte) »Klugheit und Mäßigung« (beides Eigenschaften, die Weber Gustav Schmoller zurechnet, die aber als allgemeinere Kennzeichen der neuen Gesellschaft gelten können) und durch das »Reformkönnen« der Machtinhaber hatte der sozial-politische Idealismus die historische Aufgabe, sich in die Wirklichkeit umzusetzen. Die Universität (zusammen mit dem Verein für Sozialpolitik) ist das von Schmoller benutzte Instrument für den notwendigen Austausch zwischen Kultur, öffentlicher Meinung und Macht gewesen.[14]

Max Weber nennt an keinem Ort seines Briefes die »Deutsche« Wissenschaft, sondern redet (sub 3) von »unsrer Wissenschaft«. Dies ist gleichzeitig das wichtigste Signal seiner Auseinandersetzung mit Schmoller. Zu dieser Zeit (»In einer Zeit des dürrsten ökonomischen Rationalismus«[15]) kann es keine andere Wissenschaft geben als eine, die durch theoretische Erkenntnis bestimmt sei. Deshalb fragt Max Weber sich – und ganz offen und ohne große Höflichkeit teilt er seine Hoffnung dem Empfänger mit –, »ob es heut [also nach der Zeit von Schmollers Historismus] vielleicht an der Zeit ist, mehr die theoretische Seite zu pflegen«. Die Folge des Briefes ist ein »Crescendo« in dieselbe Richtung, bis zur Vision des »mächtigen Baus, [...] den wir jüngeren nun wieder versuchen dürfen, mit den Mitteln *theoretischer* Begriffsbildung weiterzubearbeiten«.

Ich glaube, daß man den Tod der alten ruhmvollen »Deutschen Wissenschaft« nicht besser erklären konnte. Damit wird aber auch die riesige Funktion abgelehnt, die sie ein halbes Jahrhundert lang, trotz unterschiedlicher Mittel und Ziele, halbwegs zwischen Kultur- und Realpolitik erfüllt hatte. Sie war der Schmelztiegel verschiedener Zutaten gewesen, die wir schon im Lob Webers auf Schmoller getroffen haben. Intelligenz und Reformneigung einerseits, öffentliche Meinung und Macht andererseits sind Elemente, die verschiedenartig kombiniert immer zum Schwerpunkt der preußisch-deutschen Anschauung der Politik zurückführen: also auf eine auf technisch-kultureller (also wissenschaftlicher) Basis beruhenden Realpolitik, die ihre Widerspiegelung in der konstitutionellen Kombination von monarchischem Prinzip und neu-ständischer Gesellschaft erfand. Also in einer »Verfassung«, in der der »Großbetrieb« Universität (wo die »Deutsche Wissenschaft« selbst nach dem Humboldtschen Modell ihren Hauptsitz hatte) einer der Pfeiler war.

Ein Sachkenner wie Friedrich Paulsen hatte 1902 die Universität zu den zentralen »Traggliedern in dem Bau der deutschen Einheit« gezählt. Die deutschen Universitäten, meinte er, sind »in ihrer Gesamtheit die Inkorporation des politischen Instinkts, man darf sagen, des guten Geistes der Nation«.[16] 1908 ist Paulsen schon überholt, aber dasselbe galt auch für Schmoller. Weber und die »Jüngeren« sind jetzt anderer Meinung.[17] Für sie gelten die Elemente nicht mehr, die das letzte Viertel des 19. Jahrhunderts sozial-politisch geprägt hatten und die durch die folgenden Schwerpunkte zusammengefaßt werden können: Sozialfrage, Sozialpolitik, Bildungsbürgertum. Drei markante Aspekte einer seit dem auslaufenden Ancien Régime ungelösten Beziehung zwischen Gesellschaft und Staat. Aber auch Beispiele jenes »bürgerlichen Labors«, in welchem die Deutschen versuchten, die Probleme ihrer Machtstaatswerdung eher mit wissenschaftlichen als mit politischen Mitteln zu lösen.

Das beste Beispiel wird von Weber selbst in seinem Brief vorgestellt, und zwar der Verein für Sozialpolitik, von ihm lapidar als das Instrument bezeichnet, das Schmoller erfunden und benutzt hat, »um nicht nur in der öffentlichen Meinung, sondern auch bei Denen, welche die Macht hatten, [...] zur Geltung zu kommen«. Außerdem hat Langewiesche sicher recht, wenn er die zweideutige Position der Universität im 19. Jahrhundert zwischen Staat und Gesellschaft unterstreicht, also innerhalb der Sphäre einer Verfassung, die sich immer verwirklichen sollte und wo die alten Ansprüche nationaler Identität und protestantischer politischer Wirkung in den unvollkommenen Kleidern des neuen föderativ-zentralistischen Staates des Kaiserreichs sich adaptieren mußten. »Die deutschen Hochschulen des 19. Jahrhunderts waren staatlich organisiert, hinsichtlich ihrer Finanzierung, aber sie waren staatlich-gesellschaftliche Mischinstitutionen«, und der Privatdozent »war eine Gesellschaftsfigur, keine Staatsfigur«, der eine so zentrale Rolle sowohl im akademischen Nachwuchs spielte, als auch »das eigentliche Instrument zum preiswerten, den staatlichen Haushalt schonenden Ausbau der deutschen Hochschulen zu Großbetrieben der Forschung und der Ausbildung« war.[18]

Gerade als »Mischinstitution« konnte die Universität in Deutschland – diesseits der rhetorischen Klänge, die sie oft mit unterschiedlichen idealistischen, neo-humanistischen oder nationalistischen Stimmen begleiteten – als Standort der Kultivierung der wissenschaftlichen Forschung und der Ausübung der akademischen Bildung gelten, in Ausmaßen, die in keinem anderen Land der Welt spürbar sind. Dadurch wurde sie eine »Machtinstitution«. Innerhalb des Dreiecks von Forschung, Bildung und Lehre wurden nicht nur die Fachkenntnisse des neuen sozialstaatlichen Beamtentums, sondern gleichzeitig auch die allgemeinen Ideale des Bildungsbürgertums verarbeitet, die außerdem normalerweise zu den gleichen Personengruppen gehörten.

Der Brief von 1908, für offizielle Ziele geschrieben und deswegen schon im Band desselben Jahres, *Reden und Ansprachen. Gehalten am 24. 6. 1908 bei der Feier von Gustav Schmollers 70. Geburtstag*, veröffentlicht, ist ein deutliches Beispiel der inzwischen entstandenen Divergenz. Diese begrenzte sich nicht nur auf »theoretische« Fragen. Die Verfassungsfunktion der deutschen Universität hatte sich an der Wende des 19. zum 20. Jahrhundert fast in einer einzigen Person verkörpert: die des Ministerialdirektors Friedrich Althoff, einziger Kopf der preußischen Wissenschaftsverwaltung und eigentlicher Kopf des allgemeinen deutsch-kaiserreichlichen Universitätssystems, das nach ihm als »Althoff-System« in der Welt berühmt wurde.[19] Eine Verfassungsfunktion jedoch, die deutlich verfassungswidrig war: nicht das einzige Paradoxon der zwischen Zentralismus und Föderalismus pendelnden Entwicklung der deutschen nationalen Staatlichkeit, zwischen Staat und Gesellschaft, Effizienz und Autonomie, Monopol und Freiheit, um wieder von der Universität zu sprechen. Durch eine Art von »kooperativem Föderalismus«[20] gelang es Althoff, auch im Universitätsbetrieb eine Konsolidierung sowohl der Entwicklungs- und Spezialisierungslinien der verschiedenen (Landes-)Universitäten wie auch den Ablauf selbst der individuellen Karrieren der Dozenten zu steuern oder mindestens zu kontrollieren. Nach der Reichsgründung und im Zusammenhang mit der Hochindustrialisierung wurde schon wegen Verknüpfung von Bildungspatenten und Laufbahnberechtigungen eine nationale Abstimmung der Studien- und Prüfungsvorsichten ebenso notwendig wie eine Regulierung der Wissenschaftsexpansion. Die administrative Funktionselite steuerte auf diese Weise die Entwicklung eines modernen, der industriellen Massengesellschaft angepaßten Hochschulwesens, das auch als Faktor der nationalen Leistungssteigerung im Innern wie auch in der internationalen Konkurrenz verstanden wurde. Die »Weltgeltung deutscher Wissenschaft« im späten Kaiserreich ist ohne diese konzertierte – wenn nicht konzentrierte – Wissenschaftsverwaltung nicht zu denken. Eine solche Steigerung bürokratischer Lenkungsenergie alarmierte die auf ständisch-korporative Autonomie bedachten Hochschulen und besonders die Dozenten derselben, die oft schon direkt den Ministerialdirektor Althoff auch in bezug auf ihre persönliche Karriere kennengelernt haben mußten.

Von seinem biographischen Erleben her gehörte auch Max Weber dazu. Seine Kritik an dem Althoff-System hatte aber viel tiefere Gründe, die in engem Zusammenhang mit seinem zitierten Plädoyer für die »theoretische Erkenntnis« standen. Als Hauptfeind galt für ihn der in der Universität seiner Zeit so verbreitete »praktische Sichtpunkt«, den er für die eigentliche Basis des unerträglichen Einflusses der Atmosphäre und der Interessen des politischen Lebens auf die wissenschaftliche Welt hielt. Gegen diesen Feind hatten sich die Hochschullehrer im Namen ihres alten »korporativen Gefühls« zu koalisieren, um die endgültige Niederlage des »moralischen Gewichts« der Universität zu vermeiden und letztere in ihrer ursprünglichen Tradition zu retten und wieder erwecken zu lassen. Dafür war aber – wie wir schon gesehen haben – das alte Rezept Schmollers nicht mehr anwendbar, weil gerade Althoff und sein System die Unabhängigkeit der Universität und der deutschen Professoren unterminiert hatten und dem Übergriff der Bürokratie und der politischen Gewalt die Türen geöffnet hatten.

Der Rücktritt Althoffs vom preußischen Kultusministerium fand nach 20 Jahren ehrenvollen Dienstes 1906 statt und wirkte wie eine Bombe sowohl in seinem Freundes- wie auch in seinem viel breiteren Feindeskreis. Man vermutete, daß er, der große vermittelnde Zentrum-Mann, Opfer des neuen politischen Kurses wurde, der mit der Blockade der Liberalen anfing. Tatsache ist, daß plötzlich eine große Pressekampagne begann, die die Nachteile und Schulden des Althoff-Systems zum Schwerpunkt hatte und die Universitätsfrage ins Zentrum der Debatte stellte.

Die einzige Stimme, die sich von der »liberalen Hoffnungsfreudigkeit« distanzierte, war die des engsten Mitarbeiters Max Webers im Kampf für eine neue »theoretische« Wende der Sozialwissenschaft, die Stimme von Werner Sombart. Er war auch ein strenger Kritiker der allgemeinen Leistung Althoffs, konnte aber nicht akzeptieren, ihn für den einzigen Verantwortlichen seines »Systems« zu halten. Die Frage schien viel komplizierter zu sein und deshalb auch viel schwerer zu lösen. Nach Sombart hätte sich das System ohne die Toleranz, wenn nicht ohne die Mitarbeit jener Professoren nicht entwickeln können, die es jetzt so scharf und jubelnd kritisierten. Sie hatten sich durchschnittlich als »Sklaven« betragen und hatten dadurch die Figur eines »Sklavenhalters« entstehen lassen, was sicher Althoff im Grunde genommen nicht gewesen war. Althoff hatte insgesamt einen schärferen Blick als seine Gegner gehabt. Er hatte die Universität als Funktion der modernen hochindustrialisierten Welt verstanden und hatte darüber hinaus im Sinne der modernen Gesellschaft gearbeitet, um sie in eine bürokratisierte Massenfunktion des Staates umzuwandeln, in der die Studenten nur die Benutzer und die Professoren nur die Angestellten waren – was sie außerdem durch ihr passives und stillschweigend einverstandenes Betragen hauptsächlich verdient hatten.

Es handelte sich um eine sehr bittere Anklage, die sich gegen die Entwertung der Universität richtete, aber auch deren sozial-historische Gründe untersuchte: »Aus unseren Universitäten sind heute fast einfach Fachschulen geworden [...] Was darin gelehrt wird gehört 90 % zur Technik [...]. Der heutige Professor – sowohl als Dozent wie auch als Forscher – ist praktisch mit einem Schullehrer oder einem Archivar fungibel geworden.« Althoff hat diese Situation nicht selber erzeugt, sondern nur registriert und hat damit gerechnet. Er hat seine ungeheuer große Macht und Klugheit benutzt, um die wenigen wahren Talente zu fördern und sie oft auch gegen den Willen der Fakultäten in der akademischen Laufbahn durchzusetzen. »Das System Althoff ist – in Sombarts Worten – keine Ursache, sondern eine Wirkung.« Die Ursache liegt vielmehr in den Wurzeln des »zu schwachen Widerstandes, mit dem die deutschen Universitäten dem Nationalismus gestatteten, sie selbst zu erobern«.[21]

Ich bin der Meinung, daß dieser Weg länger war, als man normalerweise denkt und daß er im Grunde bis zur Distanzierung der deutschen Gelehrten von der aktiven Politik nach 1848 zurückgebracht werden soll. Die politische Enttäuschung wurde von der starken Integrationskraft der Bismarckschen Politik begleitet und von seinen Erfolgen. Die Universitätslehrer feierten Sedan und die Reichsgründung als eigentlicher »Teil der Nation«, was ganz normal war. Was nach normalen Maßstäben nicht mehr normal war, war die hervorragende Rolle, die der Universität im neuen politischen System zukam. Die preußisch-deutsche Universität wurde nach Heer und Bürokratie der »dritte Pfeiler der Reiches«, und aus seinen Mitgliedern wurde konsequenterweise die dritte staatstragende Kraft der Nation. Es konnte keinen Widerstand geben, einfach weil der Widerstand nicht dazugehörte. Die Mischung von autoritären und partizipativen Zügen in der kaiserreichlichen Variante des »monarchischen Prinzips« verhinderte jede Möglichkeit des »Wider«-stehens. Man konnte nicht wider-stehen, wenn man mitging oder darin war. Politische Enttäuschung, verfassungsmäßige Integration, bürokratische Effizienz, sozial-wirtschaftlicher Aufschwung, Organisation der Forschung, Ehrgeiz dabeizusein: alles das hatte das Althoff-System gebaut, das nicht nur auf den »Helden« – wie Althoff selber die Professoren nannte, die den Mut hatten, mit ihm zu streiten –, sondern auch auf den zahlreichen anderen beruhte, die nur froh waren, treue Untertanen seines vollkommenen Systems zu sein. Der Eintritt in das System war außerdem so schwierig und langsam, daß eine natürliche Auslese bezüglich der Familie, aber vielleicht auch hinsichtlich des Charakters und der Staats- oder besser gesagt der Systemtreue unvermeidbar war. Im 19. Jahrhundert war Wissenschaftspolitik hauptsächlich Berufungspolitik. Nur der »glücklich Besitzende« konnte die langen Zeiten der Berufung und das »Fegefeuer des Privatdozententums« überleben. Die »Gesellschaft« war sicherlich sehr einbezogen, aber der Gewinn war meistens für den Staat und besonders in der integrierten Form, die er gerade für die »glücklich Besitzenden« besaß. Nach Sombart hatte Althoff alles das schon verstanden und gesteuert und hatte durch sein System einen kräftigen Riemenantrieb hergestellt, der eine wichtige Rolle in dem Umbau der Wissenschaft zum Großbetrieb spielte.

Max Weber – zusammen mit Ferdinand Tönnies einer der »Helden«, die mit Althoff kein leichtes Leben hatten – wußte das, aber er wollte gerade durch Althoff und sein System das dahinterstehende Verfassungsmodell beurteilen. Mit den Worten Shils[22] »war Weber ein Liberaler, der Bismarck [...] als Quelle der politischen Unfähigkeit Deutschlands hielt«. Bismarck war nach Shils die Hauptursache des Mangels bei den Deutschen an politischem Selbstbewußtsein und Verantwortungsgefühl, deswegen hatten sie jede Neigung und Fähigkeit verloren, Unabhängigkeit gegenüber charismatischen politischen Leadern bzw. einer mächtigen Bürokratie zu behalten. Althoff war für Weber der Arm Bismarcks im Wissenschaftsbetrieb und vertrat durch sein System das Übergewicht und die Übergewalt der politischen und bürokratischen Welt über die Selbständigkeit der Universität und über die Würde selbst der Professoren. Die Anklage klang natürlich mehr strukturell als persönlich, weil Weber Althoff trotz aller Nachteile seines Systems eine gewisse »Grandeur« anerkannte und außerdem dachte, daß sich nach seinem Rücktritt die allgemeine Lage des deutschen Hochschulwesens noch verschlimmert hatte.

Die Erklärung liegt, jeder Evidenz nach, in der Trennung zwischen »Idealen« und »Wissenschaft«, auf die Weber selbst in seinem Brief an Schmoller oft hinweist. Noch mehr beruht aber die Frage auf der Auseinandersetzung zwischen den »Inhalten« dieser Ideale – also dem »sozial-politischen Idealismus der akademisch Gebildeten« und dem »wissenschaftlichen Bedürfnis der einzelnen Menschenalter«. Wissenschaft scheint für Weber eine ewige Struktur der Menschheit zu sein, während die Ideale notwendigerweise schwanken und sich wandeln. Schmoller hatte, nach den Worten des Briefs, »In einer Zeit des dürrsten ökonomischen Rationalismus [...] historischem Denken in unsrer Wissenschaft eine Stätte bereitet, wie es sie in gleicher Consequenz und gleichem Maße bei keiner andren Nation gefunden hatte und bis heute nicht hat«. Durch den Verein für Sozialpolitik hatte er ein Instrument gestaltet, um den politischen Idealismus zur Geltung kommen zu lassen, »obwohl [...] die ›Inhalte‹ der Ideale, in deren Dienst die Einzelnen standen, vielfach die allerverschiedensten und auch von den – von Schmoller selbst – abweichenden waren«.

Wissenschaft hätte aber anderes bedeuten sollen und konnte nicht in der Form gestaltet werden, die ihr das Althoff-System geliefert hatte. Dieses System entsprach dem allgemeinen Bau des wissenschaftlichen Großbetriebs, in dem die Tätigkeit des Vereins für Sozialpolitik sich selbst mit ihren politischen »Idealen« widerspiegelte, um nicht von den anderen Organisationen zu sprechen, die in den unterschiedlichen politisch-ideologischen Feldern gleiche Ziele hatten und verfolgten.[23] Weber scheint der Meinung zu sein, daß es eine weitere historische Lösung geben kann, die aus der inneren Struktur der Wissenschaft selbst stammt und »mit den Mitteln theoretischer Begriffsbildung« erreicht werden kann.[24]

Weber beanspruchte die Neutralität von Universitätsforschung und -unterricht gegenüber den sozialen und politischen Fragen, die der Staat der Gesellschaft und der Universität stellt. Der Unterricht soll weder staatsfreundlich noch staatsfeindlich sein, sondern nur auf Fakten beruhen und aus »klaren Begriffen« bestehen. Die moralischen und politischen Werte gehören zur individuellen Verantwortung. Wenn sie sich in soziale Fragen verwandeln, dann sollen diese ihrem effektiven Wesen nach und nicht aufgrund ethischer oder politischer Rechtfertigung analysiert werden.

Weber war sich der Historizität und Zeitbedingtheit seiner Thesen bewußt. Er sagt offenbar, daß gerade darin die wichtigste Umwandlung der letzten vierzig Jahre liegt, die mit der Entstehung und Verfeinerung der Sozialwissenschaften zu tun hatte. Es war ihm aber gleichzeitig ganz klar, daß diese »neuen« Sozialwissenschaften immer weiter als »Staats«-wissenschaften verstanden wurden, und er sah sein Ziel gerade darin, die Erbschaft der Staatswissenschaften durch die »Sozial«wissenschaften zu überwinden. Am Anfang – in der Stein-Schmollerschen Zeit der Staatswissenschaft, die Weber auch als Schmollers »Pionierzeit« bezeichnet – herrschte die verbreitete Überzeugung, daß letztendlich nur einer der unterschiedlichen möglichen wissenschaftlichen Ansichtspunkte der politisch korrekteste sein sollte, indem er sich dem gesamten Realinteresse des Staats am besten anpaßte. Nun, in Webers Zeit der »Sozialwissenschaft« sieht aber die Fragestellung ganz anders aus, weil die Idee der Existenz von einigen wenigen objektiv und impersonell gültigen obersten Werten untergegangen ist. Kein Mensch kann mehr – nach Webers Ansicht – an der Vielfältigkeit der subjektiven Elemente zweifeln, die durch die unterschiedlichsten »kulturellen Bewertungen« verschiedene Lösungen bringen können. Nur die akademische Freiheit kann mit Sicherheit den »Unterricht in den entscheidenden Glaubensvorstellungen und Werten« bewahren, wie er sich im Brief an Schmoller ausdrückt.

Nach 1848 ist die Figur des politischen Professors von der deutschen Szene verschwunden. An seine Stelle ist ein Professor getreten, der fest auf seinem Lehrstuhl sitzenbleibt, um nur unmittelbar politisch in den verschiedenen Assoziationen tätig zu werden, die nach den Hauptrichtungen der deutschen Gesellschaft »sozialpolitisch« ihre Unterstützung zur gemeinsamen Entwicklung der Nation leisteten. Bahnbrechend in dieser Richtung war durch die einflußreichste jener Assoziationen (den Verein für Sozialpolitik) Schmoller gewesen. Er war kein politischer Professor mehr, er war nur ein »Deutscher« Professor, der aus Berlin den ganzen Betrieb der deutschen Nationalökonomie in enger Zusammenarbeit mit Althoff kontrollierte und steuerte und seine Wissenschaft sowohl vom Lehrstuhl her wie auch vom Sitz des Vereins im Dienste des »Deutschen« Staats und dessen Leistungsfähigkeit pflegte. Es handelt sich um denselben Schmoller, an den Max Weber seinen Verehrungsbrief adressiert hat, mit allen Vorwürfen, die er seiner Meinung nach verdiente. Sie betreffen den ganzen Komplex der Veränderungen, die im Rahmen der deutschen Soziologie seit den 90er Jahren entstanden waren. Die neue »Soziologie«[25], die heute als »klassische« bezeichnet wird, scheint eine Verschiebung des soziologischen Interesses vom Moment der verwaltungsstaatlichen Ethizität[26] zu ihrem »vehementen Festhalten am Individuum als einer zentralen und berechtigten Fragerichtung des Fachs« verwirklicht zu haben.[27] Alles das gehört zur tiefen Auseinandersetzung zwischen der neuen Generation der Soziologen und Gustav Schmoller, die sich schon gegen Ende der 80er Jahre des 19. Jahrhunderts mit Tönnies' *Gemeinschaft und Gesellschaft* (1887), Simmels *Über soziale Differenzierung* (1890) und selbst Webers Studien über die *Lage der Landarbeiter im ostelbischen Deutschland* (seit 1892) gezeigt und die eindringlichste Darstellung im Aufsatz Werner Sombarts über die *Ideale der Sozialpolitik* von 1897 gefunden hatte. Mit dieser neuen Generation des Denkens scheint die Zeit der Deutschen Wissenschaft als einheitlicher Zusammenhang von Disziplinen, die das gemeinsame Ziel verfolgten, den neuen aus der deutschen Nation erwachsenen Staat zu legitimieren und zu unterstützen, vorbei zu sein. Das schöne »kollektive Singular«, das sowohl aus idealen historischen Gründen als auch als Organisation und Betrieb von Forschung und Unterricht als verfassungsmäßiger Faktor des neuen politischen Systems unter anderen gegolten hatte, hat nun seine Ausdruckskraft verloren und wird bald im Ersten Weltkrieg die ganze Trivialität seiner extremen Politisierung zeigen.

Das gilt für die Sozial- und Staatswissenschaften, von denen hier die Rede ist, denn sie haben gegen Ende des Jahrhunderts »das vieldeutige und oft mißbrauchte Wort ›sozial‹« von den engen Banden der Sozialpolitik im Bismarckschen Sinne befreit und weiter spezialisiert und haben dadurch den Anspruch erhoben, »die historische und theoretische Erkenntnis der allgemeinen Kulturbedeutung der kapitalistischen Entwicklung als dasjenige wissenschaftliche Problem ansehen zu müssen, in dessen Dienst sie steht«.[28] So begann eine dritte Phase der Deutschen Wissenschaft, nach der des politischen Professors und des verfassungsmäßigen Faktors, und zwar die Phase der »Wissenschaft als Beruf«, die eine unmögliche und nicht funktionierende Trennung zwischen Politik und Wissenschaft voraussah, wodurch jede Verantwortung des konkreten Menschen verlorenzugehen drohte. Das hatte selbstverständlich auch mit dem neuen Gleichgewicht zu tun, das sich zwischen Geistes- und Naturwissenschaften nach der Jahrhundertwende herstellte und das mit der Gründung der Kaiser-Wilhelm-Gesellschaft für die Förderung der Wissenschaften auch als Überwindung des nicht nur traditionellen, sondern für die Deutsche Wissenschaft konstitutiven Staatsmonopols der Forschung eine verfassungspolitische Folge hatte.

Der kollektive Singular »Deutsche Wissenschaft« konnte nicht mehr die Einheit oder auch nur die Beziehung von Bildung und Kultur repräsentieren, in einer Mischung von spekulativen, aber auch organisatorischen Aspekten, die sowohl Subjekte als auch Institutionen betrafen und insgesamt Politik erzeugten. Das ist aber ein historisches und kein erkenntnistheoretisches Problem. In diesem Sinne und in dieser Dimension war es ein »deutsches« Problem, ein Spezifikum der deutschen Geschichte, in der Zeit ihrer größeren Beschleunigung und Modernisierung, auf dem schwierigen Weg, sich aus einer veralteten Nation in einen verspäteten Staat umzuwandeln.

Anmerkungen

1 Klaus Schreiner, *Disziplinierte Wissenschaftsfreiheit. Gedankliche Begründung und geschichtliche Praxis freien Forschens, Lehrens und Lernens an der Universität Tübingen (1477–1945)*, Tübingen 1981.

2 Klaus Schreiner, »Lehre und Forschung im Spannungsfeld zwischen persönlicher Gewissensfreiheit und staatlich-kirchlicher Bekenntnisbindung«, in: ders., *Disziplinierte Wissenschaftsfreiheit* (Anm. 1), S. 13–21; Bernhard vom Brocke, »›Die Gelehrten‹. Auf dem Weg einer vergleichenden Sozialgeschichte europäischer Bildungssysteme im Industriezeitalter«, in: *Annali dell'Istituto storico italo-germanico in Trento* 10, 1984, S. 389–401.

3 Vgl. *Universitäten und Hochschulen in Deutschland, Österreich und der Schweiz. Eine Universitätsgeschichte in Einzeldarstellungen*, hrsg. von Laetitia Boehm und Rainer A. Müller, Düsseldorf und Wien 1983.

4 Willi Real, »Geschichtliche Voraussetzungen und erste Phasen des politischen Professorentums«, in: *Darstellungen und Quellen zur Geschichte der deutschen Einheitsbewegung im 19. und 20. Jahrhundert* 9, 1974, S. 1–95. Siehe auch: Horst Ehmke, *Karl von Rotteck, der politische Professor*, Karlsruhe 1964.

5 Pierangelo Schiera, »›Science and Politics‹ as a political factor«, in: *Discourses on Society. The Shaping of the Social Science Disciplines*, hrsg. von P. Wagner, B. Wittrock und R. Whitley, Dordrecht 1991, S. 93–120, besonders Anm. 15 und die dort zitierte Literatur; Wilhelm Bleek, *Von der Kameralausbildung zum Juristenprivileg. Studium, Prüfung und Ausbildung der höheren Beamten des allgemeinen Verwaltungsdienstes in Deutschland im 18. und 19. Jahrhundert*, Berlin 1972.

6 Peter Flora, »Krisenbewältigung oder Krisenerzeugung? Der Wohlfahrtsstaat in historischer Perspektive«, in: *Die Entstehung des Wohlfahrtsstaates in Großbritannien und Deutschland 1859–1950*, hrsg. von Wolfgang J. Mommsen und Wolfgang Mock, Stuttgart 1982, S. 353–403.

7 Die Zitate stammen von Ernst Erich Metzner, »Geburt der Germanistik aus dem Geist der Demokratie«, in: *Forschung Frankfurt* 3, 1996, S. 38–61, eine Vorstellung der Internationalen Tagung 24.–26. 9. 1996: »1846–1996. 150 Jahre Erste Germanistenversammlung in Frankfurt. Zur Geschichte und Problematik der Nationalphilologien in Europa.«

8 Pierangelo Schiera, *Laboratorium der bürgerlichen Welt. Deutsche Wissenschaft und Politik im 19. Jahrhundert*, Frankfurt am Main 1992, S. 101 ff.

9 Hans Freyer, *Soziologie als Wirklichkeitswissenschaft. Logische Grundlegung des Systems der Soziologie*, Leipzig und Berlin 1930, I. Kap. 4.: »Die ›Wissenschaften von der äußeren Organisation der Menscheit‹ (W. Dilthey).«

10 Er wurde in Max Weber, *Briefe 1906–1908*, hrsg. von M. Rainer Lepsius und Wolfgang J. Mommsen, Tübingen 1990, Bd. 5, S. 594–595 wiederveröffentlicht.

11 »So entstand die Figur des ›politischen Professors‹, der in der Revolution von 1848–49 den Zenit seines Einflusses erreichte und dann verschwand.« Dieter Langewiesche, »Die Universität als Vordenker? Universität und Gesellschaft im 19. und 20. Jahrhundert«, in: *Saeculum* 45, 1994, S. 320.

12 Weber, *Briefe* (Anm. 10), Brief an Schmoller vom 23. Juni 1908.

13 *Bildungsbürgertum im 19. Jahrhundert*, hrsg. von Werner Conze und Jürgen Kocka [4 Bde.], Stuttgart 1985–1990.

14 Über den Verein vgl. noch immer Franz Boese, *Geschichte des Vereins für Sozialpolitik 1872–1932*, Berlin 1939. Für eine zusammengefaßte Darstellung der entsprechenden Reden von Gustav Schmoller vgl. *Texte zur Gesellschaftsreform. Zeugnisse aus zwei Jahrhunderten 1750–1950*, hrsg. von Otto Heinrich von der Gablentz, Frankfurt am Main 1972, S. 255 ff.

15 Weber, *Briefe* (Anm. 10), Brief an Schmoller vom 23. Juni 1908.

16 Friedrich Paulsen, *Die Deutsche Universität und das Universitätsstudium*, Berlin 1902.

17 Dieter Krüger, *Nationalökonomen im wilhelminischen Deutschland*, Göttingen 1983 (Kritische Studien zur Geschichtswissenschaft 58).

18 Alexander Busch, *Die Geschichte des Privatdozenten. Eine soziologische Studie zur großbetrieblichen Entwicklung der deutschen Universität*, Göttingen 1959.

19 Bernhard vom Brocke, »Hochschul- und Wissenschaftspolitik in Preußen und im Deutschen Kaiserreich 1882–1907: das System Althoff«, in: *Bildungspolitik in Preußen zur Zeit des Kaiserreichs*, hrsg. von Peter Baumgart, Stuttgart 1980.

20 *»Hochschulpolitik im Föderalismus.« Die Protokolle der Hochschulkonferenzen der deutschen Bundesstaaten und Österreichs 1898 bis 1918*, hrsg. von Bernhard vom Brocke und Dieter Krüger, Berlin 1993. Vgl. darüber Dieter Langewiesche: »Die Effizienz dieses kooperativen Föderalismus hatte ihren Grund darin, daß er unterhalb der Reichsverfassung ohne Beteiligung der legislativen Organe auf administrativer Ebene mit Absprachen arbeitete, also den Konsens der Sachkundigen und ›vernünftigen‹ über die Ländergrenzen hinweg zur Handlungsmaxime erhob«, in: *Frankfurter Allgemeine Zeitung*, 30. 12. 1994, S. 31.

21 So der »Königlich Preußische Professor der Staats- und Wirtschaftswissenschaften« Werner Sombart in einem berühmten Artikel vom 4. August 1907.

22 *Max Weber. On Universities. The Power of the State and the Dignity of the Academic Calling in Imperial Germany*, hrsg. von Edward A. Shils, Chicago und London 1973. Vgl. auch Pierangelo Schiera, »Max Weber e la Scienza Tedesca. Con alcune considerazioni sull'organizzazione degli studi in Germania dalla fondazione dell'università di Berlino alla prima guerra mondiale«, in: *Problemi e metodi della storiografia tedesca contemporanea*, hrsg. von Beatrice de Gerloni, Torino 1996, S. 113 ff.

23 Unter den vielen Schriften von Rüdiger vom Bruch über dieses Thema vgl. besonders: »Evangelische Sozialpolitiker und die Gewerkschaftsbewegung«, in: *Sozialer Protestantismus und Gewerkschaftsbewegung. Kaiserreich – Weimarer Republik – Bundesrepublik Deutschland*, hrsg. von Franz von Auer und Franz Segbers, Köln 1994, S. 39–52. Siehe auch: *Lexikon zur Parteiengeschichte. Die bürgerlichen und kleinbürgerlichen Parteien und Verbände in Deutschland (1789–1945)*, 4 Bde, hrsg. von Dieter Fricke, Köln 1983.

24 Weber, *Briefe* (Anm. 10), Brief an Schmoller vom 23. Juni 1908.

25 Im »Geleitwort« zum *Archiv für Sozialwissenschaft und Sozialpolitik*, N. F. 1,

1904, spricht Max Weber (zusammen mit den anderen Mitherausgebern) von »den gewöhnlich unter dem Namen Soziologie zusammengefaßten Untersuchungen«.

26 Gustavo Gozzi, »Sviluppo della politica sociale, crisi dello Stato etico e giudizi di valore in Germania fra Otto e Novecento«, in: *I concetti fondamentali delle scienze sociali e dello Stato in Italia e in Germania tra Otto e Novecento*, hrsg. von Raffaella Gherardi und Gustavo Gozzi, Bologna 1992, S. 391 ff., wo auch die *Erlässe* von Wilhelm II. vom 4. 2. 1890 zitiert werden, die Schmoller selbst im gleichen Jahr in seinem *Jahrbuch* veröffentlichte.

27 Heinz-Jürgen Dahme, »Der Verlust des Fortschrittsglaubens und die Verwissenschaftlichung der Soziologie. Ein Vergleich von Georg Simmel, Ferdinand Tönnies und Max Weber«, in: *Simmel und die frühen Soziologen. Nähe und Distanz zu Durkheim, Tönnies und Max Weber*, hrsg. von Otthein Rammstedt, Frankfurt am Main 1988, S. 259.

28 »Geleitwort« zum *Archiv für Sozialwissenschaft und Sozialpolitik* (Anm. 25).

Hubert Cancik

Klassische Philologie: Graecistik, Latinistik

I. Zur Bestimmung des Themas[1]

Die in diesem knappen Diskussionsbeitrag vorgelegte Zusammenstellung von Materialien und Anmerkungen zur Geschichte der klassischen Philologie weist auf einen Gegenstand hin, dessen Untersuchung in besonderer Weise fruchtbar werden könnte für das spezifische Thema »Grenzen« von Fächern: die Geschichte des Verhältnisses von griechischer und lateinischer Philologie in Forschung und Unterricht von etwa 1800 bis 1900 in Deutschland. Das Interesse dieses Versuchs sind die »Grenzen« des Faches, nicht dessen zu postulierende »Mitte« oder ein »Kernbereich«: die Grenzen eines Gebietes lassen sich feststellen, auch wenn dieses kein oder mehrere Zentren hat.

Das hiermit umschriebene Thema enthält einige Unklarheiten und Aporien.

I. a) Die Philologie als Teil der Altertumswissenschaft wird entweder mit Hilfe des Wert- und Epochenbegriffs »klassisch« als Einheit betont oder durch den Bezug auf die beiden Sprachen als »lateinische« und »griechische« Philologie unterschieden oder, bei Aufgabe des verbindenden Ausdrucks »Philologie«, als Graecistik und Latinistik getrennt. Ist diese Philologie nun ein Fach oder zwei?[2] Für die römische Kultur ergeben sich aufgrund ihrer Zweisprachigkeit besondere Schwierigkeiten: Ihre frühesten Historiker schreiben griechisch, ihr erstes Epos heißt »Odyssee«; ihre Philosophie und ein wesentlicher Teil ihrer Religion, der *Graecus ritus*, sind griechisch. Ihre Kaiser sprechen und publizieren griechisch. Ihre Kultur kann also nicht allein von der lateinischen Sprache her erschlossen werden. Die Wissenschaft vom römischen Altertum muß deshalb den Unterschied von lateinischer und griechischer Sprache übergreifen.

b) Die griechische und römische Kultur wird allmählich, im Kontakt mit den jungorientalischen Kulturen, besonders der griechisch-jüdischen, zu einer christlichen Kultur umgeformt; das Christentum ist eine antike Religion; die Sprache seines Kultus und seiner heiligen Texte ist griechisch: die von ihm »Altes Testament« genannte jüdische Bibel in der Septuaginta, der Kanon des Neuen Testaments, das Symbolum.[3] Sind diese Religion und ihre Texte Gegenstand der (klassischen) Philologie? Wie verläuft die Grenze zur Theologie – zu Liturgiegeschichte, Exegese, Patristik, Kirchengeschichte?

c) Philologie und Altertumswissenschaft: Immer haben Philologen auch historische, juristische, philosophische Texte bearbeitet, keineswegs nur die belles lettres. Die auf die klassische Antike als kulturelle Totalität gerichteten altertumswissenschaftlichen Traditionen konnten die Lösung der (»schönen«) Literatur aus ihrem kulturellen Kontext teilweise verhindern. Die Verabsolutierung der nachantiken Rezeptionssituation, als die klassischen Texte in einem unklassischen Kontext fortlebten, wurde nicht immer in die Antike projiziert. Wo aber sind die Grenzen zur Denkmalwissenschaft, Jurisprudenz, Philosophie?

2. Im Unterschied zu anderen Disziplinen, die hier vorgestellt werden, sind Latein und Griechisch Schulfächer. »Philologe« war der Name für »Lehrer«, »Humanismus« ursprünglich eine pädagogische Theorie. Die besonderen Bedürfnisse der Schule, besonders die Konkurrenz neuer Fächer (etwa Englisch, Biologie), wirken schnell auf die Universitäten als Lehrerausbildungsstätten zurück.[4]

2. Einige Namen und Daten (ca. 1800 – ca. 1900)

2.1. Friedrich August Wolf (1759–1824) hat seinen *Überblick sämmtlicher Theile der Alterthumswissenschaft* seit 1793 in Vorlesungen publiziert, 1807 mit einer Widmung an Goethe in Berlin gedruckt. Wolf konstituiert *eine* Wissenschaft – deshalb der Singular im Titel. Ihr Gegenstand ist nicht »Sprache und Literatur der Griechen und Römer«, sondern »das Alterthum«, die klassische Antike. In den 24 Teilen dieser Wissenschaft werden griechische und römische Kultur nicht chronologisch nacheinander, sondern systematisch miteinander dargestellt:

I. Philosophische Sprachlehre oder allgemeine Grundsätze beider alten Sprachen.
II. Grammatik der Griechischen Sprache.
III. Grammatik der Lateinischen Sprache.
IV. Grundsätze der philologischen Auslegungskunst.
V. Grundsätze der philologischen Kritik und Verbesserungskunst.
VI. Grundsätze der prosaischen und metrischen Composition oder Theorie der Schreibart und der Metrik.
VII. Geographie und Uranographie der Griechen und Römer.
VIII. Alte Universalgeschichte oder allgemeine Geschichte der Völkerschaften des Alterthums.
IX. Grundsätze der alterthümlichen Chronologie und historischen Kritik.
X. Griechische Antiquitäten oder Geschichte der Zustände, Verfassungen und Sitten der vornehmsten Staaten und Völker Griechenlands.
XI. Römische Antiquitäten oder Altertumskunde Roms und des ältern Römischen Rechtes.
XII. Mythologie oder Fabelkunde der Griechen und Römer.
XIII. Litterarhistorie der Griechen oder äussere Geschichte der Griechischen Litteratur.
XIV. Römische Litterarhistorie oder äussere Geschichte der Römischen Litteratur.
XV. Geschichte der redenden Künste und der Wissenschaften bei den Griechen.
XVI. Geschichte der redenden Künste und der wissenschaftlichen Kenntnisse bei den Römern.
XVII. Historische Notiz von den mimetischen Künsten beider Völker.
XVIII. Einleitung zur Archäologie der Kunst und Technik oder Notiz von den übriggebliebenen Denkmälern und Kunstwerken der Alten.
XIX. Archäologische Kunstlehre oder Grundsätze der zeichnenden und bildenden Künste des Alterthums.
XX. Allgemeine Geschichte der Kunst des Alterthums.

XXI. Einleitung zur Kenntniss und Geschichte der alterthümlichen Architektur.
XXII. Numismatik oder Münzenkunde der Griechen und Römer.
XXIII. Epigraphik oder Inschriftenkunde beider Völker.
XXIV. Litterarhistorie der Griechischen und Lateinischen Philologie und der übrigen Alterthums-Studien nebst der Bibliographik.

Der Name »Alterthumswissenschaft« steht bei Wolf neben anderen: »Encyclopädie der philologischen Wissenschaften«, »classische Gelehrsamkeit« und »Humanitätsstudien«. Er wollte diesen letzteren Namen – »den man in unsern Zeiten der Humanität gewöhnlich hört«[5] – aber nicht für seine Alterthumswissenschaft okkupieren: »die Studien, die zur Humanität d. h. zur höheren Ausbildung reiner Menschlichkeit führen«, so schreibt er, dürfen nicht auf wenige Nationen und schon gar nicht auf die Griechen und Römer eingeschränkt werden.

2.2. Die pädagogische Umsetzung der classischen Alterthumswissenschaften in den Schulen wurde, trotz der Wolfschen Mahnung, unter dem Namen »Humanismus« vorgenommen.

Der erste, der in deutschen Landen das Wort und den Begriff »Humanismus« gebrauchte, war ein Schwabe aus Heilbronn: Friedrich Immanuel Niethammer (1766–1848), Sohn des evangelischen Pfarrers zu Beilstein im Bottwartal.[6] Niethammer stammt aus einer alten, an Pfarrern reichen, schwäbischen Familie. Er durchläuft das damals übliche Curriculum: zur Schule nach Denkendorf und Maulbronn; die Hälfte der gesamten Unterrichtszeit war den beiden alten Sprachen gewidmet. Zum Studium der Theologie kam der Pfarrerssohn nach Tübingen ins Stift (1784–1789). Hier traf er Hölderlin. Die Bekanntschaft zwischen Niethammer und Hölderlin ist in mehreren Briefen bis 1801 nachweisbar.[7]

Niethammer ging 1790 nach Jena und wurde dort außerordentlicher, dann ordentlicher Professor der Philosophie (1793 und 1795). Von Jena wechselte er 1804 nach Würzburg und schließlich nach München. In seinem ersten Münchener Jahr (1808) veröffentlichte Niethammer, nunmehr Oberstudien- und evangelischer Oberkirchenrat, eine Programmschrift mit dem Titel: *Der Streit des Philanthropinismus und Humanismus in der Theorie des Erziehungsunterrichts unserer Zeit* (Jena 1808). In dieser Schrift wird zum ersten Male in Deutschland das Wort »Humanismus« verwendet und als Begriff konstituiert. Der Begriff »Humanismus« wird also in der pädagogischen Diskussion entwickelt, nicht innerhalb der Philosophie oder der Geschichtswissenschaft. Diese Herkunft prägt den Begriff bis zum heutigen Tage. Latein und Griechisch, die Kultur der Hellenen und Römer werden bei Niethammer als Einheit gefaßt.

2.3. Mit den Namen Wolf und Niethammer und den Stichworten »Alterthumswissenschaft« und »Humanismus« ist der Rahmen skizziert, innerhalb dessen sich im 19. Jh. die beiden, immer an den beiden Sprachen orientierten Schulfächer und die verschiedenen Disziplinen und Themen an Universitäten, Akademien und Forschungsinstituten ausbilden.

In Schulpforta, einem der Zentren des philhellenischen deutschen Humanismus, wird um die Mitte des 19. Jahrhunderts von Tertia bis Prima folgende Stundenverteilung praktiziert:[8]

Religion	12	Französisch	8	Mathematik	24
Deutsch	16	Hebräisch	8	Physik	4
Lateinisch	63	Geschichte	18	Singen	6
Griechisch	36	Geographie	2		

Latein und Griechisch nehmen mit insgesamt 99 Stunden mehr als die Hälfte aller Stunden ein. Die Schüler hatten also sechs Jahre lang wöchentlich 2 Stunden Religion und durchschnittlich etwa 10 Stunden Latein. Biologie, Chemie, Englisch standen nicht auf dem Lehrplan. Zeichnen, Turnen und Schönschreiben sind in der Übersicht nicht aufgeführt.

Zur Zeit Nietzsches hatte die Pforte 200 Schüler. Im Zeitraum 1830–1890 schlossen 2610 Pförtner (=100 %) ihre Ausbildung in Pforta ab. Folgende Berufsverteilung wurde ermittelt:

20,3 % Juristen	11,8 % Offiziere	11 % als Schüler
13,5 % Philologen	10,6 % Mediziner	verstorben bzw.
13,3 % Theologen	19,0 % Bankwesen, Chemie, Landwirtschaft	nicht bekannt.

Bis zum Jahre 1941 hat die Schule 51 Admirale und Generäle hervorgebracht.

3. Die Berliner Schulkonferenzen (Oktober 1892, Juni 1900)

Gegen Ende des Jahrhunderts wird auch in den Schulen das Gewicht der »neuen« Fächer sehr groß. Auf zwei Schulkonferenzen in Berlin – Oktober 1892 und Juni 1900 – wird der Umfang der Alten Sprachen insgesamt verringert, die Verbindung zwischen Griechisch und Latein gelöst und das Hochschulzugangsmonopol der humanistischen Gymnasien, das Abitur, gebrochen.[9]

Der Lateinunterricht an Gymnasien wurde von 77 auf 62 Jahres-Wochenstunden (bei 9 Jahren Schuldauer) reduziert; es verblieben also durchschnittlich ca. 7 Stunden Latein pro Woche während der gesamten Gymnasialzeit von 9 Jahren. Eine Folge dieser Reduktion war die Abschaffung des lateinischen Aufsatzes im Abitur. Der Griechischunterricht wurde von 40 auf 36 Jahres-Wochenstunden zurückgenommen; es verblieben also durchschnittlich ca. 6 Stunden Griechisch pro Woche während der gesamten Gymnasialzeit.[10]

Zum Vergleich: Das humanistische Uhland-Gymnasium in Tübingen vergibt im Jahre 1996 im Abitur das Große Latinum nach 29 Jahres-Wochenstunden (von Klasse 5–11), also weniger als der Hälfte der Zeit, die um 1900 gebraucht wurde. Das Graecum gibt es für 14 Jahres-Wochenstunden (Klasse 9–11); das sind 3 Jahre lang knapp 5 Stunden pro Woche.[11] Zur Erinnerung: Nietzsche hatte 6 Jahre lang wöchentlich 6 Stunden.

Die Gleichstellung des humanistischen Gymnasiums mit dem Realgymnasium im Hinblick auf die Kontrolle des Hochschulzugangs wurde erst in der Schulkonferenz von 1900 vollzogen. Nunmehr konnten Abiturienten die Universität besuchen, die in ihrem Realgymnasium nur Latein, aber kein Griechisch gelernt hatten.

Diese Entwicklung der Schulfächer hatte Folgen für die Lehrerausbildung. Für das administrativ verselbständigte Fach Latein wird eine Eigenbegründung wichtig. Jetzt werden Ausdrücke wie »Römertum«, »Geist des Römertums«, »Römische Wertbegriffe« neu geschaffen oder doch stärker betont.[12] Nur die Namen von Friedrich Leo, Friedrich Marx, Richard Heinze (gest. 1929) und Eduard Norden (zwangspensioniert 1935) seien hier genannt: So jung ist »Latinistik«. Bis in die Gegenwart jedoch reicht das Ringen um die »innere Einheit« der Wissenschaft vom klassischen Altertum. Wilamowitz hatte bestimmt:[13] »Weil das Objekt (die antike Kultur) eine Einheit ist, ist die Philologie eine Einheit.« Hieraus ergibt sich die »Verantwortung vor dem Ganzen«, die auch der Latinist übernehmen muß, was einst Friedrich Leo vorbildlich getan hat.[14] Als sein Verdienst hat Ulrich Schindel 1985 hervorgehoben, daß er den Ansatz einer umfassenden Altertumswissenschaft, den Wilamowitz von der Graecistik her konzipiert hatte, auch in der Latinistik verwirklicht »und so die Einheit des Faches ›Klassische Philologie‹ gewährleistet« habe.[15]

4. Ausblick

Die fragile Dialektik dieser Einheit wird an zwei Reformversuchen deutlich, die um 1970 und um 1990 in der ehemaligen und der damals gerade neuen Bundesrepublik unternommen wurden.

Die beiden Versuche, verknüpft mit den Universitäten Konstanz und Berlin (Humboldt-Universität), gingen in die entgegengesetzte Richtung; beide waren, jeweils auf ihre Weise, legitim und »notwendig«, beide sind gescheitert.

a) Das Konstanzer Modell trennte radikal das Griechische vom Lateinischen, die Literatur von der Kultur und ihrem epochalen Kontext. Die Antike als Epoche, die philhellenische Utopie nach Winckelmann und Wörlitz, der Humanismus Humboldtscher Prägung und der konzentrierte Klassizismus wurden als Legitimation für die lateinische Philologie ausgeschieden. Allein die Sprache definiert das Fach Philologie. Dadurch rückten zwar das christliche Latein, die Spätantike, Mittellatein und Neulatein in einen neuen und deutlicheren Zusammenhang, doch konnte ein regulärer Studiengang, Habilitation, Lehrstühle oder gar eine Wirkung im Schulkanon in größerem Umfang nicht erreicht werden. Gewonnen wurde ein engerer Anschluß an neue literaturwissenschaftliche Theorien, an Neuphilologie und Komparatistik, verloren ging die dialektische Spannung von Griechisch und Latein, hellenisch und christlich.

b) In Berlin wurde, unmittelbar nach dem Einigungsvertrag, versucht, im Rahmen der »Hochschulförderung DDR«, bzw. ab 3. 10. 90 »Hochschulförderung Ost«, das alte »Institut für Altertumskunde« wieder zu begründen.[16] Hier sollten die Philologie, die Alte Geschichte, die Philosophie, die Indogermanische Sprachwissenschaft und die historischen Hilfsdisziplinen sowie Byzantinistik, Mittellatein, Humanismus, Rezeptionsforschung wiederum bzw. neu vereinigt werden.[17] Von diesem Versuch konnte m.W. nichts dauerhaft verwirklicht werden. Die drei wichtigsten Gebiete der Altertumskunde – Geschichte, Archäologie, Philologie – sind jetzt auf drei Fakultäten verteilt. Die beiden Sprachen sind als »klassische Philologie« verbunden.

Mit gescheiterten Experimenten aufzuhören ist ominös. Die unendliche Geschichte des Verhältnisses von Griechisch und Latein innerhalb oder außerhalb des Rahmens einer klassischen Altertumswissenschaft oder Philologie ist aber, so hoffe ich, durch diesen Ausblick auf unsere eigene Geschichte gezeigt zu haben, auch ein Lehrstück für die Fragestellung »Fächergrenzen«.

Anmerkungen

1 Vgl. folgende Literatur zum Thema: Harald Fuchs, »Rückschau und Ausblick im Arbeitsbereich der lateinischen Philologie«, in: *Museum Helveticum* 4, 1947, S. 147–198; Manfred Fuhrmann, »Nekrolog auf Reinhart Herzog«, in: *Gnomon* 68, 1996, S. 472–476; Richard Heinze, »Die gegenwärtigen Aufgaben der römischen Literaturgeschichte«, in: *Neue Jahrbücher für das klassische Altertum, Geschichte und deutsche Literatur und für Pädagogik* 19, 1906, S. 161 ff.; Tilman Krischer, »Klassische Philologie oder griechische und lateinische Literaturwissenschaft?« in: *Latein und Griechisch in Berlin. Mitteilungsblatt des Landesverbandes Berlin im Deutschen Altphilologenverband* 26, 1982, H. 1, S. 2–6; Eckart Mensching, *Nugae zur Philologiegeschichte 1–5*, Berlin 1987–1992; Wilhelm Kroll, *Lateinische Philologie*, Gotha 1902; Peter Lebrecht Schmidt, »Friedrich August Wolf und das Dilemma der Altertumswissenschaft«, in: *Innere und äußere Integration der Altertumswissenschaften*, hrsg. von J. Ebert und H.-O. Zimmermann, Halle 1989, S. 64 ff.; Peter Lebrecht Schmidt, »Zwischen Anpassungsdruck und Autonomiestreben: die deutsche Latinistik vom Beginn bis in die 20er Jahre des 20. Jahrhunderts«, in: *Altertumswissenschaft in den 20er Jahren des 20. Jahrhunderts*, hrsg. von Helmuth Flashar und Sabine Vogt, Stuttgart 1995, S. 115–182; *Die Wissenschaften vom Altertum am Ende des 2. Jahrtausends n. Chr.*, hrsg. von Ernst-Richard Schwinge, Stuttgart und Leipzig 1995.

2 Eine präzise Geschichte dieser Terminologie bleibt ein Desiderat. »Latinist« wird bereits im 19. Jh. als Gegensatz zu »Graecist« in der ministeriellen Amtssprache gebraucht.

3 Vgl. *Markus-Philologie. Historische, literargeschichtliche und stilistische Untersuchungen zum zweiten Evangelium*, hrsg. von Hubert Cancik, Tübingen 1984 (Wis-

senschaftliche Untersuchungen zum Neuen Testament 33); Hubert Cancik, »Die Funktion der jüdischen Bibel für die Geschichtsschreibung der Christen in der Antike«, in: *Bibel und Literatur,* hrsg. von Jürgen Ebach und Richard Faber, München 1995, S. 19–29; ders., »The History of Culture, Religion, and Institutions in Ancient Historiography: Philological Observations Concerning Luke's History«, in: *Journal of Biblical Literature* 116, 1997, S. 673–695.

4 Vgl. den Stundenplan von Schulpforta um die Jahrhundertwende, in den Englisch und Biologie noch nicht eingedrungen sind: Hubert Cancik, *Nietzsches Antike. Vorlesung,* Stuttgart und Weimar 1995, S. 7; ders., »Graecistik und Latinistik im Fachbereich Kulturwissenschaft an der Universität Tübingen«, in: ders., *Antik – Modern,* Stuttgart und Weimar 1998, S. 1–5.

5 Friedrich August Wolf, *Überblick sämmtlicher Theile der Alterthumswissenschaft,* Berlin 1807, S. 815, Anm.

6 Michael Schwarzmaier, *Friedrich Immanuel Niethammer, ein bayerischer Schulreformator,* 1. Teil, München 1937 (Diss. München, 1936, bei A. Fischer und A. Rehm). – Das Bottwartal liegt bei Marbach, Beilstein bei Oberstenfeld: siehe Eugen Gradmann u. a., *Kunstwanderungen in Württemberg und Hohenzollern,* Stuttgart 1970, S. 127 f.

7 *Stuttgarter Hölderlin-Ausgabe,* hrsg. von Friedrich Beissner, Bd. 6: *Briefe,* hrsg. von Adolf Beck, Stuttgart 1958, Briefe Nr. 89, 111, 117, 233, mit Kommentar, bes. S. 705.

8 Literatur siehe Cancik, *Nietzsches Antike* (Anm. 4), S. 163 f.

9 Ulrich von Wilamowitz-Moellendorff: (a) *Philologie und Schulreform* (Rede als Prorektor in Göttingen, 1. Juni 1892), Göttingen 1892; (b) Stellungnahme zum Griechischunterricht auf der preußischen Schulkonferenz von 1900: »Der griechische Unterricht auf dem Gymnasium«, in: *Kleine Schriften,* hrsg. von den Akademien zu Berlin und Göttingen, Bd. 6, Berlin und Amsterdam 1972; (c) *Griechisches Lesebuch,* 1902. Siehe dazu: Andreas Fritsch, »Bemerkungen zum Verhältnis von Philologie und Schule bei Ulrich von Wilamowitz-Moellendorff«, in: *Latein und Griechisch in Berlin. Mitteilungsblatt des Landesverbandes Berlin im Deutschen Altphilologenverband* 26, 1982, H. 1, S. 6–9.

10 Diese Berechnung gilt unter der Voraussetzung, daß der Griechischunterricht erst in der Tertia begann.

11 Stundentafel Latein und Griechisch an altsprachlichen Gymnasien im Jahre 1996: Latein, von Klasse 5–11: 29 Jahres-Wochenstunden; damit sind die Voraussetzungen für das Große Latinum erfüllt. Freiwillig können hinzukommen in den Klassen 12 und 13: a) bei Wahl des Grundkurses: 6 Jahres-Wochenstunden; b) bei Wahl des Leistungskurses: 10 Jahres-Wochenstunden.
Griechisch, von Klasse 9–11: 14 Jahres-Wochenstunden. Freiwillig können hinzukommen in den Klassen 12 und 13: a) bei Wahl des Grundkurses: 6 Jahres-Wochenstunden; b) bei Wahl des Leistungskurses: 10 Jahres-Wochenstunden.
Ich danke Herrn OStDir. Bansbach für freundliche Auskunft.

12 Einige Beispiele: Richard Heinze, *Vom Geist des Römertums,* hrsg. von E. Burck, Leipzig 1938; 3. Aufl., Darmstadt 1960. Für die nächste Generation seien genannt:

Friedrich Klingner, »Rom als Idee« (1927), abgedruckt in: ders., *Römische Geisteswelt* (1943), 5. Aufl., München 1965; Otto Seel, *Römertum und Latinität*, Stuttgart 1964; darin (S. 17): »Rom als Geschichte und Rom als Idee.« – »›Sendung‹ als hermeneutisches Problem.«

13 Ulrich von Wilamowitz-Moellendorff, *Philologie und Schulreform* (Anm. 9). Vgl. ders., *Erinnerungen*, 2. Aufl., Leipzig 1929, S. 207: »Die Einsicht, daß die strenge Scheidung von Latinisten und Graecisten von Übel ist, hat sich mir erst spät aufgedrängt.«

14 K. Stiewe, Rezension der Ausgabe von Leos *Kleinen Schriften*, in: *Göttinger Gelehrte Anzeigen* 1972, S. 165ff., hier S. 172. Vgl. Schmidt, »Anpassungsdruck« (Anm. 1), S. 131ff.

15 Ulrich Schindel, in: *Neue Deutsche Biographie*, Bd. 14, Berlin 1985, S. 241–243, hier S. 242. Diese »Göttinger« Charakterisierung konfrontiert Schmidt (»Anpassungsdruck«, Anm. 1, S. 133) »mit einem – sicher nicht minder standpunktbedingten [d. h. von Konstanz aus], indes vielleicht ein wenig besser begründbaren – Gegenbild«.

16 Hermann Funke, »Altertumswissenschaft an der Humboldt-Universität Berlin«, in: *Wissenschaftstransfer in Deutschland. Erfahrungen und Perspektiven bei der Integration der gesamtdeutschen Hochschullandschaft*, hrsg. von Bernhard Muszynski, Opladen 1993, S. 179–194, bes. S. 183f. Die Archäologie in Berlin blieb außerhalb des Instituts für Altertumskunde.

17 Ebd., S. 185.

Bernhard vom Brocke

Wege aus der Krise: Universitätsseminar, Akademiekommission oder Forschungsinstitut. Formen der Institutionalisierung in den Geistes- und Naturwissenschaften 1810–1900–1995

»Man kann mit Recht behaupten, daß das große Vermächtnis des wilhelminischen Preußens an die moderne Welt die Erfindung der Forschungsuniversitäten war, d. h. die Umbildung der Universitäten zu wissenschaftlichen Produktionsstätten, die statt der Akademie oder der einzelnen Gelehrten zu Zentren der Forschung und der Wissenschaft wurden. Amerikanische Forschungsuniversitäten sind beispielsweise in direkter Nachahmung dieser Idee entstanden.«

Mit diesen Worten unterstrichen 1989 die Klassischen Philologen William M. Calder und Alexander Košenina die über ihr engeres Fachgebiet hinausweisende Relevanz ihrer Edition *Berufungspolitik innerhalb der Altertumswissenschaften im wilhelminischen Preußen. Die Briefe Ulrich von Wilamowitz-Moellendorffs an Friedrich Althoff (1883–1908).*[1]

Um 1900 war in Deutschland im Laufe eines Jahrhunderts an die Stelle der einseitigen alten *Vorlesungsuniversität* die moderne, durch Seminare und Institute ergänzte *Arbeitsuniversität* getreten und hatten sich die Universitäten und Technischen Hochschulen »zu Zentralstätten der wissenschaftlichen Arbeit für die ganze Welt« entwickelt, wie Friedrich Paulsen (1846–1908) – ein Kosmopolit und keineswegs ein Nationalist – 1906 mit dem Selbstbewußtsein der Epoche konstatierte, so wie »auch auf dem Gebiet der Volksschule und des technischen Schulwesens Deutschland der Lehrmeister Europas geworden« sei.[2] Und der Kirchenhistoriker Adolf Harnack (1851–1930) pflichtete ihm bei, als er seine berühmte Denkschrift vom 21. November 1909 an den Kaiser zur Gründung der Kaiser-Wilhelm-Gesellschaft mit den Worten eröffnete: »Die heutige Organisation der Wissenschaft und des höheren Unterrichts in Preußen beruht auf den Gedanken und Grundsätzen Wilhelm von Humboldts. [...] Sie haben, von Preußen auf ganz Deutschland einwirkend, unser

Vaterland in seinem wissenschaftlichen Ansehen an die Spitze aller Kulturnationen gerückt«, um sodann – angesichts der Bedrohung dieser Spitzenstellung durch die Anstrengungen des Auslands unter Rekurs auf angeblich unausgeführte Pläne Humboldts gegen das Forschungsmonopol der ebenfalls sich auf Humboldt berufenden Universitäten – »die Notwendigkeit einer neuen Organisation der Wissenschaften in Deutschland« zu begründen.[3]

Ein tiefgreifender Strukturwandel der Wissenschaft, eine Legitimations- und Identitätskrise in den Geisteswissenschaften, verbunden mit Kulturpessimismus und Epigonenbewußtsein, begannen das deutsche Hochschulsystem auf dem Höhepunkt seiner internationalen Reputation in eine Krise zu stürzen. Sie bildeten den Anstoß, durch neue Formen der Institutionalisierung Wege aus der Krise zu suchen. Das soll in vier Abschnitten erörtert werden: 1. über die Entstehung der Universitätsseminare und -institute im 19. Jahrhundert, 2. den Strukturwandel der Wissenschaft um 1900, 3. Wege aus der Krise und 4. zur Lage geisteswissenschaftlicher, insbesondere germanistischer Institute heute.

I. Seminar und Institut begründen im 19. Jahrhundert den Ruhm der deutschen Universität als Forschungsuniversität

Im 19. Jahrhundert löste Deutschland die älteren »wissenschaftlichen Weltzentren« – England im 17., Frankreich im 18. Jahrhundert – ab. Träger der Forschung wurden im Zeichen des »research imperative« die *Universitäten* und auch die Polytechniken bzw. die aus ihnen hervorgehenden *Technischen Hochschulen.*

Dagegen fielen die *Akademien der Wissenschaften* immer weiter zurück. Ihre naturwissenschaftlichen Forschungseinrichtungen – Sternwarte, Botanischer Garten, chemisches Laboratorium, anatomisches und zootomisches Theater – wurden im Laufe des 19. Jahrhunderts praktisch in Universitätsinstitute umgewandelt. Ohne nennenswerte eigene Forschungskapazitäten und Mitarbeiterstäbe beschränkten sie sich mehr und mehr auf die Rolle von Kommunikationszentren, Aufsichts-, Lenkungs- und Gutachtergremien und auf langfristige Editionsvorhaben vornehmlich in den Geisteswissenschaften, während die naturwissenschaftliche Forschung an den Universitäten betrieben wurde.

Das letztere ist erstaunlich. Denn an sich schien die in der Gründung der Berliner Universität 1810 gipfelnde preußische Bildungsreform, die wir mit dem Namen Wilhelm von Humboldts verbinden, den Naturwissenschaften nicht sonderlich günstig zu sein. Sie führte zunächst zu einer Zurückdrängung der exakten Naturwissenschaften im Schatten der spekulativen Naturphilosophie. Seit den 1830er Jahren erlebten jedoch auch sie im Gewande der neuhumanistischen Universität einen beispiellosen Aufschwung.

»Geisteswissenschaftler« hatten den neuen Geist des Forschens verkündet; Humanisten, Philosophen, Theologen, Philologen unter den Prinzipien der »Einheit von Forschung und Lehre« und der »Freiheit von Forschung und Lehre« die neue Universität gegründet; Philologen in den klassischen Sprachen die seminaristische Arbeitsweise ausgebildet. Der Leipziger Philosoph Wilhelm Wundt (1832–1920) sah im Jahre 1912 in der Übertragung des Seminargedankens auf die Naturwissenschaften und Medizin vom dritten Jahrzehnt des 19. Jahrhunderts ab den entscheidenden Grund für ihre nun einsetzende Blüte. Als Begründer des ersten »Instituts für experimentelle Psychologie« (1883/84) und einer weltweiten Schule stand Wundt in beiden Lagern. Er gehörte zu den ersten, die jetzt umgekehrt im Zeitalter des Siegeszuges der Naturwissenschaften naturwissenschaftlich-experimentelle Methoden für die Geisteswissenschaften fruchtbar zu machen suchten.[4]

Nicht nur der neue Geist des Forschens und die »akademische Freiheit« als die untrennbare Trias von Forschungsfreiheit, Lehrfreiheit und Lernfreiheit, nicht nur bedeutende Gelehrte zogen im 19. Jahrhundert eine wachsende Zahl ausländischer Studenten an deutsche Hochschulen. Unter diesen befanden sich, gefolgt von den Russen, bis Mitte der 1890er Jahre als größte Gruppe vornehmlich Nordamerikaner, die dann ihre Universitäten nach deutschem Vorbild reformierten und nach 1900 die Forschungsinstitute der großen amerikanischen Stiftungen eines Carnegie und Rockefeller leiteten. Es waren vor allem die neben den Vorlesungen einhergehenden Übungen in den in rascher Folge entstehenden Universitätsseminaren, -laboratorien und -instituten, welche die deutsche Universität zum viel bewunderten Vorbild im Ausland werden ließ. Seminar und Institut waren nach dem Urteil des Historikers Franz Schnabel das »eigentlich Neue«, was die Wissenschaft im 19. Jahrhundert »dem deutschen Geist« verdankte.[5]

Über die Bedeutung der Einrichtung von Seminaren/Instituten für den wissenschaftlichen Fortschritt und die Etablierung neuer Disziplinen gibt es keine Zweifel. Unter institutionsgeschichtlichem Aspekt gelten die Seminargründungen als Indikator der endgültigen Integration eines Faches in den Universitätsbetrieb. Gleichwohl fehlen noch für die meisten Fächer vergleichende und längsschnittartige Untersuchungen über die Entwicklung der einzelnen Seminare / Institute, die Praxis der Seminartätigkeit, den Ausbau und Funktionswandel der Seminar- / Institutsbibliotheken, die Differenzierung der Studienformen, der Fachinhalte und der Personalstruktur. Lange Zeit blieb der Aufsatz des Grazer Historikers Wilhelm Erben aus dem Jahre 1913 über »Die Entstehung der Universitäts-Seminare« die erste umfassende Untersuchung. Unter dem Eindruck der Diskussion um ein Kaiser-Wilhelm-Institut für Deutsche Geschichte verfaßt, gibt er noch immer die beste Einführung.[6] Lediglich für einige Fächer – die Klassische Philologie, die Germanistik, die Mathematik – ist diese Arbeit bisher universitätsübergreifend und für die medizinischen Wissenschaften sogar erschöpfend geleistet worden.[7]

Wir müssen uns hier mit einem Überblick begnügen, wobei die aus der Literatur zusammengestellte Tabelle *Gründungswellen geisteswissenschaftlicher Seminare im 19. Jahrhundert* (S. 196ff.) die allgemeine Entwicklung verdeutlichen soll, ohne daß Anspruch auf letzte Exaktheit aller Daten erhoben werden kann.

Das Wort »Seminar« bezeichnet ein Doppeltes: zum einen eine »Übung«, also eine Lehrveranstaltung, zum anderen die Pflanz-Stätte, das »Institut« zur Durchführung der seminaristischen Arbeitsweise. In diesem zweiten Sinn werden »Seminar« und »Institut« meist synonym verwendet. Definitorische Abgrenzungen haben sich für die Praxis bisher als wenig hilfreich erwiesen.

Die ersten Universitätsseminare waren klassisch-philologische. Nach dem Muster der *seminaria philologica* an den Reformuniversitäten des 18. Jahrhunderts – 1737 Göttingen, 1787 Halle – wurden Philologische Seminare bis 1824 an allen preußischen und 1838 an fast allen deutschen Universitäten errichtet, zuletzt 1847 in Würzburg und 1850 in Wien. In aufeinanderfolgenden Gründungswellen entstanden – anfangs aus privaten, allein an die Person des Lehrers gebundenen »Philologischen«, »Historischen«, »Deutschen Gesellschaften« oder »Mathematischen Vereinen«, später unter Verweis auf bestehende Einrichtungen – Seminare und Institute. Als statutenmäßig festgelegte, ihren jeweiligen Leiter überlebende Hochschuleinrichtungen ermöglichten sie durch jährliche

Haushaltsmittel (staatliche Dotationen und Eigeneinnahmen aus Benutzergebühren), eigene Räume, kleine Bibliotheken und technische Apparaturen die kontinuierliche Abhaltung von Übungen. Sie standen unter ministerieller Aufsicht, und der Direktor oder die Direktoren waren an den meisten Orten zu Berichten an die vorgesetzte Behörde verpflichtet.

Nach dem Muster der (alt)philologischen Seminare (das letzte in Straßburg 1872) erhielten alle 21 Universitäten des Reiches von 1832 (Königsberg) bis 1890 (Heidelberg) Historische Seminare, von 1849 (Jena) bis 1902 (Münster) Staatswissenschaftliche Seminare; von 1858 (Rostock) bis 1895 (Münster) Germanistische oder Deutsche Seminare[8]; ein Jahrzehnt später folgten Seminare für romanische und englische Philologie. Sie wurden zwischen 1867 (Tübingen), 1872 (Straßburg, 1. Lehrstuhl für Anglistik) bis 1897 (Rostock) errichtet.

Parallel dazu entwickelten sich die naturwissenschaftlichen und medizinischen Institute. Das chemische Laboratorium von Justus Liebig in Gießen (1825) hat in der Entwicklung der Chemie Epoche gemacht wie das »Physiologische Laboratorium« Johannes Müllers und seines Schülers Emil Du Bois-Reymond in Berlin (1853/58). Zwischen 1825 (Gießen) und 1877 (Münster) erhielten alle Universitäten Chemische Institute und von 1834 (Königsberg) bis 1881 (Leipzig) Mathematisch-physikalische Seminare – vielfach nach dem Muster des Königsberger »Mathematisch-physikalischen Seminars«.[9]

Den größten Innovationsschub im Institutionalisierungsprozeß löste – wie unsere Tabelle deutlich macht – 1872 die Gründung der Universität Straßburg aus. Zwei Drittel aller 1907 im Deutschen Reich bestehenden geisteswissenschaftlichen Seminare (Institute) sind nach 1870 errichtet worden. In Straßburg wurden erstmals die seminaristische Arbeitsweise und die Errichtung großzügiger Seminarbibliotheken für *alle* Disziplinen konsequent durchgeführt und eine komplette neue Universität in einem Jahrzehnt in neuen Gebäuden untergebracht, ein in diesem Umfang bis dahin noch nie verwirklichtes Programm.

Die Reichsuniversität bildete in den nächsten Jahren und Jahrzehnten, schon im Hinblick auf die hohen Seminaretats, das viel berufene Muster. Betrug die durchschnittliche Dotierung eines germanistischen, neuphilologischen, geographischen oder mathematischen Seminars an den meisten Universitäten bis über die Jahrhundertwende hinaus jährlich 300 bis 500 Goldmark (also etwa 3600–6000 DM), so lag sie in Straßburg von Anfang an bei 1000 Mark (12000 DM), also beim Doppelten.[10] Seit den

Gründungswellen geisteswissenschaftlicher Seminare an den 21 Universitäten des Deutschen Reiches im 19. Jahrhundert

Jahr der Gründung	(Klass.-)Philologische Seminare	Historische Seminare	Germanistische/ Deutsche Seminare	Seminare für roman. und engl. Philologie	Staatswissenschaftliche Seminare
1737	1 Göttingen				
1766	2 Wittenberg				
1777	3 Erlangen, Kiel				
1779	5 Helmstedt				
1787	6 Halle				
1807	7 Heidelberg				
1809	8 Leipzig				
1811	9 Königsberg, Marburg				
1812	11 Berlin, Breslau, Gießen				
1817	14 Jena				
1819	15 Bonn				
1824	16 Greifswald, Münster				

1826	18 München				
1829	19 Freiburg, Rostock				
1832		1 Königsberg			
1838	21 Tübingen				
1843		2 Breslau			
1847	22 Würzburg				
1849					1 Jena
1850	23 Wien				
1857		3 München, Würzburg			
1858			1 Rostock		
1861		5 Bonn			
1863		6 Greifswald			
1865		7 Marburg, Rostock			
1867			2 Tübingen (1872)	1 Tübingen	
1870		9 Freiburg			
1871					2 Heidelberg 3 Freiburg

Jahr der Gründung	(Klass.-)Philologische Seminare	Historische Seminare	Germanistische/ Deutsche Seminare	Seminare für roman. und engl. Philologie	Staatswissenschaftliche Seminare
1872	24 Straßburg	10 Straßburg, Halle, Kiel, Erlangen	3 Straßburg	2 Straßburg	4 Straßburg, Halle
1873		14 Gießen	4 Heidelberg, Würzburg, Leipzig	3 Heidelberg, Halle	
1874			7 Freiburg	5 Freiburg, München	
1875		15 Tübingen	8 Kiel, Halle	7 Greifswald, Marburg	5 Tübingen, Heidelberg
1876		16 Göttingen	10 Greifswald, Marburg, Jena	8 Breslau, München	
1877		17 Leipzig	13 Breslau	10 Berlin (Halle)	
1878		18 Münster			8 Würzburg
1879		19 Jena	14 Bonn	11 Königsberg	
1882			15 Göttingen	12 Göttingen (Freiburg)	
1883			16 Erlangen		
1884			17 Berlin, 1887		
1885		20 Berlin		13 Kiel, Jena, Erlangen	

1886			18 Königsberg 19 Gießen	16 Münster	7 Berlin 10 Erlangen
1888				17 Bonn	11 Bonn
1889				18 Gießen	12 Leipzig
1890		21 Heidelberg	20 München		13 Breslau
1891				19 Leipzig	14 München
1892			20 München	20 Würzburg	
1893					15 Greifswald
1897			21 Münster	21 Rostock	
1898					16 Rostock
1899					17 Göttingen, Kiel
1900					19 Marburg, 20 Königsberg
1902					21 Münster

1880er und 90er Jahren entstanden überall die modernen Gebäude und erhielten die Seminare eigene Räumlichkeiten mit Direktorenzimmer, Übungs- und Bibliotheksraum.[11]

Diese Entwicklung vollzog sich nicht ohne Kämpfe. Neue Lehrstühle und Institute mußten von den Kultusverwaltungen in oft hartnäckigen Auseinandersetzungen mit den Finanzministern durchgesetzt werden, üblicherweise über Berufungsverhandlungen und mit dem Hinweis auf die bessere Ausstattung anderer Universitäten. Die Initiativen zur Gründung von Seminaren gingen in der Regel von den Lehrstuhlinhabern aus, seltener vom wissenschaftlichen Nachwuchs und erst im fortgeschritteneren Stadium der Institutionalisierung eines Faches von den Kultusministerien, die jetzt auf eine gleichmäßige Berücksichtigung aller Universitäten bedacht waren.

Verzögerungen und Hemmungen gab es auch durch die Abneigung mancher Lehrstuhlinhaber und Fakultätsmehrheiten, sich auf unbequeme Neuerungen einzulassen. Es waren nicht selten die Koryphäen eines Faches, vornehmlich in den Geisteswissenschaften, die sich dem neuen Seminarzwang mit der Verpflichtung zu regelmäßigen Übungen, Prüfungen und Verwaltungsarbeit als Eingriff in ihre »akademische Freiheit« entgegenstellten.

Die Konkurrenz unter den deutschen Ländern und Universitäten bildete ein wichtiges Stimulanz. Preußen war zwar, als zentralistischer Staat eher Frankreich vergleichbar, groß genug, um federführend für Deutschland Wissenschaftspolitik zu planen und durchzuführen. Es war aber verfassungsmäßig nicht stark genug, um die für Deutschlands wissenschaftliche Blüte von jeher so fruchtbare Konkurrenz unter den Ländern auszuschalten. Darauf hat vor allem Joseph Ben-David verwiesen, indem er das dezentralisierte politische und wirtschaftliche System als wichtigste Erklärungsgröße für den hohen wissenschaftlichen Standard der deutschen Wissenschaft im 19. und 20. Jahrhundert anführte.[12]

Wie teuer vor allem naturwissenschaftliche Forschung geworden war, mögen die folgenden Zahlen verdeutlichen. 1903 betrug die jährliche Dotierung der Chemischen Institute an der Universität Berlin 97 495 Mark (also etwa 1,1 Millionen DM), Leipzig 95 840, Bonn 43 650, Göttingen 42 071, Jena 31 700, Würzburg 31 582 und Straßburg 28 660 Mark. Bei der Mehrzahl der übrigen Universitäten lagen die Etats zwischen 11 000 und 20 000 Mark. Von solchen Summen konnten Geisteswissenschaftler nur träumen.

Dagegen betrugen 1909 die Jahresetats der Akademien zu Berlin 228 000 Mark, München 80 000, Heidelberg 40 000, Göttingen 28 000 und Leipzig 20 000 Mark. Mit solchen Summen ließen sich, Berlin ausgenommen, eigene Forschungsstätten der Akademien kaum unterhalten. Die durchschnittliche Dotierung eines physikalischen Instituts lag in dieser Zeit bei 14 500, eines chemischen bei 37 000 Mark. Das war mehr als die Etats aller Historischen Seminare an den 21 Universitäten des Reiches zusammengenommen, nämlich rund 29 000 Mark, oder aller Germanistischen und Deutschen Seminare, rund 10 000 Mark.

2. Strukturwandel der Wissenschaft: Blüte und Krise der deutschen Universität um 1900

Der gewaltige Aufschwung, der in Deutschland im 19. Jahrhundert zuerst die Geistes- und dann die Naturwissenschaften zur Weltgeltung brachte, hat sich fast ausschließlich im Rahmen der Universitäten abgespielt. Es muß daher auf den ersten Blick überraschen, daß gegen Ende des Jahrhunderts gleichzeitig von ganz verschiedenen Seiten der Wunsch nach außeruniversitären Forschungsstätten laut wurde. Dieser Wunsch war das Symptom eines Strukturwandels, in dem sich das deutsche Hochschulwesen befand. Seit den 80er Jahren begann die wissenschaftliche Entwicklung vor allem in den naturwissenschaftlichen und technischen Disziplinen die seit Humboldt zur Ideologie erhobene Einheit von Forschung und Lehre zu sprengen. Das zunehmende Unvermögen der Universität, den sich ihr stellenden Aufgaben – humanistische Menschenbildung, berufliche Fachbildung und wissenschaftliche Forschung – gleichermaßen gerecht zu werden, bewirkte eine wachsende Diskrepanz zwischen der als Verfassungsprinzip und als Idealvorstellung geltenden Universitätsidee des Neuhumanismus und der tatsächlichen Hochschulstruktur. Sie mündete um 1900 in eine intensive Diskussion über Krise und Reform des Hochschulwesens.

Die Zeitgenossen sahen diesen Prozeß in Analogie zur Hochindustrialisierung und prägten dafür – so 1890 Theodor Mommsen in seiner Antwort auf Harnacks Antrittsrede in der Preußischen Akademie – Begriffe wie »Großwissenschaft, die nicht von Einem geleistet, aber von Einem geleitet wird« und die »Betriebskapital wie die Großindustrie« brauche.

Sie sprachen »Vom Großbetrieb der Wissenschaft«.[13] Als Symptome des Strukturwandels wurden die personelle, finanzielle und bauliche Ausweitung der Hochschule, die wachsenden Lehrverpflichtungen der Hochschullehrer infolge sprunghaft zunehmender Studentenzahlen seit den 80er Jahren, die steigenden Kosten, die Differenzierung und Spezialisierung der Fachgebiete angeführt. Die großbetriebliche Entwicklung der Forschung in den Hochschulen mit neuen durch die Entstehung der Seminare und Institute entstandenen hierarchischen Strukturen von Ordinarius und Institutsdirektor, Professoren minderen Ranges und zahlreichen weisungsgebundenen Mitarbeitern sowie die verstärkte Heranziehung unbesoldeter Lehrkräfte, vor allem von Privatdozenten, stellte die alte Kollegialverfassung in Frage. Führenden Kultusbeamten, Friedrich Schmidt-Ott vom Preußischen Kultusministerium und Theodor Lewald vom Reichsamt des Innern, erschien in der Aufzeichnung einer Referentenbesprechung über die Harnacksche Denkschrift zur Gründung der Kaiser-Wilhelm-Gesellschaft im Dezember 1909 für den Reichskanzler als »einer der Hauptfehler der wissenschaftlichen Organisation Deutschlands« der eigenartige Zustand, daß »die Ordinarien durch Vorlesungen, Institutsaufsicht, Examina so in Anspruch genommen sind, daß ihnen keine Zeit für wissenschaftliche Arbeit bleibt«, während den »in großer Zahl vorhandenen« jüngeren Forschern, Dozenten, Extraordinarien, die nicht über die Mittel der Universitätsinstitute verfügen, »eine Betätigung auf wissenschaftlichem Gebiet vielfach unmöglich geworden ist«.[14]

Die stürmische Entwicklung gerade in den Naturwissenschaften zeigte wiederum, daß die Organisation der Forschung nicht allein auf der Arbeit einzelner Universitätslehrer aufgebaut werden konnte. Es gab Forschungsaufgaben, die *nur* in enger Zusammenarbeit mehrerer Gelehrter angepackt werden konnten. Die Akademien versuchten zwar durch die Begründung von »Kommissionen«, das heißt durch Zusammenführung einzelner, aber individuell arbeitender Hochschullehrer, vornehmlich geisteswissenschaftliche Gemeinschaftsaufgaben wie das Grimmsche Wörterbuch zu bewältigen.[15] In den Naturwissenschaften erwies sich dieser Weg ohne festen Mitarbeiterstab und gemeinsame apparative Ausstattung als unpraktikabel. Hinzu kam, daß sich die Akademien unter Führung ihrer Philosophisch-historischen Klassen wie auch die Universitäten gegenüber den angewandten, praxisorientierten, angeblich dem »Materialismus« und »Amerikanismus« verschriebenen

Wissenschaften vielfach ablehnend verhielten. Der internationale Rang der deutschen Universitäten als Zentren naturwissenschaftlicher Grundlagenforschung jedenfalls erschien auf die Dauer bedroht durch wachsende Lehrbelastungen vor allem in den experimentellen Naturwissenschaften und die unzureichende Berücksichtigung neuer Disziplinen im Rahmen der traditionellen Universitätseinteilung mit jeweils nur einem Lehrstuhlinhaber für jede Disziplin, die zunehmende Spezialisierung auf allen Gebieten und die Unmöglichkeit interdisziplinären Forschens innerhalb der gegebenen Strukturen, die durch steigenden apparativen Aufwand herbeigeführte Kostenexplosion, welche die Möglichkeiten des einzelnen Universitätsinstituts überstieg, und nicht zuletzt durch die Wissenschaftsentwicklung im Ausland.

Die wirkliche oder vermeintliche Bedrohung durch das Ausland gehörte bald zu den ständigen Topoi der Reformdiskussion. Wer Änderungen im deutschen Wissenschaftsbetrieb forderte, begründete diese mit wirtschaftlichen und nationalen Erwägungen. So Adolf Harnack, als er in geschicktem Appell an die Mentalität Wilhelms II. als obersten Kriegs- und Schulherrn in der erwähnten Gründungsdenkschrift die Notwendigkeit staatlicher Wissenschaftspflege mit den Worten betonte: »Die Wehrkraft und die Wissenschaft sind die beiden starken Pfeiler der Größe Deutschlands, und der Preußische Staat hat seinen glorreichen Traditionen gemäß die Pflicht, für die Erhaltung beider zu sorgen.«[16]

Handelte es sich bei den Naturwissenschaften um eine hauptsächlich durch Expansion und Differenzierung ausgelöste Strukturkrise, so standen die Geisteswissenschaften, soweit sie sich dem deutschen Idealismus und Historismus verpflichtet fühlten, darüber hinaus in einer schweren Legitimations- und Identitätskrise, mitausgelöst durch den Siegeszug der Naturwissenschaften und Technik. Lediglich der Teil der Geisteswissenschaftler – und das war die Minderheit –, der sich (natur)wissenschaftsgläubig und zukunftsoptimistisch dem auf große Zusammenhänge und Strukturen ausgerichteten entwicklungsgeschichtlichen und fortschrittsgläubigen Denken des westeuropäischen Positivismus öffnete, schien frei davon. Zu ihm gehörten vornehmlich die Vertreter der systematischen Sozialwissenschaften und sozialwissenschaftlich orientierte Geisteswissenschaftler. Die Legitimationskrise der Geisteswissenschaften äußerte sich gegen Ende des 19. Jahrhunderts in Kulturpessimismus und Epigonenbewußtsein, aber auch in scharfen Abwehrschlachten von Historikern und Philosophen gegen die Übertragung des ausschließliche Wissenschaftlichkeit beanspruchenden naturwissenschaftlichen Gesetzesdenkens auf die Geisteswissenschaften. In dem großen Methodenstreit, der sich in den 1890er Jahren an Karl Lamprechts *Deutscher Geschichte*, die von 1891 bis 1909 in 19 Bänden erschien, und an seinen theoretischen Schriften entzündete, fand dieser Bundesgenossen fast nur außerhalb der »Historikerzunft«.

Vor diesem Hintergrund müssen die Überwindungsversuche gesehen werden, die nach 1900 mit der Errichtung außeruniversitärer Forschungsinstitute und -organisationen unternommen wurden, in Leipzig noch in Anlehnung an die Universität, in Berlin außerhalb von Universität und Akademie, der Universität lediglich durch Institutsdirektor und Professur in Personalunion verbunden. Die Wege dahin sollte nicht zuletzt das nationalpolitische Argument ebnen, daß die deutsche Forschung gegenüber dem Ausland zurückzufallen drohe. Es wurde mit dem Hinweis verbunden, daß im Ausland solche von Lehraufgaben freien Forschungsinstitute bereits mit großem wissenschaftlichen Erfolg existierten. Man verwies auf das Institut Pasteur in Paris (1888) mit seinen Instituten in Frankreich und den Kolonien, in China und Südamerika, auf die Nobelstiftung (1895) und das 1905 errichtete Nobelinstitut für physikalische Chemie an der Kgl. Schwedischen Akademie der Wissenschaften in Stockholm, besonders aber auf die großen Stiftungen amerikanischer Millionäre, das Rockefeller Institute for Medical Research in New York (1901) und die Carnegie Institution of Washington for Fundamental and Scientific Research (1902) mit ihren zehn Instituten.

3. Wege aus der Krise: Die Errichtung von Forschungsinstituten

Die Errichtung selbständiger, hochschulunabhängiger Forschungsinstitute im Jahrzehnt vor und nach der Jahrhundertwende war ein internationaler Prozeß, der sich in allen Industrienationen gleichzeitig und in wechselseitiger Anregung vollzog, gefördert durch nationale Konkurrenz und internationale Kooperation. Der Ruf nach Forschungsstätten, die ausschließlich der Grundlagenforschung dienten, fand in Deutschland Resonanz bei den Wissenschaftlern, bei Vertretern der Industrie und der unter Friedrich Althoff bemerkenswert aufgeschlossenen Ministerialbürokratie. Das Problem war die Finanzierung angesichts leerer öffentlicher Kassen, niedriger Steuern und hoher Rüstungsausgaben. Der Gedanke lag nahe, nach dem Vorbild des westlichen Auslands die nutznießende Industrie heranzuziehen und privates Mäzenatentum zu beflügeln.

Bürgerliches Mäzenatentum ermöglichte die Institutionalisierung neuer Forschungsrichtungen in den Geistes- und Sozialwissenschaften. Das von dem Düsseldorfer Arzt Karl Sudhoff (1853–1938) am 1. April 1906 an der Medizinischen Fakultät der Universität Leipzig mit einem Etat von etwa 2900 Mark eröffnete »Institut für Geschichte der Medizin« war das erste seiner Art in der Welt.[17]

Ebenfalls in Leipzig schuf Karl Lamprecht (1856–1915) in den Jahren 1908/09 mit Hilfe sächsischer und rheinischer Wirtschaftskreise, aber auch mit einem Zuschuß von 10000 Mark aus dem kaiserlichen Dispositionsfonds das »Königlich sächsische Institut für Kultur- und Universalgeschichte *bei* der Universität Leipzig« mit einem Etat von (1913) 7336 Mark, davon 1800 Mark Staatsdotation. Es war das erste aus privater Initiative hervorgegangene geisteswissenschaftliche Lehr- und Forschungsinstitut in Deutschland und wurde der Regierung in Dresden direkt unterstellt. Das Institut ist mit Recht eine »Universität im Kleinen« genannt worden. Orientiert an den »Hautes Etudes« und den »Advanced Studies«, der École des Chartes in Paris wie All Souls in Oxford, sprengte es mit seiner vergleichend universalhistorischen Zielsetzung auf weltgeschichtlicher, außereuropäischer, kultur-, aber auch landesgeschichtlicher Basis völlig den Rahmen bisheriger Universitätsseminare und setzte mit der Integration interdiziplinärer historischer Forschung bis heute nicht wieder erreichte Maßstäbe.[18]

Das Institut bildete schließlich den Ausgangspunkt für die von Lamprecht als »Gegenschlag« gegen die Berliner Forschungseinrichtungen (Kaiser-Wilhelm-Gesellschaft) deklarierte Gründung einer großen geisteswissenschaftlichen Forschungsorganisation. Seit seinem Rektoratsjahr 1910/11 gelang es ihm, mit dem Hinweis auf die materielle und organisatorische Überlegenheit der nordamerikanischen Universitäten und die drohende Überflügelung Leipzigs durch die beabsichtigten Berliner naturwissenschaftlich-technischen Forschungsinstitute gegen die nahezu geschlossene Front der eigenen Fakultät mit Unterstützung der anderen Fakultäten elf geisteswissenschaftliche Forschungsinstitute ins

Leben zu rufen und am 31. Januar 1914 zur »König-Friedrich-August-Stiftung für wissenschaftliche Forschung zu Leipzig« zu vereinigen. Als zum 1. November 1914 das Sächsische Kultusministerium die Eröffnung der Forschungsinstitute für Vergleichende Religionsgeschichte; Rechtsgeschichte; Psychologie; klassische Philologie und Archäologie; neuere Philologie; Indogermanistik; Orientalistik; Geographie, Geschichte und Kunstgeschichte; Kultur- und Universalgeschichte; Völkerkunde und Volkswirtschaftslehre verfügte, war ein Stiftungskapital von mehr als einer halben Million Mark gesammelt, das im ersten Jahr einen Ertrag von 29000 Mark abwarf. Hinzu kamen von der Dresdner Regierung 165000 M. Erstausstattung, jährliche Zuschüsse von ihr (75000 M.) und der Stadt Leipzig (20000 M.). Die Direktorenstellen bezahlte der Staat, indem er die neuen Forschungsinstitute den bestehenden Lehrinstituten und Seminaren der Universität, dem Leipziger Völkerkundemuseum und Lamprechts Institut angliederte. Den weiteren Ausbau verhinderten der Ausbruch des Weltkriegs und Lamprechts früher Tod 1915.[19]

Anders als in den Geisteswissenschaften waren naturwissenschaftliche Forschungsinstitute auf viel größere Mittel angewiesen. Diese ließen sich durch privates Mäzenatentum allein und vor allem nicht auf Dauer aufbringen. Das Hauptproblem lag für die staatlichen Wissenschaftsverwaltungen darin, wollten sie Gelder aus der nutznießenden Wirtschaft in großem Umfang gewinnen, daß den Stiftern Mitbestimmungsrechte über die Verwendung der Gelder, also Einfluß auf die Forschung eingeräumt werden mußten. Andererseits aber sollte die staatliche Aufsicht gewahrt bleiben, um die Freiheit der Forschung gegenüber kapitalistischem Verwertungsstreben zu behaupten, um – wie Harnack im Januar 1910 während der Gründungsvorbereitungen der Kaiser-Wilhelm-Gesellschaft an den preußischen Kultusminister von Trott zu Solz schrieb – der »Gefahr der Abhängigkeit von Clique und Kapital« zu begegnen.[20] Dieses Ziel ließ sich über reine Staatsanstalten – und das waren die Akademien und Hochschulen – ohne Mitspracherecht für die Stifter nicht verwirklichen. Die Lösung fand man schließlich in der Gründung der »Kaiser-Wilhelm-Gesellschaft zur Förderung der Wissenschaften e.V.« als einer überwiegend privat finanzierten, aber staatlich kontrollierten Selbstverwaltungskörperschaft mit dem in § 1 ihrer Satzung formulierten Zweck, »die Wissenschaften, insbesondere durch Gründung und Erhaltung naturwissenschaftlicher Forschungsinstitute zu fördern«. Das schloß eine Förderung der Geisteswissenschaften nicht aus, wie die

Errichtung der Institute für Kunstgeschichte (Bibliotheca Hertziana 1913 in Rom), für Deutsche Geschichte (1914/17 in Berlin), für ausländisches öffentliches Recht und Völkerrecht (1925) und für ausländisches und internationales Privatrecht (1926) sowie der Zusammenschluß ihrer Direktoren zu einer »Geisteswissenschaftlichen Sektion« 1929 dokumentieren. Aber das von den Initiatoren gewünschte Schwergewicht lag doch von Anfang an auf der Förderung der Natur- und der medizinischen Wissenschaften.

Der lange und komplizierte Weg zur Gründung dieser Trägerorganisation von Forschungsinstituten, das Zusammenspiel von Staat, Wissenschaft und Wirtschaft sind hier nicht nachzuvollziehen.[21] Von Althoff vorbereitet, von seinem Mitarbeiter Schmidt-Ott mit Harnack, dem Chemiker Emil Fischer und anderen Gelehrten konzipiert, wurde ihre Gründung mit einem Stiftungskapital von zehn Millionen Mark am 11. Oktober 1910 von Wilhelm II. feierlich verkündet. Ab 1911 entstanden in Dahlem die Kaiser-Wilhelm-Institute für Chemie, für physikalische Chemie und Elektrochemie, für experimentelle Therapie, für Arbeitsphysiologie, für Biologie, in Mülheim/Ruhr als erstes innerdeutsches Institut außerhalb Berlins das Institut für Kohlenforschung und, durch den Kriegsausbruch verzögert, 1917 die Institute für Deutsche Geschichte und für physikalische Forschung (Direktor Albert Einstein). Zu drei Vierteln durch privates Kapital und einem Viertel vom preußischen Staat finanziert, wurde die Gesellschaft nach dem Verlust des Vermögens in der Inflation, trotz immer noch erheblicher Zuwendungen aus der Wirtschaft und jetzt auch von den Gewerkschaften, in zunehmendem Maße von der öffentlichen Hand, vom Reich, von Preußen, von Provinzen, Städten und anderen deutschen Ländern unterhalten. In der Weimarer Republik entwickelte sie sich unter der Leitung ihrer Präsidenten Adolf von Harnack und Max Planck zu einer gesamtdeutschen Forschungsorganisation mit Instituten auch in Süddeutschland und im Ausland.

4. Zur Lage geisteswissenschaftlicher, insbesondere germanistischer Institute heute

Unsere Wissenschaftslandschaft ist heute durch eine Vielzahl miteinander konkurrierender und ergänzender Forschungseinrichtungen geprägt. Die Hochschulen bilden nach wie vor Zentren der Forschung. Ihre Seminare, Institute und Laboratorien haben sich als Forschungs- und Ausbildungsstätten so bewährt, daß sie sich auch dort wieder durchsetzen konnten, wo ihnen ab Ende der 1960er Jahre durch Zerschlagung der Fakultäten in Fachbereiche nach dem Vorbild des amerikanischen Department-Systems die Eigenständigkeit genommen wurde. Selbst in der DDR wurde die 1965 eingeleitete III. Hochschulreform mit der Einführung von »Sektionen« und »Wissenschaftsbereichen« an Stelle der als »bürgerlich« verschrienen Fakultäten, wurde die Überführung von 900 Universitätsinstituten in 170 Sektionen, vielfach unterlaufen.

Das Hauptproblem unserer Hochschulen ist die große Zahl der Studenten, Hochschullehrer und Mitarbeiter. Wir sollten uns daran erinnern, daß die deutsche Universität auf dem Gipfel ihrer internationalen Reputation nie mehr als 2000, 5000 und maximal wie in Berlin 10000 Studenten umfaßte. Heute gibt es Universitäten mit 30000, 60000 und mehr Studenten. Bei 60000 lag 1914 die Gesamtzahl aller Studierenden an den 21 Universitäten des Reiches.[22]

Der großen Zahl und dem Massenbetrieb fielen letztlich auch die Fakultäten zum Opfer und damit ein gut Teil der in ihnen institutionalisierten wissenschaftlichen Interdisziplinarität. Das gilt vor allem für die Philosophische Fakultät. Wo die Philosophische Fakultät aber aufgelöst wurde, schmoren heute viele Fachbereiche im eigenen Saft. Die Bildung von Fachbereichen für Geschichtswissenschaften, für Allgemeine und Germanistische Linguistik und Philologie, Neuere Deutsche Literatur und Kunstwissenschaften, für Neuere Fremdsprachen und Literaturen führte zu einem Verlust an Interdisziplinarität selbst zwischen eng benachbarten und eigentlich aufeinander angewiesenen Fächern. Man sucht diesem Verlust heute mühsam mit »Sonderforschungsbereichen« und »Studienkollegs« zu steuern.

Zentren außeruniversitärer Forschung sind die Institute der Max-Planck-Gesellschaft. Ihr Etat von rund 1,2 (1987) und 1,7 Mrd. DM (1995) entspricht dem einer einzigen großen Universität wie München. Davon kommen heute 95 % aus öffentlichen Mitteln des Bundes und der Länder. Von diesem Etat entfielen 1987 auf die geisteswissenschaftliche Sektion mit zwölf Instituten, darunter fünf juristische Institute, allerdings nur etwa 7,5 % der finanziellen Aufwendungen und ca. 12 % des Personals. Die Förderung der Geisteswissenschaften hat innerhalb der MPG gegenüber den Naturwissenschaften immer noch einen eher marginalen Stellenwert.[23] Zu einem Max-Planck-Institut für Germanistik ist es trotz verschiedener Anläufe, u. a. durch Eberhard Lämmert, bis heute nicht gekommen. Das 1980 in Nijmwegen eröffnete Max-Planck-Institut für Psycholinguistik gehört zur Biologisch-Medizinischen Sektion.

Als Zentren außeruniversitärer Forschung wurden nach dem 2. Weltkrieg neben den Großforschungseinrichtungen wie das Deutsche Elektronensynchrotron DESY in Hamburg nach dem Königsteiner Staatsabkommen von März 1949 die sogenannten Blaue Liste-Institute ins Leben gerufen. Ihre Finanzierung erfolgt je zur Hälfte durch Bund und Länder.[24] Sie besitzen für die Förderung der Geisteswissenschaften ebenfalls nur eine marginale Bedeutung. Zu ihnen zählt seit 1977 das 1964 gegründete und 1992 in einer beispiellosen Aktion durch Übernahme von 22 Wissenschaftlern aus dem »Zentralinstitut für Sprachwissenschaft« der Akademie der Wissenschaften der DDR um die historische Dimension erweiterte »Institut für deutsche Sprache« in Mannheim mit einem Etat von (1988) 7,9 Mill. DM. Zentren außeruniversitärer Forschung in der Germanistik sind die Herzog-August-Bibliothek in Wolfenbüttel, die Goethe-Schiller-Gedenkstätten in Weimar und das Schiller-Nationalmuseum / Deutsches Literaturarchiv mit seiner 1972 eröffneten »Arbeitsstelle für die Erforschung der Geschichte der Germanistik« in Marbach am Neckar.[25]

Zentren außeruniversitärer geisteswissenschaftlicher Forschung waren und sind nach wie vor die Akademien mit ihren durch das Akademieprogramm des Bundes und der Länder auf der Grundlage der Rahmenvereinbarung von 1978 je zur Hälfte finanzierten überwiegend geisteswissenschaftlichen Langzeitvorhaben.[26] Langzeitvorhaben sind solche Forschungsprojekte, deren Bearbeitungsdauer die Lebenszeit des einzelnen Forschers übersteigt und für die die Hochschulen deshalb nicht der geeignete institutionelle Rahmen sind. Bei diesen Vorhaben handelt es sich um die Erstellung von Wörterbüchern, z. B. des *Deutschen Wörterbuchs* und des *Goethe-Wörterbuchs* an der Berliner und Göttinger Akademie, um Editionen der Literatur- und Sprachforschung, Philosophie,

Theologie, Geschichte, Kunst- und Musikwissenschaften. Anders als an den Universitäten erfolgt die Arbeit nicht in Instituten, sondern durch Kommissionen. Unter Leitung eines Akademiemitglieds pflegen diese Kommissionen aus meist an den Hochschulen lehrenden Forschern, aber mit festen, von den Akademien angestellten Mitarbeitern, ihre Arbeiten in einer oft länderübergreifenden Kooperation von Fachleuten zu organisieren. Ansonsten ging der Prozeß der Institutsbildung an den deutschen Akademien als reinen Gelehrtensozietäten vorbei, im Unterschied etwa zum westlichen und östlichen Ausland.

Eine Ausnahme bildete bis zu ihrer Auflösung und Neugründung 1991/93 die Berliner Akademie. Auf sie soll abschließend eingegangen werden, da sie lange Zeit die einzige und noch heute wichtigste außeruniversitäre Institution bildet, an der geisteswissenschaftliche und insbesondere germanistische Langzeitvorhaben eine Heimstätte finden. Seit ihrer Zweihundertjahrfeier 1900 verfügte die Preußische Akademie, einer Forderung ihres Historikers Harnack entsprechend, über hauptamtliche wissenschaftliche Mitarbeiter.[27] Gleichzeitig und in den späteren Jahren wurden wiederholt Forderungen nach eigenen Instituten erhoben. So baten Gustav Roethe und Konrad Burdach bereits 1900 in einer Eingabe an das Kultusministerium und in einem Immediatgesuch an den König um die Gründung eines »Deutschen Instituts« als »Mittelpunkt für die Erforschung des ganzen deutschen Lebens in Vergangenheit und Gegenwart« mit »*bleibender* Organisation, mit planmässig und *dauernd* angestellten Hilfskräften« an Stelle der 1903 errichteten »Deutschen Kommission«. 1909 wurde im Zusammenhang mit den Gründungsplänen der Kaiser-Wilhelm-Gesellschaft vom Kultusministerium erneut die Umwandlung der Deutschen Kommission in ein »Deutsches Institut« erbeten. Und noch 1930 war von einer »Reorganisationskommission« der Akademie dem Kultusministerium eine *Denkschrift über die Erweiterung ihrer Tätigkeit* unterbreitet und in ihr für »dauernde umfassende Unternehmungen die Form des Instituts« an Stelle der Kommissionen und die Angliederung bestehender Institute vorgeschlagen worden. Man wünschte sich die Begründung eines Forschungsinstituts für theoretische Physik neben dem Einsteinschen Kaiser-Wilhelm-Institut, das damals nur Forschungsgelder verteilte, die »Begründung eines Instituts für Patristik« (durch Umwandlung der Kirchenväterkommission), wiederum eines »Deutschen Instituts«, eines »Instituts für Geschichte der Wissenschaft im Altertum«. Auch diese Denkschrift blieb ohne Auswirkungen, da in der Weltwirtschaftskrise bereits die Finanzierung der laufenden Arbeiten nicht mehr gesichert war.

Es bedurfte also keineswegs der Orientierung am Vorbild der Sowjetischen Akademie, die Ende der 20er Jahre nach dem Muster der Kaiser-Wilhelm-Gesellschaft aus einer Gelehrtensozietät in eine Trägerorganisation von Forschunginstituten umgewandelt worden war, als bei der Wiedereröffnung die Berliner Akademie als »Deutsche Akademie der Wissenschaften« im Jahre 1946 ihre ersten Institute erhielt. In seiner Eröffnungsrede kündigte der Klassische Philologe Johannes Stroux (1856–1954), der letzte Präsident der Preußischen und erste der neuen Akademie, unter Berufung auf frühere Pläne die personelle Erweiterung der Arbeitsstellen der bisherigen Unternehmungen und die Begründung neuer naturwissenschaftlicher und geisteswissenschaftlicher Institute an. Sie sollte mit der Eingliederung von Instituten der durch Kontrollratsbeschluß aufgelösten Kaiser-Wilhelm-Gesellschaft verbunden werden.

Mit der Neugründung eines Instituts für hellenistisch-römische Philosophie machte Stroux 1946 den Anfang. Gleichzeitig entstanden durch Umwandlung der Orientalischen, Slavischen und Romanischen Kommissionen die Institute für Orientforschung, für Slavistik, für romanische Sprachwissenschaft. 1952 ging aus der »Deutschen Kommission« mit ihren 17 Editions- und Arbeitsvorhaben zur deutschen Sprach- und Literaturgeschichte und 21 Wissenschaftlichen (neben ca. 30 Freien) Mitarbeitern durch Zusammenfassung mit der 1946 gegründeten Sprachwissenschaftlichen Kommission das »Institut für deutsche Sprache und Literatur« hervor. Es beschäftigte unter Leitung des Leipziger Germanisten Theodor Frings (1886–1968) und des ab 1953 in München lehrenden Berliner Indogermanisten Wilhelm Wissmann (1899–1966) 73 Wissenschaftliche Mitarbeiter und Assistenten. Ihre Zahl stieg bis 1966 auf 139. Die Forschungsergebnisse sind beeindruckend: Das Institut betreute zusammen mit den unter Leitung der Göttinger und Heidelberger Akademie stehenden Arbeitsstellen in Hamburg und Tübingen das *Goethe-Wörterbuch*, die Ausgaben der Werke Goethes, Wielands, Georg Forsters. Das von der Deutschen Kommission im Jahre 1908 übernommene *Deutsche Wörterbuch* der Brüder Grimm wurde in Zusammenarbeit mit der Göttinger Zweigstelle 1960 zum Abschluß gebracht.

Der »Sündenfall« begann mit der Akademiereform ab 1968 und ihren von Größenwahn und Gigantomanie bestimmten neuen Zentralinstituten mit ca. 200 bis 800 Mitarbeitern, in welche die bisherigen Institute eingingen. Sie fand mit der Umbenennung in »Akademie der Wissenschaften der DDR« im Oktober 1972 ihren äußeren Abschluß.

Die Akademiereform stellte die bisherige Form des Arbeitens durch Aufhebung der noch bestehenden Kommissionen und der Institute in Frage, zumal die Politik der Abgrenzung bis in die 1980er Jahre die persönlichen Kontakte mit den westdeutschen Arbeitsstellen unterbrach. Das Institut für deutsche Sprache und Literatur wurde unter die neuen Zentralinstitute für Literaturgeschichte, für Literaturwissenschaft und für Sprachwissenschaft aufgeteilt, in die wiederum andere Einrichtungen der Akademie aufgingen. In den 1980er Jahren wurde die Akademiereform durch die Errichtung neuer Forschungsstellen für die Gesellschaftswissenschaften teilweise rückgängig gemacht. Auch die Kontakte zum westlichen Ausland stellten sich allmählich wieder her.

Die deutsche Vereinigung hat dann vieles weiter normalisiert. Zahlreiche Langzeitvorhaben werden in neu gebildeten Kommissionen der Berlin-Brandenburgischen Akademie unter den bisherigen Arbeitsstellenleitern fortgesetzt. Den Vorsitz in den Kommissionen übernahmen mit der Ausnahme von Manfred Bierwisch westdeutsche und Westberliner Gelehrte.

Daneben traten ab 1992 zur Weiterbeschäftigung von Wissenschaftlern aus Zentralinstituten der Akademie unter kommissarischen Leitern sieben zeitlich befristete geisteswissenschaftliche Forschungsschwerpunkte, die von einer von der Max-Planck-Gesellschaft auf Empfehlung des Wissenschaftsrats 1991 gegründeten »Förderungsgesellschaft Wissenschaftliche Neuvorhaben mbH« betreut werden; darunter der FSP Literaturwissenschaft (33 Mitarbeiter, davon 22 Wissenschaftler überwiegend aus dem ZI für Literaturgeschichte) unter Leitung von Eberhard Lämmert (FU Berlin) und Robert Weiman (ehemaliges ZI für Literaturgeschichte), sowie der FSP Allgemeine Sprachwissenschaft, Typologie und Universalienforschung (23 Mitarbeiter, 17 Wissenschaftler, überwiegend aus dem ZI für Sprachwissenschaft) unter Leitung von Ewald Lang (Humboldt-Universität, ZI für Sprachwissenschaft).[28] Ihre provisorische Installierung und zeitliche Befristung zeigen die ganze Unsicherheit gegenüber dem »Osten«, der nach einem bald bereuten Diktum des Präsidenten der MPG als eine »einzige wissenschaftliche Wüste« galt. Ob ihre Umwandlung in Dauereinrichtungen gelingt, wird die Zukunft erweisen.

Gleichwohl scheint mir mit der völligen Auflösung der Preußischen

Akademie auch in ihrer DDR-Verformung, in welcher die Geisteswissenschaften vielfach nur eine Nische bildeten, das Kind mit dem Bade ausgeschüttet zu sein. Die bewußte Abkehr vom Institutsprinzip nach dem Muster der westdeutschen Akademien in der Berlin-Brandenburgischen Akademie ist letztlich ein Rückschritt hinter die Reformpläne, die Deutschlands älteste und größte Akademie erst nach 1945 verwirklichen konnte.

Ziel und Funktion geisteswissenschaftlicher Forschungsinstitute sind in der Bundesrepublik bis heute umstritten, Idee und Wirklichkeit klaffen oft auseinander, die Chancen zu interdisziplinärem Teamwork werden viel zu wenig genutzt, institutionelle Grundlagen wurden seit der deutschen Vereinigung abgebaut und bestenfalls unter starker personeller Ausdünnung neu geschaffen. Ob wir als reiches Industrieland zu dieser Verkümmerung geisteswissenschaftlicher Forschung und zur Verschleuderung von gut ausgebildetem Humankapital durch Entlassung in die Arbeitslosigkeit, in Arbeitsbeschaffungsmaßnahmen oder in berufsfremde Tätigkeit gezwungen sind, wage ich zu bezweifeln.

Anmerkungen

1 Frankfurt am Main 1989, S. 173.

2 Friedrich Paulsen, *Das deutsche Bildungswesen in seiner geschichtlichen Entwicklung*, 2. Aufl., Leipzig 1912 [1. Aufl. 1906], S. 171.

3 Adolf Harnack, *Gedanken über die Notwendigkeit einer neuen Organisation der Wissenschaften in Deutschland*, als Manuskript gedruckt, Berlin, den 21. 5. 1910.

4 Wilhelm Wundt, »Die Bedeutung der akademischen Seminarien für die Geisteswissenschaften«, in: *Handbuch der Politik*, Bd. 2, Berlin und Leipzig 1912, S. 586–588.

5 Franz Schnabel, *Deutsche Geschichte im neunzehnten Jahrhundert*, Bd. 3: *Erfahrungswissenschaften und Technik* (1934), Nachdruck München 1987, S. 135.

6 Wilhelm Erben, »Die Entstehung der Universitäts-Seminare«, in: *Internationale Monatsschrift für Wissenschaft, Kunst und Technik* 7, 1913, Sp. 1247–1264 und Sp. 1335–1348.

7 Hans-Heinz Eulner, *Die Entwicklung der medizinischen Spezialfächer an den Universitäten des deutschen Sprachgebietes*, Stuttgart 1970. Den neuesten Forschungsstand am Beispiel der Entwicklung der Philologischen Seminare von 1737–1838 bringt William Clark, »On the Dialectical Origins of the Research Seminar«, in: *History of Science* 27, 1989, S. 111–154.

8 Hartmut Schmidt, »Die Einrichtung der germanistischen Seminare«, in: *Sprachwissenschaftliche Germanistik. Ihre Herausbildung und Begründung,* hrsg. von Werner Bahner und Werner Neumann, Berlin (Ost) 1985, S. 230–235; Uwe Meves, »Die Gründung germanistischer Seminare an den preußischen Universitäten (1875–1895)«, in: *Deutsche Vierteljahrsschrift für Literaturwissenschaft und Geistesgeschichte* 61, 1987, Sonderheft, S. 61*–122*; Klaus Weimar, *Geschichte der deutschen Literaturwissenschaft bis zum Ende des 19. Jahrhunderts,* München 1989, S. 418–429.

9 Vgl. die Selbstdarstellungen in: *Die Universitäten im Deutschen Reich,* hrsg. von Wilhelm Lexis, Berlin 1904.

10 Angaben über die Höhe der Jahresetats für 1903 ebd. und *Minerva-Jahrbuch der gelehrten Welt* 12, 1902/03.

11 Bernhard vom Brocke, »Hochschul- und Wissenschaftspolitik in Preußen und im Deutschen Kaiserreich 1882–1907: das ›System Althoff‹«, in: *Bildungspolitik in Preußen zur Zeit des Kaiserreichs,* Stuttgart 1980, S. 9–118, hier S. 27ff. und S. 49ff.

12 Joseph Ben-David, *Centers of Learning. Britain, France, Germany, United States,* New York 1977.

13 Theodor Mommsen, »Antwort an Hrn. Harnack«, in: *Sitzungsberichte der Kgl. Preußischen Akademie der Wissenschaften* 2, 1890, S. 791–793; Adolf Harnack, »Vom Großbetrieb der Wissenschaft«, in: *Preußische Jahrbücher* 119, 1905, S. 193–201.

14 Gedruckt bei Günter Wendel, *Die Kaiser-Wilhelm-Gesellschaft 1911–1914,* Berlin (Ost) 1975, S. 289. Zur Hierarchisierung der Lehrkörper, Lage der Privatdozenten und Ausbeutung von Assistenten: Lothar Burchardt, »Naturwissenschaftliche Universitätslehrer im Kaiserreich«, in: *Deutsche Hochschullehrer als Elite 1815–1945,* hrsg. von Klaus Schwabe, Boppard am Rhein 1988, S. 151–214.

15 Eine Zusammenstellung der 1815–1932 gebildeten ca. 40 akademischen Unternehmungen bzw. wissenschaftlichen Kommissionen bringt Werner Hartkopf, *Die Akademie der Wissenschaften der DDR. Ein Beitrag zu ihrer Geschichte,* Berlin (Ost) 1975, S. 42.

16 Adolf Harnack, *Denkschrift für den Kaiser* (21. 11. 1909), gedruckt zuletzt in: *50 Jahre Kaiser-Wilhelm-Gesellschaft und Max-Planck-Gesellschaft z. F. d. W. 1911–1961. Beiträge und Dokumente,* Göttingen 1961, S. 80–94, hier S. 89.

17 Eine Zusammenstellung dieser und weiterer »Stiftungen und Förderorganisationen für wissenschaftliche Zwecke 1894–1914« enthält mein Beitrag in: Vierhaus/Vom Brocke, *Forschung im Spannungsfeld* (Anm. 21), S. 110–112, auch S. 145–148.

18 Karl Lamprecht, »Über Forschungsinstitute«, in: *Die Woche* 12, 1910, S. 1807–1810; Bernhard vom Brocke, »Karl Lamprecht«, in: *NDB* 13, 1982, S. 467–472.

19 Hans Haas, »König Friedrich August-Stiftung für wissenschaftliche Forschung zu Leipzig. Sächsische Staatliche Forschungsinstitute«, in: *Forschungsinstitute,* Bd. 1. Hamburg 1930, S. 374–386.

20 In: *50 Jahre Kaiser-Wilhelm-Gesellschaft* (Anm. 16), S. 95.

21 Bernhard vom Brocke, »Die Kaiser-Wilhelm-Gesellschaft im Kaiserreich«; »... in der Weimarer Republik«, in: *Forschung im Spannungsfeld von Politik und Gesellschaft. Geschichte und Struktur der Kaiser-Wilhelm- / Max-Planck-Gesellschaft*, hrsg. von Rudolf Vierhaus und Bernhard vom Brocke, Stuttgart 1990, S. 17–162 und S. 197–355.

22 Exakte Angaben in: *Hochschulpolitik im Föderalismus. Die Protokolle der Hochschulkonferenzen der deutschen Bundesstaaten und Österreichs 1898 bis 1918*, hrsg. von Bernhard vom Brocke und Peter Krüger, Berlin 1994, S. 424 ff.

23 So Peter Weingart u. a., *Die sog. Geisteswissenschaften. Außenansichten. Die Entwicklung der Geisteswissenschaften in der BRD 1954–1987*, Frankfurt am Main 1991, S. 136 f.

24 Gerhard A. Ritter, *Großforschung und Staat in Deutschland. Ein historischer Überblick*, München 1992.

25 Paul Raabe, *Bibliosibirsk oder Mitten in Deutschland. Jahre in Wolfenbüttel*, Zürich 1992; Christoph König, »Fachgeschichte im Deutschen Literaturarchiv. Programm und erste Ergebnisse«, in: *Jahrbuch der Deutschen Schillergesellschaft* 32, 1988, S. 377–405.

26 Weingart u. a., *Geisteswissenschaften* (Anm. 23), S. 140–142.

27 Zum Folgenden: Bernhard vom Brocke, »Die Kaiser-Wilhelm- / Max-Planck-Gesellschaft und ihre Institute zwischen Universität und Akademie. Strukturprobleme und Historiographie«, in: *Die Kaiser-Wilhelm- / Max-Planck-Gesellschaft und ihre Institute. Studien zu ihrer Geschichte: Das Harnack-Prinzip*, hrsg. von Bernhard vom Brocke und Hubert Laitko, Berlin 1996, S. 1–32.

28 Zusammenstellung der Institute und der sieben FSP der Max-Planck-Gesellschaft und ihrer Leiter ebd., S. 640.

IV. Ordnung des Wissens

Renate Schlesier

Anthropologie und Kulturwissenschaft in Deutschland vor dem Ersten Weltkrieg

Die Geschichte der Disziplinen Anthropologie und Kulturwissenschaft, deren institutionelle Konstituierung sich in der zweiten Hälfte des 19. Jahrhunderts vollzieht, läßt spezifisch deutsche Besonderheiten erkennen. Der im 16. Jahrhundert von deutschen und italienischen Humanisten geprägte Begriff »anthropologia« wird in Deutschland von Anfang an für eine – sich von der Theologie emanzipierende, mit »psychologia« verbundene – Universalwissenschaft reklamiert.[1] Auch der (von Cicero übernommene) Begriff »cultura [animi]« (nationalsprachlich in Frankreich bereits im 16. Jahrhundert belegt) wird im 17. Jahrhundert im Sinne einer Verweltlichung des Christentums eingeführt. Bei Pufendorf ist »cultura« Synonym für »Bildung« (des Lebens, nicht allein des Geistes und der Seele).[2] Im 18. Jahrhundert wird Anthropologie (als medizinische und ethische) zur Menschenkunde, deren bevorzugtes Objekt die Kultur des Menschen, im psycho-physischen Sinne, ist.[3] Kants klassifikatorische Trennung von »physiologischer« und »pragmatischer« Anthropologie geht von dieser Voraussetzung aus.[4] Wie die Humanisten des 16. und 17. Jahrhunderts schließt noch Kant neben Physiologie und Psychologie auch alteuropäische Leitgedanken, wie kosmopolitische Weltkenntnis und weise Lebenskunst, in seine Anthropologie ein.

Eine durchgreifende Verschiebung in Richtung auf eine neue, organisch fundierte Auffassung des Menschen und der Kultur wird gleichzeitig durch Herder (1744–1803) eingeleitet. Durch ihn erhält der Begriff »Volk« (im Gegensatz zu »Pöbel«) eine ideelle Dimension, die die aufklärerischen Elemente der Anthropologie in Deutschland in sich aufnehmen und schließlich zum Verschwinden bringen wird. »Volksgeist« und »Volksseele« werden im Anschluß an Herder zum Mittel einer romantisch und antiromanisch akzentuierten »grandiosen nationalen Verjüngungskur«[5]. In ihren Dienst werden die »Volkskunde« (seit 1787), das »Volkstum« und das »Volkstümliche« (seit dem Turnvater Jahn, 1810), wie noch das »Volksgedächtniß« (Wilhelm Mannhardt, 1874) gestellt.[6] Das »Volk«, nicht zuletzt das deutsche, wird zum Subjekt und Zentrum der Geschichte, zu einer unbewußt natürlichen Wesenheit stilisiert, der religiöse Qualitäten zugesprochen werden können.[7]

Herder erkannte den Pluralismus der Völker und Kulturen an und wurde dadurch zum Anreger der Völkerkunde[8] und, über die Vermittlung durch Herbart (1776–1841), auch der Völkerpsychologie. Eine entscheidende Rolle bei deren Entstehung in Deutschland nahmen zwei jüdische Wissenschaftler ein, Heymann Steinthal (1823–1899) und Moritz Lazarus (1824–1903),[9] die sich während ihrer Berliner Studienzeit in einem der Herbartschen Psychologie gewidmeten Seminar kennengelernt hatten. Die von ihnen gegründete *Zeitschrift für Völkerpsychologie und Sprachwissenschaft* (1860 bis 1890) kann als ein frühes Forum des Anti-Ethnozentrismus und des ethnologischen Kulturrelativismus betrachtet werden. Sie hatte sich zum Ziel gesetzt, die gleichartige Wirksamkeit psychischer Gesetzmäßigkeiten bei den kulturhistorisch unterschiedlichsten Völkern aufzuzeigen. Dies war dezidiert gegen eine organische oder rassische Volks-Auffassung gerichtet. Der Begriff »Anthropologie« wurde von Lazarus und Steinthal ausdrücklich vermieden, da er ihnen zu biologisch erschien.

Die Transformation der Völkerpsychologie in »Biomythologie«[10] konnten Steinthal und Lazarus nicht aufhalten. Ihre Zeitschrift wurde ab 1890 von anderen Herausgebern unter dem Titel *Zeitschrift für Volkskunde* in organizistischem Sinne weitergeführt. Der nur wenig jüngere Wilhelm Wundt (1832–1920)[11] legte noch in seinen letzten Lebensjahren ein zehnbändiges Monumentalwerk vor, mit dem Titel *Völkerpsychologie. Eine Untersuchung der Entwicklungsgesetze von Sprache, Mythus und Sitte* (1900 bis 1920), das zwar an Lazarus und Steinthal anschließt, in dem jedoch die von ihnen verpönte ethnozentrische Entwicklungslehre dominierte. Wundt, wie Lazarus von Hause aus Mediziner und Physiologe, hatte ab 1864 eine Professur für Anthropologie und medizinische Psychologie in Heidelberg inne, ehe er 1875 auf eine Philosophie-Professur nach Leipzig wechselte, wo er von 1879 an das Institut für experimentelle Psychologie aufbaute.

Wundt gehörte, wie in der nächsten Generation noch sein Kontrahent Sigmund Freud (1856–1939), zu der von Johannes Müller (1801–1858) geprägten neuen Schule der Sinnesphysiologie, die auch der neuen biologischen Anthropologie den Boden bereitete. Müllers *Handbuch der Physiologie* (1834 bis 1840), das sich der bisher noch in der Medizin dominierenden romantischen Naturphilosophie entgegenstellte und (in Anlehnung an Goethe) die Medizin zu einer experimentellen exakten Naturwissenschaft zu machen suchte, wurde, wie Rudolf Virchow (1821–1902) unterstrich, das »Grundbuch unser aller Bildung«.[12]

Virchow[13], der neben Helmholtz, Du Bois-Reymond, Brücke und Lazarus zu den bedeutendsten Schülern Müllers gehörte, übernahm 1856 die Leitung des neugegründeten pathologischen Instituts in Berlin und schuf 1858 die Zellularpathologie, die die Zelle zur Grundeinheit des organischen Lebens erklärte und die die Medizin bis zur Entstehung der Genforschung entscheidend prägte. Der neue Typus des wissenschaftsgläubigen, agnostischen und sozialreformerisch engagierten Arztes wird durch Virchow besonders eindrucksvoll repräsentiert. Als Mitbegründer der deutschen Fortschrittspartei (1861) und Gegner Bismarcks im preußischen Verfassungskonflikt Anfang der siebziger Jahre ist er zu den deutschen Liberalen zu zählen, die den im Kaiserreich anwachsenden antisemitischen Bestrebungen nicht nachgaben. Zur wissenschaftspolitischen Installierung der Anthropologie und zu ihrer Popularisierung hat er entscheidend beigetragen. Obwohl primär organizistisch orientiert, stand er der Völkerpsychologie von Lazarus und Steinthal wohlwollend gegenüber. (Virchow gab 1870 auch Steinthals »Sammlung gemeinverständlicher wissenschaftlicher Vorträge« unter dem Titel *Mythos und Religion* heraus.) Steinthal und Lazarus gehörten zu den Mitgliedern der von Virchow und seinem wenig jüngeren Schüler Adolf Bastian (1826–1905) 1869 in Berlin gegründeten Deutschen Gesellschaft für Anthropologie, Ethnologie und Urgeschichte.[14] Die weltanschauliche Grundlage dafür hatte Bastian[15], der Schöpfer des Konzepts menschlicher »Elementargedanken«, geliefert, mit seinem dreibändigen Werk *Der Mensch in der Geschichte. Zur Begründung einer psychologischen Weltanschauung*, das 1860 erschienen war.

Die deutsche anthropologische Gesellschaft teilt zunächst die wissenschaftlichen Zielsetzungen der kurz zuvor in Frankreich und England entstandenen Institutionen, Paul Brocas Société d'anthropologie in Paris (1859) und der Anthropological Society of London (1863).[16] Bis zum Deutsch-Französischen Krieg von 1870/71 ist die europäische Gelehrtenrepublik noch weitgehend intakt, wenngleich von einer gegenseitigen

Durchlässigkeit für neue geistige Strömungen kaum noch gesprochen werden kann. Daß Steinthal während eines Studienaufenthaltes in Paris in den fünfziger Jahren Auguste Comtes *Cours de philosophie positive* (1830–1842) durcharbeitet, ist (sieht man von Lange ab, s. unten) als Ausnahme anzusehen.[17] Als Preußen nach den Kriegen gegen Dänemark, Österreich und Frankreich zur Hegemonialmacht des Deutschen Reiches aufsteigt und die mit rasanter Industrialisierung einhergehende Modernisierung des Bildungswesens die in Europa nunmehr führenden deutschen Universitäten für Ausländer (auch aus Übersee) attraktiv macht, besteht für die deutschen Wissenschaftler um so weniger Nötigung, sich mit anderen Wissenschaftstraditionen und -neuerungen, gar denen des französischen »Erbfeindes«, vertraut zu machen. Wie der Bericht zeigt, den Émile Durkheim (1858–1917) von seinem durch das französische Erziehungsministerium finanzierten Studienaufenthalt 1885/86 in Berlin und Leipzig gibt,[18] erweckte das deutsche Vorbild einer in den Universitäten zentrierten, auf Spezialisierung ausgerichteten Wissenschaft durchaus nicht immer den Eindruck der Unüberwindbarkeit.

Die neugegründete anthropologische Gesellschaft stellte sich rasch in den Dienst der imperialistischen Kultur- und Außenpolitik des Deutschen Reiches. Trotz der anfänglich unübersehbaren Verbindung zwischen politischem Liberalismus oder gar Republikanismus und Völkerkunde wurden anthropologische Institutionen und Einzelaktivitäten (mit Schwerpunkt in Berlin) durch preußische Staatsministerien (darunter das Marine- und das Handelsministerium) unterstützt, und dies um so großzügiger, je staatstreuer die Anthropologen sich erwiesen.[19] Auch für die Ausarbeitung von Fragebögen und Instruktionen für Reisende, neben den traditionellen Missionaren und Expeditionsreisenden nicht zuletzt Offiziere, ließen sie sich verpflichten. Vor allem mit dem Auf- und Ausbau von Völkerkundemuseen beteiligten sich die Anthropologen und »Völkerkundler« an der Selbstdarstellung des neuen Reiches und seines »Kulturvolkes«, das sich um so glänzender von den »Naturvölkern« abheben wollte. Nach Abschluß des in den siebziger Jahren von Bismarck mit Hilfe der Liberalen geführten »Kulturkampfes« (der Begriff stammt von Virchow) gegen die katholische Kirche ging es seit Beginn der deutschen Kolonialexpansion in den achtziger Jahren darum, die deutschen Wissenschaftler als Bündnispartner auch dafür zu gewinnen.

Neben den Anthropologen boten sich hier die Kulturhistoriker an, trotz des schweren Stands, den sie durch den von Karl Lamprecht (1856–1915) geführten und verlorenen Methodenstreit in der Geschichtswissenschaft hatten.[20] Tatsächlich versuchte Lamprecht, eine »positive und schöpferische auswärtige Kulturpolitik« Deutschlands anzuregen,[21] während die staatlicherseits erklärte Absicht, den Deutschen einen hervorragenden Platz unter den Kulturvölkern der Welt zu sichern, zunehmend chauvinistischer wurde. Gegen die staatstreu-legitimistisch ausgerichtete Universalgeschichte, wie sie vor allem sein Altersgenosse, der Althistoriker Eduard Meyer (1855–1930) vertrat, der 1884 seine *Geschichte des Altertums* mit »Elementen der Anthropologie« beginnen ließ und dabei die neue englische und französische Forschung auf diesem Gebiet vollständig ignorierte,[22] plädierte Lamprecht für eine »vergleichende Geschichte der Völker« auf naturwissenschaftlich-psychologischer Basis, also ebenfalls ohne Rekurs auf die zeitgenössischen Neuerungen der französischen und englischen Sozialanthropologie. Der von Lamprecht bewunderte Völkerpsychologe Wundt, der im Unterschied zu ihm noch das Ende des Ersten Weltkriegs erlebte, bleibt überzeugt, daß in diesem von ihm zeitkonform »Völkerkampf« genannten Krieg das deutsche Volk »nicht bloß für seine eigene Zukunft, sondern für die künftige Kultur der Menschheit« Opfer bringt.[23]

Mit dem Scheitern von Lamprechts Kulturgeschichts-Konzept in Deutschland, das auch die umwälzenden kulturgeschichtlichen Forschungen des Schweizers Jacob Burckhardt (1818–1897) ins unzünftige bildungsbürgerliche Abseits drängte, trotz des weiterwirkend großen Erfolges seines 1860 erschienenen Werkes *Die Cultur der Renaissance in Italien*, endet eine die zweite Jahrhunderthälfte bestimmende Epoche, in der die Verbindung zwischen Anthropologie und Kulturwissenschaft in Deutschland sich als nicht herstellbar oder jedenfalls nicht haltbar erwies.

Zu den dafür ausschlaggebenden wissenschaftspolitischen Faktoren gehört zunächst das Rückzugsgefecht der romantischen naturphilosophisch geprägten Anthropologie, die dem Darwinismus, in Deutschland nicht zuletzt aber auch dem in den sechziger Jahren entstehenden vernunftgläubigen und ethnologiefeindlichen Neukantianismus nicht gewachsen sein konnte.[24] Eine weiterreichende Resonanz besaßen allenfalls Forscher wie Gustav Theodor Fechner (1801–1887), zunächst Professor für Physik und ab 1843 für Naturphilosophie und Anthropologie in Leipzig, Autor der bis Freud ausstrahlenden *Elemente der Psychophysik* (2 Bde., 1860), oder Rudolf Hermann Lotze (1817–1881), ursprünglich Physiologe und Mediziner, ab 1842 Philosophieprofessor in Leipzig, Göttingen und Berlin, Autor des dreibändigen Werkes *Mikrokosmos. Ideen zur Naturgeschichte und Geschichte der Menschheit*, mit dem Untertitel: *Versuch einer Anthropologie* (1856–1864) und Lehrer des neukantianischen Philosophiehistorikers Wilhelm Windelband (1848–1915).

Zu Lotzes Generation gehört auch Friedrich Albert Lange (1828–1875), der Begründer des Marburger Neukantianismus. Seine 1866 in zwei Bänden erschienene *Geschichte des Materialismus und Kritik seiner Bedeutung in der Gegenwart*, die Nietzsche bewunderte[25] und von der auch Freud nicht unbeeindruckt blieb,[26] läßt den Materialismus und die junge Darwinsche Evolutionstheorie für Naturwissenschaft und Psychologie gelten und setzt sich relativ unvoreingenommen mit den zeitgenössischen Anschauungen über die Anfänge menschlicher Kultur und die Anthropologie der »Naturvölker« auseinander.[27] Auch die Verwandtschaft der Lehre des Hegelianers Ludwig Feuerbach (1804–1872), der in seinen *Grundsätzen der Philosophie der Zukunft* von 1843 die Anthropologie als antitheologische Universalwissenschaft proklamierte, mit Comtes Positivismus ist ihm nicht entgangen. Durch seinen Schüler und Nachfolger Hermann Cohen (1842–1918) hat Lange auf die neukantianische Logik und Erkenntnistheorie der Marburger Schule nachhaltig eingewirkt.

Bei der in den beiden letzten Jahrzehnten des 19. Jahrhunderts geführten Debatte über eine neue Prinzipienwissenschaft für die Gesamtheit der Humanwissenschaften stand zwar die Psychologie im Zentrum des Für und Wider, nicht aber die Völkerkunde und die Völkerpsychologie. Einen an der Naturwissenschaft und nicht zuletzt an physiologisch bestimmter Psychologie orientierten Begriff von »Kulturwissenschaft« versuchte der Junggrammatiker Hermann Paul (1846–1921)[28] aufzustellen, in seinen *Principien der Sprachgeschichte* von 1880, die sich sowohl von Lazarus und Steinthal wie von Wundt absetzten. Radikal antipsychologisch war der südwestdeutsche Neukantianer Heinrich Rickert (1863–1936) eingestellt, der ab 1898 unter dem Titel *Kulturwissenschaft und Naturwissenschaft* für deren strenge Trennung plädierte. In dieser Tradition steht auch Max Weber (1864–1920) mit seinen *Kritischen Studien auf dem Gebiet der kulturwissenschaftlichen Logik* von 1906.

Versöhnlich gegen die Psychologie gestimmt war Wilhelm Dilthey (1833–1911), dessen Begriffsprägung »Geisteswissenschaften« sich als disziplinenzusammenfassender Terminus durchgesetzt hat, vor allem seit seiner *Einleitung in die Geisteswissenschaften* von 1883, und bis heute ihre Abgrenzung von den Naturwissenschaften dominiert.

Reaktiviert durch die schon von Schopenhauer und Nietzsche inspirierte Kulturphilosophie von Georg Simmel (1858–1918) tendiert der Begriff »Kulturwissenschaft« nach dem Ersten Weltkrieg, während des Aufschwungs der philosophischen Anthropologie als einer »Fundamentaldisziplin« (Max Scheler, 1874–1928) in Deutschland, dazu, zum Synonym von Geisteswissenschaft zu werden und erhält bei Aby Warburg (Kulturwissenschaft als »Lehre vom bewegten Menschen«) für eine detailliert kulturhistorische Anthropologie des Nachlebens der Antike eine neue Relevanz.[29]

Warburg (1866–1929), der Mitte der neunziger Jahre Neu-Mexiko (Pueblo-Indianer) bereist hatte[30] und von dorther dem »ewig gleichen Indianertum in der hilflosen menschlichen Seele«[31] nachspüren wird, knüpft mit seinen kunst- und kulturgeschichtlichen Forschungen nicht zuletzt an die Tradition anthropologisch orientierter Altertumswissenschaft an, wie sie in Deutschland während der zweiten Hälfte des 19. Jahrhunderts durch seinen Lehrer Hermann Usener (1834–1905), Diltheys Schwager, und dessen Schule repräsentiert wurde.[32] Für diese Schule galt, daß sie im Unterschied zu den Bemühungen um eine Anthropologie der Antike im zeitgenössischen England und Frankreich kaum sozial- und rechtsgeschichtlich orientiert war, daß aber auch die medizinisch inspirierte Völkerpsychologie im zeitgenössischen Deutschland nur geringe Spuren in ihr hinterließ. Eine größere Nähe zu ihr besitzt die von einem anderen Lehrer Warburgs und Professor der Kulturgeschichte in München, Wilhelm Heinrich von Riehl (1825–1897), begründete »deutsche Volkskunde«, wie sie sich vor allem in seinem zwischen 1851 und 1869 erschienenen Werk *Naturgeschichte des deutschen Volkes* dokumentiert. Ähnliches trifft zu auf das volkskundliche Unternehmen des Germanisten Wilhelm Mannhardt (1831–1880), *Antike Wald- und Feldkulte* (1874 bis 1876, 2 Bde.), das durch James George Frazer (1854–1941) und die Cambridger Ritualistenschule enthusiastisch rezipiert wurde.[33]

Um die Jahrhundertwende kam es im Zuge einer Ausdifferenzierung zwischen physischer und ethnologischer Anthropologie in Deutschland zu einer Minderung universal-ethischer und zu einer Verstärkung organizistischer Gesichtspunkte, wie sie schon 1882 in der *Anthropo-Geographie* Friedrich Ratzels (1844–1904) angekündigt waren und sich nicht zuletzt in dem von seinem Schüler Leo Frobenius (1873–1938) propagierten neuen Zentralbegriff des »Kulturkreises« widerspiegeln.[34] Schon vor dem Ersten Weltkrieg zeichnet sich ab, daß die im Berliner Völkerkundemuseum ausgearbeitete Kulturkreislehre antisemitischen Zwekken, vor allem durch den Steyler Missionar Pater Wilhelm Schmidt (1868–1954) in Österreich, einen mächtigen Feind Freuds, und daß die physisch-anatomische Anthropologie rassistischer Genetik dienstbar gemacht werden konnte, nicht zuletzt durch Eugen Fischer (1874–1967), 1900 habilitiert für Anatomie und Anthropologie, 1918 ordentlicher Professor der Anatomie in Freiburg und später (ab 1927) Direktor des Kaiser-Wilhelm-Institutes für Anthropologie, menschliche Erblehre und Eugenik in Berlin-Dahlem.[35]

Festzuhalten ist, daß in den meisten genannten disziplinären und außerdisziplinären Strömungen der (vorwiegend psychologischen) deutschen Anthropologie der Mythos und die Mythologie ein zentrales Referenzobjekt blieb (das in anderen europäischen Ländern während dieser Zeit durch das des Rituals abgelöst wurde). Dies trifft darüber hinaus zu auf Außenseiter wie Nietzsche (1844–1900), der ebenfalls Verbindungen zu Usener besaß und geistige Anregungen gerade aus Frankreich seismographisch aufnahm, und Freud, der vor allem die englische Religionsanthropologie in seine eigene Kulturtheorie einarbeitete. Grundsätzlich zeigt sich, daß jüdische Wissenschaftler eine Vorreiterrolle bei der Ausbildung anthropologischer Forschungsrichtungen auch in Deutschland spielten, daß aber gerade hier die äußeren und inneren Widersprüche, denen deutsch-jüdische Intellektuelle in dieser Zeit ausgesetzt waren, besonders evident zum Ausdruck kommen.[36] Der religionsreformerische Rationalismus, der vom preußischen Protestantismus und durch Träume vom kulturell angeblich besonders hochstehenden deutschen »Volksgeist« inspiriert war und an dem an prominenter Stelle in Berlin Lazarus und Steinthal partizipierten,[37] die Mitbegründer der Hochschule für die Wissenschaft des Judentums (wo neben vielen anderen bedeutenden deutsch-jüdischen Gelehrten auch Hermann Cohen, während des Ersten Weltkriegs, wirken wird), sicherte den Juden in Deutschland keine Zukunft. Dem in Berlin ausgebildeten Bastian-Schüler Franz Boas (1858–1942)[38], dem Begründer der amerikanischen Kulturanthropologie, der aus einer jüdischen Familie Westfalens stammte, blieb es vorbehalten, in den USA mit nachhaltigem Erfolg gegen das Aufkommen von anthropologischem Biologismus und Rassismus in der Wissenschaft zu kämpfen, wie es auch in Frankreich den Soziologen und Religionsanthropologen Durkheim und seinem Neffen Marcel Mauss (1872–1950)[39] gelang. Die wissenschaftlichen, sozialen und politischen Bedingungen,[40] unter denen dies möglich war, konnten nicht Gegenstand dieses Überblicks sein.

Anmerkungen

1 »Anthropologia« als humanistische Prägung: Magnus Hundt (1449–1519), *Anthropologium de hominis dignitate, natura, et proprietatibus* (1501); Galeazzo Capella (1487–1537), *L'anthropologia ovvero ragionamento della natura umana* (1533); Otto Casmann (1562–1607), *Psychologia anthropologica sive animae humanae doctrina* (1594/96); siehe dazu: Udo Benzenhöfer und Maike Rotzoll, »Zur ›Anthropologia‹ (1533) von Galeazzo Capella. Die früheste bislang bekannte Verwendung des Begriffs Anthropologie«, in: *Medizinhistorisches Journal* 26, 1991, S. 315–320; Dietrich Mahnke, »Rektor Casmann in Stade, ein vergessener Gegner aristotelischer Philosophie und Naturwissenschaft im 16. Jahrhundert«, in: *Archiv für die Geschichte der Naturwissenschaften und der Technik* 5, 1914, S. 183–197, S. 226–240 und S. 352–363. Vgl. Werner Sombart, »Beiträge zur Geschichte der wissenschaftlichen Anthropologie«, in: *Sitzungsberichte der Preußischen Akademie der Wissenschaften, Philosophisch-historische Klasse*, Berlin 1938, S. 96–130, v. a. S. 100–102; Odo Marquard, s. v. »Anthropologie«, in: *Historisches Wörterbuch der Philosophie*, hrsg. von Joachim Ritter, Bd. 1: A–C, Basel 1971, Sp. 363 f.; ders., »Zur Geschichte des philosophischen Begriffs ›Anthropologie‹ seit dem Ende des 18. Jahrhunderts« (1965), in: ders., *Schwierigkeiten mit der Geschichtsphilosophie. Aufsätze*, Frankfurt am Main 1982, S. 124 f. und S. 218 f.

2 Vgl. Joseph Niedermann, *Kultur. Werden und Wandlungen des Begriffs und seiner Ersatzbegriffe von Cicero bis Herder*, Florenz 1941, S. 132–174; Franz Rauhut, »Die Herkunft der Worte und Begriffe ›Kultur‹, ›Civilisation‹ und ›Bildung‹« in: *Germanisch-Romanische Monatsschrift* 34 (N. F. 3), 1953, S. 81–91; Georg Bollenbeck, *Bildung und Kultur. Glanz und Elend eines deutschen Deutungsmusters* (1994), Frankfurt am Main 1996, S. 55–61.

3 Vgl. Marvin Harris, *The Rise of Anthropological Theory. A History of Theories of Culture*, New York 1968, S. 8–52; Sergio Moravia, *Beobachtende Vernunft. Philosophie und Anthropologie in der Aufklärung* (italienisch 1970), Frankfurt am Main 1989; Mareta Linden, *Untersuchungen zum Anthropologiebegriff des 18. Jahrhunderts*, Frankfurt am Main und Bern 1976 (Studien zur Philosophie des 18. Jahrhun-

derts 1); Wolf Lepenies, *Das Ende der Naturgeschichte. Wandel kultureller Selbstverständlichkeiten in den Wissenschaften des 18. und 19. Jahrhunderts,* Frankfurt am Main 1978.

4 Siehe Immanuel Kant, *Anthropologie in pragmatischer Hinsicht* (1798), Vorrede, in: ders., *Werke in zehn Bänden,* hrsg. von Wilhelm Weischedel, Bd. 10, Wiesbaden 1964, S. 399.

5 Hermann Bausinger, *Volkskunde. Von der Altertumsforschung zur Kulturanalyse,* Darmstadt 1971, S. 31.

6 Der Begriff »Völkerkunde« hingegen ist zunächst aufklärerisch geprägt, vgl. Hans Fischer, »›Völkerkunde‹, ›Ethnographie‹, ›Ethnologie‹: Kritische Kontrolle der frühesten Belege«, in: *Zeitschrift für Ethnologie* 95, 1970, S. 169–182.

7 Siehe Thomas Nipperdey, *Deutsche Geschichte 1800–1866. Bürgerwelt und starker Staat,* München 1983, S. 502 und S. 505.

8 Vgl. Gerald Broce, »Herder and Ethnography«, in: *Journal of the History of the Behavioral Sciences* 22, 1986, S. 150–170.

9 Zu Steinthal und Lazarus siehe Ingrid Belke, Einleitung zu: *Moritz Lazarus und Heymann Steinthal. Die Begründer der Völkerpsychologie in ihren Briefen* [=Bd. 1], hrsg. von Ingrid Belke, Tübingen 1971, S. XIII–CXLII (siehe auch Bd. 2.1, Tübingen 1983 und Bd. 2.2, Tübingen 1986); vgl. Ivan Kalmar, »The *Völkerpsychologie* of Lazarus and Steinthal and the modern concept of culture«, in: *Journal of the History of Ideas* 48, 1987, S. 671–690; Sander L. Gilman, *Freud, Identität und Geschlecht* (engl. 1993), Frankfurt am Main 1994, S. 53 f.

10 Helmuth Plessner, *Die verspätete Nation* (1935), Einführung 1959, Frankfurt am Main 1974, S. 26. Vgl. auch James Whitman, »From Philology to Anthropology in Mid-Nineteenth-Century Germany«, in: *Functionalism Historicized. Essays on British Social Anthropology,* hrsg. von George W. Stocking Jr., Madison, Wisc. 1984 (History of Anthropology 2), S. 214–229 (v. a. zu Lazarus und Steinthal, Wundt, Bastian).

11 Zu Wundt siehe Georg Lamberti, *Wilhelm Maximilian Wundt (1832–1920),* Bonn 1995.

12 Nipperdey, *Deutsche Geschichte* (Anm. 7), S. 488; zu Johannes Müller siehe auch Heinrich Schipperges, *Moderne Medizin im Spiegel der Geschichte,* Stuttgart 1970, S. 241–244.

13 Zu Virchow vgl. Erwin H. Ackerknecht, *Rudolf Virchow. Arzt, Politiker, Anthropologe,* Stuttgart 1957; Wilhelm E. Mühlmann, *Geschichte der Anthropologie* (1948), Wiesbaden 1984, S. 96 f.; Schipperges, *Moderne Medizin* (Anm. 12), S. 272–276; Nipperdey, *Deutsche Geschichte* (Anm. 7), S. 488–490 und S. 496 f.; Erhard Stölting, »Anthropologie«, in: *Wissenschaften in Berlin. Disziplinen,* hrsg. von Tilmann Buddensieg u. a., Berlin 1987, S. 130 f.

14 Siehe dazu Christian Andree, »Geschichte der Berliner Gesellschaft für Anthropologie, Ethnologie und Urgeschichte 1869–1969«, in: *Hundert Jahre Berliner Gesellschaft für Anthropologie, Ethnologie und Urgeschichte,* Teil 1, Berlin 1969, S. 9–142.

15 Zu Bastian siehe Annemarie Fiedermutz-Laun, »Adolf Bastian (1826–1905)«, in:

Klassiker der Kulturanthropologie. Von Montaigne bis Margaret Mead, hrsg. von Wolfgang Marschall, München 1990, S. 109–136 und S. 329–337; Klaus-Peter Koepping, *Adolf Bastian and the Psychic Unity of Mankind,* St. Lucia, London und New York 1983; ders., »Enlightenment and Romanticism in the work of Adolf Bastian. The historical roots of anthropology in the nineteenth century«, in: *Fieldwork and footnotes. Studies in the history of European anthropology,* hrsg. von Han F. Vermeulen und Arturo Alvarez Roldán, London 1995, S. 75–91.

16 Siehe dazu N. Dias, s. v. »Associations et sociétés savantes«, in: *Dictionnaire de l'ethnologie et de l'anthropologie,* hrsg. von Pierre Bonte und Michel Izard, Paris 1991, S. 97–99; George W. Stocking Jr., *Victorian Anthropology,* New York 1987.

17 Vgl. Belke, *Lazarus / Steinthal* (Anm. 9), Bd. 2.1, S. XXI.

18 Vgl. Émile Durkheim, *Über Deutschland. Texte aus den Jahren 1887–1915,* hrsg. von Franz Schultheis und Andreas Gipper, Konstanz 1996, S. 27–83.

19 Vgl. dazu und zum folgenden Andree, »Gesellschaft für Anthropologie« (Anm. 14), passim; Stölting, »Anthropologie« (Anm. 13), S. 131.

20 Vgl. Ulrich Raulff, »Von der Kulturgeschichte zur Geschichtskultur. Eine wissenschaftsgeschichtliche Skizze«, in: *Kulturbegriff und Methode. Der stille Paradigmenwechsel in den Geisteswissenschaften,* hrsg. von Klaus P. Hansen, Tübingen 1993, S. 133–148.

21 Pierangelo Schiera, *Laboratorium der bürgerlichen Welt. Deutsche Wissenschaft im 19. Jahrhundert* (italienisch 1987), Frankfurt am Main 1992, S. 270; zum politischen und sozialen Kontext vgl. ebd., S. 257–301.

22 Siehe dazu Wilfried Nippel, »Prolegomena zu Eduard Meyers *Anthropologie*«, in: *Eduard Meyer. Leben und Leistung eines Universalhistorikers,* hrsg. von William M. Calder III und Alexander Demandt, Leiden 1990, S. 311–328, v. a. S. 315.

23 Wilhelm Wundt, *Völkerpsychologie. Eine Untersuchung der Entwicklungsgesetze von Sprache, Mythus und Sitte,* Bd. 6: *Mythus und Religion,* 3. Aufl., 3. Teil, Vorwort zur 2. Aufl. 1915, Leipzig 1923, S. VI.

24 Vgl. Hans-Ludwig Ollig, *Der Neukantianismus,* Stuttgart 1979.

25 Siehe Jörg Salaquarda, »Nietzsche und Lange«, in: *Nietzsche-Studien* 7, 1978, S. 236–260.

26 Vgl. Renate Schlesier, »›Umwertung aller psychischen Werte‹. Freud als Leser von Nietzsche«, in: *Grundlinien der Vernunftkritik,* hrsg. von Christoph Jamme, Frankfurt am Main 1997, S. 243–276.

27 Friedrich Albert Lange, *Geschichte des Materialismus und Kritik seiner Bedeutung in der Gegenwart* (1866), hrsg. von O. A. Ellissen, Bd. 2, Leipzig 1905, S. 485 f.

28 Vgl. zu Hermann Paul auch Ulrike Haß-Zumkehr, »Sprachwissenschaft innerhalb der Germanistik um 1900« (in diesem Band).

29 Zu Warburgs Konzeption von Kulturwissenschaft siehe *Aby M. Warburg. ›Ekstatische Nymphe ... trauernder Flußgott‹. Portrait eines Gelehrten,* hrsg. von Robert Galitz und Brita Reimers, Hamburg 1995.

30 Aby Warburg, *Schlangenritual. Ein Reisebericht,* Mit einem Nachwort von Ulrich Raulff, Berlin 1988; vgl. dazu v. a. Claudia Naber, »Pompeji in Neu-Mexiko. Aby Warburgs amerikanische Reise«, in: *Freibeuter* 38, 1988, S. 88–97; Kurt W. Forster,

»Die Hamburg-Amerika-Linie, oder: Warburgs Kulturwissenschaft zwischen den Kontinenten«, in: *Aby Warburg. Akten des internationalen Symposions Hamburg 1990*, hrsg. von Horst Bredekamp u. a., Weinheim 1991, S. 11–37.

31 So Warburg in einer Notiz zu seinem 1923 in Binswangers Kreuzlinger Sanatorium gehaltenen Vortrag über das Schlangenritual der Pueblo-Indianer, zit. bei Ernst H. Gombrich, *Aby Warburg. Eine intellektuelle Biographie* (engl. 1970), Frankfurt am Main 1981, S. 304.

32 Siehe Renate Schlesier, »›Arbeiter in Useners Weinberg‹. Anthropologie und antike Religionsgeschichte in Deutschland nach dem Ersten Weltkrieg«, in: dies., *Kulte, Mythen und Gelehrte. Anthropologie der Antike seit 1800*, Frankfurt am Main 1994, S. 193–241 (mit ausführlicher Bibliographie).

33 Vgl. Robert Ackerman, *J. G. Frazer. His Life and Work*, Cambridge 1987; ders., *The Myth and Ritual School. J. G. Frazer and the Cambridge Ritualists*, New York und London 1991.

34 Zu Frobenius siehe Helmut Straube, »Leo Frobenius (1873–1938)«, in: Marschall, *Kulturanthropologie* (Anm. 15), S. 151–170 und S. 338–340; zur zeitgenössischen Auseinandersetzung um die Kulturkreislehre siehe z. B. B. Ankermann, »Die Lehre von den Kulturkreisen«, in: *Deutsche Gesellschaft für Anthropologie, Ethnologie und Urgeschichte: Korrespondenzblatt* 42, 1911, S. 156–162.

35 Zur »Rassenhygiene« siehe Jürgen Kroll, *Zur Entstehung und Institutionalisierung einer naturwissenschaftlichen und sozialpolitischen Bewegung: Die Entwicklung der Eugenik / Rassenhygiene bis zum Jahre 1933*, Diss. Tübingen 1983; zu Eugen Fischer siehe auch Benno Müller-Hill, *Tödliche Wissenschaft. Die Aussonderung von Juden, Zigeunern und Geisteskranken 1933–1945*, Reinbek bei Hamburg 1984, v. a. S. 48–53, S. 64, S. 77–81, S. 83–86 und S. 119–121; Robert Proctor, »From *Anthropologie* to *Rassenkunde* in the German Anthropological Tradition«, in: *Bones, Bodies, Behavior. Essays on Biological Anthropology*, hrsg. von George W. Stocking Jr., Madison, Wisc. 1988 (History of Anthropology 5), S. 138–179.

36 Ein Zeugnis dafür ist auch der historische Überblick von Paul Honigsheim, »Die geistesgeschichtliche Stellung der Anthropologie, Ethnologie, Urgeschichte und ihrer Hauptrichtungen«, in: *Publication d'hommage offerte à P. Wilhelm Schmidt*, Wien 1928, S. 844–864.

37 Zu Lazarus' Rolle dabei vgl. Sander L. Gilman, *Jewish Self-Hatred. Anti-Semitism and the Hidden Language of the Jews*, Baltimore und London 1986, S. 219–221 und S. 286.

38 Zu Boas vgl. Alexander Lesser, »Franz Boas and the modernization of anthropology« (1981), in: *History, evolution, and the concept of culture. Selected papers by Alexander Lesser*, hrsg. von Sidney W. Mintz, Cambridge 1985, S. 15–33; *Franz Boas: Ethnologe, Anthropologe, Sprachwissenschaftler. Ein Wegbereiter der modernen Wissenschaft vom Menschen* [Ausstellungskatalog Staatsbibliothek zu Berlin], hrsg. von Michael Dürr u. a., Wiesbaden 1992; *›Volksgeist‹ as Method and Ethic. Essays on Boasian Ethnography and the German Anthropological Tradition*, hrsg. von George W. Stocking Jr., Madison, Wisc. 1996 (History of Anthro-

pology 8), (darin v. a. die Aufsätze von Matti Bunzl, Benoit Massin, Julia E. Liss, Ira Jacknis und Judith Berman).

39 Siehe Marcel Fournier, *Marcel Mauss*, Paris 1994.

40 Zu diesen (in den verschiedenen europäischen Ländern unterschiedlichen) Bedingungen siehe jetzt Christophe Charle, *Les intellectuels en Europe au XIXe siècle*, Paris 1996; immer noch lehrreich zu diesem Thema ist: Alphonse de Candolle, *Histoire des sciences et des savants depuis deux siècles* (1873), Nachdruck Paris 1987.

Ulrike Hass-Zumkehr

Sprachwissenschaft innerhalb der Germanistik um 1900

I. Eine disparate Landschaft der Reflexion über deutsche Sprache

Die Sprachgermanistik um 1900 gleicht einer Landschaft mit vielen verschiedenen Orten, von denen keiner ein von allen damaligen Wissenschaftlern anerkanntes Zentrum darstellt. Die Zeit zwischen Mitte der 70er Jahre als Beginn der junggrammatischen Aktivitäten und dem Ende des 1. Weltkriegs ist auch historiographisch nicht umfassend, sondern eher bruchstückhaft und in unterschiedlichen Akzenten erhellt, je nach dem germanistischen oder allgemein sprachwissenschaftlichen Standpunkt des Historiographen. Der Gegenstand ein Mosaik, seine geschichtliche Beschreibung ein unfertiges Puzzle – angesichts dieser Situation soll hier eine nach institutionellen Gesichtspunkten angelegte Landkarte mit sieben Domänen gezeichnet werden. In einem zweiten und dritten Schritt wird die Landkarte koloriert im Hinblick auf den gesellschaftlichen Leistungsbezug der Domänen und im Hinblick auf die Faktoren, die die Integration bzw. die Ausgrenzung der Sprachwissenschaft aus der Germanistik förderten.
Alle Tätigkeitsfelder germanistischer Sprachwissenschaft haben ihren gemeinsamen Nenner erstens im Bezug auf den Gegenstand »deutsche Sprache«, und zweitens in dem sprachreflexiven Niveau, das die Beschäftigung mit diesem Gegenstand erreicht und das erkennbar höher ist als das Niveau alltäglicher Sprachreflexion.[1] Dies ist der gemeinsame Nenner der sieben folgenden institutionellen Domänen der Reflexion über deutsche Sprache inner- und außerhalb der Universität.

Die 1. Domäne stellt die sprachwissenschaftliche Tradition im Kern der Disziplin »deutsche Philologie« dar. Hier blieb die Thematisierung der Sprache an die Beschäftigung mit der vornehmlich älteren Literatur gebunden und deren Zielen untergeordnet. In der ubiquitären Paarformel von »deutscher Sprache und Literatur« steht die Sprache zwar voran, ist aber immer bezogen auf Literatur und ihr Verständnis. Die gleiche Unselbständigkeit signalisieren weitere Doppelformeln, die in den wissenschaftsgeschichtlichen Quellentexten häufig verwendet wurden wie »Sprache und Geschichte«, »Sprache und Volk« bzw. »Nation« oder »Sprach- und Kulturgeschichte«.[2] Diese kulminatorischen Formeln folgen offensichtlich dem rhetorischen *modus per incrementa*.[3]

Von individuellen Schwerpunktsetzungen abgesehen spielte die Sprachwissenschaft in der Philologie eine dienende und helfende Rolle bei der Edition und Kommentierung altdeutscher Texte.[4] Diese Texte gaben auch den Lehrveranstaltungen ihren Namen; sprachliche Gegenstände tauchen hier so gut wie nie auf.[5] Im Zusammenhang mit der aufkommenden neueren Literaturwissenschaft scheint die Sprachwissenschaft auch die dienende Funktion noch verloren zu haben, denn zum Verständnis der Texte Goethes oder Lessings waren um 1900 grammatische und lexikalische Erklärungen nicht notwendig; allenfalls durch syntaktisch-stilistische und rhetorische Aspekte dürfte die Sprachwissenschaft hier vertreten gewesen sein. Wortschatz und Semantik fehlten völlig.[6] Je weniger Sprachreflexion auf Texterschließung zielt, desto eher tendierte sie zur Sprachenvergleichung und damit aus der Germanistik hinaus. In dieser Situation scheint es nach Maas[7] sowohl Trennungs- und Verselbständigungstendenzen gegeben zu haben, und zwar vor allem auf der Seite der neueren Literaturwissenschaft, als auch noch 1920 Bemühungen, die Sprachwissenschaft als Habilitationsfach nicht zuzulassen und sie an literaturwissenschaftliche Professuren zu binden.

Die 2. Domäne stellen die Junggrammatiker dar. Mit ihnen begann die von Philologenseite beargwöhnte Emanzipation der Sprachforschung von der Rolle der Hilfsdisziplin. Aber nur einige wenige, wenn auch wichtige Junggrammatiker gehörten der deutschen Philologie an; die meisten waren institutionell der Indoeuropäistik und damit weiteren Fächern zugeordnet. Aus den von Einhauser[8] publizierten Briefen der Germanisten Paul, Braune und Sievers geht deutlich ihr Konkurrenz- und Innovationsbewußtsein gegenüber der mächtigeren Scherer-Schule hervor. Hermann Paul etwa bestimmte seine eigene Lehrtätigkeit als »Erklären« des Parzival, des Gregorius usw., daneben bot er explizit grammatische Vorlesungen zur älteren Literatur an.[9] Aber in Pauls Publikationen, von den *Prinzipien* über das *Deutsche Wörterbuch* bis zur *Deutschen Grammatik* von 1916 ff. verschoben sich die Akzente eindeutig zugunsten des Gegenstandsbezugs Sprache: Die Literatur, sogar die neuere bis in die

2. Hälfte des 19. Jahrhunderts reichende, dient hier als Korpus- und Beleglieferantin für die eigentlichen Themen der Bedeutungsentwicklung und der Grammatik.[10]

Die naturwissenschaftliche Orientierung der junggrammatischen Methodologie, vor allem die Annahme ausnahmslos geltender Lautgesetze in Anlehnung an Naturgesetze, ist ebenso bekannt wie ihre dezidierte Entscheidung für eine historisch-diachrone Gegenstandskonstitution. Nichtsdestoweniger grenzte sich vor allem Paul scharf gegen die Wundtsche Vorstellung einer intersubjektiven Psyche und den Schleicherschen Sprachdarwinismus ab und versuchte eine kulturwissenschaftliche Bestimmung der Sprachwissenschaft, die zwischen geistes- und naturwissenschaftlicher Zuordnung vermittelt.[11] Nicht im Gegenstandsbereich, wohl aber in methodologischer Hinsicht bestand eine beträchtliche Kluft zwischen der mediävistischen main-stream-Philologie und der junggrammatischen Mediävistik Pauls, Braunes und Sievers'.[12]

Die Junggrammatiker waren ein interdisziplinäres Diskussionsforum, dessen institutioneller Mittelpunkt in der 3. Domäne lag, der vergleichenden Sprachwissenschaft oder Indogermanistik; sie konnte bereits auf eine längere Tradition zurückblicken[13] und erreichte mit der Menge ihrer Publikationen in den 80er Jahren einen gewissen Höhepunkt. Mit der sogenannten »allgemeinen Sprachwissenschaft«, die etwa von Heyse, Steinthal und von der Gabelentz vertreten wurde, wies die vergleichende Sprachwissenschaft nur geringe Überschneidungen auf.[14] Nach den biographischen Daten der bekanntesten Junggrammatiker kommunizierten in der Indogermanistik Sanskritisten, Orientalisten, Slavisten, Romanisten, Germanisten sowie einige wenige Philosophen, Psychologen und Klassische Philologen.[15]

Dieser Indogermanistik lag von ihrem zentralen Forschungsinteresse her die positive Analyse von Buchstaben bzw. Lauten und Wortformen näher als verständnisorientierte Texterläuterungen,[16] ging es doch letztlich um die Rekonstruktion des Indogermanischen als Ausgangsbasis des historischen Wandels, die nur durch eine Engführung des Gegenstands[17] und den Ausschluß der Semantik und aller Textualität zu leisten war. Dieser Engführung gegenüber stand aber die Ausdehnung des Gegenstandsbereichs über eine Einzelsprache hinaus. In dieser Perspektive wurde das Deutsche bzw. das Germanische zu einem von vielen Elementen des Materials und die Sprachgermanistik zu einer Filiale, deren Abdriften in die kommunikativ-soziale und kulturelle Dimension der Sprache zu befürchten stand.[18] So relativ etabliert wie die Indogermanistik um die Jahrhundertwende bereits war und so viel positivistisches Material sie angehäuft hatte,[19] so sehr stand sie vor dem Problem einer fehlenden theoretischen Gesamtkonzeption, dessen Diskussion noch die 30er Jahre beherrschte.[20]

Was die Formen- und Strukturbezogenheit der Junggrammatiker und der Indogermanisten beiseite gelassen hatte, die gesamte Inhaltsseite des Sprachzeichens, wurde zum Zentrum der 4. Domäne, der Sprach- und sogenannten Völkerpsychologie, einer institutionell keineswegs homogenen und etablierten Gruppe, die sich in sozialer Hinsicht aus Schulgrammatik und akademischer Philologie rekrutierte.[21] »Psychologisch« wurde hier zum Komplementärbegriff von »historisch«; das phylogenetische Interesse am Sprachursprung befriedigte die Sprachpsychologie auf der ontogenetischen Ebene des Spracherwerbs – insofern enthistorisierte sie den Blick auf die Sprache. Die Synchronie, die dabei als methodologische Möglichkeit herauskam, war aber auf überzeitlich Universelles, auf Aspekte der *langue* gerichtet, nicht auf historisch konkrete Akte gegenwartsnaher Sprachverwendung, nicht auf *parole*.[22]

In der psychologischen Methodologie mischten sich positive Elemente, etwa in den Anfängen experimenteller Verfahren, mit spekulativen Entwürfen über die Zusammenhänge der mit den Wörtern verbundenen Vorstellungen. »Psychologisch« hieß also »semantisch« und überwand somit die weitgehend semantikfreie Lautebene der historisch-vergleichenden Sprachwissenschaft. Aber der Semantikkonzeption fehlte noch der gesellschaftliche Aspekt; die Sprachpsychologie folgte ausschließlich den Relationen zwischen Laut- bzw. Schriftbild und individuellem Vorstellungsgehalt, wobei die Position des Individuums auch von der kollektiven Volksseele besetzt sein konnte, die sich im nationalsprachlichen Wortschatz widerspiegelt. Trotz der Beteiligung etlicher Lehrer an der sprachpsychologischen Diskussion kann von einem bewußten Gesellschaftsbezug kaum die Rede sein. Dieser charakterisiert vor allem die letzten drei Domänen.

Zentral war hier der Deutschunterricht vor allem der Gymnasien und Realschulen. Die auf schulische Zwecke gerichtete Sprachreflexion der relativ großen Gruppe der inzwischen auch germanistisch ausgebildeten Lehrer gehört zweifellos in die Sprachwissenschaftsgeschichte hinein, nicht zuletzt wegen der noch gegebenen Aufstiegsmöglichkeit in Universitätsstellen.[23] Kennzeichnend für den Deutschunterricht der wilhelminischen Epoche war die Ideologisierung der Beschäftigung mit deutscher Sprache, wiederum ausschließlich in historisch-diachroner Sicht. Diese sogenannte Deutschkunde, repräsentiert etwa durch Rudolf Hildebrand[24] und seinen Schüler Otto Lyon, kehrte in gewisser Weise zurück zu Jacob Grimms »die worte um der sachen willen treiben«, wobei die »Sache« der Deutschkunde nicht irgendwelche Realien waren,[25] sondern der hypostasierte deutsche Geist, das Deutschtum, das sich in der Sprache wie in der Literatur als letztlich unwichtigen Verpackungen nur verbirgt.[26] Hier haben beide, Sprache und Literatur, eine vermittelnde, dienende Funktion. Von diesem Ziel her konnte die Vorstellung einer persönlichkeitsbildenden Philologie ideologisch neu gefüllt werden.[27] Kopp hat den sich zwischen 1891 und 1922 beschleunigenden Prozeß gezeigt, in dessen Verlauf der Universitätsgermanistik ihr Beitrag zur Bildung des »deutschen Menschen« abgefordert wurde. Dabei bildeten die sprachwissenschaftlichen Elemente den tendenziell widerständigeren Teil, insofern sie ohne ein Minimum an »formeller Geistesarbeit«[28] nicht auskommen. Trotz der nationalistischen Ausrichtung der Schulgermanistik begegnen hier die ersten Versuche, die Gegenwartssprache zum Gegenstand wissenschaftlicher Sprachreflexion zu machen. Die technisch-industrielle Entwicklung nach der Reichsgründung forderte zum Teil im Gegensatz zur pädagogischen Ideologie einen auf mündliche und schriftliche Ausdrucksfähigkeit ausgerichteten Sprachunterricht.[29] Der Bezug auf die gegenwärtige Standardsprache wird im großen und ganzen aber gegen den Widerstand der sich historisch definierenden Philologie von staatlicher Seite eingefordert.

In den Personen Hildebrands und Lyons verband sich der nationalpädagogische Gesellschaftsbezug der Sprachgermanistik mit der Lexikographie. Diese sechste Domäne ist gemessen am Ausstoß bedruckten Papiers die voluminöseste, und auch institutionell in Gestalt des *Deutschen Wörterbuchs* (DWB) ein eigenständiges Subsystem. Dies gilt zwar über einen längeren Zeitraum hinweg, als er hier zur Debatte steht, aber als Repräsentant einer neuen, nationalen Lexikographie initiierte das DWB eine lexikographische Bewegung, deren Höhepunkt zweifellos um die Jahrhundertwende liegt. Die Menge größerer Wörterbuchprojekte läßt sich durch eine Reihe von Namen illustrieren: Daniel Sanders und Christian Wurm als den unmittelbaren Konkurrenten Grimms, Friedrich Weigand, Matthias Lexer, Moriz Heyne, Friedrich Kluge und Alfred Götze, Hermann Paul und sein späterer Bearbeiter Karl Euling, Otto

Lyon, das *Deutsche Rechtswörterbuch,* Hans Schulz' und Otto Baslers *Deutsches Fremdwörterbuch,* die Mundartlexikographie von Fischer (1904–1936) oder Staub-Tobler (ab 1881) usw.; auch die heute noch grundlegenden zweisprachigen Werke, Sachs-Villatte und Muret-Sanders, gehören dazu.[30]

Etliche der genannten Autoren arbeiteten zeitweise auch am DWB mit, was eine gewisse soziale Geschlossenheit der Lexikographie und eine starke Loyalitätsbindung eines großen Teils des Fachs an das Grimmsche Unternehmen bewirkte, wenn man die Schülerkreise der Lexikographen-Professoren einbezieht. In 108 Jahren haben am DWB 105 Germanisten selbst mitgeschrieben, zu denen die Vorsitzenden der deutschen Kommission der Preußischen Akademie der Wissenschaften, etwa Edward Schröder und Gustav Roethe, als Verantwortliche hinzugerechnet werden müssen.[31] Klaus Weimar hat für die Zeit von 1870 bis 1900 eine Zunahme der Germanistik-Professuren von 34 auf 67 ermittelt;[32] zum Vergleich: zwischen 1863 (Tod Jacob Grimms) und 1914 (Abschluß der sogenannten Generalexzerption 1908 bis 1913) waren 20 Germanistik-Professoren an das DWB gebunden.[33] Dessen Gravitationskraft dürfte damit ein Drittel aller Fachangehörigen erreicht haben; die der Lexikographie insgesamt ist noch höher zu veranschlagen.

Trotz der Unübersehbarkeit dieser institutionellen Ausformung der germanistischen Sprachwissenschaft scheint die wissenschaftsgeschichtliche Rolle der Lexikographie im Fach noch ungeklärt zu sein. Die Lexikographen selbst, im *Deutschen Wörterbuch* bis 1930 und in den anderen Projekten durchweg Universitätsprofessoren, vertraten fachintern uneingeschränkt den Anspruch der Wissenschaftlichkeit ihrer Tätigkeit, knüpften nach außen aber an die kulturnationalen Konzepte der jeweiligen Gesellschaft an. Hildebrands Wörterbuchvorreden liegen mit seinen sprachpädagogischen Schriften auf derselben Linie.

Auf der anderen Seite galt und gilt Lexikographie als bloße wissenschaftliche Praxis, die mit dem Grad ihrer gesellschaftlichen Nützlichkeit als unwissenschaftlich stigmatisiert wird.[34] Entscheidendes Kriterium für die Wissenschaftlichkeit eines Wörterbuchs war aus der Sicht der deutschen Philologie der historische Ansatz. Bei Paul kann man nicht davon sprechen, daß vordergründige gesellschaftliche Interessen bedient würden; aber auch er adressiert sein Wörterbuch nicht fachintern, sondern an »alle Gebildeten« und vor allem an die »Lehrer, die Unterricht im Deutschen zu erteilen haben«.[35] Andererseits hat er über die Aufgaben der wissenschaftlichen Lexikographie in seiner Münchner Antrittsvorlesung 1894 eingehend reflektiert.[36] Kennzeichnend für die Lexikographie ist, schon bei Grimm selbst, die deutliche Scheidung zwischen interner und externer Kommunikation und entsprechenden wissenschaftlichen bzw. ideologischen Argumenten.

In methodischer Hinsicht hinken große Wörterbuchprojekte fast zwangsläufig einige Jahrzehnte hinter der wissenschaftlichen Entwicklung her. Junggrammatische Ansätze wird man in den Wörterbüchern, außer bei Paul, also kaum finden. Analog zur Dominanz der Laut- und Formenlehre in den universitären Domänen der Sprachgermanistik waren auch die meisten Wörterbücher vorwiegend etymologisch und sprachvergleichend angelegt, während die Wortsemantik ein Schattendasein führte. In diesem Schatten haben sich allerdings die Anfänge einer sprachwissenschaftlichen Neugermanistik entwickelt. Dem deutsch-jüdischen Lehrer und Privatgelehrten Sanders gelang es in der zweiten Jahrhunderthälfte, aus dem historisch-etymologischen Grundkonsens der Sprachgermanistik auszuscheren und ein auf die Gegenwartssprache konzentriertes und in den Methoden rational-aufklärerisches Wörterbuchkonzept zu realisieren. Mit seinem vielbändigen lexikographischen Gesamtwerk, das bis in die 20er Jahre unseres Jahrhunderts gedruckt und verkauft wurde, stellt Sanders den ersten Philologen der neuhochdeutschen Standardsprache dar. Fast von Anfang an (seit 1851) arbeitete er auch an Herrigs *Archiv für das Studium der neueren Sprachen und Literaturen* (1848 gegründet) mit, von 1866 bis 1885 als »korrespondierendes Mitglied« und soweit ich sehe als einziger Vertreter der deutschen Neuphilologie.[37]

Die letzte Domäne entstand im Rahmen des umfassenden staatlichen Vereinheitlichungsbedarfs nach der Reichsgründung, die Orthographie. An der ersten orthographischen Konferenz 1876 waren vier Germanistikprofessoren (Rudolf von Raumer – federführend –, Karl Bartsch, Wilhelm Scherer und Wilhelm Wilmanns) beteiligt,[38] Wilmanns auch noch an der zweiten Konferenz 1901.[39] Was die Professoren für ihre wissenschaftliche Tätigkeit als marginal empfunden haben werden, schlug in der Presseöffentlichkeit hohe Wellen – wie auch 1995 / 96. Interessant ist, daß die Gruppe der teilnehmenden Professoren durch einen wissenschaftlichen Konflikt gespalten wurde, in dem es um die Ausrichtung der orthographischen Norm am historisch-phonologischen System oder am tradierten Schreibusus ging.[40] Die Geschichte endete mit einem inkonsequenten Kompromiß und mit der ökonomischen Monopolstellung des »Duden«, die erst durch die Reform der deutschen Rechtschreibung 1996 beendet wurde.

Auch an der Kodifizierung der orthoepischen Norm 1898 durch den Deutschen Bühnenverein und die Versammlung Deutscher Philologen und Schulmänner war ein Germanist, Theodor Siebs, maßgeblich beteiligt, allerdings ohne daß staatlicherseits Bedarf vorgelegen hätte.[41]

2. Der gesellschaftliche Leistungsbezug

Diesen verschiedenen institutionellen Domänen der Sprachgermanistik um 1900 stand ein gesellschaftlicher Bedarf gegenüber, der sich durch die nach der Reichsgründung beschleunigte Industrialisierung und Urbanisierung deutlich verändert hatte.

Auf die noch offenen Normierungsfragen der überregionalen Standardsprache, vor allem im Bereich der Lexik, bezog sich mit Ausnahme des Lexikographen Sanders keine germanistische Gruppe. Das lag an der Identifizierung der Standard- oder kulturellen Leitvarietät mit der Literatursprache der Weimarer Klassik und an dem damit verbundenen Ausschluß aller gegenwartsnäheren und nicht-literarischen Varietäten. Auf die damit zusammenhängende Sprachkrise der Jahrhundertwende[42] haben nicht Germanisten, sondern Dichter (Hofmannsthal) und Philosophen (Nietzsche, Mauthner) reagiert.

Auf die Forderung nach sprachpflegerischer Mitwirkung reagierten die Sprachgermanisten nur bei Orthographie und Orthoepie zeitlich begrenzt. Den gesellschaftlichen Fremdwortpurismus unterstützten die Deutschkundler und etliche Lexikographen. Das Stichwort »Cultur« fehlt in der von Jacob Grimm verfaßten Lieferung von 1856/58 wie auch »Kultur« in der von Hildebrand 1871 verfaßten Strecke des *Deutschen Wörterbuchs*.

Völliges Desinteresse scheint gegenüber dem Terminologisierungsbedarf in den neuen und überregionalen Bereichen von Bahn, Post, Telegraphie, Schiffahrt, Militär und dem Maß-, Münz- und Gewichtssystem bestanden zu haben, der durch die Reichsgründung in Gang gesetzt wurde.[43]

Die Vermittlung sprachlicher Ausdrucks- und Verstehenskompetenz zumindest für die Funktionseliten wurde in der Lehrerausbildung aufgrund staatlichen Drucks immerhin geleistet.[44] Der Bedarf an solcher Kompetenz bestand aber auch im Bereich der Erwachsenenbildung; hier wurden Verlage wie Langenscheidt und Brockhaus aktiv, indem sie Pädagogen einwarben.

Bei der Unterstützung der nationalhistorischen Ideologie behaupteten die sprachwissenschaftlichen Vertreter der deutschen Philologie, der Deutschkunde und ein großer Teil der Lexikographie die Positionen der Gründergeneration in zum Teil verschärfter Form. Es war nicht mehr nötig, die Einheit der Nation durch die Einheit der Sprache zu begründen; statt dessen ließen sich die ehemals gerufenen Sprach- und Volksgeister in den irrationalistischen Konzepten einer Wissenschaft nieder, die sich später den antidemokratischen Tendenzen der Weimarer Republik andiente.[45] Auch in der vergleichenden Sprachwissenschaft, die Maas[46] aufgrund ihrer rationalen und formal-mechanistischen Methodik vorsichtig für relativ immun gegen ideologische Vereinnahmung hält, hat es im Ersten Weltkrieg sprachsoziologisch und pädagogisch etikettierte Aktivitäten gegeben, die sich vor allem der auslandsdeutschen Minderheiten annahmen; Maas nennt hier das Beispiel Weisgerbers.[47]

Wie man sieht, besaß der gesellschaftliche Leistungsbezug der Sprachwissenschaft um 1900 grundsätzlich mehr Möglichkeiten als die anderen beiden germanistischen Disziplinen. Aber diese Möglichkeiten wurden nur von den außeruniversitären Germanisten genutzt, weil das Nützlichkeitsdenken der Aufklärung bis weit ins 20. Jahrhundert hinein desavouiert war und weil alles »Praktische« den sozialen Abgrenzungsbemühungen der akademischen gegenüber den schulischen und lexikographischen Germanisten zum Opfer fiel.[48]

3. Einheit der Germanistik? Konsens und Dissens

Die viel zu kurze Situationsskizze muß hier abgebrochen werden, um noch zu einigen diagnostischen Überlegungen zu kommen. Angesichts der Disparatheit der sprachgermanistischen Tätigkeitsfelder stellt sich die Frage nach den Bedingungen der Einheit der Germanistik. Endete sie womöglich mit dem Tod Hermann Pauls als einem der letzten Wissenschaftler, die das Forschungsinteresse an Literatur und Sprache in ihrer

Person vereinigten? Einheit müßte sich an einem Grundkonsens hinsichtlich der Gegenstandskonstitution und der Erkenntnisziele als Basis jeder Methodologie erweisen.

Am gesichertsten schien der Konsens bis lange nach 1900 in der Konstitution des Gegenstands deutsche Sprache als einem historischen Objekt und in der Absolutsetzung entsprechender diachroner Methoden. Wie sich etwa in Rezensionen[49] ablesen läßt, wurde der Wissenschaftsstandard bis in die 30er Jahre hinein mit dem Etikett »historisch« fixiert. Die gesellschaftsbezogenen Domänen, also ein Teil der Lexikographie, der sprachbezogene Deutschunterricht, die orthographische und orthoepische Normendiskussion, wichen aber vom historischen Konsens ab und wurden entsprechend dem Grad ihrer synchronischen Ausrichtung als unwissenschaftlich stigmatisiert.[50]

Konsens bestand weitgehend auch in der tradierten Ablehnung jeder Vorstellung von Sprache als Zeichensystem.[51] Die Aufspaltung in einerseits formale Interessen (v. a. bei den Junggrammatikern) und andererseits spekulative Interessen (v. a. bei den Sprachpsychologen) ist auf die Vernachlässigung der semiotischen Dimension zurückzuführen. Nur eine semiotische oder besser noch semiologische, d. h. mit Ludwig Jäger eine auf die erkenntniskonstitutive Bedeutung sprachlicher Zeichen angelegte Metatheorie kann den Zusammenhang von Ausdrucks- und Inhaltsseite aller Arten von Sprachzeichen gewährleisten.[52] Aber die Auffassung von Sprache als Instrument oder Organ von Sprechern widersetzte sich den ideologisch benötigten Hypostasierungen von Sprache als Wesen.

Innerhalb der verschiedenen Sprachwissenschaften bestand weitgehender Konsens, innerhalb der deutschen Philologie aber Dissens hinsichtlich der Konstitution des Gegenstands Sprache als »Gebäude«, »Bau« oder in heutiger Terminologie als »System« im Unterschied zu den Erscheinungsformen des Sprachgebrauchs. So wie die Junggrammatiker die Beschäftigung mit den Mundarten als Ersatz für nicht greifbare Sprachstufen akzeptiert hatten, so akzeptierten sie theoretisch auch die Einbeziehung beobachtbarer Sprachdaten, d. h. von Ausschnitten der Sprachwirklichkeit. Der solchen Seitenblicken zugewiesene heuristische Status bestätigt aber die Dominanz des Interesses an sprachsystematischen Gegebenheiten wie den Lautgesetzen.

Indoeuropäistik wie Sprachpsychologie und -philosophie waren ausschließlich an je spezifischen Aspekten des Sprachsystems interessiert.

Auch die normativen Intentionen der gesellschaftsbezogeneren Domänen orientierten ihre Normvorstellungen eher an einem idealisierten System als an einem sozial ausgezeichneten Usus. Bis heute haftet dem Sprach- oder Schreibgebrauch die deontische Bedeutung eines mittels systematischer Regeln zu korrigierenden Gegenstands an. In Lexikographie und Grammatikographie hing es vom jeweiligen Konzept und vom fachinternen oder -externen Adressatenbezug ab, ob eher sprachliche Mittel im Gebrauch dokumentiert oder eher ihre Position im System bestimmt wurde.

Die Polarität von System und Gebrauch korrespondierte derjenigen von Form und Inhalt der Sprachzeichen, die Maas[53] arbeitsteilig der Sprach- und der Literaturwissenschaft zuweisen möchte. Sie korrespondiert ferner der Polarität von Sprache als individuellem versus sozialem,[54] als monologischem versus dialogischem Phänomen. Die Einheit des Fachs hinge von der Integration jeweils beider Pole ab.

Nicht system-, sondern gebrauchsbezogen war hingegen die Beschäftigung mit älterer und neuerer Literatur und die ihr zuarbeitende Sprachgermanistik. Hier ging es um einen ganz bestimmten Ausschnitt der Sprachrealität, nämlich vor allem um literarisch kanonisierte Texte der älteren und allmählich auch der jüngeren Vergangenheit. Dieser historisch-literarische Ausschnitt der Sprachverwendung konnte von literatur- wie von sprachwissenschaftlicher Seite aus mit komplementären Methoden bearbeitet werden, wobei nahezu identische Ziele im Rahmen der Verständnissicherung und aktualisierten Deutung kulturell zentraler Texte bestanden. Ganz draußen blieben die nicht kanonisierte Literatur und alle gebrauchssprachlichen Texte der Vergangenheit und erst recht der Gegenwart. Erst heute, dank eines nicht mehr normativen, sondern analytischen Kulturbegriffs, ist – wieder[55] – sichtbar, wieviel Wichtiges damit ausgeschlossen wurde: Texte der Wissenschafts- und Fachsprachen, die öffentlich-politische Rede, der traditionell stigmatisierte Bereich der Tages- und Wochenpresse und anderes.

Die Einheit des Faches könnte hierin bestehen: in der literatur- und sprachwissenschaftliche Methoden zulassenden Sinnkonstruktion sowohl historischer wie gegenwärtiger, sowohl literarischer wie gebrauchssprachlicher Textwelten aller Medien, und zwar in einer Weise, die die Umwandlung der wissenschaftlichen Sinnkonstruktionen in gesellschaftlich rezipierbare Deutungsangebote offenhält. In der Reflexion sprachwissenschaftlicher Methoden fänden auch alle theoretisch-formalen und systembezogenen Forschungen ihren Ort, die für eine rationale Kontrolle von Sinnkonstruktionen unverzichtbar sind. Aber statt einer solchen Interdisziplinarität der germanistischen Teilfächer wurde die institutionelle Differenzierung vom Beginn des 19. Jahrhunderts weiter polarisiert: »drinnen« im Fach die sprachwissenschaftliche Dienstmagd und »draußen« die von Einzelsprachen und damit von allen sozialen und dialogischen Elementen losgelöste Systemlinguistik. Erhalten hat sich offenbar auch die damalige Hierarchie: die sprachwissenschaftliche Germanistik muß ihre Existenz in der Wahrnehmung von Literaturwissenschaft und Mediävistik immer noch vor allem durch Nützlichkeit in der Lehre legitimieren. Und solange sie das nicht schafft, muß sie nicht nur in den älteren Seminargebäuden (etwa in Heidelberg und in Göttingen) mit den Dienstmädchenzimmern in Dachgeschoß oder Seitenflügel vorliebnehmen.

Anmerkungen

1 Ich widerspreche hier der Gegenstandsbestimmung von Utz Maas (»Die Entwicklung der deutschsprachigen Sprachwissenschaft von 1900 bis 1950 zwischen Professionalisierung und Politisierung«, in: *Zeitschrift für germanistische Linguistik* 16, 1988, S. 253–290, hier S. 258), der sprachwissenschaftliche Arbeitsweise auf »die sprachliche Form fokussiert« sehen und sie damit von den vielen die »Inhalte« fokussierenden und Formulierungen paraphrasierenden statt analysierenden Disziplinen der philosophischen Fakultät abgrenzen will.

2 Dünninger in: *Deutsche Philologie im Aufriß*, hrsg. von Wolfgang Stammler, Berlin 1966, S. 189.

3 Quintilian; auch bekannt als »Behagelsches Gesetz« der wachsenden Glieder(zahl).

4 Vgl. Hartmut Schmidt, »Aspekte der Institutionalisierung. Zur Durchsetzung der neuen Denkmuster«, in: *Sprachwissenschaftliche Germanistik. Ihre Herausbildung und Begründung*, hrsg. von Werner Bahner und Werner Neumann, Berlin 1985, S. 151–248, hier S. 229, und Maas, »Sprachwissenschaft« (Anm. 1), S. 260 mit Hinweis auf Burdach und Tobler.

5 Jochen Lehmann, »Die germanistischen Vorlesungen zwischen 1803 und 1900 an der Universität Heidelberg. Ein Beitrag zur Geschichte der Heidelberger Germanistik«, in: *Ruperto-Carola* 19, 1967, Bd. 42, S. 205–239.

6 Maas, »Sprachwissenschaft« (Anm. 1), S. 260; Klaus Weimar, *Geschichte der deutschen Literaturwissenschaft bis zum Ende des 19. Jahrhunderts*, München 1989, S. 481 f.

7 Maas, »Sprachwissenschaft« (Anm. 1), S. 256.

8 Eveline Einhauser, *Die Junggrammatiker*, Trier 1989; dies., *Lieber freund ... Die Briefe Hermann Osthoffs an Karl Brugmann 1875–1904*, Trier 1992.
9 Einhauser, *Junggrammatiker* (Anm. 8), S. 329f.
10 Schmidt, »Institutionalisierung« (Anm. 4), S. 168f.
11 Einhauser, *Junggrammatiker* (Anm. 8), S. 140f. und S. 180f.
12 Schmidt, »Institutionalisierung« (Anm. 4), S. 169.
13 Bahner / Neumann, *Sprachwissenschaftliche Germanistik* (Anm. 4).
14 Schmidt, »Institutionalisierung« (Anm. 4), S. 168f.
15 Brugmann, Leskien, Paul, Schleicher, Sievers, Zarncke, Braune, Delbrück, Osthoff, Misteli, Verner, Wechssler, Wenker (ohne Scherer und v. Raumer) nach *Biographischer Index*, München 1986.
16 In den 20er Jahren erreichte die Indogermanistik immerhin einige Arbeiten zu syntaktischen Aspekten, Franz Specht, »Die ›indogermanische‹ Sprachwissenschaft von den Junggrammatikern bis zum Ersten Weltkriege«, in: *Lexis* Bd. 1, 1948, S. 229–263, hier S. 249; auch Namen zogen eine gewisse Aufmerksamkeit auf sich (ebd., S. 247 und S. 254).
17 Ebd., S. 243; Maas, »Sprachwissenschaft« (Anm. 1), S. 259.
18 Specht, »Indogermanische Sprachwissenschaft« (Anm. 16), S. 244.
19 Ebd., S. 234.
20 Maas, »Sprachwissenschaft« (Anm. 1), S. 260, S. 266 und S. 285; vgl. Georg von der Gabelentz, *Die Sprachwissenschaft, ihre Aufgabe, Methoden und bisherigen Ergebnisse*, 2., verm. u. verbess. Auflage, hrsg. von Albrecht Graf von der Schulenburg, Leipzig 1901 (Nachdruck London: Routledge 1995).
21 Clemens Knobloch, *Geschichte der psychologischen Sprachauffassung in Deutschland von 1850 bis 1920*, Tübingen 1988 (Reihe Germanistische Linguistik 86), S. 52, S. 10, S. 15 und S. 20.
22 Auch die Logik der verpönten alten Schulgrammatik kehrte in der Syntax als Satzlehre wieder, Knobloch, *Psychologische Sprachauffassung* (Anm. 21), S. 59.
23 Preußische Prüfungsordnung 1831, die anderen Länder zogen in den 60er und 70er Jahren nach, Uwe Meves, »Zum Institutionalisierungsprozeß der Deutschen Philologie: Die Periode der Lehrstuhlerrichtung«, in: *Wissenschaftsgeschichte der Germanistik im 19. Jahrhundert*, hrsg. von Jürgen Fohrmann und Wilhelm Voßkamp, Stuttgart und Weimar 1994, S. 115–203, hier S. 153f.
24 1869 a. o. Prof. neben Zarncke in Leipzig; 1874 o. Prof. für neuere deutsche Literatur und Sprache, Klaus Weimar, *Literaturwissenschaft* (Anm. 6), S. 433f.
25 Jacob Grimm, *Rede auf Lachmann* (1851). Parallel dazu Müllenhoff (1851), für den die Philologie zwei Seiten besaß: die grammatische und die reale, Detlev Kopp, »Deutsche Philologie und Erziehungssystem«, in: *Wissenschaftsgeschichte der Germanistik im 19. Jahrhundert*, hrsg. von Jürgen Fohrmann und Wilhelm Voßkamp, Stuttgart und Weimar, S. 669–741, hier S. 703.
26 Die Legitimation erhielt diese Ausrichtung nicht zuletzt durch Wilhelm II. persönlich, der diese Art des Deutschunterrichts anstelle der humanistischen Studien ins Zentrum der Lehrpläne gerückt sehen wollte, Horst Joachim Frank, *Geschichte des Deutschunterrichts von den Anfängen bis 1945*, München 1973, S. 517–527.

27 Deutschkunde bei Hildebrand und Lyon rekurrierte auf das philologische Reinheits- und Ursprünglichkeitsethos Lachmanns und wendete es nationalistisch-philologisch um, Fohrmann/Voßkamp, *Wissenschaftsgeschichte* (Anm. 23), S. 8.

28 Kopp, »Erziehungssystem« (Anm. 25), S. 732.

29 1872 *Allgemeine Bestimmungen* über die preußische Volksschule; sie machten die Stihlschen Regulative von 1854 mit ihrer Ablehnung von Grammatik, Rhetorik und Literatur wieder rückgängig. Ein Schulmann, Engelien, brachte 1867 eine *Grammatik der nhd. Sprache* heraus, die vier weitere Auflagen hatte, Schmidt, »Institutionalisierung« (Anm. 4), S. 203 f.

30 Zur Erschließung aller genannten Werke siehe *Wörterbücher. Ein internationales Handbuch zur Lexikographie,* 3 Teilbde., hrsg. von Franz Josef Hausmann u. a., Berlin 1989, 1990, 1991.

31 »Um die Fortführung des Unternehmens [nach Jacob Grimms Tod 1863] zu sichern, übertrug der Verlag die Weiterbearbeitung des DWB an Professoren, die diese Tätigkeit neben ihrer eigenen wissenschaftlichen Lehr- und Forschungsarbeit ausübten. Damit entstanden räumlich getrennte, selbständige Bearbeitungsbereiche bei Rudolf Hildebrand, Friedrich Karl Weigand und Moriz Heyne, der auch Assistenten und Studenten an die Bearbeitung heranführte. [...] Für den Verlag war das Unternehmen längst zu groß geworden. Eine Förderung mit öffentlichen Mitteln erwies sich ab 1868 als notwendig. Diese Förderung wurde vom Deutschen Bund, später vom Innenminister des Deutschen Reichs gewährt.« (Informationsschrift, hrsg. von der Arbeitsstelle Göttingen des DWB, 1986, S. 4 f.).

32 Weimar, *Literaturwissenschaft* (Anm. 6), S. 438 f.

33 R. Hildebrand, K. Weigand, M. Heyne, M. Lexer, H. Wunderlich, A. Hübner, K. Kant, K. Lucae, R. Meiszner, H. Seedorf, H. Meyer, B. Crome, M. Leopold, E. Wülcker, K.v. Bahder, P. Sickel, A. Götze, L. Sütterlin sowie E. Schröder und G. Roethe (*Deutsches Wörterbuch* Bd. 33, 1971, S. 1071–1088).

34 Für August Schleicher gehörte die Lexikographie gar nicht in die Sprachwissenschaft hinein; das Lexikon werde durch die dereinst vollständige Grammatik ersetzt; Schleicher, *Die deutsche Sprache,* 5. Aufl. 1888, nach Einhauser, *Junggrammatiker* (Anm. 8), S. 127 f.

35 Hermann Paul, *Deutsches Wörterbuch,* Halle 1897, Vorrede, S. III.

36 Hermann Paul, »Über die Aufgaben der wissenschaftlichen Lexikographie mit besonderer Rücksicht auf das deutsche Wörterbuch«, in: *Sitzungsberichte der philosophisch-philologischen und der historischen Classe der k. b. Akademie der Wissenschaften,* 1894, S. 53–91.

37 Vgl. Ulrike Haß-Zumkehr, *Daniel Sanders. Aufgeklärte Germanistik im 19. Jahrhundert.* Berlin und New York 1995 (Studia Linguistica Germanica 35), S. 112–116 und S. 554; Gerhard Rohlfs und Wilhelm Horn, »Dem 100. Jahrgang (1945–1947) des ›Archiv‹ zum Geleit«, in: *Archiv für das Studium der neueren Sprachen* 100, 1948, Bd. 185, S. 1–2; Wolf-Dieter Stempel, »Zweihundert Bände ›Herrigs Archiv‹. Ein Rückblick«, in: *Archiv für das Studium der neueren Sprachen und Literaturen* 200, 1964, S. 2–13.

38 Neben dem Schulmann Konrad Duden, dem Lexikographen Sanders und Vertretern des Buchhandels sowie Beamten des preußischen Kultusministeriums.

39 Albrecht Greule und Elisabeth Ahlvers-Liebel, *Germanistische Sprachpflege. Geschichte, Praxis und Zielsetzung*, Darmstadt 1986, S. 24 ff.

40 Scherer wie Sanders und der Buchhandelsvertreter waren für den Usus, während von Raumer eine vermittelnde Position einnahm. Bartsch und Wilmanns vertraten eher die historisch-phonologische Orientierung.

41 Der »Phonetiker« und Anglist Wilhelm Vietor unternahm 1885 den Versuch einer kommunikationsadäquaten Normkodifizierung; vgl. Greule/Ahlvers-Liebel, *Sprachpflege* (Anm. 39), S. 26 f.

42 Peter von Polenz, »Die Sprachkrise der Jahrhundertwende und das bürgerliche Bildungsdeutsch«, in: *Sprache und Literatur in Wissenschaft und Unterricht* 52, 1983, S. 3–13.

43 Vgl. *Verfassung des Deutschen Reichs* vom 16. 4. 1871, Art. 4, Art. 8, Art. 42, Art. 50, Art. 54.

44 Schmidt, »Institutionalisierung« (Anm. 4), S. 157.

45 Ulrike Haß-Zumkehr, »Die gesellschaftlichen Interessen an der Sprachgeschichte im 19. und 20. Jahrhundert«, in: *Sprachgeschichte. Ein Handbuch*, 2. Aufl., hrsg. von Werner Besch u. a., Berlin und New York (Handbücher zur Sprach- und Kommunikationswissenschaft 2.1) 1998, S. 349–358.

46 Maas, »Sprachwissenschaft« (Anm. 1), S. 278.

47 Ebd., S. 262.

48 Clemens Knobloch, »Der ›antipraktische‹ Motivkreis in der Diskussion um den muttersprachlichen Unterricht«, in: *Muttersprachlicher Unterricht im 19. Jahrhundert*, hrsg. von Hans Dieter Erlinger und Clemens Knobloch, Tübingen 1991 (Reihe Germanistische Linguistik 117), S. 211–235.

49 Z.B. im Rezensionsorganen wie den *Jahresberichten über die erscheinungen auf dem gebiete der germanischen philologie*, hrsg. von der Gesellschaft für deutsche Philologie (Berlin), Leipzig, Jg. 1880 bis 1934, vgl. Haß-Zumkehr, *Sanders* (Anm. 37), S. 531 f.

50 Für die vergleichende Sprachwissenschaft nennt Manfred Bierwisch, »Les jeux sont faits. Linguistik in der Informationsgesellschaft«, in: *Germanistik in der Mediengesellschaft*, hrsg. von Ludwig Jäger und Bernd Switalla, München 1994, S. 245–289, hier S. 252 anders wertende Etiketten: Diachronie/ Verstehen/ Hermeneutik/ traditionell stand in Opposition zu Synchronie/ Erklären/ Gesetzesauslegung/ modern. Dem entspricht noch heute die Gleichsetzung von »traditionell« mit »philologisch« und von »modern« mit »linguistisch«.

51 Werner Neumann, »Zeichen und Organismus. Beobachtungen zum Wechsel eines Denkmusters in der deutschen Sprachwissenschaft des 19. Jahrhunderts«, in: *Beiträge zur Erforschung der deutschen Sprache*, hrsg. von Wolfgang Fleischer, Rudolf Grosse und Gotthard Lerchner, Bd. 4, Leipzig 1984, S. 5–38.

52 Ludwig Jäger, »Die Linguistik des Innern. Historische Anmerkungen zu den zeichen- und erkenntnistheoretischen Grundlagen der kognitivistischen Sprachwissenschaft«, in: *Germanistik in der Mediengesellschaft*, hrsg. von Ludwig Jäger und

Bernd Switalla, München 1994, S. 291–326, hier S. 300 ff. Für das 20. Jahrhundert stellt Gerhard Helbig, *Geschichte der neueren Sprachwissenschaft*, 2. Aufl., München 1973, S. 44, eine ähnliche Aufspaltung in Schulen analog zu den Saussureschen Kategorien langage (Cassirer), langue (Weisgerber) und parole (Bühler) fest.

53 Maas, »Sprachwissenschaft« (Anm. 1), S. 258.

54 Ebd., S. 260 ff., Maas sieht um die Jahrhundertwende einen »breiten Versuch«, »die kulturell artikulierte Sprachpraxis gemeinsam mit Nachbardisziplinen zu erforschen« und nennt die Zeitschrift *Wörter und Sachen*. Das soziale Begreifen der Sprache scheint demnach einer national-ideologischen Umsetzung etwa bei der deutschen Expansionspolitik im 1. Weltkrieg nahegelegen zu haben.

55 Jacob Grimm hatte rechtssprachliche Texte für forschungswürdig gehalten, die Lexikographie des 18. Jahrhunderts die Fachsprachen (Frisch, Adelung). Zeitungen erscheinen erstmals bei Sanders als vollgültige Korpuselemente.

Pierre Judet de la Combe

Klassische Philologie als moderne Kulturkritik. Wilamowitz und die Orestie (1900)

Ein Ansatz der Wissenschaftsgeschichte, der die Ausbildung der einzelnen Fächer oder, darüber hinaus, die bemerkenswerten Überschreitungen von Fächergrenzen zu seinem Forschungsgegenstand erklärt, läuft Gefahr, einer Illusion nachzulaufen. Wenn man die Geschichte der klassischen Philologie oder der Germanistik schreiben will, geht man oft davon aus, daß die Existenz dieser »Bereiche« nicht nur eine gegebene Realität ist, sondern das erwartete, normale Ziel eines geschichtlichen Prozesses der als Differenzierung verstandenen Modernisierung. In einer modernen Universität, die sowohl ihre externe Differenzierung von anderen Institutionen und anderen Tätigkeitsfeldern (wie Politik, Recht, Religion, Kultur und so weiter) als auch ihre interne Differenzierung zu getrennten Fächern vollzogen hat, scheint es nur natürlich oder doch nachvollziehbar zu sein, daß sich schrittweise eine deutlich identifizierbare Entsprechung zwischen den verschiedenen Arten wissenschaftlichen Wissens und der Alltagswirklichkeit der Institutionen ausgebildet hat. Die Philologie ist nicht nur eine besondere Art der Beziehung zu Texten, sondern ein gesellschaftlich organisiertes Milieu. Die Geschichte unterwirft sich damit einer teleologischen Orientierung auf die Errichtung von »Systemen«. Wo diese Richtung stark vertreten ist und ausformuliert vorliegt (wie zum Beispiel in den Untersuchungen von Rudolph Stichweh[1]), wird die Geschichte als eine Entwicklung verstanden, die durch einen dreifachen Prozeß der *Variation*, der *Selektion* zwischen verschiedenen möglichen Organisationsformen und der *Stabilisierung* bestrebt ist, diese Systeme auszubauen, das heißt die universitären oder akademischen Einrichtungen je nachdem, was sie gerade leisten müssen. Die Fächergrenzen wandeln sich oder können sogar fallen, wenn das »System« eines Fachs nicht mehr in der Lage ist, den wissenschaftlichen, kulturellen oder noch anderen Ansprüchen seines Umfelds zu genügen.

Ein solcher Standpunkt, dessen heuristischer Wert ungeheuer groß sein mag, stößt jedoch an Grenzen, da er letztlich auf eine strenge Entsprechung zwischen Wissenschaft und Institution abzielt. Nun kann man aber die Institutionen der »klassischen Philologie« oder der »Germanistik« auch als schwankende und fragwürdige Pole einer Spannung sehen, die zur wissenschaftlichen Tätigkeit gehört. (Das Beispiel Frankreichs, wo sich die Wissenschaft während des größten Teils des 19. Jahrhunderts nicht zu Fächern organisiert hat und sogar ein nach Fächern geordnetes Selbstverständnis abgelehnt hat, wäre ausreichend, um dem Begriff des *Fachs* die Notwendigkeit einer historischen Realität zu nehmen.) Als allgemeiner Rahmen sollen die Institutionen die Einzelaktivitäten subsumieren; doch ist der Erfolg einer solchen Subsumierung nicht unbedingt garantiert. Oft gibt es Uneinigkeit zwischen den von einem Fach aufgestellten Zielen und der tatsächlichen Ausrichtung der ausgeführten Arbeiten; und vor allem sind die »Identitäten« als Verallgemeinerungen der Fächer selbst schon Produkte oder Folgen komplexer individueller Tätigkeiten. Ein Feld oder einen Bereich zu bestimmen ist ein Akt, dessen Sinn sich nicht in der Schaffung eines mehr oder weniger gut integrierten Bestandteils einer umfassenden Gesellschaftsstruktur erschöpft. Die Neuheit einer Untergliederung der Wissenschaft muß auch »verstehbar« sein als das Ergebnis einer wissenschaftsinternen Schwierigkeit, als die jeweils spezifische Spannung zwischen einem legitimierenden Selbstverständnis (dem Fach) und einer konkreten wissenschaftlichen Tätigkeit.

Die klassische Philologie in Deutschland war zu Beginn des Jahrhunderts von einem starken Restaurationsversuch geprägt: einer ihrer Hauptvertreter, Ulrich von Wilamowitz-Moellendorff (1848–1931), Professor für griechische Philologie an der Universität zu Berlin, versuchte in seinen programmatischen Erklärungen wie in seiner Tätigkeit als Herausgeber, Übersetzer und griechischer Literaturhistoriker, der philologischen Wissenschaft wieder eine Einheit zu geben, indem er sie umfassend mit einer Wissenschaft vom Altertum gleichsetzte, so wie Friedrich August Wolf sie bereits 1807 definiert hatte. Wilamowitz' Rückwendung zu den Programmen ihrer Begründer Wolf und August Boeckh (der im Grunde als Theoretiker der Philologie von Wilamowitz wiederentdeckt wurde) ist explizit. Zu Beginn seiner *Geschichte der Phi-*

lologie bestimmt er die »griechisch-römische Kultur« zum Gegenstand der Philologie und erklärt sie zu einer Einheit.[2] Diese Einheit begründet er damit, daß sie der Ausdruck eines Lebens sei, das eben eins gewesen sei. Die Unterteilung dieser Wissenschaft in verschiedene Einzeldisziplinen (in Sprachwissenschaft, Literaturwissenschaft, Archäologie, Alte Geschichte, Epigraphie, Numismatik und Papyrologie) ist nur ein Zugeständnis an die Endlichkeit des Menschen, die den Individuen eine angemessene Erkenntnis *aller* Dinge untersagt. Das von Humboldt inspirierte Schlagwort Wolfs in seiner »Darstellung der Alterthums-Wissenschaft« ist wieder zu vernehmen: das Ziel dieser Wissenschaft »ist kein anderes als die Kenntnis der alterthümlichen Menschheit selbst, welche Kenntnis aus der durch das Studium der alten Ueberreste bedingten Beobachtung einer organisch entwickelten bedeutungsvollen National-Bildung hervorgeht«[3] (auf das Ersetzen von Menschheit durch Leben bei Wilamowitz komme ich noch zurück). Ohne daß dies die Einheit seines Vorhabens gefährdet hätte, zeigt die Aufsplitterung selbst der Philologie in verschiedene Einzeldisziplinen für Wilamowitz die Notwendigkeit, ihr jenseits dieser Spezialisierungen einen einheitlichen intellektuellen Horizont zu geben. Die philologische Arbeit, die von einer ursprünglichen Einheit ausging, mußte sich spezifizieren, denn es sollte eine vertiefte, das heißt historische Erkenntnis aller einzelnen Bestandteile der Antike erworben werden. Die Wissenschaft hätte sich auf diese Weise nach einem zyklischen oder dialektischen Schema entwickelt. Die mit dem ursprünglichen Programm von Wolf postulierte Einheit war in ihrem Ansatz zwar richtig, blieb aber noch unartikuliert und unerreichbar, solange die Wissenschaft nicht das empirische *Dasein* der mannigfaltigen geschichtlichen Welt in seiner gesamten Vielfalt durchlaufen hatte. Es war also schon einmal die Trennung der Wissenschaft in »Wortphilologie« und »Sachphilologie« erforderlich, im Streit der dreißiger Jahre zwischen G. Hermann und K. O. Müller bei der Interpretation der *Eumeniden* von Aischylos, damit die Notwendigkeit einer methodischen Synthese zutage trat. Der Vorteil dieser internen Differenzierung besteht darin, daß die Philologie so endgültig mit ihren philosophischen und (mit dem Ideal des Klassischen) normativen Ursprüngen gebrochen hat und eine rein historische Wissenschaft geworden ist. Nachdem die noch idealistische Konzeption der Begründer der philologischen Hermeneutik aufgegeben wurde, war der Gegenstand der Wissenschaft nicht mehr wie bei Boeckh das »Denken« der antiken Menschen (was Boeckh »das Bekannte« nannte, der *Logos*, wie er sich in Kunst, Religion, Philosophie, Recht und so weiter darstellt), sondern das Leben in all seinen Dimensionen, also das psychische, geistige und physische Leben: »Wir werden uns aber heute nicht damit zufrieden geben, daß unsere Arbeit in der Erkenntnis des Erkannten begründet sein sollte.«[4] Eine Philologie, die diese Bedingungen erfüllt, kann sich fortan der von ihren Begründern definierten hermeneutischen Aufgabe widmen, das heißt der Interpretation von Individualitäten: »so liegt überhaupt die spezifisch philologische Aufgabe in dem Erfassen einer fremden Individualität. Es gilt, sich in eine fremde Seele zu versenken, sei es die eines einzelnen, sei es die eines Volkes.«[5] Wie Wolf es bereits geahnt hatte, ist der individuelle Charakter, wenn er wirklich historisch ist, nicht den klassischen Werken selbst zuzusprechen, sondern dem Individuum, das sie hervorbringt, also dem Autor in der Gesamtheit seiner geistigen und gesellschaftlichen Bezüge.

Welchen Sinn kann eine solche Rückwendung haben, die nicht nur theoretisch ist, sondern von einer Art institutionellem Aktivismus begleitet war (unter anderem mit Wilamowitz' Errichtung eines »Instituts für Altertumskunde« an der Universität zu Berlin)? Indem Wilamowitz die Philologie erneut zu einer eigenständigen und umfassenden Wissenschaft macht, ergreift er die Gegenposition zu der so sorgfältig begründeten Position, die sein ehemaliger Lehrer in Bonn, Hermann Usener, in seiner Rektoratsrede »Philologie und Geschichtswissenschaft« von 1882 vertritt.[6] Schon der Ton ist ein anderer: Usener rekonstruiert methodisch auf neuen begrifflichen und empirischen Grundlagen das hermeneutische, nunmehr unhaltbare Projekt von Boeckh (»Eine Konstruktion der Philologie wie die Boeckhsche ist heute unmöglich«[7]), während Wilamowitz niemals einen systematischen Abriß dessen formuliert hat, was er »die wahren Aufgaben« nannte; es geht bei ihm eher um vereinzelte Ausführungen in seinen philologischen Arbeiten. Usener geht von einer dreifachen Beobachtung aus: erstens die unwiderrufliche Aufteilung der »Philologie« in eigenständige Disziplinen, zweitens die Unmöglichkeit, den Sinn eines historischen Ausdrucks in nationaler Perspektive zu rekonstruieren; die indogermanische Sprachwissenschaft hat inzwischen die Notwendigkeit des Vergleichens gezeigt, die auf alle sinnhaften menschlichen Äußerungen auszuweiten ist,[8] und drittens und hauptsächlich die Tatsache, daß die Philologie als Exegese und Kritik keine Wissenschaft, sondern eine Methode, eine Kunst ist, die in erster Linie

»grammatischen Takt« verlangt. Wenn man die Unumgänglichkeit des hermeneutischen Zirkels anerkennt, also das ständige Hin- und Herpendeln zwischen Allgemeinem und Besonderem, ist die Philologie unfähig, aus ihren eigenen Mitteln die allgemeinen Begriffe zu definieren, mit denen eine historische Interpretation zustande kommen kann, und daher ist sie keine »geschichtliche Wissenschaft«[9]; sie ist nichts als die bestmögliche Methode der historischen Wissenschaften, da deren wichtigster Stoff ja schriftliche Dokumente sind (»Wenn also wahr ist, daß der Boden aller geschichtlichen Wissenschaft das geschriebene Wort ist, so folgt, daß die Kunst, welche dasselbe feststellt und deutet mittels ihres grammatischen Vermögens, die letzte Voraussetzung aller geschichtlichen Forschung ist. Diese Kunst haben wir in der Philologie erkannt. Philologie ist also eine Methode der Geschichtswissenschaft und zwar die grundlegende, maßgebende«[10]). Da die Philologie von der Sprache nicht zu trennen ist, bleibt sie dem nationalen Rahmen verhaftet, während die Geschichte, die anhand der Rekonstruktion von Gesetzen interpretiert, zwangsläufig vergleichend ist. Die eine bedingt die andere, so wie Boeckh das Verhältnis zwischen Hermeneutik und Kritik sah, zwischen Interpretation und Erstellung der Quellen.

Wilamowitz antwortet nicht auf Useners Einwände gegen die vereinheitlichenden Programme von Wolf und Boeckh – intellektuell hat er sich ihm gegenüber stets fremd gefühlt. Aber die Differenzen, die mit der Neuformulierung dieser Programme entstehen, lassen seine antithetische Position klar erkennen. Es geht weniger darum, die Wissenschaftlichkeit dieses Fachs zu retten, das Usener als eine Kunst und nicht als eine Wissenschaft betrachtete (Wilamowitz sieht davon ab, Kriterien der Wissenschaft festzulegen), es ging vielmehr darum, einer historischen Individualität, der griechischen Kultur, angesichts der Aufsplitterung der philologischen Wissenschaften ihr Recht wieder zu verschaffen und dem Relativismus einer vergleichenden historischen Wissenschaft zu entgehen. Die Individualität, der Hauptbegriff der hermeneutischen Theorie, ist genau das, was Usener so klein wie möglich halten will, wenn er von der historischen Wissenschaft verlangt, daß sie Gesetze erstellen soll (»[die] Ergründung der allgemeinen Gesetze, nach denen die einzelnen Lebensäußerungen der Völker sich entwickeln und gegenseitig bedingen«[11]). Die Auseinandersetzung bekommt hier einen paradoxen Zug. Usener gibt den Gedanken der Organizität der Kultur zwar nicht auf, löst ihn aber von dem der Individualität (die bei Wolf noch dasselbe war), um ihm als »Organismentypus« eine abstrakte Fassung zu geben, deren konkrete Form durch Vergleich mit anderen zu gewinnen wäre. Umgekehrt insistiert Wilamowitz in geradezu empathischer Weise auf der Individualität als Gegenstand der Philologie, läßt aber die Idee des Organismus fallen. Für ihn stellt die griechische Kultur kein harmonisches Ganzes dar, sie ist vielmehr von Kämpfen beherrscht, von Befreiungsschlägen, die von reaktiven Kräften stets bedroht sind. Die Individualität wird zu einer Form des Handelns, zu einer Entscheidung, und ist somit keine feststehende Sache mehr. Es wäre nutzlos, zwischen den Programmen von Usener und Wilamowitz noch einmal den wohlbekannten Gegensatz zwischen, einerseits, den nomologischen und systematischen und andererseits den hermeneutischen Wissenschaften herausarbeiten zu wollen. Darum ging es nicht, da diese Programme nicht wirklich zur Herausbildung getrennter Fächer geführt haben. Die wahren Ziele liegen jenseits der erklärten Absichten, sie liegen in der Praxis der Interpreten.

Bleibt man aber bei Wilamowitz und einer seiner repräsentativsten Interpretationen, so fällt die Distanz zu den gängigen Lektüren auf.[12] Ich spreche von seinem Verständnis der *Orestie* von Aischylos, wie er sie 1900 in den Vorworten zu den Übersetzungen der einzelnen Stücke dargelegt hat, die für das Theater bestimmt waren und mehrfach gespielt wurden.[13] Nirgends bezieht er sich auf einen Begriff wie das Tragische, noch auf dessen säkularisierte Versionen der Philologen; er rekurriert auf keine allgemeine Glaubensvorstellung, wie etwa die Idee des Schicksals, um den Wortlaut des Textes zu erklären. Alles ist »historisch« in jenem zweifachen Sinn, daß das Werk von Aischylos erstens mit seinen Höhe- und Schwachpunkten als ein Kampf gegen die moralischen, religiösen und ästhetischen Normen seiner Zeit dargestellt wird, und daß zweitens diese gegensätzlichen Konventionen oder Normen nicht als Ideen mit einer eigenen Logik aufscheinen, sondern ihre Genese durch die vielfältige und chaotische Geschichte der griechischen Stämme erklärt wird. Die soziale, materielle Determiniertheit scheint zu überwiegen. So hebt er zur Erklärung der Vorgeschichte der Tragödie besonders einen Gegensatz hervor: auf der einen Seite den Erfindungsreichtum der nach Kleinasien verlagerten ionischen Kolonisatoren, die, abrupt von ihrem Totenkult und von ihren Traditionen losgerissen, den Göttern eine freie poetische Form gegeben haben, frei von jedem Zwang, und diese, wie bei Homer zu sehen ist, zu Gestalten gemacht haben, die durch keine feste soziale Norm gebunden sind, auf der anderen Seite die langsame Herausbildung einer neuen religiösen Form im griechischen »Mutterland«, die es dem Gemeinschaftsleben ermöglichen sollte, sich nach verbindlichen Normen zu entfalten. Apollon von Delphi mit seinen läuternden, aber auch grausamen Seiten erfüllt den Wunsch nach der göttlichen Darstellung eines klaren Gerechtigkeitsprinzips. Aber wiederum geht es nicht bloß um eine Idee: der Gott der Endlichkeit des Menschen (mit der apollinischen Formel »Erkenne dich selbst«), der Gott der notwendigen Gerechtigkeit als Achtung vor den Göttern, ist zunächst ein Kult und wird mit der priesterlichen Verwaltung des Tempels von Delphi eine mächtige Kirche, die bestrebt ist, ihre Sichtweise den aufkommenden Stadtstaaten aufzuoktroyieren, und dabei jede persönliche Freiheit unterdrückt (damit ist natürlich indirekt das päpstliche Rom gemeint). Die zunächst befreiende Idee der Theodizee schlägt ins Gegenteil um und besteht fortan nur noch in Verwaltung und Machtausübung. Dem steht ein anderes kultisches Schaffen entgegen, das authentischer ist, weil es unmittelbar mit Individuen zu tun hat; primitive irdische Gottheiten, wie die Erinnyen, sollen das Unausweichliche und Wilde an der Gerechtigkeit verkörpern. Die Tragödie kommt erst später auf, als eine neue und freie Gesellschaftsform verlangt, daß die neu erworbene politische und individuelle Freiheit geschützt werde. Damit ist man in einer Periode der Renaissance[14], der Überprüfung der überkommenen Normen durch einzelne Individuen, die ihre Kraft behaupten. Aber diese Individualität hat keine Form, keinen Begriff. Sie ist ein Handeln, bisweilen widersprüchlich oder zaudernd, das fordert, daß die traditionellen Glaubensvorstellungen auf die Probe gestellt werden. Die ästhetische Freiheit von Homers Göttern und Helden, die Aischylos wieder aufgreift, dient in diesem Fall dazu, die Möglichkeiten einer authentischen sittlichen Welt zu erkunden; sie ist nicht mehr rein formal. Die Einheit des Werks beruht weder auf einem Begriff noch auf einer kohärenten Theologie. Aischylos löst sich mit diesem Werk von der Tyrannei einer unpersönlichen, durch Apollon verkörperten Gerechtigkeit und setzt die Unsicherheit der Personen in Szene, die mit den Widersprüchen des »Gewissens« und seinen Regeln zu kämpfen haben. Als Klytämnestra ihren mordenden Gatten tötet, handelt sie im Namen des Rechts, aber am Ende des Stückes erkennt sie das Unrecht ihrer eigenen Tat; in der Inszenierung des Verbrechens zeichnet sich eine Menschlichkeit ab, die den Gesetzen, die sie beherrschen, überlegen ist. Gerade in diesen Momenten des Zögerns wird die Kunst der Tragödie wahrer als die bestehenden Formen der Religion: »Ob Aischylos größer ist, wenn er durch die vollen Thaten der Hingabe an die Gottheit unser Herz erbaut, oder wenn er es durch die furchtbaren Thaten und Leiden der menschlichen Willensfreiheit erschüttert, bemesse ein jeglicher nach der eigenen, vermutlich wechselnden Erfahrung: aber er sage nicht, daß er den Dichter verstünde, ehe er beides erfahren hat. Weder die Pharisäer noch die Sadducäer werden das jemals erreichen.«[15]

Der Gegenstand der Interpretation ist nicht der semantische Gehalt des Werks. Bei der systematischen Untersuchung des Wortlauts sucht der Interpret nach den Symptomen innerer Konflikte, die das Werk aber nicht überwindet. Die technische Entsprechung einer solchen Position liegt klar auf der Hand. Wilamowitz, der die »rationale (er selbst hätte gesagt: ›klassizistische‹) Philologie« und ihre vielfältigen normativen Eingriffe in den Wortlaut des Textes verwirft, will die Besonderheiten des Ausdrucks bewahren. In diesem Sinne bricht er mit der Praxis einer Epoche.[16]

Die Einheit in der Interpretation von Aischylos' Trilogie beruht in ihrer Fähigkeit, Schlüsselsituationen zu gestalten, in denen die Individualität des Dichters zeigt, wie er die geltenden Glaubensformen zu überwinden sucht. Das frevelhafte Individuum, dessen Verfehlung eine Norm verletzt und es zwingt, sich auf sich selbst zu besinnen, ist das Movens einer solchen Überwindung.

Man könnte leicht zeigen, daß die so dargestellten »historischen« Gehalte fast vollständig aus traditionellen oder schulmäßigen Vorstellungen von der Geschichte der griechischen Literatur und des griechischen Denkens abzuleiten sind (in der Reihenfolge objektives Epos, moralisierende Lyrik und Tragödie; einschließlich des Sprungs von einem primitiven abstrakten Recht mit Apollon und den Erinnyen zu einer konkreten bürgerlichen Sittlichkeit). Eine noch strengere und nicht minder legitime Kritik könnte zeigen, daß eine solche interpretatorische Konstruktion von gängigen und hochgradig zweifelhaften Ansichten geprägt ist. Ihre Neuheit beruht darauf, daß das historische Durchsetzungsvermögen dieser Gehalte mit der Tätigkeit eines einzelnen Bewußtseins verknüpft ist, das sie verinnerlicht, sich mit ihnen auseinandersetzt und sie zu überwinden sucht, und zwar im Namen von Ansprüchen, die es nicht selbst formulieren kann. So gesehen wird die Interpretation universell und leistet mehr, als die Philologie normalerweise zu leisten hat, mehr als die Rekonstruktion einer untergegangenen Welt. Gerade weil diese Philologie, die die Ausdrucksformen einer Kultur mit einem je nach Situation spezifischen »Handeln« verbindet, historisch ist, konstruiert sie innerhalb der Antike moderne Virtualitäten. Da die Kultur nicht mehr als ein Organismus betrachtet wird, der das individuelle Bewußtsein von außen lenkt, sondern eher als ein Material, das die großen Individualitäten brechen und mit ihren Behauptungen verwandeln, und dann im Gegenzug als die Summe dieser Behauptungen, gibt es in der innovativen »Entscheidung« eine Kraft, die der Gang der Geschichte nicht erschöpft. Es wäre nutzlos, die Untersuchung des Verhältnisses zur Geschichte und zur historischen Wissenschaft, die Wilamowitz in seinen philologischen Werken verwirklicht, noch weiter zu vertiefen. Denn in den verschiedenen Funktionen, die er dieser Individualität, teils als brechende Kraft und teils als Vollstrecker eines kontinuierlichen Fortschritts verstanden, zuschreibt, taucht sofort ein Widerspruch auf. Er formuliert keine klare Definition und bemüht sich auch gar nicht darum. Es genügt ihm festzustellen, daß die antike Individualität derjenigen der Renaissance an Kraft überlegen ist, da sie sich den Glaubensvorstellungen einer traditionellen Welt widersetzt und gegen diese Welt den Begriff der Individualität als solchen bis zum Exzeß setzt. Diese Kraft war ausreichend, um ihre Aktualität zu sichern und sie als Ideal den entindividualisierenden Zwängen der modernen Welt entgegenzuhalten.

Indem Wilamowitz eine umfassende Vorstellung der philologischen Wissenschaft der Antike vertritt – ohne jedoch, wie Usener, ein genaues Programm zu definieren –, fällt er nicht nur ein Urteil über die Geschichtsschreibung seiner Zeit; er bezieht auch gegenüber der Geschichte selbst Position. Die Aktualität der Philologie gründet bei ihm darauf, daß sie im Altertum (ein Ausdruck, den er nicht besonders mochte) eine wirkliche Modernität offenlegt und so ihren eigenen prosaischen Tendenzen entgeht.

Durch diese Bezugnahme auf die moderne Geschichte, auf ihre Sackgassen und Spannungen, konnte Wilamowitz eine wissenschaftliche Position errichten, mit der er den Widersprüchen der historischen Wissenschaft glaubte entgehen zu können. Diese Widersprüche haben zweierlei Gründe: einerseits ist die historische Erforschung der Fakten, die *per definitionem* unendlich ist und die Praxis der Philologen fast in ihrer Gesamtheit ausfüllt, keine Garantie für eine Möglichkeit der Interpretation des untersuchten Gegenstands, da sie sich ja mit der Sphäre der Fakten und nicht des Sinns beschäftigt. Andererseits ist die Faktenerforschung außerstande, den theoretischen, moralischen oder ästhetischen Wert des untersuchten Objekts zu berücksichtigen. Usener sah dieser zweiten Schwierigkeit ins Auge; er hielt sich an die Frage der Interpretation und setzte sich mit der traditionellen hermeneutischen Fragestellung auseinander, das heißt der Beziehung zwischen dem Besonderen, wie es eine »antiquarische« Geschichte meint errichten zu können, und dem Allgemeinen, das die Analyse insgesamt steuert, und versuchte, wenngleich ohne wirklichen Erfolg, der philologischen Praxis einen allgemeinen Erkenntnishorizont im Rahmen einer systematischen und rationalen Wissenschaft der Kultur zu geben. Wilamowitz hingegen macht es sich leichter und erklärt das Besondere an sich, das reine Ereignis, zum unmittelbaren Träger einer universellen Bedeutung, die er als Resultat einer »Entscheidung«, einer Tollkühnheit, betrachtet. So ist er auf zwei verschiedene Weisen modern, die aber im Grunde gegensätzlich sind:

- Bezieht sich die wissenschaftliche Arbeit, so atomisiert sie sein mag, stets unmittelbar auf eine feste Wahrheit, so erlangt sie in diesem Gewaltakt dauerhaft und sofort ihre kulturelle Legitimität. Wilamowitz kann daher die Maximen einer positiven und progressiven Wissenschaft aufgreifen und das Ideal einer wissenschaftlichen Gemeinschaft aus anonymen Individuen vertreten, die allein das Erkenntnisinteresse treibt (»In der Aufopferung unserer eigenen Individualität liegt unsere Stärke«[17]).
- Da die potentiell grenzenlose und allen Dimensionen des antiken »Lebens« offenstehende historische Analyse im einzelnen die gelungene Interaktion zwischen »großen« Individuen und der Gesamtheit der historischen Situation zeigt, ist die alte Welt dazu da, die Schwächen der Moderne zu deuten, in der die Individuen gerade nicht mehr in der Lage sind, auf das ganze Gesellschaftsleben Einfluß zu nehmen.

Die freieste moderne Wissenschaft, von den Normen des Klassizismus restlos befreit, wird gegen die moderne Welt ausgespielt, die sie doch hervorgebracht hat. Hier haben wir die Haltung der »konservativen Revolution«.[18]

Wenn man Wilamowitz aus diesem Blickwinkel liest, aus dem man ironisch einen uneingestandenen Nietzscheaner entdecken kann, kann man auch die Annäherung zweier Positionen erklären, die auf Anhieb verwirrend wirken. Denn wenn man auf die Interpretation der *Orestie* zurückkommt, so ist es auffallend und überraschend, daß sie genau diejenige vorwegnimmt, die Walter Benjamin in »Schicksal und Charakter« (1921)[19] gegeben hat (in seiner Studie über das Trauerspiel rekurriert Benjamin explizit auf die rein gesellschaftliche und politische, und nicht ästhetische oder philosophische Definition der Tragödie von Wilamowitz[20]): Das Schicksal, das das Individuum zur Verfehlung verurteilt, ist keine archaische Idee oder Glaubensvorstellung, sondern die Folge der Institution des Rechts, sofern dieses die Einzelexistenzen steuert; Apollon, der Gott der Gerechtigkeit und der klerikalen Verwaltung, ist zugleich der Gewalttäter. In der Tragödie von Aischylos zeigt der Mensch durch seine Schuldhaftigkeit, daß er besser ist als seine Götter. Wilamowitz würde dem nur noch hinzufügen: besser als manche von ihnen: Zeus bleibt die Versöhnungsinstanz, jenseits aller einzelnen Determiniertheiten – was Benjamin freilich nicht zulassen kann. In beiden Fällen soll die Tragödie (und vor allem Aischylos) zeigen, warum eine kritische Position bestimmt werden muß, die bei dem einen utopisch und bei dem anderen restaurativ ausfällt.

Aus dem Französischen von Beatrice Schulz

Anmerkungen

1 Vgl. unter vielen anderen Studien von Rudolph Stichweh, *Zur Entstehung des modernen Systems wissenschaftlicher Disziplinen. Physik in Deutschland 1740–1890,* Frankfurt am Main 1984.

2 Ulrich von Wilamowitz-Moellendorff, *Geschichte der Philologie,* Berlin und Leipzig 1921 (diese Darstellung eröffnet die Reihe *Einleitung in die Altertumswissenschaft,* hrsg. von Alfred Gercke und Eduard Norden).

3 Friedrich August Wolf, »Darstellung der Alterthums-Wissenschaft«, in: *Museum der Alterthums-Wissenschaft,* hrsg. von Friedrich August Wolf und Philipp Buttmann, Berlin 1807, Neudruck Berlin 1986, S. 124f.

4 Wilamowitz-Moellendorff, *Geschichte der Philologie* (Anm. 2), S. 54f.

5 Wilamowitz-Moellendorffs *Einleitung in die griechische Tragödie,* zuvor in Berlin 1907 publiziert, erschien später als erster Band der Edition des *Herakles* von Euripides (3 Bde., Berlin 1889, Neudruck Darmstadt 1959), hier S. 257: »Die wahren Aufgaben«.

6 Hermann Usener, »Philologie und Geschichtswissenschaft« (1882), in: *Wesen und Rang der Philologie. Zum Gedenken an Hermann Usener und Franz Bücheler,* hrsg. von Wolfgang Schmid, Stuttgart 1969, S. 13–36. Zum Ort dieses Textes in der Geschichte der disziplininternen Reflexion vgl. Ada Neschke, »Noch einmal:

Philologie und Geschichte. Überlegungen zur Stellung der Klassischen Philologie«, in: *Gymnasium* 88, 1981, H. 5, S. 409–429.

7 Usener, »Philologie und Geschichtswissenschaft« (Anm. 6), S. 21.

8 Zur Anthropologie Useners vgl. Renate Schlesier, *Kult, Mythen und Gelehrte. Anthropologie der Antike seit 1800*, Frankfurt am Main 1994, S. 193–241.

9 Usener, »Philologie und Geschichtswissenschaft« (Anm. 6), S. 23.

10 Ebd., S. 29.

11 Ebd., S. 20.

12 Das Unternehmen, das im Namen der Wissenschaft vorangetrieben wird, versteht sich entschieden »modern«; es bricht mit der üblichen Vorstellung von griechischer Literatur und Religion und mit den vorherrschenden Ideen über die Religion. Die Vorgänger von Wilamowitz konnten die Verbindung zwischen Religion und Staat in der Tragödie nicht verstehen (»Was Religion ist, das lerne, wer es nicht weiß, bei Carlyle oder bei Lagarde: Schleiermacher redet dafür zu leise und zu dialektisch«). Nur Erwin Rohde findet Gnade; die Kritik, die Jacob Burckhardt gegen ein klassizistisches Griechenland richtet, darf man nicht mit dem Projekt von Wilamowitz verwechseln: »Schließlich würde ich es für feige halten, wenn ich hier nicht ausspräche, daß die griechische Kulturgeschichte von Jacob Burckhardt, nach der mancher leicht greifen könnte, für die Wissenschaft nicht existiert.« Vgl. Ulrich von Wilamowitz-Moellendorff, *Griechische Tragoedien*, Bd. 2, Berlin 1900, S. 6 f.

13 Wilamowitz-Moellendorff, *Griechische Tragoedien* (Anm. 12).

14 Ebd., S. 28.

15 Ebd., S. 47.

16 Dieser relative textliche Konservativismus erreicht seine Grenzen, wo Wilamowitz einen Text zwingt, manchmal sogar gegen die grammatischen Regeln, die er sonst lehrt, eine religiöse oder moralische Konzeption zu formulieren, die er ihm gewaltsam gibt.

17 Wilamowitz-Moellendorff, *Einleitung* (Anm. 5), S. 257.

18 Vgl. dazu die Studien von Luciano Canfora, *Intellettuali in Germania. Tra reazione e rivoluzione*, Bari 1979, insbesondere S. 121 f.; ders., »Wilamowitz: ›Politik‹ in der Wissenschaft«, in: *Wilamowitz nach 50 Jahren*, hrsg. von William M. Calder III u. a., Darmstadt 1985, S. 56–79.

19 Walter Benjamin, »Schicksal und Charakter«, in: ders., *Gesammelte Schriften*, Bd. II.1, Frankfurt am Main 1977, S. 171–178.

20 Walter Benjamin, *Gesammelte Schriften*, Bd. I.1, Frankfurt am Main 1974 , S. 284 f.

Nikolaus Wegmann

Im Reich der Philologie. Vom Sammeln und Urteilen

Für die Literaturwissenschaft ist die Frage nach ihren Fachgrenzen ein immer wiederkehrender Anstoß zur Beschreibung der eigenen disziplinären Identität. Das gilt auch in der aktuellen Situation: Wenn ständig weitere Paralleldisziplinen und immer neue Paradigmen ausformuliert werden, stellt sich gleichsam im Rücken dieser allseitigen Veränderungen noch dringlicher die Frage, wo sich in all dem signifikante Trennlinien lokalisieren lassen.

Um das Folgende von ausführlichen Bezugnahmen auf laufende Diskussionen und weit zurückreichende Traditionen freizuhalten, vorab zwei Präzisierungen:

1. Typischerweise versteht man im Kontext der Wissenschaftsgeschichte »Fachgrenze« als eine Abgrenzung *nach außen*. Hier interessieren jedoch Grenzziehungen *innerhalb* des Fachs. Man kann dann z. B. nach Fachgegenständen oder Schulbildungen unterscheiden oder auch, und das wird hier Thema sein, die Differenz von Zentrum und Peripherie anlegen.[1]

Mit der Zentrum-Peripherie-Unterscheidung ist nicht Hauptstadt versus Provinz oder Zentral-Institut versus Provinz-Universität gemeint. Die Unterscheidung wird auf die Disziplin selber bezogen, gelten doch bestimmte Bereiche des Fachs stets als zentral, andere dagegen als peripher: Innerhalb des Fach*gebiets* wird nach der Zentrum-Peripherie-Form differenziert – und zugleich wird das so Markierte als *Unterschiedenes und Unterschiedliches zusammengehalten.*

2. »Paradigma« bezieht sich üblicherweise auf kognitive Prozesse und Strukturen eines Fachs und steht so für das epistemologische Muster, woran man das Fach erkennt. Auch wenn man sich dem anschließt, besteht heute nicht mehr eine Verpflichtung, sich auf Thomas Kuhn

zu beziehen und nach einer allgemeinen Logik in der Entwicklung wissenschaftlicher Disziplinen zu suchen. Hier wird die Schwelle niedriger gesetzt und Paradigma als *Leitdifferenz* verstanden, an der sich ein Fach orientiert. Leitdifferenzen gewinnen ihre Plausibilität insbesondere dort, wo sie *je aktualisiert werden,* wo man sie in der Anwendung immer wieder neu bestätigt und sie in der Kette dieser Bestätigungen sowohl *Dauer* als auch *Evidenz* erlangen. Identitätsstiftende Paradigmen sind demnach vor allem in *den basalen Operationen des Fachs* zu suchen, in den kognitiven Grundoperationen der Disziplin sowie in deren Verhältnis zueinander.

I

Fragt man nach den Grenzen der Philologie, fragt man nach dem, wofür das Fach zuständig sein will, dann fallen nicht nur gegen Ende des 19. Jahrhunderts die Antworten wenig präzise aus. Nur zu oft endet der Versuch einer Begrenzung in langen Katalogen, oder man zitiert gleich die alte Unterscheidung von einer »engeren« und einer »weiteren« Philologie – und versteht diesen Rückgriff zugleich als Hinweis auf die Schwierigkeit, für das »Reich der Philologie« überhaupt Grenzen angeben zu können.

Mit »Reich« ist hier weder eine Analogie zur Verfassungspolitik intendiert, noch wird auf ein historisch konkretes Reich angespielt, etwa auf den deutschen Nationalstaat. »Reich« ist als Metapher für einen Kommunikationsraum gemeint und bezeichnet so die für ein Reich typischen, vielleicht sogar konstitutiven Kommunikationsverhältnisse. Ein Reich ist kommunikationstechnisch gesehen die Folge – so Luhmann und die Kittler-Schule gleichauf[2] – der *Ausdehnung von Kommunikationsmöglichkeiten.* Zur Form des Reiches gehört daher auch das Fehlen definitiver Grenzen. An ihrer Stelle findet man Horizonte, die das Erreichbare bestimmen. Für das Reich der Philologie kann man dies nachlesen etwa bei Ulrich von Wilamowitz-Moellendorff und seiner Einlassung auf die Standardfrage: »Die Philologie, was ist sie?«[3] Wilamowitz hält sich nicht mit langen Prinzipien-Erwägungen auf. Ohne Umschweife heißt es: »Wir wollen die Wissenschaft durch ihr Objekt bestimmen.«[4]

Dieses »Objekt« wird auf zweifache Weise näher bestimmt. Zuerst in einer hermeneutischen Fassung, dann direkt und konkret, und darin auch näher am Alltag des Faches. Der Reihe nach: Die das Fach bestimmende Zentralreferenz sei, wie anders, das Altertum. Es wird gedacht als eine zusammenhängende »Kultur«, als »Einheit«, und folglich ist alles, was aus diesem Objektfeld stammt, getreu dem hermeneutischen Topos von Teil und Ganzem, auch für das Fach *relevant*: »jede kleinste Erscheinung [trägt] ihren Zug bei zu dem Verständnisse des Ganzen, aus dem sie ward, in dem sie fortwirkt. Weil das Objekt eines ist, ist die Philologie eine Einheit.«[5]

Die zweite Version der Gegenstandsdefinition kommt ohne aufwendige Reflexion aus. Hier bestimmt sich das »Objekt« aus der »kleinlichen Werkeltagsarbeit«[6] und ist demnach definiert durch das, was man tagtäglich *als Philologe* tut. Zumindest: was die meisten tun, also der sogenannte Durchschnitt des Fachs.[7] Das folgende Zitat aus Wilamowitz' Rede schließt unmittelbar an die hermeneutische Version der Objektbestimmung an. Jetzt genügt die schiere Reihung von Dingen und Sachverhalten, die *auch noch* zum Feld des philologischen Wissens zu rechnen sind: »Die Partikel *an* und die Entelechie des Aristoteles, die heiligen Grotten Apollons und der Götze Besas, das Lied der Sappho und die Predigt der heiligen Thekla, die Metrik Pindars und der Meßtisch von Pompeji, die Fratzen der Dipylonvasen und die Thermen Caracallas, die Amtsbefugnisse der Schultheißen von Abdera und die Thaten des göttlichen Augustus, die Kegelschnitte des Appolonius und die Astrologie des Petosiris: alles, alles gehört zur Philologie, denn es gehört zu dem Objekte, das es verstehen will, *auch nicht eines kann sie missen.*«[8]

Das liest sich wie das Manifest einer panantiken Reichs-Philologie: Wilamowitz plädiert mit seiner Prorektoratsrede von 1892 für eine Philologie, die all das, was zu ihr – respektive zu dem für sie reklamierten Gegenstand – gehört, auch in ihren Kompetenzbereich hereinholt. Es wird ein Fach präsentiert, das entsprechend dem hier abgesteckten »ungeheuren Wissensgebiet«[9] expandieren will, ja nach dieser Selbstbindung an ein unendliches Objekt-Feld auch expandieren *muß*. Dieses Reich der Philologie ist der Sinn-Horizont für die wissenschaftliche Kommunikation der Philologen. Grenzen werden, wenn überhaupt, nur als vorübergehende Einschränkungen hingenommen: Die »gesamte« Antike ist das der Philologie zustehende – und von ihr in Besitz zu nehmende – Territorium.

2

Reiche haben, trotz oder wegen ihrer Größe (auch) Probleme. Sie sind nicht so stabil, wie ihre Präsenz es suggeriert. Gerade ihr sichtbarster Erfolg, die andauernde Expansion, provoziert eigene, selbst zu verantwortende Schwierigkeiten. Je weiter sich das Reich ausdehnt, desto mehr rücken Zentrum und Peripherie auseinander, und das heißt zunächst einmal: Es wird für das Zentrum immer schwerer, die Kontrolle aufrechtzuerhalten. Wenn jedoch die Randgebiete nicht mehr rückgebunden sind, dann steigt die Wahrscheinlichkeit, daß sie verlorengehen. Andere Größen und Mächte werden auf die führungslos gewordenen Gebiete zugreifen und eine territoriale Neuausrichtung zu ihren Gunsten versuchen.

Genau diese Gefahren der Expansion beschwört der Marschbefehl »zu den Sachen«. Wenn die Disziplin an ein »ungeheures« Objektfeld gebunden wird, wenn jeder Fund auf diesem Feld sich (noch) als ein Umwandeln von Unbekanntem in Bekanntes verstehen läßt, dann breitet sich die Disziplin allein dadurch aus, daß sie sammelt – und das meint stets: *weiter sammelt*. Belege dafür, und auch dies wohl nur als Spitze des Eisbergs, sind die großen, z. T. über Generationen hinweg geführten Unternehmungen – wie etwa die unter Wilamowitz' Führung organisierte »Sammlung der griechischen Inschriften«[10] – als ostentative Erfolge philologischer Arbeit.

Doch das Sammeln ist keineswegs so schlicht, wie man lange geglaubt hat. Die epistemologische Unterströmung, die von dieser Tätigkeit ausgeht, wird unterschätzt. Was macht der Philologe, wenn er sammelt? Oder sollte es heißen: Was passiert mit ihm? Auffallen muß, daß das Sammeln in sich keine Grenze, keinen fixen Zielpunkt kennt. Es gilt stets nur: Man sammelt, was man noch nicht hat, und das, was man noch nicht hat, interessiert bereits allein aufgrund dieser Stellung in der Logik des Sammelns. Hat eine Sammlung erst einmal angefangen, dann wird im Blick des Sammlers gerade das, was er noch nicht hat, besonders interessant. Das ist ein unabschließbares Motiv, das für den Sammler zur Konsequenz hat, daß er immer weiter in den Ozean der *potentiell vollständig zum Gegenstand des Sammelns werdenden Objekt-Welt* hinausgezogen wird. Jeder Fund, so Michael Cahn in seiner Hermeneutik des Sammlers, ist immer nur »Auslöser dafür [...] einen weiteren zu suchen«.[11] Kurz, und auf den Kern der Sache verweisend: Jede »funktionierende Sammlung« – so Boris Groys mit Blick nicht auf die Philologie, sondern das Museum – »expandiert«.[12] Expansion ist der Normalzustand.

All dies gilt keineswegs nur für Archäologen oder Editions-Philologen und deren Suche nach Textzeugnissen. Nicht umsonst nämlich sind die Etymologien von »Lesen« und »Sammeln« miteinander verbunden.[13] So ist das Sammeln auch ein Modus des Lesens. Schließlich liest gerade der Philologe auf Funde. Im sammelnden Lesen werden ihm die Texte zu Fundfeldern von möglichen Zitaten: »Dieses Lesen gilt der Eventualität eines Zitats, es lernt nicht, es genießt nicht, es folgt nicht der Linie der Geschichte, sondern zerlegt diese in seine wiederum wiederverwendbaren Elemente.«[14] Das Lesen liest demnach auf Wiederverwendbarkeit, auf Verwertbarkeit. Doch die kann sich im Vergleich zum Akt des Sammelns nur nachträglich – und als Ergebnis einer weiteren Operation – einstellen. Bis dahin müssen diese Funde gelagert bzw. erst einmal eingesammelt werden. Zum Beispiel in Florilegien oder Promptuarien oder, um wieder an die Sammel-Offensiven der Philologie in der zweiten Hälfte des 19. Jahrhunderts zu erinnern, in kleinen und großen Fundbüchern, in Miszellen oder Inschriften-Katalogen.[15]

Dieses Lesen ist demnach kein Sich-Sammeln, kein meditatives Verweilen, sondern greift mehr »seriell« (M. Cahn) auf den Gegenstand – und dies zu einem Zeitpunkt, wo die Ausrichtung des neuen Funds auf einen valorisierenden Kontext noch nicht geschehen ist. Aufgrund dieser Vorläufigkeit ist das sammelnde Lesen eine nicht-hermeneutische, nicht auf Sinn gerichtete Lektüre. Gleichwohl ist die Verbindung vom Sammeln zum disziplinären Wissen klärungsbedürftig. Zwar wächst im Fortgang des Sammelns das Reich der Philologie, wird immer mehr und anderes in ihren Kommunikationsbereich hineingeholt. Doch folgt nur diese Expansion einer quantitativen Logik. Keineswegs gilt, daß je mehr man sammelt, desto größer auch das Wissen ist. Einen stetigen Wissenszugewinn gibt es nicht. Denn wo wäre die Garantie, daß die Menge der Funde auch tatsächlich *in Bedeutung umgewandelt* werden kann? Ist nicht wahrscheinlicher, daß die stets weiter wachsenden Sammlungen umgekehrt anerkanntes Wissen unterminieren, bis in der Fülle des immer neu und anders Beigebrachten am Ende jede auf ein Allgemeines zielende These sich auflöst?

3

Sammlungen legt man vor allem für andere an, »so daß jeder Forscher, der das einzelne brauchte, sicheren Rat fände«.[16] Das sind Philologen, die ein anderes Verhältnis zu diesen Einzel-Gegenständen haben, als es der Sammler hat. In der Disziplin heißt Sammeln zuarbeiten – und das bringt das Zentrum in den Blick. Hier dominiert eine *andere Form der Zuwendung* zu den Dingen. In der Selbstbeschreibung des Fachs ist sie typischerweise als die eigentliche, im vollen Sinn *philologische* Form des Gegenstandsbezugs anerkannt. Auch hier weist die Tradition weit zurück; sie ist sogar zum Fachtitel »Philologie« selber kondensiert: »How then do we define philology? Perhaps we can do no more than define it by paraphrase of its constituent parts, that is: by philology is meant the conducting of a philia relationship (that is, in a relationship of ›affection‹, ›respect‹), and ›close proximity‹ to the logos (that is, the ›word‹, or the ›text‹).«[17] Das ist nicht Wilamowitz, sondern Richard F. Thomas, Philologe an der Harvard-Universität, und er sagt dies nicht im 19. Jahrhundert, sondern 1988 in Boston.

»Philia«, auch hier mit Freundschaft übersetzt, steht für ein Ethos, das verlangt, daß man Sympathie und Engagement für das aufbringt, was einem nahesteht. Hier wird eine Haltung zum Gegenstand eingefordert, die ganz auf den besonderen Wert respektive die außerordentliche Wertschätzung setzt, die man schon immer der Antike entgegenbringt. Das »Klassische« – ein Imperativ, der als *Eigenwert philologischer Kommunikation* sich immer wieder neu reproduziert – hat Priorität, und entsprechend soll von hier *aus* diese besondere Qualität des Gegenstands für das Fach insgesamt glaubhaft werden. Das Zentrum, und das ist seine wesentliche Formbestimmung, *lebt*, ja die Philologie als Disziplin soll sich gerade dadurch auszeichnen, daß sich das Fach mehr als jedes andere auf diesen lebendigen und verlebendigenden Mittelpunkt hin ausrichtet. In der Philologie, so derselbe Wilamowitz, der eben noch den universalen, in eine uferlose Breite ausgreifenden Sammelauftrag propagiert hat, ist der »*centripetale Zug* stärker [...] als sonst irgendwo«. Als wäre das nicht genug, fährt Wilamowitz fort: »das behaupte ich, weil es eine Thatsache ist, eine offenkundige, und wie mich dünkt, eine merkwürdige.«[18]

Zentrum und Peripherie sind so zunächst einmal verteilt. Allerdings ist über die grundsätzliche Anknüpfung an das philologische Ethos hinaus nicht geklärt, *wie* das Zentrum dieser überkommenen Einstellung gerecht zu werden versucht – und zwar insbesondere dann, wenn (auch) die Philologie sich als *neutrale* Wissenschaft ausweisen will oder muß.[19] Natürlich gibt es eine hehre Semantik, die immer wieder sagt, daß die Antike wertvoll, bildend, exemplarisch, klassisch ist, daß das Altertum Ideal, Norm, Vorbild ist oder sein soll. All dies ist Standard, ist etwas, das immer wieder gesagt wird und offensichtlich gesagt werden muß. Die schiere Wiederholung, schon gar nicht als Festtagsrede oder Legitimationsprogramm, kann jedoch dieses epistemologische Vorurteil kaum geltend machen – und dies um so weniger, als die Disziplin auf immer neues Gelände ausgreift. Es entsteht eine Situation, in der mehr anfällt, als eine der *philia* verpflichtete Epistemologie verarbeiten kann. Das Fach, scheinbar erfolgreich wie nie, stürzt in die Krise. Jedenfalls ist das die Einschätzung Nietzsches.[20] Er interveniert als ein Reformer, der, wie das immer bei Geschichten von *alten* und *großen* Reichen ist, den Niedergang abwehren will. Gelingen soll dies, indem das Verhältnis von Zentrum und Peripherie wieder neu justiert wird, um ihre ungleiche Balance wiederherzustellen. Nach Lage der Dinge kann das jetzt nur heißen: das Zentrum stärken.

4

Nietzsches Kritik am Zustand seines Fachs zeigt auf die Risiken einer vornehmlich als Sammlung betriebenen Philologie. Als praktizierender Philologe weiß er, daß jedes Sammeln auch umschlagen kann in ein Desaster: Zwar ist es gängige Praxis, daß man das, womit man sich beschäftigt, auch ordnet, es verzettelt, und so fließend den Übergang in die Bearbeitung der Funde vollzieht. Aber man kann sich dabei stets auch *verzetteln* und sich unversehens in der Masse der Funde verlieren.

Genau diese Kritik findet sich unter dem Titel »Alexandrinismus«, und ist damit, so vermute ich, zugleich die *philologische Fassung des Historismus-Problems*. Was ist gemeint? Wenn Nietzsche seine Gegenwart als »alexandrinische Kultur«[21] bezeichnet, dann kritisiert er an ihr einmal, daß man sich bei dem, was man wissen will, keine Grenzen mehr auferlegen will oder *kann*. Die im Zeichen des Historismus stattfindende Entgrenzung verführt zu einer »überreichen Wissenslust«, die statt zu einer Erfüllung – und das geht direkt auf das Sammeln als Modus des philologischen Wissens – nur ein »ungesättigtes Finderglück«[22] erreichen kann. »Alexandrinismus« beschwört demnach nicht zufällig Alexandria als den mythischen Ort der alles und jedes sammelnden Bibliothek. »Alexandrinismus« ist der Name für einen Zustand, wo das Wissen sich ungeheuer ausgedehnt hat und sich immer weiter ausdehnt, ohne daß erkennbar wird, ob diese Expansion überhaupt noch zum Halten kommen wird.[23] Das aber muß für das Wissen, und das ist die zweite, entscheidende Stoßrichtung der Kritik, negative Folgen haben. Nietzsche registriert als Folge dieser Wissens-Dynamik eine »ungeheure Verweltlichung«[24], die die erhoffte *positive Kraft*, durch die sich das philologische Wissen als ein eigenes Wissen auszeichnen soll, unterminiert. Am Ende, wenn die Philologie vollends »alexandrinisch« geworden sein wird, ist als Ergebnis nur noch zu bilanzieren: »Die Folgenlosigkeit des Buches für alles Leben als Regelfall.«[25]

5

Das Zeitalter des Historismus bedeutet für das Reich der Philologie demnach eine Schwächung des Zentrums. Ihre gesamte innere Ordnung scheint gefährdet, weil ein kraftlos gewordenes Zentrum die alte, im Grenzverlauf von Zentrum und Peripherie angelegte Arbeitsteilung – und damit auch die kraft dieser Unterscheidung organisierte Produktivität – zu kippen droht. Das ungebremste »Finderglück« erschlägt durch die unaufhörlich heranbrandende Masse an historischem Material Bedeutung, Aura oder Autorität einer »klassisch« gedachten Antike. Fällt aber das Zentrum vollends aus, kann nicht mehr *unterschieden werden* zwischen »Wichtigem« und »Unwichtigem«, zwischen »Meisterwerken« und »Machwerken«. Der einmal in Gang gesetzte Prozeß verstärkt sich noch. Die Peripherie rückt noch weiter weg, und die Gefahr wächst, daß sie ihre Arbeit umsonst macht oder gar der »philologischen Katastrophe«, dem Verzetteln, entgegenarbeitet. Ohne die Rückbindung an das Zentrum, ohne die Arbeit an der Wiederverwendung der Funde, so Nietzsche, ist »der größte Teil jener Ameisenarbeit einfach Unsinn und überflüssig«.[26]

Daß Nietzsche seinem Fach die Leviten liest, ist bekannt. Nicht minder bekannt ist, was er dem Alexandrinismus entgegensetzen will: eine lebendige und bedeutende Antike, die »altgriechische Urwelt des Großen, Natürlichen und Menschlichen«.[27] An dieser Stelle kann nicht Nietzsche als Philologe zum Thema werden. Er interessiert in diesem Kontext, weil er ein allgemeines, möglicherweise *für die Philologie noch immer passendes Problemformular* aufgesetzt hat. Selbstredend kann dieses Formblatt unterschiedlich ausgefüllt werden. Aber selbst ein Wilamowitz, der typischerweise als der Antipode zu Nietzsche gilt, hat dieses Problemformular – und darauf kommt es hier an – ausgefüllt. Auch er stellt sich der Frage nach dem »Zentrum«, auch wenn seine Antwort ungleich schlichter ausfällt als das, was z. B. Nietzsche entwickelt.[28] Selbst wenn das Fach noch so weit ausgreift und immer mehr aus seinen Territorien zusammenträgt, wird für Wilamowitz die Expansion nicht problematisch: »Die Vermehrung des Materials ändert das Ergebnis, nicht die Methode.«[29] Das Zentrum ist für ihn weniger ein epistemologisches Grundproblem als eine im wörtlichen Sinne *zentrale Sammel-Stelle,* die alle Funde zusammenführt, auf daß sich aufgrund der einfachen Tatsache, daß sie möglichst vollständig sind, ein »Vollbild« (Wilamowitz) einstellt. Sicher ist, daß Wilamowitz das nicht nur für realisierbar gehalten hat. Er glaubte die herkulische Arbeit des *totalisierenden Überblicks* auch selber gelöst zu haben. Die Bibliographie seiner Publikationen, und sie wäre der Beweis dafür, zählt mehr als 650 Titel.[30]

6

Die hier allein mögliche Skizze läßt es nicht zu, weitere Eintragungen in das von Nietzsche an die Philologie ausgegebene Formular zu sichten. Stets aber, und das betrifft die generellen Anforderungen, die bei der jeweiligen Bearbeitung des Formblatts zu beachten sind, muß ein Zentrum Differenzierbarkeit bereitstellen: Ex luto aurum, so sagt es der Topos. Man muß aus Tonnen von taubem Gestein Klümpchen von Gold herausdestillieren können. Dafür braucht es, und das weist zugleich auf die philologischen Operationen, die das Zentrum *als Zentrum* organisieren muß, Wertigkeiten, Selektivität, Konnektivität und Hierarchien. Diese Anforderungen markieren noch kein kognitives Niveau. Die Qualität der Antworten differiert enorm. So hat die Disziplin nur zu oft sich auf externe, von der Politik gegebene Vorgaben eingelassen und das Zentrum einem jeweiligen Fundamentalismus überantworten wollen. Eine andere Linie dagegen stellt sich den epistemologischen Schwierigkeiten eines der *philia* verpflichteten Gegenstandsverhältnisses und markiert ihren Einsatz mit einer zeitlosen Polemik, die zugleich ein Reflexionsniveau setzt, das jeden Fundamentalismus ausschließt: »Als ob die Werte in den Dingen stecken und man sie nur festzuhalten hätte.«[31]

Das korrigiert zugleich das (zu) einfache Bild vom Goldkorn im tauben Gestein. Was wichtig ist, kann gerade nicht aufgesammelt oder einfach aus dem Schutt freigelegt werden, sondern muß in *eigenen Operationen* erst herausgearbeitet werden. Es braucht vor allem die Konfrontation, das gegeneinander Abwägen der Funde. Doch das ist eine voraussetzungsreiche Operation, weil sie auf kulturelle und ästhetische Konstruktionen angewiesen ist.[32] Erst auf dieser Basis kann *der valorisierende Vergleich* stattfinden. Daß solche Konstruktionen – sollen sie geltungsstark sein! – höchst anspruchsvolle Anforderungen an das Fach stellen, versteht sich von selbst, und das gilt auch dann, wenn man konzediert, daß inzwischen ein beträchtlicher Fundus an Konstruktionsunterlagen bereitliegt. Fraglich jedoch ist, ob alles nur eine Frage der besten oder bestmöglichen Konstruktion ist. Gut möglich, daß auch ein »objektiver« Vergleich nur dann zu einem Resultat kommt, wenn zugleich *beurteilt* wird. Vielleicht ist auch der sorgfältigste Vergleich in seinem Kern nur ein Urteil, das jetzt, in der Figur des Vergleichs, nur explizit und nachträglich gerechtfertigt wird. »Urteilen«, so jedenfalls Nietzsche über die eigentliche Aufgabe wie die problematische Epistemologie der Philologie, »ist am schwierigsten.«[33]

7

Kann man hier abbrechen? Vielleicht, wenn man wüßte, wo wir eigentlich stehen. Um 1900? Um 2000? Oder haben wir nur einmal mehr festgestellt, daß Nietzsche ein Klassiker ist, weil er uns Fragen hinterlassen hat, für die wir auch jetzt Antworten suchen? Womöglich jetzt mehr denn je, weil wir uns auf ein neues, im Zeichen weltumspannender Computernetze stehendes, alexandrinisches Zeitalter zubewegen? Zu bedenken wäre dann, daß nach der Logik der Zentrum-Peripherie-Unterscheidung das Zentrum stärker auf die Peripherie angewiesen ist, als dies umgekehrt der Fall ist. Die Peripherie scheint sich jedoch heute zu wandeln. Sie steht nicht mehr für Inschriften oder Textzeugnisse, sondern für das, was man als Faktizität der Medien bezeichnet und unter dem Titel »Neue Medien« mehr und mehr an Raum gewinnt. Kann man auch das noch von einem lebendigen Zentrum aus rückbinden an ein Urteils-Wissen? Oder sind das Fragen von gestern? Vielleicht ist ja auch schon das Zentrum leer – und dann gäbe es auch keine Peripherie mehr. Oder nur noch Peripherie.

Anmerkungen

1 Zur generellen Konstellation: Niklas Luhmann, *Soziale Systeme. Grundriß einer allgemeinen Theorie*, Frankfurt am Main 1984, S. 258 ff.

2 Ein Anfang für diese Sicht findet sich bei: Harold Innis, *Empire and Communications*, Toronto und Buffalo 1950. Daran (und an Michel Foucault) schließt an: Bernhard Siegert, »Der Untergang des römischen Reiches«, in: *Paradoxien, Dissonanzen, Zusammenbrüche. Situationen offener Epistemologie*, hrsg. von Hans U. Gumbrecht und Karl L. Pfeiffer, Frankfurt am Main 1991, S. 495–514. Das Reich als Folge von expandierenden Kommunikationsmöglichkeiten wird expliziert mit Blick auf die (Verbreitungs-) Medien der Kommunikation: so ist z. B. die Post als Zustellinstanz für den Befehl bzw. die Befehlsgewalt Inbegriff imperialer Macht.

3 Ulrich von Wilamowitz-Moellendorff, »Philologie und Schulreform. Prorektoratsrede, gehalten zur akademischen Preisverteilung am 1. Juni 1892«, in: ders., *Reden und Vorträge*, 2. Aufl., Berlin 1902, S. 96–119, hier S. 104.

4 Ebd.

5 Ebd., S. 105.

6 Ebd., S. 108.

7 Und die Großen, die Meister des Fachs? In ihrem Fall ist der »Alltag« nicht die einzige oder auch nur überwiegende Form philologischer Arbeit: »Wenig ist charakteristischer für Benjamin, als sein Blick für das zugleich Geringste und Größte.« So mit Rekurs auf das Urteil von (u. a.) Gershom Scholem: Roland Kany, *Mnemosyne als Programm. Geschichte, Erinnerung und die Andacht zum Unbedeutenden im Werk von Usener, Warburg und Benjamin*, Tübingen 1987, S. 189.

8 Wilamowitz-Moellendorff, »Philologie und Schulreform« (Anm. 3), hier S. 105 (Herv. N. W.).

9 Ebd.

10 Vgl. Wilamowitz' Aufsatz (von 1914) mit gleichem Titel in: ders.: *Kleine Schriften*, Bd. 4, Berlin 1969, S. 402–416. Die Sammlung, so der diesem Aufsatz vorangestellte »Bericht«, ist schon 1815 gestartet worden und hat demnach zu diesem Zeitpunkt bereits eine 100jährige Geschichte. Ebd., S. 412–416, bes. S. 412.

11 Michael Cahn, »Das Schwanken zwischen Abfall und Wert. Zur kulturellen Hermeneutik des Sammlers«, in: *Merkur 45*, 1991, S. 674–690, hier S. 679.

12 Boris Groys, »Sammeln, gesammelt werden. Die Rolle des Museums, wenn der Nationalstaat zusammenbricht«, in: *Lettre*, H. 33, 1996, S. 32–37, hier S. 34.

13 Zum Verhältnis von Lektüre und Kollektion, von *legere* und *collegere*: Cahn, »Schwanken zwischen Abfall und Wert« (Anm. 11), S. 683.

14 »Jeder Text zerfällt in seine Stellen: solche die man sich merken möchte, anstreicht [...] aufhebt oder abschreibt.« Ebd.

15 Die philologische Basisoperation schlägt sich in fachspezifischen Wissenschaftsgenres nieder. Typische Titel aus den Anfängen (z. B.) der Deutschen Philologie sind: *Findlinge* (1860), *Fundgrube für Geschichte deutscher Sprache und Litteratur* (1830–1837), *Miscellaneen zur Geschichte der teutschen Literatur* (1807) oder *Museum für altdeutsche Literatur und Kunst* (1809–1811). Vgl. Ulrich Hunger, »Altdeutsche Studien als Sammeltätigkeit«, in: *Wissenschaft und Nation. Zur Entstehungsgeschichte der deutschen Literaturwissenschaft*, hrsg. von Jürgen Fohrmann und Wilhelm Voßkamp, München 1991, S. 89–98, bes. S. 90.

16 Wilamowitz-Moellendorff, »Bericht über die Sammlung der griechischen Inschriften« (Anm. 10), S. 413.

17 Richard F. Thomas, »Past and Future in Classical Philology«, in: *On Philology*, hrsg. von Jan Ziolkowski, University Park / London 1990 [= Vorträge zur Tagung »What is Philology?« im März 1988 an der Harvard University], S. 66–74, hier S. 69.

18 Wilamowitz-Moellendorff: »Philologie und Schulreform« (Anm. 3), S. 109 (Herv. N. W.).

19 Für Wilamowitz gibt es keinen Zweifel an der Dominanz wissenschaftlichen Wissens *auch* auf dem Feld der Philologie: Die Wissenschaft ist für ihn die »Majestät«. Ebd., S. 108.

20 Nietzsche ist trotz seiner singulären Selbst-Aufgeklärtheit als praktizierender Philologe demnach durch andere Namen, durch andere Vertreter des Zentrums austauschbar.

21 Friedrich Nietzsche, »Geburt der Tragödie«, in: ders.: *Werke*, hrsg. von Karl Schlechta, 6. Aufl., Bd. 1, München 1969, S. 100.

22 Ebd., S. 128.

23 Wenn überhaupt, so Nietzsche, braucht es ein »Gegen-Alexandern«. Nietzsche: »Geburt der Tragödie« (Anm. 21), S. 103.

24 Ebd., S. 128.

25 Zitiert nach Josef Fürnkäs, »Die Bibliothek als Ort fiktiver Identitäten«, in: *Identitätskrise und Surrogatidentitäten. Zur Wiederkehr einer romantischen Konstellation*, hrsg. von Cornelia Klinger und Richard Stäblein, Frankfurt am Main und New York 1989, S. 307 ff., hier S. 325.

26 Friedrich Nietzsche: »Wir Philologen«, in: ders.: *Werke*, hrsg. von Karl Schlechta, 6. Aufl., Bd. 3, München 1969, S. 326.

27 Friedrich Nietzsche: »Vom Nutzen und Nachteil der Historie«, in: ders.: *Werke*, hrsg. von Karl Schlechta, 6. Aufl., Bd. 1, München 1969, S. 261.

28 Vgl. Nikolaus Wegmann, »Was heißt einen ›klassischen Text‹ lesen? Philologische Selbstreflexion zwischen Wissenschaft und Bildung«, in: *Wissenschaftsgeschichte der Germanistik im 19. Jahrhundert*, hrsg. von Jürgen Fohrmann und Wilhelm Voßkamp, Stuttgart 1994, S. 334–450, bes. Abschnitt VI (Nietzsche), S. 419–441.

29 Wilamowitz in seinem Vorwort zum *Glauben der Hellenen*. Zitiert nach Uvo Hölscher, »Ulrich von Wilamowitz-Moellendorff«, in: *Neue Rundschau 73*, 1962, S. 166–185, hier S. 177.

30 Vgl. ebd., S. 167.

31 Friedrich Nietzsche, »Aus dem Nachlaß der Achtzigerjahre«, in: ders.: *Werke*, hrsg. von Karl Schlechta, 6. Aufl., Bd. 3, München 1969, S. 447.

32 Wissenschaftliches Wissen weiß, daß es keine natürlichen Qualitäten oder überzeitliche Konstanten gibt, sondern »nur« Konstruktionen. Allerdings, so stellt Culler in seinem Plädoyer für eine dekonstruktive Philologie klar, ist die Philologie in ihrem Umgang mit Konstruktionen frei. Sie kann auch in einer »critique of construction« ihr eigentliches Ziel haben. Jonathan Culler, »Anti-Foundational Philology«, in: *On Philology* (Anm. 17), S. 49–51, hier S. 51.

33 Nietzsche, »Wir Philologen« (Anm. 26), S. 326.

Frank-Rutger Hausmann

»... ein Haltmachen vor den jüngsten Entwicklungen ist Selbstverstümmelung.« Die deutsche Romanistik vor und nach dem Ersten Weltkrieg

Die Wendepunkte[1], an denen in der Entwicklung der Romanistik Paradigmenwechsel[2] zu beobachten sind, sind den Fachgeschichtlern in etwa bekannt. Sie fallen meist mit politischen, vielfach sogar kriegerischen Ereignissen oder »Revolutionen« zusammen: zu nennen ist, wenn man nicht schon mit den Befreiungskriegen beginnt, in denen sich die Nationalphilologien aus der allgemeinen Ästhetik und den Altertumswissenschaften emanzipieren,[3] vor allem der Deutsch-Französische Krieg 1870/71, als das bis dahin auch in Frankreich akzeptierte deutsche Konzept einer Globalromanistik seinen internationalen Charakter verliert;[4] dann der Erste Weltkrieg, als sich Sprach- und Literaturwissenschaft definitiv voneinander trennen und der uns im folgenden beschäftigende Gegensatz zwischen Positivismus und Idealismus aufbricht; sodann die achtundsechziger Unruhen, die immanente und formgeschichtliche Werkanalysen als antiquiert und obsolet erscheinen lassen und den Methodenpluralismus verankern, der insbesondere strukturalistische, soziologische, empirisch-pragmatische und kulturanthropologische Vorgehensweisen sanktioniert. Und meine Aufstellung ist sicherlich nicht vollständig. Das Jahr 1933 wird bewußt aus unserer Betrachtung ausgeklammert, da sich die Romanistik in ihrer Substanz nicht davon berühren ließ und nur statusmäßig und institutionell davon betroffen wurde.[5]

Die Zeit von der Jahrhundertwende bis zur sogenannten Machtergreifung der Nationalsozialisten 1933 ist eine fachgeschichtlich höchst lebhafte Periode, in der sich, wie angedeutet, der zweite bedeutende Paradigmawechsel der Romanistik abzeichnet. Man könnte sagen, daß das Diezsche Positivismusparadigma durch das Vosslersche Idealismusparadigma ersetzt wurde.[6] Dieser Wandel bahnte sich spätestens um 1904 an, als Vosslers Buch *Positivismus und Idealismus in der Sprachwissen-*

schaft. Eine sprachphilosophische Untersuchung (Heidelberg: Winter) erschien,[7] aber die Rezeption dieser »Kampfschrift«, wie man das Buch ruhig nennen kann, erfolgte nur langsam und wurde durch den Ersten Weltkrieg verzögert, der anderes als wichtig erscheinen ließ und lange Zeit die intellektuellen Energien lähmte.

Am 5. Oktober 1920 wurde in Halle der erste allgemeine Neuphilologentag nach dem Krieg eröffnet (17. Tagung), und hier, wo eigentlich Stellungnahmen zur kommenden Schulreform, der ersten der neuen Weimarer Republik, erarbeitet werden sollten, brach eine erbitterte Fehde um die rechte Orientierung der Romanistik aus. Ihr Wortführer war der Jenenser Romanist Oskar Schultz-Gora,[8] der letzte deutsche Straßburger Romanistik-Ordinarius im Kaiserreich und Nachfolger Gustav Gröbers, dem die Franzosen bei seinem Abgang zeitweise die Privatbibliothek konfisziert hatten, weshalb er besonders verärgert war, der aber bereits im Weltkrieg mit scharfen anti-französischen Tiraden aufgefallen war.[9] Er sprach in Halle über »Die deutsche Romanistik in den letzten zwei Jahrzehnten«, und ein Zeitgenosse (Victor Klemperer) berichtet:

> »Wie sich im Decamerone freudig das heitere Leben von dem dunklen Gemälde der Pest abhebt, so bildete hier umgekehrt der gegenwärtige Zustand romanistischer Verderbnis den düstersten Gegensatz zu Toblers Zeiten. Es sei schwer nicht die Geduld zu verlieren, wenn man Karl Vosslers Behauptungen lese, sagte Schultz-Gora, und während er mit diesem genialen Sprachphilosophen wenigstens noch rang, lehnte er Literarhistoriker, die die neueste Dichtung in den Kreis ihrer Betrachtungen ziehen, vollkommen als durchaus unwissenschaftlich ab.«[10]

Drei Punkte hielt Schultz-Gora bei seiner Brandmarkung modernistischer Tendenzen für außerordentlich verderblich und gefährlich:

1. Die Berührung mit jeglicher Philosophie, weil dadurch ein subjektives unwissenschaftliches Moment in die eigene Betrachtung hineingetragen werde, der Interpret folglich ins Spekulative gerate.
2. Die Berührung mit der Gegenwart, vor allem mit gegenwärtiger Literatur und Kultur, indirekt auch mit gegenwärtiger Sprache. Denn hier tue sich ebenfalls die Gefahr subjektiver Geschmacks- und Urteilsbildung auf, die der Ahnherrin der Neuphilologien, der Altphilologie, glücklicherweise wesensfremd sei.

3. Aus der Verpflichtung zur Abkehr von der Philosophie und der Moderne ergab sich mit Notwendigkeit als drittes Verbot die Synthesenbildung, die ohne einen eigenen Standpunkt und einen Bezugspunkt in der Gegenwart nicht möglich sei.

Vossler hatte es vorgezogen, nicht nach Halle zu fahren, und so zog sein Schüler Klemperer den Zorn von Schultz-Gora auf sich. Aber schlimmer noch ging dieser mit dem jungen Ernst-Robert Curtius ins Gericht, dessen 1919 erschienenes Buch *Die literarischen Wegbereiter des neuen Frankreich* er sozusagen in der Luft zerfetzte. Dieses Buch war nicht am Schreibtisch entstanden, sondern Curtius hatte die von ihm vorgestellten Gegenwartsautoren in Paris persönlich kennengelernt.

> »Die Methode und der Stil der Darstellung ihrerseits waren stark beeinflußt von der Atmosphäre des George-Kreises, mehr noch von Gundolf als von George selbst; vielleicht verdankte Curtius dem ›Glück‹ und ›gesteigerten Lebensgefühl‹, das ihm aus dieser engen geistigen Beziehung kam, überhaupt den Mut, das Buch zu schreiben. Regelrechter Wissenschaft verpflichtet ist nur die Behandlung Henri Bergsons, also wiederum keine Romanistik, sondern Philosophie. Der Autor ist philosophisch sehr interessiert und nennt in diesem Zusammenhang Windelband, Georg Simmel, Max Scheler.«[11]

Schultz-Gora urteilte über dieses Buch, es stelle »nicht nur eine wissenschaftliche Verirrung, sondern, was schwerer bedrückt, eine völkische Entgleisung vor, indem es gerade nach dem Kriege würdig gewesen wäre, sich in recht anständiger Entfernung von den heutigen Franzosen zu halten«.[12] Gegen Schultz-Gora replizierte der kurz zuvor nach Berlin berufene Eduard Wechßler, der sich, darin Curtius vergleichbar, seit einiger Zeit schreibend und lehrend um jüngere Autoren (er verstand darunter vor allem solche des 19. Jahrhunderts) bemühte. Wechssler wandte ein, Schultz-Gora habe nur »Erinnerungen« vorgetragen, seine Zeit sei längst verflossen, natürlich sei die moderne französische Literatur universitätsfähig. Damit waren die unversöhnlichen Positionen abgesteckt, und man geht nicht fehl, wenn man auch ein Generationenproblem dahinter sieht, sozusagen eine Neuauflage der ewigen »Querelle des Anciens et des Modernes«, wobei die Alten auch die an Lebensalter Alten, und die Modernen die an Lebensalter Jungen waren.

Wie so oft reichten die Wurzeln für diesen romanistischen Konflikt tief in die Vergangenheit hinein, und erst der verlorene Krieg hatte zu einer längst fälligen Selbstbesinnung geführt, in deren Verlauf Gegenstände, Methoden und Außenwirkung des Fachs überdacht wurden. Es ist jedoch eine tragische Ironie, daß die Modernen gerade von jenen Reaktionären Zuspruch erhielten, die den Blick der Romanisten auf das gegenwärtige Frankreich lenkten, jedoch nicht aus unvoreingenommenem Interesse und kreativer Neugierde, sondern allein um den Gegner, der Deutschland soeben besiegt hatte, besser kennenzulernen und ihn dann in einem nächsten, längst für unausweichlich erachteten Waffengang ein für alle Male in die Knie zu zwingen. Dieser Standpunkt führte zu einer wesens- oder landeskundlichen Frankreichbetrachtung, die der alten textphilologischen Ausrichtung ebenfalls einen Stoß versetzte.[13]

Die Romanistik hatte die Flucht aus der Gegenwart natürlich stets auch wissenschaftlich untermauert, und wissenschaftlich hieß philologisch. So schreibt Gustav Gröber, nach Friedrich Diez, dem Begründer des Fachs, der zweite Ahnvater,[14] in seinem monumentalen *Grundriß der Romanischen Philologie* von 1888, 2. Auflage 1904–06,[15] der die Bestandsaufnahme der Romanistik nach etwa siebzig Jahren ihres Bestehens enthält, über die französische Literatur, bzw. darüber, wie sie nicht zu *behandeln* sei:

> »Welche Art der Darstellung an dieser Stelle für die Geschichte der französischen Literatur, des Schrifttums von künstlerischer Form in französischer Sprache, zu wählen sei, kann nicht zweifelhaft sein. Es ist hier nicht statthaft, die französische Dichtung und Prosa nach Gegenwartswerten, vom künstlerischen, sittlichen oder religiösen Standpunkt aus abzuschätzen, oder nach persönlicher Überzeugung und Weltanschauung über Entwicklung und Art der französischen Literatur zu urteilen, oder die psychologische Analysierung der literarischen Erzeugnisse in französischer Sprache in Angriff zu nehmen, oder aus den Richtungen und Wandlungen des literarischen Geistes in Frankreich und aus seinen Wirkungen Folgerungen auf geistige Zustände in der französischen Nation und bei den Nachbarvölkern zu ziehen, oder die sog. vergleichende Methode anzuwenden, oder zu versuchen, den unmündigen Leser durch die abrundende oder geistreiche Manier für den Stoff zu gewinnen.«[16]

Gröbers *Grundriß* ist dann über weite Strecken auch nichts anderes als eine Namensliste, die wenig mehr Informationsgehalt aufweist als die biblischen Geschlechterkataloge. Die Analyse eines der entzückendsten Liebesromane des Mittelalters, Guillaume de Machaults um 1364 geschriebenen *Livre dou voir dit,* bietet exempli gratia kaum mehr als eine Inhaltsbeschreibung und liest sich bei Gröber wie folgt:

> »Machault erzählt sein Liebesabenteuer in 8-Silbnern, unterbricht die Erzählung mit 30 *Rondeaux* zu 2–3 Reimen, 20 Balladen, 10 *Chansons baladées,* 2 *Complaintes,* einem *Lai* nach den komplizierten Regeln gebaut, die Eust. Deschamps aufstellte, und mit 2 weiteren Refraingedichten (i. g. 9037 V.), sowie durch Prosabriefe, die mit ihm wie jene Lieder einer 17jährigen Dame wechselt, die sich in den alten gichtischen Mann wegen seiner Gedichte und seines Dichterruhmes verliebt hatte, ihm in einem Rondeau ihre Liebe gestand, fortfuhr in ihm durch Beteuerungen in Versen und Prosa Hoffnungen zu erwecken, und die selbst ihn zur Veröffentlichung dieses eigentümlichen Liebesromanes mit allem Beiwerk veranlaßt haben soll.«[17]

Der Grund für diese Beschränkung auf textphilologische oder numerisch erfaßbare Aspekte bei gleichzeitigem Verzicht auf ästhetische, psychologische oder gar philosophische Würdigung liegt zunächst einmal in der engen Verbindung von Romanistik und Altphilologie, was dazu führte, daß die Romanisten des 19. Jahrhunderts ihre raison d'être darin erblickten, nach der Lachmannschen Methode unbekannte romanische Texte zu edieren, ihre sprachliche Beschaffenheit zu analysieren und, wenn möglich, in den Vorworten ihrer Textausgaben knappe Hinweise auf Gattung und Autor einzuflechten. Sprach- und Literaturgeschichte – die Verwendung der Begriffe Sprach- und Literaturwissenschaft verbietet sich eigentlich – hatten somit dienende Funktion bei der Textedition. Auf diesem Sektor waren die Deutschen führend, und diesbezüglich lernte auch das Ausland von ihnen. Gaston Paris,[18] der Begründer der französischen Romanistik, hatte bei Diez in Bonn und bei dem Altphilologen Ernst Curtius in Göttingen gelernt. Und so kann Victor Klemperer mit Recht schreiben:

> »Die Franzosen haben eigentlich erst bei uns ihre alte Sprache buchstabieren gelernt, unsere Forscher haben die versunkenen Schätze des französischen mittelalterlichen Schrifttums ans Licht gehoben und gereinigt. Wofür wir während des Krieges diese französische Quittung erhalten haben, daß es deutscher Begabung entspreche, in wohlorganisierter und geduldiger Arbeit mechanische und gewissermaßen körperliche Leistungen zu vollbringen, an denen sich dann die schöpferische Genialität Frankreichs belebend und vergeistigend betätigen könnte.«[19]

Aber monokausale Erklärungen greifen immer zu kurz. Erst jetzt arbeitet ein Fachhistoriker (Michael Nerlich)[20] heraus, daß die Romanistik in Fichteschem Geist letztlich zutiefst antifranzösisch ist. Die romanistische Komparatistik erweist sich bei näherem Hinsehen nicht nur als Verweigerung der Beschäftigung mit der Gegenwart, eine Verweigerung, die bis heute andauert, sondern als Ausgrenzung Frankreichs, das einst wie jetzt der wichtigste romanistische Nachbar ist. Generationen von zukünftigen Lehrern konnten durch die so geartete Ausbildung zwar perfekt Altfranzösisch, lasen ohne Mühe Vulgarlatein, lernten aber so gut wie nichts über die Geschichte, Kultur und Gegenwart des Landes, dessen Sprache sie unterrichten sollten. Um die anderen romanischen Sprachen war es noch schlechter bestellt, denn ihre mittelalterliche Literatur ist bei weitem nicht so umfangreich wie die Frankreichs, weshalb sich die deutschen Romanisten auf wenige Autoren wie Dante, Petrarca und Boccaccio für das Italienische, Alfons den Weisen, den Cid und die Romanceros im Spanischen beschränkten und diese Texte eher zu sprachhistorischen Vergleichen beizogen.

Gröbers *Grundriß* führt folgerichtig nicht über das Mittelalter hinaus; erst zu Beginn des Jahrhunderts setzte der in Deutschland lehrende Schweizer Morf in der Neuen Folge des *Grundrisses* die Literaturgeschichte immerhin bis zur Renaissance fort,[21] und die Moderne mußte bis zu Walzels Handbuch 1924[22] auf ihre Biographen warten. Ferdinand Lotheissens *Geschichte der französischen Literatur im 17. Jahrhundert* (Wien 1877) war eine Ausnahmeerscheinung gewesen und durch die Bedeutung der Klassik in Frankreich begründet worden. Einer der fleißigsten und geschicktesten Darsteller der neueren französischen Literatur ist der lange Zeit verkannte Victor Klemperer, und er nennt, völlig zu Recht, als seine Vorbilder den bereits erwähnten Morf bzw. den Germanisten Hermann Hettner, der zu einem Zeitpunkt, als ein derartiges analoges Unterfangen für die französische Literatur noch undenkbar gewesen wäre, eine dreiteilige *Literaturgeschichte des 18. Jahrhunderts* (1856–70) verfaßt hatte.

Den Bruch mit der positivistischen Philologie führte, wir sagten es bereits, recht eigentlich Karl Vossler herbei, der, zunächst hauptsächlich Germanist, aber auch Student Gröbers in Straßburg, seine wissenschaftliche Tätigkeit mit Arbeiten zur Literaturwissenschaft und Stilistik begonnen hatte, sich aber unter dem Eindruck Croces und Wilhelm von Humboldts um 1900 der Sprachtheorie zuwandte. Sein Zentralgedanke ist, daß die Sprache nicht »fertiges, selbständiges, mechanischen Gesetzen unterworfenes Gebilde ist, sondern eine Tätigkeit des Menschen«.[23] Als anschauende und individuelle Tätigkeit ist Sprache für ihn Kunst, Schöpfung; Kunstgeschichte und Sprachgeschichte sind identisch. Wer spricht, betätigt sich als schaffender Künstler. Auch wenn ein Sprecher den vorhandenen Sprachmustern folgt, gibt er Eigenes hinzu, gestaltet individuell. Sprachwissenschaft im reinen Sinn ist nur die Stilistik, insofern sie das jeweils Neue, Schöpferische, Individuelle, von der sprachlichen Norm Abweichende betrachtet, während die Grammatik nur das Erstarrte registriert, das früher auch einmal schöpferisch war, aber dann zur Regel abgesunken ist. »Also erst Stilistik, dann Syntax!« lautet Vosslers Regel:

> »Dem Ursprachlichen im Grammatischen, dem Dichterischen im Kategorialen, der verborgenen Poesie in den Artikeln, Partikeln und Präpositionen, dem Beweglichen, Aktuellen und Neuen im uralt Versteinerten werden wir nachspüren – auf die Gefahr hin, daß man uns verlacht. ... Wenn man die grammatischen Kategorien nicht immer wieder aus ihrer leeren Steifheit zurückholt, sie nicht immer mit den seelischen Meinungen und Gewohnheiten erfüllt, in deren Dienst sie zu dieser und jener Zeit wirksam werden, dann freilich widersetzen sie sich jeder historischen Deutung.«[24]

Bereits im Titel seiner grundlegenden Schrift *Positivismus und Idealismus in der Sprachwissenschaft* kommt jenes für Vossler typische »gegabelte Denken« zum Ausdruck, das dem faktischen Positivismus sein Recht beläßt, weil der Verfasser das Erbe der Vergangenheit, des positivistisch orientierten 19. Jahrhunderts, keineswegs aufgeben will, aber dies gilt nur für die Praxis, nicht für die Theorie.[25] Da wo der Positivismus metaphysisch wird und behauptet, in der Faktizität auch die erklärenden Ursachen gefunden zu haben, sagt ihm Vossler den Kampf an.[26] In einem zweiten Buch, *Sprache als Schöpfung und Entwicklung*, führt Vossler die Begriffe »Beschreiben« und »Erklären« ein. Ähnlich wie schon vor ihm Wilhelm Dilthey erzwingt Vossler eine Trennung in textbezogene Literaturbetrachtung und historische Perspektive. Letztere bleibt der Betrachtung stoff-, geistes- und kulturgeschichtlicher Zusammenhänge vorbehalten und tritt nicht in Wechselbeziehung zur konkreten Analyse literarischer Werke. Die Ausklammerung außerliterarischer Aspekte ist jedoch in der Tat nur schwer durchzuführen, da eine rein geisteswissenschaftliche Betrachtung das literarische Vorwissen und die hermeneutische Sozialisation des Interpreten außer acht läßt. Immerhin bedeuten die ersten zwanzig Jahre dieses Jahrhunderts einen Neuanfang von innen her, eine Konzentration auf den sprachlich-stilistisch-gestalterischen Ausdruck, was dann zur Ausbildung des werkimmanenten Prinzips und rein geisteswissenschaftlicher Betrachtung literarischer Texte führen wird. Ich klammere dabei die Entwicklung in Frankreich aus, wo sich die Philologie ebenfalls zur Literaturkritik und Literaturwissenschaft hin öffnet, wo sich aber um die Jahrhundertwende eher eine impressionistische und relativistische Kritik entwickelt, die sehr subjektiv ist.[27]

Lenken wir noch einmal den Blick zum Ausgangspunkt unserer Betrachtung, dem Neuphilologentag in Halle, zurück. Die Neuerer waren sich zwar ihres Neuerertums bewußt und glaubten, nicht anders als die Alten, das Recht auf ihrer Seite, aber sie bemühten sich um Ausgleich, um die Disziplin insgesamt nicht zu schwächen. So betont Klemperer diplomatisch die großen Verdienste der älteren Philologengeneration – Tobler, Gröber, Appel, Foerster, Stengel werden genannt – und kommt zu dem Schluß:

> »Der Gegensatz zwischen phänomenologischer und historischer Wissenschaft, zwischen Spezialforschung und Synthese ist im letzten nicht vorhanden: es kann nur vollkommene Wissenschaft geben, die auf historischer Basis die Frage nach dem Lebendigen und Geistigen erörert, die über sorgliches Einzelstudium zur Synthese vorschreitet – oder unvollkommene Wissenschaft. In der Neuphilologie hat die vorige Generation die notwendigerweise etwas lichtlosen, aber massiven und gediegenen Fundamente gebaut; wie

> könnten wir weiter bauen, wenn wir uns nicht sehr genau (und mit dankbarer Bewunderung) über das Wesen dieses Grundbaues klar wären? Und sind wir durch die Tätigkeit des Weiterbauens Gegner dieser Generation? Verachten wir, was sie getan, oder schädigen wir ihren Bau? Es will mir scheinen, als wenn Voßler aufs schönste fortführt, was die Tobler und Groeber begonnen haben, als wenn sie ihm zu ebenso vielem Danke, mindestens zu ebenso vielem, verpflichtet seien, als er ihnen ist; denn er führt über ihren Fundamenten ein Haus auf, in das sehr viel Licht einströmt. Wenn hier Kampf herrscht, so nur aus Versehen: kein Gegensatz besteht, nur Entwicklung vollzieht sich.«[28]

Das war versöhnlich gemeint, wurde aber von den Konservativen nicht wirklich angenommen. Die Sprachwissenschaftler, die mehrheitlich das Bild der Romanistik bestimmten, blieben – mit wenigen Ausnahmen – noch bis weit in die Zeit nach dem Zweiten Weltkrieg bei der historisch-philologischen Orientierung stehen.[29] Nur wenige Literaturwissenschaftler entwickelten im Anschluß an Vossler ein Methodenbewußtsein und ein darauf aufbauendes Konzept. Wenn wir die eingeführten romanistischen Zeitschriften als Spiegel des Fachs nehmen, zeigten sie sich von der vorgetragenen Diskussion wenig beeindruckt: Die *Zeitschrift für Romanische Philologie*, die *Romanischen Forschungen*, die *Zeitschrift für französische Sprache und Literatur* und das *Archiv für das Studium der Neueren Sprachen*, um die wichtigsten zu nennen, pflegten auch weiterhin einen kaum gebrochenen Positivismus. Allein die Anhänger der idealistischen Neuphilologie, allen voran Klemperer und Lerch, hatten ein Konzept. Sie gründeten 1925 eine eigene Zeitschrift, das *Jahrbuch für Philologie*, in dem der Methodenstreit offen ausgetragen werden sollte mit dem Ziel, die eigenen Positionen zu klären und sich kritisch mit Außenmeinungen auseinanderzusetzen. Dieses Jahrbuch existierte jedoch nur drei Jahre lang; zu stark waren die inneren Gegensätze der Herausgeber. Die Vossler-Schule und die ihr nahestehenden Gelehrten wie Spitzer, Hatzfeld, Küchler, Neubert usw. entzweiten sich gerade darüber, daß sich die genannten Romanisten über die Abgrenzung einerseits ästhetischer und andererseits historisch orientierter Literaturbetrachtung nicht einigen konnten.

Indem die Modernisten die Literatur allzu sehr von der außerliterarischen Wirklichkeit abkoppelten, zogen sie sich zudem in einen Elfenbeinturm zurück und leisteten einer verhängnisvollen »doppelten Buchführung« Vorschub, die die ästhetische Erfahrung verabsolutierte und Geistes- und Kulturgeschichte für selbständige Phänomene erklärte. Der Begriff der »doppelten Buchführung« stammt von Leo Spitzer, der als einer der wenigen diese Gefahr erkannte und ein tragfähiges Gegenkonzept entwickelte, das bereits soziologische und strukturalistische Elemente enthielt. In seinem bahnbrechenden Aufsatz *Die syntaktischen Errungenschaften der französischen Symbolisten* (entst. 1917/18) untersuchte er diese und monierte, daß die Linguisten diese als Verstoß gegen das kartesianische Ideal der Klarheit kritisierten, die Literaturwissenschaftler hingegen dies mit liebevollem Enthusiasmus und Begeisterung nur konstatierten, ohne eine Deutung zu versuchen. Spitzer will sich zwischen Skylla und Charybdis bewegen, »er will auf das zwischen Linguistik und Literaturwissenschaft gespannte Seil der Stilistik treten, will sprachliche Phänomene analysieren im Hinblick auf ihre literarische und geistesgeschichtliche Relevanz«[30]. Die Neuartigkeit von Spitzers Erklärungsansatz besteht darin, in der synthetischen Art der symbolistischen Periodenbildung ein Spiegelbild des aus der Kompliziertheit des modernen Lebens nach Lebensbeherrschung, nach Bewältigung der auseinanderstrebenden Tendenzen sich sehnenden Fin-de-siècle-Menschen zu erkennen, mit anderen Worten, Idealismus und Positivismus wieder zusammenzuführen. Doch Spitzer waren nur noch gut zehn Jahre in Deutschland vergönnt, ehe ihn die Nazis vertrieben; wirkliche Schüler hatte er noch nicht heranziehen können, und diejenigen, die er hatte, gingen mit ihm freiwillig ins Exil.

Einseitiger Positivismus und einseitiger Idealismus machten ihre Vertreter unterschiedslos blind für die Gefahren einer drohenden Ideologisierung und ließen sie nach 1933 widerstandslos oder willig zu deren Verbündeten werden. Im Jahr 1935 findet wieder ein Neuphilologentag statt, diesmal in Dresden, und wieder ist Victor Klemperer sein scharfsichtiger Beobachter. Er konstatiert die inhaltliche Beliebigkeit der Vorträge im Zeichen des Zeitgeistes, der die wissenschaftliche Tradition verraten und nivelliert hat und vermerkt schmerzlich, daß kein Kollege ihn, den Juden, aufsucht. Der multikulturelle Gegenstand Romanistik hat keinen seiner Adepten gegen Rassenhaß und Intoleranz gefeit:

> »Hier hat der Neuphilologenkongreß in dieser Woche getagt. Einer sprach über die Religion der Germanen, einer über neusprachlichen

Unterricht im nationalsozialistischen Sinn, nicht für ›Geist‹ und ›Kultur‹, sondern für den ›deutschen Menschen‹. E. von Jan über Frankreichs ›nationale Symbole‹. – Nicht einer von all den romanistischen Kollegen hat mich aufgesucht; ich bin wie eine Pestleiche.«[31]

Anmerkungen

1 Der Titel dieses Beitrags ist ein Zitat aus einem unpublizierten Brief von Victor Klemperer an Karl Vossler vom 30. 10. 1920. Vgl. dazu Frank-Rutger Hausmann, »›Wir wollen keine Positivisten sein‹ – Victor Klemperers Briefwechsel mit Karl Vossler«, in: *lendemains* 82/83, 1996, S. 54–85. Mein Beitrag schuldet Klemperer viel, insbesondere seinem Aufsatz »Die Entwicklung der Neuphilologie«, in: ders., *Romanische Sonderart. Geistesgeschichtliche Studien*, München 1926, S. 389–401, und »Positivismus und Idealismus des Literaturhistorikers«, in: *Jahrbuch für Philologie* 1, 1925, S. 245–268.

2 Eveline Einhauser, *Die Junggrammatiker. Ein Problem für die Sprachwissenschaftsgeschichtsschreibung*, Trier 1989, S. 96–119. Es muß an dieser Stelle ausdrücklich auf die innovative Leistung von J. R. Jauß verwiesen werden, der wohl als erster die Kuhnschen Ideen für die Literaturwissenschaft fruchtbar gemacht hat: »Paradigmawechsel in der Literaturwissenschaft«, in: *Linguistische Berichte* 3, 1969, S. 44f.

3 Karlheinz Stierle, »Altertumswissenschaftliche Hermeneutik und die Entstehung der Neuphilologie«, in: *Philologie und Hermeneutik im 19. Jahrhundert*, hrsg. von Helmut Flashar, Karl Gründer und Axel Horstmann, Göttingen 1979, S. 260–288, S. 280ff.; Hans Helmut Christmann, *Romanistik und Anglistik an der deutschen Universität im 19. Jahrhundert. Ihre Herausbildung als Fächer und ihr Verhältnis zu Germanistik und klassischer Philologie*, Mainz und Stuttgart 1985.

4 Gustav Körting, *Encyklopaedie und Methodologie der Romanischen Philologie. Mit besonderer Berücksichtigung des Französischen und Italienischen.* Dritter Theil: *Die Encyklopaedie der romanischen Einzelphilologien*, Heilbronn 1886, S. 67ff., S. 326ff., S. 482ff., S. 506ff., S. 568ff., S. 609ff., S. 758ff. und S. 796ff.

5 Frank-Rutger Hausmann, »Die nationalsozialistische Hochschulpolitik und ihre Auswirkungen auf die deutsche Romanistik von 1933 bis 1945«, in: Hans Helmut Christmann, Frank-Rutger Hausmann in Verbindung mit Manfred Briegel, *Deutsche und österreichische Romanisten als Verfolgte des Nationalsozialismus*, Tübingen 1989, S. 9–54.

6 Eine analoge Gliederung vollzieht auch Hans-Martin Gauger, »Einleitung. Die romanische Sprachwissenschaft. Gegenstand, Aufgabe, Entstehung, Vorgeschichte, Geschichte«, in: Hans-Martin Gauger, Wulf Oesterreicher und Rudolf Windisch,

Einführung in die romanische Sprachwissenschaft, Darmstadt 1981, S. 3–98, hier S. 70f. (Geschichte der romanischen Sprachwissenschaft).

7 Karl Vossler, *Positivismus und Idealismus in der Sprachwissenschaft. Eine sprachphilosophische Untersuchung*, Heidelberg 1904. Meist zusammengebunden mit dem nicht minder wichtigen Werk *Sprache als Schöpfung und Entwicklung. Eine theoretische Untersuchung mit praktischen Beispielen*, Heidelberg 1905.

8 Oskar Schultz-Gora, »Die deutsche Romanistik in den letzten zwei Jahrzehnten. Vortrag, gehalten am 5. Oktober 1920 auf der 17. Tagung des Allgemeinen Deutschen Neuphilologenverbandes«, in: *ASNS* 75, 1921, Bd. 141 (NS 41), S. 208–221.

9 Oskar Schultz-Gora, »Die Deutsche Romanistik und der Krieg«, in: *Internationale Monatasschrift für Wissenschaft, Kunst und Technik* 10, 1916, Sp. 733–750.

10 Klemperer, *Sonderart* (Anm. 1), S. 389.

11 Hans Helmut Christmann, *Ernst Robert Curtius und die deutschen Romanisten*, Mainz und Stuttgart 1987, S. 8–9.

12 Schultz-Gora, »Deutsche Romanistik« (Anm. 8), S. 221: »Hier wird uns in der Art des französischen Conférenciertums eine Reihe von Schriftstellern vorgeführt, die in Frankreich selber kaum Beachtung, geschweige denn Schätzung genießen, und die nichts weniger als ›literarische Wegbereiter‹ sind: Claudel, Péguy, Suarèz usw. Natürlich fehlt auch Romain Rolland nicht, in dessen ›Jean Christophe‹ sich schon verschiedene andere Romanisten so liebevoll versenkt haben, um für Deutschland das herauszulesen, was Rolland schwerlich gemeint hat.«

13 Gerhard Bott, *Deutsche Frankreichkunde 1900–1933. Das Selbstverständnis der Romanistik und ihr bildungspolitischer Auftrag*, Rheinfelden 1982, 2 Bde.; Walter Apelt, *Die kulturkundliche Bewegung im Unterricht der neueren Sprachen in Deutschland in den Jahren 1886 bis 1945. Ein Irrweg deutscher Philologen*, Berlin-DDR 1967; *Kritik der Frankreichforschung 1871–1975*, hrsg. von Michael Nerlich, Berlin 1977 (Argument-Sonderbände 13).

14 Gustav Gröber, »Einführung in die romanische Philologie. 1. Abschn. Geschichte der romanischen Philologie«, in: *Grundriss der romanischen Philologie*, hrsg. von Gustav Gröber, Bd. 1, Straßburg 1888, S. 1–139. Vgl. jetzt die beiden Bonner Dissertationen von Ursula Hillen, *Wegbereiter der romanischen Philologie. Philipp August Becker im Gespräch mit Gustav Gröber, Joseph Bédier und Ernst Robert Curtius*, Frankfurt am Main 1993 (Bonner romanistische Arbeiten 47) und Elke A. Fettweis-Gatzweiler, »*... Non sono che un semplice ricercatore della verità ...*« *Der Archivio Glottologico Italiano und die Zeitschrift für Romanische Philologie. Ein historisch-systematischer Vergleich*, Frankfurt am Main 1993 (Bonner romanistische Arbeiten 49), die beide interessante Hinweise auf die Anfänge der Disziplin und ihren Gründervater Gustav Gröber vermitteln.

15 Straßburg: Karl J. Trübner.

16 Gröber, *Grundriss* (Anm. 14), Bd. 2,1, Straßburg 1902, S. 433.

17 Ebd., S. 1046. Den Hinweis selber verdanke ich wiederum Klemperer.

18 Hans-Ulrich Gumbrecht, »›Un souffle d'Allemagne ayant passé‹. Friedrich Diez, Gaston Paris und die Genese der Nationalphilologien«, in: *Wissenschaftsge-*

schichte der Philologien, hrsg. von W. Haubrichs und G. Sauer, Göttingen 1984, S. 37–78, hier S. 72 f.

19 Klemperer, *Sonderart* (Anm. 1), S. 394.

20 Michael Nerlich, »Romantik: Von der wissenschaftlichen Kriegsmaschine gegen Frankreich zur komparatistischen Konsolidierung der Frankreichforschung«, in: *Romanistische Zeitschrift für Literaturgeschichte* 20, 1996, S. 396–436.

21 Heinrich Morf, *Geschichte der französischen Literatur im Zeitalter der Renaissance*, 2. Aufl., Straßburg 1914.

22 *Handbuch der Literaturwissenschaft*, hrsg. von Oskar Walzel: *Die Romanischen Literaturen von der Renaissance bis zur Französischen Revolution*, hrsg. von Victor Klemperer, H. Hatzfeld und Fritz Neubert, Wildpark-Potsdam 1924.

23 Hans Helmut Christmann, *Idealistische Neuphilologie und moderne Sprachwissenschaft*, München 1984 (Internationale Bibliothek für Allgemeine Linguistik 19), S. 22.

24 Vossler, *Positivismus* (Anm. 7), S. 16.

25 Leo Pollmann, *Literaturwissenschaft und Methode*, 2. Aufl., Frankfurt am Main 1973 (Fischer TB), S. 112 f.

26 Ebd., S. 112 f.

27 *Einführung in die französische Literaturwissenschaft*, hrsg. von Jürgen Grimm, 3. Aufl., Stuttgart 1987, S. 101 f.

28 Klemperer, *Sonderart* (Anm. 1), S. 398 f.

29 Iorgu Iordan, *Einführung in die Geschichte und Methoden der romanischen Sprachwissenschaft*. Ins Deutsche übertragen und teilweise neubearbeitet von Werner Bahner, Berlin 1962.

30 Pollmann, *Literaturwissenschaft* (Anm. 25), S. 142.

31 Victor Klemperer, *Ich will Zeugnis ablegen bis zum letzten. Tagebücher 1933–1941*, Berlin 1995, 2 Bde., hier Bd. 1, S. 223.

V. Wie flexibel ist die Forschung heute?
Eine Diskussion

Hartmut Böhme, Manfred Briegel, Christoph König, Linda Reisch und Thomas Steinfeld

Wie flexibel ist die Forschung heute? Eine Diskussion unter der Leitung von Eberhard Lämmert

Eberhard Lämmert: Meine Damen und Herren! Vieles von dem, was um 1900 in oder zwischen den Disziplinen umstritten war oder sogar zum Zankapfel zwischen den Fakultäten wurde, liegt heute weit zurück. Aber ausgerechnet die Kulturgeschichte, die damals zu einem Kampfbegriff wurde, hat einen Nachfahren bekommen, der heute, und zwar in seltener Einmütigkeit, in aller Munde ist. Zu den Kulturwissenschaften zu gehören, ist heute der Ehrgeiz vieler Philologen, Historiker und Kunstwissenschaftler, und selbst über den Rahmen der alten Philosophischen Fakultät hinaus mehren sich die Stimmen, die unter diesem Losungswort die Grenzen einzelner Disziplinen gegeneinander öffnen möchten, um flexibler den Herausforderungen der Gegenwart begegnen zu können. Ein Gespräch, das aus verschiedenen Perspektiven wünschbare Vorbedingungen für eine solche Aktualisierung der Kulturwissenschaften benennt, kann schließlich auch auf die Frage antworten, wozu und auf was hin wir eigentlich Wissenschaftsgeschichte betreiben.

Die um 1900 zu beobachtende, lebhafte Erweiterung und gegenseitige Überschreitung von Fächergrenzen kann uns dabei ermutigen, auch die gegenwärtigen Konflikte zwischen der Beharrungstendenz eingeführter Disziplinen und dem Bedürfnis nach ihrer Überschreitung mit einiger Gelassenheit zu werten. Mit dem Blick auf die folgenden Beiträge, die sich insbesondere der Germanistik und der neueren Philologien annehmen werden, will ich drei Herausforderungen nennen, auf die gerade die studentenreichen Disziplinen derzeit mit einer Neuorientierung und womöglich mit einer Einebnung ihrer Fächergrenzen reagieren müssen.

1. Die seit 1993 bereits praktizierte Niederlassungsfreiheit und das jetzt schon dauerhafte Zusammenrücken verschiedensprachiger Bevölkerungen und Kulturen in Europa wird alsbald in ganz anderer Weise

als bisher die Mehrsprachigkeit zum Ausweis sozialer Karrieren und auch des sozialen Ansehens machen. Damit werden auch in den noch nationalphilologisch zugeschnittenen Fächern der Sprachvergleich, die Übersetzungspraxis und ebenso die irreversible Verschränkung unterschiedlicher kultureller Traditionen zu vordringlichen Gegenständen wissenschaftlicher Aufmerksamkeit.

2. Nach einer Epoche, in der die Literatur in Deutschland und auch in einer Reihe anderer europäischer Länder als ein maßgebliches Organ zur Begründung bürgerlicher Gemeinsamkeit diente, haben sich in der zweiten Hälfte des 20. Jahrhunderts zwischen der Literatur und anderen audiovisuellen Medien nicht nur neue Gewichtsverteilungen, sondern auch neue Verschränkungen ergeben. Das führt zwangsläufig zu einer neuen Gruppierung der Kunstwissenschaften und einer sie begründenden Zeichen- und Kommunikationstheorie.
3. In den großen Lehramtsfächern hat sich das Verhältnis zwischen Lehramts- und Magisterstudien drastisch verändert und damit eine Vielfalt von Spezialwünschen und -angeboten ausgelöst. Im Zusammenhang mit dem breiten Fächer der möglichen Betätigungen und den insgesamt schwankenden Berufsaussichten der Studenten stellt sich damit die Frage, ob mindestens im Bereich des kulturellen Lebens eine längerfristig normierte Berufsausbildung noch ein besonderes Ausbildungsziel und damit auch eine besondere Orientierung für Studienordnungen sein kann.

Wer eine Ahnung davon hat, wie langsam sich gerade in Deutschland, wo alle Studienordnungen staatlich genehmigt werden müssen, selbst einmütig für veraltet erklärte Ordnungen ändern lassen, der wird solche Fragen schließlich nicht nur an die Universitäten, sondern auch an andere Instanzen des öffentlichen Lebens, und nicht zuletzt an die gesetzgebenden Parlamente richten müssen.

Deshalb kommen die Gesprächspartner, die wir gebeten haben, sich dazu zu äußern, nur zum geringeren Teil aus der Universität. Sie kommen vielmehr aus der Kulturpolitik, aus dem Kulturjournalismus, aus der Selbstorganisation der deutschen Forschungsförderung und aus der Literaturarchiv- und Museumsarbeit. Nur zwei der auf dem Podium Versammelten haben im engeren Sinne mit der Universität zu tun, und so sollen zunächst auch die Stimmen aus der außeruniversitären Öffentlichkeit hier das Wort haben.

Thomas Steinfeld: Es war ausgemacht, daß jeder sich ein wenig selber vorstellt: ich habe Germanistik studiert, war lange Jahre Dozent für deutsche Literatur und Zeitgeschichte an kanadischen Universitäten und bin seit ein paar Jahren Redakteur im Literaturblatt der *Frankfurter Allgemeinen Zeitung*. Uns ist die Beantwortung der Frage aufgegeben, wie die Fächergrenzen heute gezogen werden sollen und wer das tun könne. Ich selbst komme aus einer Welt, in der es solche Fächergrenzen nicht gibt, und meistens bin ich der Meinung, ich könne mich deswegen sehr glücklich schätzen.

Was es mit den Fächergrenzen auf sich hat, möchte ich an zwei Punkten befragen. Das sind Fragen, die ich auch selber so verstehe, daß sie sich an die Repräsentanten der akademischen Wissenschaft wenden. Erstens fällt mir auf, daß die Reflexion auf die Veränderung der Geisteswissenschaften und der Kulturwissenschaften aus einem historischen Kolloquium heraus kommt. Also mein erster Punkt wird die Selbstreflektivität dieser Frage sein. Im zweiten Punkt möchte ich mich ein wenig einlassen auf die Eigenart der Philologie und was heute mit ihr los ist. Wenn eine akademische Disziplin ihre Vergangenheit entdeckt und zum Forschungsthema macht, wird sie zu einer Philologie ihrer selbst. Das zweite hat es im Fach Geschichte bereits in großer Zahl gegeben. Doch solche Rückblicke dienten meist der Einführung in die Disziplin und einer Aufzählung ihrer Verdienste oder – dann hat die Retrospektive schon fast etwas von einem institutionalisierten Zweifel – der Selbstverständigung. Die philologische Fachgeschichte dagegen ist, einschließlich ihres populären Zwillings, der Gelehrtenbiographie, eine Errungenschaft, die auf die Methodologisierung der historisch-hermeneutischen Fächer folgt. Mit einer einzigen, aber um so wichtigeren Ausnahme sind die Fachgeschichten kaum so alt wie die Forderung, die Wissenschaften vom Schönen hätten nun ihren Elfenbeinturm zu verlassen. Erst wenn die Verwirrung vollständig ist und selbst die schlichteste Einleitung in eine Disziplin enzyklopädischen Charakter annehmen müßte, entsteht offenbar das Bedürfnis, das Disparate wieder zum Ganzen einer gemeinsamen Geschichte zusammenzuführen. Für die Sprach- und Literaturwissenschaften hat dieses Bedürfnis nach Einheit den Wunsch nach einer Philologisierung der Philologie hervorgebracht.

Die Philosophie, deren Geschichte Georg Wilhelm Friedrich Hegel noch erzählt, um sich selbst an ihren erfolgreichen Abschluß zu setzen, historisierte auch den Repräsentanten des Weltgeistes und hat seitdem nicht wieder aufgehört, als ihr eigener Chronist zu arbeiten. Ein solcher Chronist gibt sich unbeteiligt, aber er ist ein Zweifler aus Prinzip. Jeder Gedanke, jede Vorstellung erscheint ihm als relativ zum Lauf der Zeit. Wird einer richtig oder falsch gefragt, so antwortet er, es hänge alles vom Zusammenhang ab, nicht einmal wahr und unwahr will er auseinanderhalten, und doch hat er die eine, die grundsätzliche Entscheidung schon getroffen. Er weiß, daß er, indem er die Geschichte seines Faches schreibt, keinesfalls an dessen Ende angekommen ist. Was Fichte oder Hegel, Nietzsche oder Husserl dachten, läßt der Chronist daher nur als Wille und Vorstellung gelten. Was ein anderer für ein festes Haus gehalten haben mag, gilt ihm, ohne daß er genauer hinsehen müßte, für das Zelt eines Nomaden. Dessen Instabilität ist ihm gewiß. Und als Grund für diese Gewißheit genügt ihm ein Blick auf die chronologische Folge. Jedem Entwurf gingen andere voraus und weitere werden folgen. Im Grunde genommen berichtet ein akademischer Chronist daher von einem Scheitern ohne Ende. Dieses Scheitern erscheint ihm nicht als Mißerfolg. Und er bedauert nichts. Bereits die Mühe, die er als Vergeblichkeit weiß, bereitet ihm Genugtuung, denn er glaubt, von einem Fortschritt ohne Ende zu erzählen. Nur der Weg ist das Ziel, und der Chronist besinnt sich zur Fortsetzung des Vorgefundenen. Er ist ein Mann der Skepsis. Und sein grundsätzlicher Vorbehalt gegen alle Gewißheit verleiht ihm den Anschein großer Souveränität.

Die philologisch gewordene Philosophie war lange Zeit das einzige akademische Fach, in dem die prinzipielle Vorläufigkeit aller Erkenntnisse auf historische Art gelehrt wurde. Im späteren Verlauf des 19. Jahrhunderts wurde sie deswegen eine Disziplin am Rand der Universität. Die großen Philosophen Arthur Schopenhauer, Sören Kierkegaard und Friedrich Nietzsche gehörten nicht zur akademischen Welt. Im Gegenteil, sie kultivierten den Gegensatz des Denkens zur bürgerlichen Laufbahn. Heute gibt es keine Philosophen mehr außerhalb der Universität. Der Erkenntnisvorbehalt, der sich in der Historisierung der eigenen Disziplin entfaltete, ist längst zu einem Rezept des disziplinären wie des öffentlichen Erfolgs geworden. Die anderen Disziplinen der geisteswissenschaftlichen Fakultät sind der Philosophie in diesem Jahrhundert gefolgt. Und das nicht nur in der Selbsthistorisierung, sondern auch, indem man Erkenntnistheorien in großer Zahl hervorbrachte. Oder wie sollte man nennen, was die Transformationsgrammatik für die allgemeine Linguistik, der Dekonstruktivismus für die Literaturwissenschaft oder die

Lehre von der interkulturellen Kommunikation selbst für so ein anständiges Fach wie Deutsch als Fremdsprache geworden sind?

Die geisteswissenschaftlichen Disziplinen, einst entstanden, als die Philosophie die Welt nicht mehr auf ihren Schultern tragen wollte und das positive Wissen aus sich entließ, nahmen also die Trennung von der Philosophie zurück, ohne deshalb wieder zu einer Einheitswissenschaft zu werden. In einer pluralistisch gewordenen akademischen Welt stehen sie vielmehr für eine Vielzahl von gleichzeitig möglichen Betrachtungsweisen, in der sich die akademische Skepsis immer weiter entfaltet. So geschieht es, daß auch die Geschichtswissenschaft oder die Philologie das positive Wissen aus sich entlassen können. Es ist allein eine Frage des theoretischen Aufwands. Die Skepsis richtet sich nicht nur auf die Welt, sondern auf sich selbst. Das Bodenlose eines selbstreflexiven philologischen Wissens müßte jeden in Unruhe versetzen, der sich auf ein solches Fach einläßt. Viel einfacher, als sich ein Leben ohne Literatur vorzustellen, wäre es, sich die moderne germanische Philologie wegzudenken. Wenn keine akademische Institution mehr hinter ihnen stände, wäre da nicht längst offenbar, daß die großen Vorhaben der Philologie bereits seit vielen Jahren in einer zuweilen grandiosen Täuschung bestehen? Und sähe da nicht jeder, eben weil er nichts mehr sieht, daß das kulturelle Gedächtnis, das die Philologen einst in langer Zeit und mit großer Mühe erwarben, gar nicht mehr existiert, jedenfalls im Blick auf die Öffentlichkeit?

Die Unruhe erfaßt nun offenbar auch Akademiker, die gar nicht besorgt sein müssen, weil ihnen ein Posten auf Lebenszeit garantiert ist. In eine Legitimationskrise meinen vor allem die philologischen Fächer, und darin besonders die deutsche Sprach- und Literaturwissenschaft geraten zu sein. Die Rede von der Legitimation eines akademischen Faches aber spricht, auch wenn sie funktionierend leicht von den Lippen geht, gegen den wissenschaftlichen Ernst derer, die so reden. Denn eine Legitimationskrise ist kein wissenschaftliches, sondern ein politisches Ereignis. Die Gelehrten treten dabei als Repräsentanten eines Anliegens auf, dessen Recht auf Existenz unsicher geworden ist. Der Selbstzweifel geht daher nicht so weit, das ganze Universum einer Revision unterziehen zu wollen. Im Gegenteil, die Rede von der Legitimationskrise ist bereits der entscheidende Schritt zu ihrer Bewältigung. Denn wer so spricht, fordert eine öffentliche Aufgabe. Das scheinbar zerknirschte Eingeständnis, Vertrauen verloren zu haben, ist nur die Kehrseite des Einspruchs, das

Vertrauen eigentlich zu verdienen. Die Zeichen der Zeit nicht erkannt zu haben, ist daher der einzige Vorwurf, den sich diese Funktionäre selbst zu machen bereit sind. Die Öffentlichkeit versteht diese Selbstbezichtigung als ein Zeichen guten Willens. Mit Wissenschaft hat das nichts zu tun.

Ich komme zu meinem zweiten Punkt, der Philologie. Daß der neuzeitlichen Dichtung für jede besondere Sprache eine eigene Philologie gewidmet sein soll, ist nicht selbstverständlich. Immanuel Kant war noch davon überzeugt, jede Wissenschaft müsse einen eigentümlichen Gegenstand haben, widrigenfalls die Grenzen aller Wissenschaften ineinanderlaufen. Die reformierte Universität konnte diese Forderung nicht gelten lassen, und das nicht nur, weil jede Disziplin, die Forschung und Lehre sein soll, ja gar nicht wissen kann, welchen Fortgang es mit ihr nehmen wird. Tatsächlich ist sie auch Ausdruck einer Instabilität, die sich in jeder Disziplin finden muß, für die der Vorbehalt eines speziellen Wissens gilt. Was immer man tut, geschieht unter der Prämisse, den Gegenstand gar nicht ganz kennen zu dürfen, obwohl man sich ihm mit ganzer Kraft zu widmen hat. Die neuen Disziplinen sind philosophisch vom ersten Tage an. Wenn es heißt, daß die Wissenschaften sich im 19. Jahrhundert spezialisierten, kann es also nur mittelbar der Vermehrung eines Wissens geschuldet sein, das immer wieder neu und feiner geordnet werden mußte. Es ist vielmehr die Folge einer großen Resignation. Hegel unternahm den letzten und umfangreichsten Versuch, der Welt einen Begriff zu geben. Seine Enzyklopädie der philosophischen Wissenschaften zerfiel in ihre Bestandteile. Dieses Scheitern wurde zur methodischen Voraussetzung einer jeden Disziplin. Die Spezialisierung der Wissenschaften oder was hier immer Ausdifferenzierung genannt wird, ist mehr als eine Arbeitsteilung, nämlich ein sich Fügen in eine prinzipielle Unzulänglichkeit. Die späteren unvermeidlichen Versuche, zu einer allgemeinen philosophischen Wissenschaft zurückzukehren, konnten nur außerhalb der Universität Erfolg haben. Die Vielfalt der Disziplinen nach dem Ende der Philosophie als allgemeine Wissenschaft ist also die Organisationsform von Skepsis. Jede Disziplin soll zwar der Erkenntnis von Wahrheit dienen, doch nur auf dem einen Feld, in dem sie darüber hinaus noch mit anderen konkurriert. Keiner überblickt das Ganze, und die Summe, die aus allen Anstrengungen zu ziehen wäre, ist von vornherein ins Reiche der Ideale verwiesen. Wer immer sie für sich beansprucht, muß ein Phantast sein oder ein Scharlatan. Das heißt umgekehrt, daß keine Disziplin eine andere voraussetzen kann. Auch deshalb bindet zum Beispiel ein solches Fach wie die Rhetorik. Sie ist zwar skeptisch, doch nicht sich selbst gegenüber. Vor gut zehn Jahren machte der Philosoph Odo Marquard auf sich aufmerksam, als er angesichts eines geringer werdenden öffentlichen Interesses an den Geisteswissenschaften empfahl, diese zur Begleichung eines gesellschaftlichen Sinndefizits einzusetzen. Tatsächlich taten sie dies vom ersten Tage an, und ihre Schwäche beruht darauf, daß die andere Seite des Sinns stets die Skepsis ist. Ebensowenig wie der Sinn einen festen Namen trägt, hat die Skepsis einen. Beide Kategorien bezeichnen intellektuelle Haltung, denen der Gegenstand keine Grenze zieht. Die Skepsis ist das letzte und einzige, das von einer allgemeinen philosophischen Wissenschaft bleibt. Sie allein erweist sich als das eigentlich Unüberwindliche.

Christoph König: Ich arbeite als Germanist und Wissenschaftshistoriker hier in diesem Hause, dem Deutschen Literaturarchiv. Es gibt einen Reflex, der sofort, sagt man heute Fächergrenzen, an Kultur oder an die kulturelle Leistung einer Wissenschaft zu denken zwingt. Der Reflex hat sich in der Fachgeschichte ausgebildet. Existenz und Einheit der Wissenschaften begründet man lange schon mit durchaus wechselnden, öffentlichen, meist national begründeten Aufgaben. Solche Abhängigkeit mündet gern in dem Versuch, beides zu legitimieren. Vor einer Woche diskutierte etwa der Deutsche Germanistenverband mit Vertretern des Feuilletons in Marbach über das Verhältnis von Philologie und Journalismus (»Die Kultur und ihre Vermittler«, 28./29. 6. 1996), und man konnte sehen, wie die Beteiligten regelrecht darum wetteiferten, wer denn besser sei im Schaffen von Kultur. Es kann etwas durchaus Beruhigendes haben, die Wissenschaft an das ihr eigentlich Äußere zu binden. Dann sagt man einfach: Ist die Kultur heterogen oder strukturschwach, wächst auch gegen die Diffusion im Fach kein Kraut. Statt der Abhängigkeit von der öffentlichen Konstitution einfach nachzugeben, läßt sich auch zynisch mit ihr umgehen, wofür die Gelehrten um 1900 ein gutes Beispiel gaben. Sie täuschten, gönnen Sie mir eine kleine Übertreibung, in den Festreden zu Kaisers Geburtstag oder bei der Übernahme des Rektorats, kulturelle Werte vor, die sie im Schutz ihres Seminars munter historistisch auflösten. Gibt es außer Nachgiebigkeit und Zynismus ein drittes?

Dazu zwei Thesen, die von der Kultur des Betrachters handeln, also weniger von der Kultur oder den Kulturen als Gegenstand der Kulturwissenschaften. Erstens: der Philologe braucht den kultivierten Dilettanten, der ihm indes ziemlich gefährlich werden kann, und zweitens: Kultur ist heute auch eine Kultur von Wissenschaften, die im Innern der jeweiligen Disziplin aufzulösen ist. Eberhard Lämmert verbindet in der Vorrede zu dieser Diskussion Wissensvermehrung und Bildungsqualitäten und meint damit zwei alte Aufgaben, die unter neuen äußeren Bedingungen, also etwa der Mehrsprachigkeit der Bevölkerung und der Zeichenhaftigkeit unserer Epoche, zu bemeistern seien. Die Konjunktion »und« verdeckt indes das prekäre Verhältnis von Wissen und Kultur. Man meint es verkörpert zu sehen im Philologen und im Dilettanten. Doch kommen beide nicht ohne einander aus, auch wenn sie zwischen ihrem Tun und der dabei verstreichenden Zeit ein ganz unterschiedliches Verhältnis pflegen. Denkt der eine an seine Laufbahn, so der andere an seinen Tod, denn der Dilettant liest im Bewußtsein begrenzter Lebenszeit und *wählt aus*, während dem Wissenschaftler die Auswahl und die Unterteilung des wuchernden Wissens eher freistehen. Man darf den Philologen nicht sich selbst überlassen, weil er ansonsten am Schluß ohne Gegenstand und Kanon dasteht. Und der Liebhaber konstruiert seine Lesewelt nach seinem Gusto, so daß Fremdes, und das heißt hier Individuelles, ausgelassen werden kann. Die Gegenüberstellung ist natürlich künstlich, denn der Wissenschaftler benötigt den Dilettanten in sich, um im Widerstand seinen Gegenstand zu bestimmen. Auch er hat Vorlieben und folgt Werten – heißen sie Nation, Kritik oder Diffusion –, die ihn anleiten. Sie geben ihm, hermeneutisch gesprochen, den Sehepunkt, doch dann benutzt er seine Techniken historischen Forschens von der Bibliographie bis zur Quellenkritik und versetzt sich in die Lage, das Besondere, das Einzigartige an seinem Gegenstand zu erkennen, der ohne die anfängliche, kulturell motivierte Liebe nie Gestalt hätte gewinnen können.

Ist also Kultur die geordnete Umgebung, die kritisch integriert werden muß, so konstituieren andere Fächer auch eine Kultur, zu der man sich selber nur dilettantisch verhalten kann. Studenten lesen heute in den Grundtexten anderer Fächer wie früher in Literaturen anderer Epochen und Sprachen. Anthropologie, Psychologie, Biologie, Linguistik und Medienwissenschaften sind nicht mehr Zweige einer umfassenden philologischen Wissenschaft. Die Verhältnisse haben sich in ihr Gegenteil verkehrt. Da die Gegenstände nicht mehr vom Bildungssystem, gegen das man sich dann wehren kann, legitimiert sind, begründet und formt man sie von außen. Fremde Wissenschaften werden eingeführt, um umfassende Gesichtspunkte zu finden. Dann dominiert eine Philologie, die sich von außen her versteht, kulturell und dilettantisch, und verdrängt eine Philologie, die das eigentliche Objekt durch ein spezielles historisches Verstehen von Individualität begründen könnte. Die zentrale Frage nach dem Verhältnis zur Kultur bzw. zum Bestand dessen, was die Kultur ausmacht, richtet sich also vermehrt auch auf die anderen Fächer.

Manfred Briegel: Ich bin als Germanist und ein bißchen als Romanist in der Deutschen Forschungsgemeinschaft tätig und kümmere mich dort insbesondere um die sprach- und literaturwissenschaftlichen Fächer und darüber hinaus um die Fächer, die man jetzt auch in der DFG Kulturwissenschaften nennt. Grenzen setzen etwas Umgrenztes, etwas Umgrenzbares voraus. Fächergrenzen setzen also Fächer voraus. Es gibt keine Fächer. Es gibt nur Projekte und Interessengebiete, Schulen und Richtungen. In einer Zeit, in der Heinz Schlaffer in einer seiner wie üblich drollig geschriebenen Glossen vor kurzem in der *Frankfurter Rundschau* eine Invektive gegen die Attitüde der Interdisziplinarität losläßt und damit schlichtweg um zwanzig Jahre zu spät kommt, in einer Zeit, in der Interdisziplinarität bereits versinkt und man von Transdisziplinarität redet und damit wohl so etwas meint wie Arbeiten, die disziplinär nirgendwo mehr zu verankern sind – in einer solchen Zeit ist die Frage nach Fächergrenzen nicht sehr erheblich. Jedenfalls nicht für die Forschung. Bei der Lehre sieht es sicher anders aus. Die Ausbildung erfolgt nach wie vor disziplinär, und da mögen umgrenzte Fächer nützlich sein und ihren Sinn haben, da werden schon die staatlichen Stellen darauf sehen. Fächer sind also trotzdem, was ich gesagt habe, natürlich da und haben einen Namen.

Wenn man die Terminologie betrachtet auch ohne den Anspruch auf einen stringenten wissenschaftstheoretisch haltbaren Anspruch, dann kann man sicher nur chaotische Züge entdecken, und die Bezeichnungen hinken den Entwicklungen der Wissenschaft in vielen Fällen einfach hinten nach. Auf welcher Ebene eines Begriffssystems, muß man fragen, sind einzelne Bezeichnungen anzusiedeln? Wie sieht es aus z. B. mit der Tanzwissenschaft gegenüber der Theaterwissenschaft? Sind die auf derselben Ebene des Begriffssystems angesiedelt? Ist die Tanzwissenschaft ein Teil der Theaterwissenschaft? Ist die Theaterwissenschaft eine Subdisziplin der Medienwissenschaften? Manche sagen es so. Medienwissenschaft, die gibt es zum Teil hermeneutisch-kulturell, die gibt es publizistisch-kommunikationswissenschaftlich, die gibt es technisch-ingenieurwissenschaftlich. Ähnlich könnte man etwas sagen über die Kommunikationswissenschaft, im Singular oder im Plural, in verschiedenen Ausprägungen kulturwissenschaftlich oder gar ingenieurwissenschaftlich oder soziologisch oder in unterschiedlichen Bezeichnungen für ein und dasselbe Fach. Ich nehme eines, das sicher nicht im Zentrum des Interesses steht, aber da läßt es sich ganz schön zeigen: die traditionelle Bezeichnung »Volkskunde«. Es gibt das Fach Volkskunde noch, aber mancherorts, etwa in Tübingen, heißt es »Empirische Kulturwissenschaft«, andernorts heißt es »Europäische Ethnologie« und begibt sich da in gefährlichen Clinch mit der rechten Ethnologie, die ja gerade auf Eroberungszüge aus ist. Wieder andernorts heißt das Fach »Kulturanthropologie« oder auch zusammengenommen »Europäische Ethnologie und Kulturwissenschaft«. Sicherlich sind da auch unterschiedliche Ausprägungen oder unterschiedliche Richtungen gemeint. Empirische Kulturwissenschaft ist halt nicht dasselbe wie Volkskunde, könnte man sagen, aber das Verständnis der Vertreter dieser Bezeichnungen läuft doch darauf hinaus, daß es sich um ein Fach handelt.

Auch unter Forschungsperspektiven gibt es also Fächereinteilungen. Beispielsweise hat meine Organisation, die DFG, ein System von Fächern und Fachgebieten eingerichtet. Aber diese Fächereinteilungen sind eine Hilfskonstruktion, ein Notbehelf. Der dient einmal dazu, über Projekte eine fachgerechte Beurteilung zu finden. Die Fächereinteilung bildet also sozusagen eine Leitschiene, wenn man auf der Suche nach den passenden Gutachtern ist, und sie dient zum anderen der demokratischen Legitimation, denn bei der DFG werden Gutachter auf vier Jahre gewählt. Das ist eine demokratische Wahl, und für eine Wahl braucht man eben Gruppierungen, und das sind dann keine politischen Gruppierungen wie bei den politischen Wahlen nach Parteien, sondern es sind die Gruppierungen nach Fächern, auch wenn das keine stringente Facheinteilung ist. In diesem System von Fächern wird es immer Veränderungen geben. Das ist im Grunde ja auch der Gegenstand dessen, was hier auf dem Podium betrachtet wird. Es wird immer Veränderungen geben, und auch die DFG sucht dem in Grenzen Rechnung zu tragen. In Grenzen alleine schon deswegen, weil ein Fach als ein einzelnes Fach bei der DFG eben nur auftritt, wenn eine bestimmte Anzahl von Anträgen an die DFG kommt.

Damit bin ich bei der Frage, der ich mich nicht entziehen will – trotz meiner Behauptung, es gibt keine Fächer –, bei der Frage, wer Fächergrenzen ziehen kann, wenn man denn schon so etwas wie Fächer hat oder meint haben zu müssen. Ich denke, daß hier der Ausgangspunkt bei den Wissenschaften und den Wissenschaftlern selber liegen sollte. Ich denke, es gibt so etwas wie ein Bedürfnis der am selben Gegenstandsbereich oder derselben Fragerichtung Interessierten nach einem Zusammenschluß. Ein solcher Zusammenschluß wird dann zu Gesellschaften führen, zu Fachgesellschaften. Die Fachgesellschaften sind dann übrigens auch für die DFG wichtig. Wenn die an einem solchen Zusammenschluß Interessierten klug sind, werden sie immer auch Anstöße aus der Öffentlichkeit, in welchen Gruppierungen auch immer, in ihre Überlegungen mit einbeziehen. Sie werden nicht im Elfenbeinturm bleiben und nicht nur die innerwissenschaftliche Entwicklung betrachten, sondern überlegen, welche Bedürfnisse sind in der Gesellschaft vorhanden.

Linda Reisch: Ich bin Kulturdezernentin der Stadt Frankfurt am Main und habe vor 25 Jahren bei Ihnen, Herr Lämmert, studiert. Das ist eine Weile her, deswegen entschuldigen Sie auch, daß die Sprachen hier auf dem Podium sehr unterschiedliche sind. Herr Lämmert, ich finde es sehr mutig, wie Sie dieses Podium zusammengesetzt haben, wenn ich das bis jetzt beobachte. Von mir kann es zu dem Thema letztendlich nur etwas quere Bemerkungen, Assoziationen und vor allem Fragen geben. Deshalb bitte ich von vornherein zu entschuldigen, daß ich hier nicht wissenschaftsspezifisch diskutieren kann.

Ich möchte als erstes den Begriff der Kulturwissenschaften selber ein Stück relativieren. Wir bemerken bei uns in Frankfurt sehr wohl eine Diskussion, die den Begriff der Kulturwissenschaften zu diskutieren und auch aufzunehmen beginnt, doch wirkt sich das überhaupt noch nicht aus im Bereich von Studienplanung und Studienordnungen. Auf der anderen Seite bemerke ich in Diskussionen, wie wir sie jetzt beispielsweise bei den Römerberggesprächen gehabt haben, daß die Fragestellungen, die unsereins erwartet, nicht aus den Kulturwissenschaften gestellt werden, sondern aus den Naturwissenschaften: daß wir sehr viele Fragen der Philosophie und der Ethik von dort gestellt und auch eher beantwortet bekommen, beispielsweise aus der Hirnforschung oder aus anderen Bereichen der »life sciences«. Das ist für mich ein hochspannender Prozeß, zu sehen, daß ein Paradigmenwechsel sichtlich schon vor sich gegangen ist, bevor wir das, was wir derzeit diskutieren, überhaupt in irgendeiner geistes- oder kulturwissenschaftlichen Studienordnung vorfinden. Da frage ich mich schon, wie lange so etwas jeweils dauert, wie Universitäten und Wissenschaftsinstitutionen den jeweiligen gesellschaftlichen Fragen hinterherkommen können bzw. wo Ausbildungen stattfinden, die diesen Fragenkomplexen Rechnung tragen.

Das gilt auch für einen ganz anderen Bereich. Wenn man in eine Stadt wie Frankfurt hineinschaut, die mit 30 % Ausländern lebt und in der es Schulen gibt, die Klassen haben mit 80–90 % Ausländerkindern, dann weiß man sehr leicht, daß ein Lehrer damit nicht mehr zu Rande kommen kann. Das Problem der Einzelphilologien stellt sich da auf eine ganz andere Weise. Da sind dann 20 Kinder, die in 20 Sprachen miteinander sprechen oder in 12 Sprachen miteinander sprechen, und da ist jeder Lehrer hilflos. Was bietet die Ausbildung hier für Wege, um so etwas wie die Übersetzertätigkeit von Kulturen überhaupt zu unterstützen, und woher kann die Kraft kommen, diese Übersetzertätigkeit für eine Vielfalt von Kulturen in einer Stadt zu installieren. Ich sehe nicht, daß dies in irgendwelche Studienordnungen eingegangen ist, und es ist damit klar, daß Leitfunktionen, die diese Kulturen in einer Stadtgesellschaft haben können, letztendlich gar nicht zum Tragen kommen.

Wenn ich einen anderen Bereich nehme, so schaue ich auf das, was an wissenschaftlicher Entwicklung in nichtuniversitären Instituten abläuft, beispielsweise in Museen, die wissenschaftliche Arbeit an vielen Stellen machen und dieses gezwungenermaßen in Kooperationen tun und sehr häufig interdisziplinär tun wollen oder aber auch müssen aufgrund ihrer Gegenstände. Aber ich kann auch noch über die Museen hinausschauen, und ich behaupte jetzt etwas kühn in dieser Runde, daß auch ein Tanztheater wie das von William Forsythe zum Thema Dekonstruktivismus mehr beiträgt als manche rein verbale Auseinandersetzung; wenn man sieht, wie er mit jemandem wie Libeskind zusammen Welten baut und wie er darüber in Instituten Vorträge hält und darüber arbeitet, das heißt: es ist nicht nur die Darstellung in der Form des Tanzes, sondern diese ist auch thematisiert. Wenn ich dann sehe, daß so jemand wie Forsythe auch die neuen Medien miteinbezieht, mit dem Institut von Klotz und im musikalischen Bereich dem Ensemble Modern bis zu Studienaufnahmen neuester Musik, dann sehe ich dort andere Ansprüche in die Gesellschaft getragen und auch die Beantwortung von Fragen sehr viel präziser vorgenommen, als ich das bisweilen in der heutigen Wissenschaft vorfinden kann, soweit ich das überblicke. Aber wie gesagt, Sie erlauben mir

Äußerungen aus der Außenansicht. Dazu kommt, daß in den Wissenschaftsinstitutionen, nach meiner Einschätzung, Ausbildungen, wie wir sie brauchen in den Museen, nicht stattfinden, sondern daß wir über die Praxis nachausbilden müssen, um überhaupt Mitarbeiter und Mitarbeiterinnen zu haben, die den Ansprüchen ihrer Institutionen Rechnung tragen können. Ich würde sehr viel stärker einfordern wollen, daß wir Ausbildungswege finden, die Dramaturgen wie Kustoden und sonstigen Kulturberufen die Möglichkeit zur Berufsausübung bieten, ohne mit einer noch jahrelang nachgelegten Praxis solchen Berufen gerecht zu werden.

Das bringt mich auf ein weiteres Thema: Ich bemerke, daß jedenfalls nahezu für alle Berufe die ästhetische Erziehung in der Ausbildung völlig fehlt. Daß wir die ästhetische Erziehung gut wegreformiert haben und daß damit letztendlich ein übergreifendes Thema für Bildung nicht stattfindet. Das heißt, die gesamte Thematik der Schulung von Wahrnehmungsfähigkeit ist auf wenige einzelne Ausbildungswege beschränkt und ist als ein übergreifendes Thema im heutigen Zeitalter von Überinformation, Massenkommunikation und Medienwelten nicht vorhanden, was ich katastrophal finde; ich glaube, daß dies letztendlich einen Industriestandort wie den von Deutschland irgendwann an die Wand fahren läßt, wenn hier nicht sehr schnell über eine neue Bildungsreform nachgedacht wird. Diese Gedanken zusammengenommen, vielleicht auch noch erweitert um die Feststellung, daß die Geschichtsorientierung der Gesellschaft sehr viel stärker geworden ist und deshalb in einer Stadtgesellschaft wie Frankfurt allemal dringend zu fragen ist, wo eine fächerübergreifende Ausbildung stattfindet, die mit einer solchen Geschichtsorientierung zu Rande kommt – dieses zusammengenommen, bin ich in der Gefahr, auf ein ganz altes Modell zu kommen, nämlich auf die Frage, warum es ein Studium generale in solchen Fragen, nämlich der ästhetischen Erziehung, der historischen Orientierung, der Ethik, der Leitwissenschaft Biologie beispielsweise nicht gibt. Dies ist eine Frage an Kompetente. Ich frage als Politikerin und nichts weiter.

Hartmut Böhme: Ich bin Germanist in Hamburg gewesen und arbeite seit 1993 an der Humboldt-Universität im Institut für Kulturwissenschaft, habe also eine Grenzüberschreitung zwischen zwei Fächern vorgenommen und war zuletzt wesentlich beschäftigt mit der Reformulierung dessen, was in der DDR Kulturwissenschaft gewesen ist, sowie mit der Neubegründung eines solchen Studiengangs. Ich betreibe auch ein kleines Forschungsprojekt, das sich mit dieser Frage der Institutionalisierung von Kulturwissenschaft in Deutschland beschäftigt. Hier möchte ich einige Gründe und Motive nennen für das, was man als Schub zur Grenzüberschreitung heute beobachten kann, und zu erklären versuchen, was hinter diesem Motiv »Kulturwissenschaft« stehen könnte. Als erstes möchte ich sagen, daß hiermit nicht mehr vorliegt als ein weiterer, aus den verschiedenen Wissenschaften selbst kommender Innovationsschub, der bestätigt, was wir seit den siebziger Jahren als »normalen Wandel« in unserer Fächergruppe beobachten können. Nach dem »linguistic turn« und der Dichotomisierung zwischen Strukturalismus und Sozialgeschichte in den siebziger Jahren sowie nach Poststrukturalismus, New Historicism und Dekonstruktivismus in den achtziger Jahren scheint es so zu sein, daß dabei ohne Absicht ein relativ hegemoniefreier, aber kompetitiver Pluralismus entstanden ist, für den die Kulturwissenschaft das Modell eines produktiven Umgangs mit einer solchen konkurrenten Wissenschaftssituation verspricht.

Ein zweiter Grund ist, daß man von der Kulturwissenschaft so etwas erwartet wie eine neue Einheit der disparaten Fächer. Daran glaube ich nicht, denn die Heterogenität ist ein Effekt zum einen der Pluralisierung der Wissensbezirke, zum anderen der qualitativen Maximierung der Wissensansprüche und des quantitativen Wachstums des Wissens, sowie schließlich auch der Internationalisierung der Wissensprozesse. All dies ist in den letzten zwanzig Jahren in unseren Fächern eingetreten als eine Art von nachholender Normalisierung, wobei Normalisierung hier auch heißt, daß wir ohne Aussicht auf Einheit leben müssen mit der Tatsache von nicht harmonisierbaren Widersprüchen. Damit weisen die Wissenschaften selbst das Symptom dessen auf, was die Kultur von sich aus zeigt, nämlich daß sie, wie schon Kant und heute Klaus Eder betonen, ein Entzweiungsmechanismus ist und kein Integrationsmechanismus. Das hat uns eingeholt. Wir erkennen dies an dem vitalen und polemogenen Diskurscharakter, der heute das übliche in der Wissenschaft geworden ist. Diskurs heißt erst mal »auseinanderlaufen« und nicht »zueinanderkommen«. Also der Widerspruch ist das Dominante, und hierbei soll die Kulturwissenschaft als eine Instanz der Moderation dieses widersprüchlichen Felds der Heterogenitäten darstellen: also die Kulturwissenschaft als Moderation zwischen den Fächern, die in ihrer Spezialisierung versunken, vielleicht auch erstarrt sind. Dabei scheint sie das interdisziplinäre, von mir aus auch transdisziplinäre Diskursfeld zu sein, das – unter der Voraussetzung einer disziplinären Identität der Fächer, auf die sie sich bezieht – die Wünsche nach einer Verbindung der unabhängig voneinander entwickelten Forschungsansätze befriedigen soll.

Drittens kann man beobachten, daß die Literatur heute eher interessiert als eine Form des kulturellen Wissens, die nicht mehr mit philologischen Methoden rekonstruierbar scheint. Die Entwicklung der technischen Medien sorgt im übrigen dafür, daß die Form des literarischen Wissens auch in den klassischen Geisteswissenschaften an Relevanz verliert. Von der Kulturwissenschaft erhofft man, daß sie auf solche Fragen, die auch mit der Transformation der traditionellen Gesellschaften in Wissensgesellschaften zusammenhängen, Antworten geben kann. Viertens ist es so, daß schon seit 1900 die Kulturentwicklung den Geisteswissenschaften davongelaufen ist und daß die Modernisierungsprozesse immer erst mit einer oder zwei Generationen Verspätung in den Wissenschaften thematisch wurden. Dieser zeitliche *lag* zwischen Kulturentwicklung und Wissenschaft soll angeblich, so die Hoffnung, durch eine Kulturwissenschaft, die auf der Höhe der Zeit ist, wenn sie nicht sogar eine Art Avantgardefunktion verspricht, überwunden werden: und das ist eine problematische Hoffnung.

Fünftens ist es ein Motiv für die Kulturwissenschaft, daß sie den Zug zur Pluralisierung der Quellen erleichtert. Wir haben es in den Geisteswissenschaften nicht mit einem Quellentyp zu tun, sondern mit einer Vielfalt von Quellentypen, so daß das, was an methodischen Verfahren z. B. der Textwissenschaften entwickelt worden ist, ergänzt werden muß durch Kompetenzen, die an nicht-textuellen Quellentypen geschult sind. Dafür scheint die Kulturwissenschaft eine geeignete »Ergänzungswissenschaft« zu sein. Man erkennt dies auch am New Historicism, der von dieser Pluralisierung der Quellen lebt, oder an den cultural studies, die der Kulturwissenschaft, die in Deutschland entsteht, am meisten entsprechen.

Die dringende Frage ist, ob die Kulturwissenschaft ein Fach ist mit oder ohne eigenen Gegenstand. Manche sagen, sie hat gar keinen Gegenstand, und das würde heißen, die Kulturwissenschaft ist nichts als ein Verfahren, eine Art Metaebene der Reflexion oder so etwas wie eine mobile Verschaltung, vielleicht auch Steuerung von philosophisch-historischen Diskursen, eine Art Verflüssigungsform und Katalysator zur Mobilisierung der Diskurse zwischen den Fächern. Dann würde Kulturwissenschaft tatsächlich nur eine Art von Verfahrensoperator innerhalb von Diskursformationen ohne eigene Gegenstände sein.

Wenn Kulturwissenschaft aber auch eine inhaltliche Orientierung aufweisen soll, dann müßte man angeben, was ihre Gegenstände im Unterschied zu denjenigen der klassischen Fächer wären. Da kann man sagen: das sind zuerst die technischen Aggregate von Kultur, damit zusammenhängend die Medienkulturforschung, ferner die Felder der historischen Anthropologie. Es sind die Forschungen, die sich ansiedeln in den Techniken des kulturellen Gedächtnisses und den Erinnerungskulturen; es sind die Bereiche der innergesellschaftlichen wie auch der fremdkulturellen Ethnologie unter dem Aspekt insbesondere von »Kultur als Text« und der Frage der »ethnographischen Repräsentation«. Ferner sind es Probleme, die mit neuartigen Erscheinungen der post- oder spätindustriellen Gesellschaften verbunden sind, nämlich daß diese zu multikulturellen Gesellschaften mit gewaltigen Wanderungsbewegungen werden, die darum auch neue kulturelle Kompetenzen benötigen, also auch ein wissenschaftliches Institut zur Analyse und Reflexion solcher Probleme, genauso wie für die extreme Technisierung, die die andere Seite dieser neuen Entwicklung unserer Gesellschaft ist.

Das sind die viel zu vielen Erwartungen, die an Kulturwissenschaft gerichtet werden. Und man kann von vornherein sagen, daß diese Kulturwissenschaft unter einem Überlastungssyndrom leidet. Vielleicht aber drückt sich darin insgesamt ein überall beobachtbarer extremer Wunsch nach einer Modernisierung aus, die etwas ganz anderes ist als die Skepsis, von der Herr Steinfeld gesprochen hat, nämlich eher eine Aufbruchshaltung.

Eberhard Lämmert: Vielen Dank für diese verschiedenen Äußerungen. Das schöne Bild, mit dem Herr Steinfeld begonnen hat vom vermeintlich festen Haus, das sich bei näherem Blick dann rasch als Nomadenzelt erweist, hat Herr Briegel schon dahin aufgelöst, daß er sagte, Fächer gibt's eigentlich nicht, obwohl er sie trotzdem braucht, um seine schöne Fächerfreiheit begründen zu können. Auffällig war, daß auf die konkreten Anforderungen, die Frau Reisch formuliert hat, keine Antwort aus irgendeinem der anderen Statements erfolgte, wohl weil schon Humboldt die ästhetische Praxis nicht etwa aus Verachtung, sondern aus Hochachtung – weil Genialität nicht lehrbar sei – aus den Universitäten verbannt hat. Nicht aus den amerikanischen übrigens, die doch vieles vom Humboldtschen Muster übernommen haben, aber das glücklicherweise gerade nicht. Das mag begründen, aber keineswegs schon entschuldigen, daß Ihre Fragen, Frau Reisch, im Raum stehen. Ich denke, daß die von Herrn Steinfeld schon angekündigte Skepsis, die Herr Böhme dann reichlich hat walten lassen, uns den Begriff der Kulturwissenschaften noch nicht recht plausibel gemacht hat als neue Fahne, die wir vor allen diesen Fächern, die hier versammelt sind, aufrichten sollten, und das schöne Gleichnis vom Zusammenspiel eines mit seinem Tod rechnenden Dilettanten und eines mit seinem Überleben rechnenden Wissenschaftlers, das Herr König uns geboten hat, läßt zu, daß wir die Diskussion weiterführen zwischen denen, die mit gutem Grund den Dilettanten und denen, die mit dem oder jenem Grund den Wissenschaftler für sich in Anspruch nehmen. Gibt es Protest?

Thomas Steinfeld: Ich habe einen Einwand gegen Herrn Briegel und gegen Herrn Böhme. Es war sehr rasch dahingesagt: Wenn es keine Fächer gibt, wo sind dann die Gegenstände? Ich habe vorhin, als ich meinen kurzen Vortrag halten durfte, auf Kant rekurriert, der darauf bestand, daß es sachliche Unterschiede zwischen den Gegenständen geben muß und daraus eben andere Wissenschaften entstehen. Wir haben zu unserer Lebenszeit alle ein praktisches Beispiel dafür erlebt, wie so etwas ganz anders kam. Und zwar den erweiterten Literaturbegriff. Der erweiterte Literaturbegriff ging einher mit der Auflösung des literaturwissenschaftlichen Kanons. Das hat zur Folge gehabt, unter anderem, daß die Einheit der Germanistik mittlerweile eine Fiktion ist. Germanistik, kann man sagen, sind heute 20 oder 30 oder 40 verschiedene Fächer, und die einzige Klammer, die es da vielleicht noch gibt, ist die Prüfungsordnung fürs Staatsexamen. Was aber einhergegangen ist mit dem erweiterten Literaturbegriff, ist etwas, was ich sehr ungern beschreibe als eine Erosion von Bildung. Bildung ist ein problematischer Begriff, aber an der Sache ist etwas. Wenn ich mich erkundigen will, wo vor mir schon mal jemand gewesen ist, der klug war und weise und was verstanden hat von der Welt, dann greife ich doch zuerst zur Literatur. Und diese Aufgabe, diese Vermittlung hatte die Literatur einmal übernommen in einer Art und Weise, die in einer ganz entscheidenden Differenz zur Wirklichkeit stand. Wo Bildung war, hat sich die Wirklichkeit immer als defizitär dargestellt. Und es ist meine große Sorge, daß, wenn die Tendenz sich hinentwickelt zu Medienwissenschaften oder Kulturwissenschaften, diese Differenz einfach den Bach hinuntergeht.

Hartmut Böhme: Zum Punkt mit den Naturwissenschaften. Meine Erfahrung an der Humboldt-Universität ist die, daß es in den Naturwissenschaften einen enormen Bedarf gibt, mit den traditionellen philosophischen Fächern in Kontakt zu treten. Es stimmt nicht, daß die Naturwissenschaftler oder die Techniker glauben, ethische Probleme von sich aus lösen zu können. Sie haben unterdessen begriffen, daß das, was sie machen, eine Art von Gesellschafts- und Kulturproduktion ist, die sie als solche in den engen Fragehorizonten, in denen sie sich bewegen, überhaupt nicht überschauen können. Und daher resultiert der Wunsch, in einen Dialog einzutreten, und es ist die Frage, ob die Geisteswissenschaften in der Lage sind, darauf zu reagieren, nämlich auf das Bedürfnis und die Notwendigkeit, mit den Naturwissenschaften in einen Gestaltungsdialog zu treten über die anstehenden Probleme. Die sind in der Tat solche, wie Frau Reisch sie beschrieben hat. Dazu gehört aber auch das Umweltproblem, das ohne Sozial- und Geisteswissenschaften nicht zu lösen ist. Es ist nicht über Reparatur-Technologien alleine lösbar. Eine der Hauptfragen, was die Zukunft unserer Fächer angeht, ist, wie man bei der fortbestehenden Verantwortung für die eigene Fachtradition und den eigenen Gegenstandsbereich, der keineswegs klein ist, dennoch eine gesellschaftliche Geltung und Kompetenz entwickeln kann, die dialogfähig macht nicht etwa bloß mit Nachbarfächern wie der Romanistik oder der Philosophie oder Theologie, sondern mit den Natur- und Technikwissenschaften. Und das ist um so nötiger, als heute gilt, daß die kulturellen Produkte selber eine technische Form angenommen haben. Das heißt, ohne diese technisch-naturwissenschaftliche Kompetenz sind wir im Grunde noch nicht einmal analysefähig für unsere eigenen Gegenstände.

Linda Reisch: Als bei uns jetzt die Ehrendoktorwürde an Pierre Bourdieu vergeben wurde, hat Frau Prof. Dr. Jutta Held, Kunsthistorikerin an der Universität Osnabrück, in ihrer Laudatio Bourdieu beschrieben als den Entdecker des kulturellen Mehrwertes. Das wäre etwas, worauf es genau ankäme in einem solchen Dialog zwischen den Disziplinen: dazu zu kommen, diesen Mehrwert auch abschöpfen zu können. Ich glaube, wir sind an dem Punkt, wo wir so viel Erkenntniseinzelheiten haben, sie aber nicht mehr zusammenfügen, daß uns viel verlorengeht aus dem Wissenschaftsprozeß. Das gilt ebenso für die gesellschaftlichen Fragen, die nicht mehr beantwortet werden. Herr Steinfeld, es soll nichts verlorengehen an Differenz, wenn man von Kulturwissenschaften spricht, sondern nur Zusammenhänge hergestellt werden, etwas gewonnen werden und nicht verlorengehen. Die Differenz muß zuvor da sein.

Manfred Briegel: Herr Böhme, Sie haben bei Ihrer Einführung darauf hingewiesen, daß ein zeitlicher Hiat in Modernisierungshinsicht besteht zwischen der Entwicklung der Kultur und der Entwicklung der Wissenschaft, also der sie betrachtenden Wissenschaften. Das ist ganz natürlich. Die Wissenschaft betrachtet, und als Betrachtende übt sie gewissermaßen immer eine Aftertätigkeit aus. Sie kommt später, sie braucht einen mehr oder weniger großen zeitlichen Abstand. Wenn die Wissenschaft versucht, die Entwicklungen, die aktuell im Gang sind, zu verfolgen und also sozusagen die teilnehmende Beobachtung einzuführen, dann ist dies auch methodisch schwierig. Das kann versucht werden, wird aber immer auf große Probleme stoßen. An der Universität Münster, wo ich gerade war, gibt es eine Transferstelle, die mit zwei Wissenschaftlern oder akademisch Ausgebildeten besetzt ist. Der eine kümmert sich um die Naturwissenschaften, und dann ist interessanterweise auch eine Geisteswissenschaftlerin da, die also versucht, geisteswissenschaftliche Kompetenz hinein in die Wirtschaft zu vermitteln. Hier geht es gewissermaßen um den umgekehrten Transferprozeß, ohne daß dies ein Rückfall in die generelle Gesellschaftsrelevanz der siebziger Jahre werden soll, daß nämlich Probleme namhaft gemacht werden, bei deren Lösung Wissenschaft helfen könnte. Das darf nicht oder nur in sehr seltenen Fällen in so etwas wie Auftragsarbeit münden. Das soll nur heißen, daß Wissenschaftler bei ihrer Suche danach, was die eigene wissenschaftliche Kompetenz lösen kann oder analysieren kann, dabei eben auch aufnehmen, was an Problemen in der Gesellschaft vorhanden ist.

Christoph König: Im Deutschen Literaturarchiv wird das Sammeln so betrieben, daß am Anfang oft Liebhaberentscheidungen stehen. Vorlieben, die jeder hat, dürfen zur Geltung kommen. Dann aber tritt etwas ein, was den Liebhaber selbst erstaunt. Er entdeckt im Material, das aggregiert wird, eine beinahe unendliche Diffusion und Vernetzung, die dann von der Wissenschaft genutzt wird. Die Vergleichbarkeit mit der Deutschen Forschungsgemeinschaft ist in einem Punkt, das mag überraschen, doch groß. Und zwar dort, wo der Kulturbegriff, der integrativ wirken soll, eine Form von Utopiefunktion hat für Dinge, die man in den einzelnen Fächern nicht tun kann, aber ohne sie eben auch nicht. Das schließt, meine ich, unmittelbar an die Frage von Herrn Lämmert nach den praktischen Konsequenzen oder nach Formen der Institutionalisierung an, die eben auf solche Bedürfnisse antworten können, insofern man Formen finden muß, die befreit sind von diesen disziplinären Zwängen oder auch den, um beim Vergleich zu bleiben, Entscheidungen des Liebhabers, und neue und zwar gegenstandsorientierte Verbindungen schlagen. Die DFG scheint mir so ein Raum zu sein, in dem das möglich ist, und er wird auch genutzt von eben den Antragstellern, die nicht fachspezifische, sondern, wie wir von Herrn Briegel hörten, übergreifende Anträge stellen. Einen ähnlichen Freiraum sehe ich in Forschungseinrichtungen wie dem Deutschen Literaturarchiv gegeben.

Eberhard Lämmert: Erlauben Sie mir, eine Lücke zu benennen, die bei der Zusammenstellung dieses Gesprächs offen geblieben ist. Die Universität existierte nicht oder allenfalls als Kloster, wenn sie nicht Studenten auszubilden hätte. Und Studenten brauchen Fächer. Studenten brauchen Fächer, um fertig zu werden. Studenten, vor allen Dingen solche, die nicht zu kleinen Wissenschaftlern und dann zu großen Wissenschaftlern fürs Leben herangezogen werden sollen, sondern die die Universität fürs Leben zurüsten soll. Ich sehe gerade bei der Selbständigkeit, die Studenten einer deutschen Universität aufzubringen haben, wieviel ihnen zum Abschluß ihres Fachstudiums zugemutet und auch aufgeladen wird. So bietet für deutsche Studenten schon die Ordnung der Studiengegenstände sehr viel größere Probleme als für die Studenten der meisten Länder, in denen ungeachtet einer sehr freizügigen Forschung die Lehrprogramme verbindlich sind, so daß sie auch übersehbar sind für ein in gewisser Zeit abzuschließendes Studium. Nicht einmal die Benennung eines Lehrstuhls gibt hierzulande Gewißheit darüber, was dort eigentlich gelehrt wird, und das Fehlen von Lehrprogrammen, die zwar von der Forschung gespeist, aber nicht mit der immer sich wandelnden Forschung identisch sein können, das Fehlen also von Leitlinien und klaren Zielvorstellungen für die Lehre stellt in Deutschland eine besondere Schwierigkeit dar. Ich sehe auf der anderen Seite, und dazu gab es soeben plausible Vorschläge, daß es innerhalb dieser Studiengänge zwar nicht ein allgemeines Studium generale mit einem unabsehbar weiten Horizont, wohl aber konkrete Lehrveranstaltungen geben kann, in denen Interdisziplinarität, das heißt auch die Begrenztheit der Perspektive von jedem einzelnen Fach her, tatsächlich sichtbar wird. Das geschieht am besten in Lehrveranstaltungen, in denen jeweils Professoren und Studenten verschiedener Fächer sich an der Lösung eines aktuellen, enggeführten Problems beteiligen. Ich möchte diesen Hinweis auf die Notwendigkeit präziser, fächertranszendierender Projektstudien mindestens noch in die Diskussion einfügen, weil der Blick auf Fächer und auch auf Fächergrenzen vom Studenten her sicher anders aussehen muß als vom Schreibtisch des Forschers. Grenzen sind dem Studenten eher wohltätig, als daß sie ihn verstören müßten. Wenn nur diese Grenzen selber deutlich gemacht werden als solche, in denen man – paradigmatisch für viele auch außerhalb des Fachwissens liegende Dinge – denken und dann vernünftig handeln lernt.

Allen Gesprächsteilnehmern gilt der Dank für diese Diskussion. Da wir über Entgrenzungen zu reden hatten, müssen wir es nicht darauf anlegen, Schlußworte zu formulieren. Wir sind vielmehr froh darüber, daß unseren starren Verhältnissen von verschiedenen Seiten noch ein guter Schuß Flexibilität zugesprochen wurde. Es ist zu wünschen, daß dieser kurze Umblick über Gegenwartskonflikte auch einmal mehr deutlich gemacht hat, warum wir Wissenschaftsgeschichte treiben: Wir tun es nur dann in vollem Sinne, wenn wir damit auch über unsere Gegenwart verhandeln.

Unser besonderer Dank gilt denjenigen Gesprächspartnern, die heute abend den Verdacht, die Universitäten wären diejenigen, die Intellektualität monopolisieren und auf der anderen Seite für das geistige Leben der Bevölkerung allein verantwortlich wären, gar nicht erst aufkommen ließen. Sie haben zur rechten Zeit daran erinnert, daß die Universität mit ihren Wissenschaften dem öffentlichen Wohl mindestens soviel Aufmerksamkeit zuzuwenden hat wie die öffentliche Hand den Universitäten.

Namenregister

Über die Autoren

Mitchell G. Ash, geboren 1948, seit 1997 Professor für Geschichte der Neuzeit an der Universität Wien. Studium der Geschichte und Wissenschaftsgeschichte an der Harvard University und der Freien Universität Berlin. Veröffentlichungen zur neueren Wissenschaftsgeschichte, insbesondere zur Geschichte der Psychologie in den deutschsprachigen Ländern und den USA, sowie zum Verhältnis von Wissenschaftswandlungen und politischen Umbrüchen im 20. Jahrhundert u. a.: *Gestalt Psychology in German Culture 1890–1967. Holism and the Quest for Objectivity* (1995).

Hartmut Böhme, geboren 1944, Fellow am Wissenschaftszentrum Nordrhein-Westfalen; seit 1993 Professor für Kulturtheorie und Mentalitätsgeschichte an der Humboldt-Universität zu Berlin. Studium der Germanistik, Philosophie, Evangelischen Theologie und Pädagogik. Arbeitsschwerpunkte: Literaturgeschichte des 18. bis 20. Jahrhunderts, Ethnopoesie und Autobiographik, Natur- und Technikgeschichte in den Überschneidungsfeldern von Philosophie, Kunst und Literatur, Historische Anthropologie, insbesondere Geschichte des Körpers, der Gefühle und der Sinne.

Bernhard vom Brocke, geboren 1939, lehrt Neuere Geschichte und Wissenschaftsgeschichte an der Universität/Gesamthochschule Kassel. Studium der Geschichte, Theologie und Sozialwissenschaften in Göttingen, an der Freien Universität Berlin, Hamburg und Harvard. Veröffentlichungen zur Geschichte des *Systems Althoff* (1980, 1991), von *Stadt und Universität Marburg* (1980), *Wissenschaft und Militarismus* (1985), der Kaiser-Wilhelm-/Max-Planck-Gesellschaft (1990, 1996), *Hochschulpolitik in Föderalismus und Diktatur 1898–1948* (3 Bde. 1994, 1999), *Bevölkerungswissenschaft in Deutschland. 1740–1998* (1998).

Georg Bollenbeck, geboren 1947, Professor für Germanistik/Kulturwissenschaften an der Universität GH Siegen. Studium der Germanistik, Geschichte, Politologie und Philosophie in Bonn. Forschungsschwerpunkte: Literatur des 19. und 20. Jahrhunderts, Historische Semantik, Geschichte des Bildungsbürgertums. *Bildung und Kultur. Glanz und Elend eines deutschen Deutungsmusters* (1994).

Manfred Briegel, geboren 1936, leitet eines der geisteswissenschaftlichen Fachreferate der Deutschen Forschungsgemeinschaft in Bonn (Sprach- und Literaturwissenschaften; Kulturwissenschaften allgemein). Studium der Germanistik, Romanistik, Latinistik u. a. in Freiburg i. Br. Aufsätze zur Exilliteratur und -forschung. Hg. (zus. m. Wolfgang Frühwald) *Die Erfahrung der Fremde* (1988).

Rüdiger vom Bruch, geboren 1944, Professor für Wissenschaftsgeschichte an der Humboldt-Universität zu Berlin. Studium der Geschichte und Germanistik in Berlin und Münster. Veröffentlichungen zu Gelehrtenpolitik, auswärtiger Kulturpolitik und bürgerlicher Sozialreform, zur Geschichte der Geschichts-, Sozial- und Wirtschaftswissenschaften in Deutschland des 18. bis 20. Jahrhunderts, zu Kultur und Kulturwissenschaft um 1900.

Hubert Cancik, geboren 1937, Professor für klassische Philologie an der Universität Tübingen. Arbeitsgebiete: römische Literatur, antike Religionen, Rezeption der klassischen Antike in Deutschland, Geschichte der ost- und westantiken Historiographie. Beiträge zur Wissenschaftsgeschichte: *Nietzsches Antike* (1995); *Antik – Modern* (1998). Mitherausgeber des *Handbuchs religionswissenschaftlicher Grundbegriffe* (1988 ff.) und des *Neuen Pauly* (1996 ff.).

Pierre Judet de la Combe, geboren 1949, Directeur de recherche am CNRS (Centre national de la recherche scientifique) (Paris); Leiter des Instituts für »Analyse et interprétation des discours et des savoirs« der Universität Lille. Von 1986–1997 Leiter des Centre de Recherche Philologique ebenda. Forschungsschwerpunkte: griechische, archaische und klassische Dichtung, Geschichte der Philologie. Kommentar zum *Agamemnon* des Aischylos (1981–1998); Mitherausgeber von *Le métier du mythes. Lecture d'Hesiode* (1996).

Michel Espagne, geboren 1952, Directeur de recherche am CNRS (Centre national de la recherche scientifique) (Paris). Studium der Germanistik an der École Normale Supérieure (Paris), in Tübingen und Köln. Veröffentlichungen zu Musil, Heine, Winckelmann, Benjamin, zur Fachgeschichte der Literaturwissenschaft und zur Geschichte des deutsch-französischen Kulturtransfers im 18. und 19. Jahrhundert.

Friedrich Wilhelm Graf, geboren 1948, seit 1996 Professor für Systematische Theologie und theologische Gegenwartsfragen an der Universität Augsburg sowie seit 1997 Fellow am Max-Weber-Kolleg für kultur- und sozialwissenschaftliche Studien der Universität Erfurt. Zahlreiche Publikationen zur Theologiegeschichte des 18. bis 20. Jahrhunderts, zur Sozial- und Kulturgeschichte des neueren Protestantismus und zu Grundfragen der Ethik. Seit 1994 Präsident der Ernst Troeltsch-Gesellschaft. Geschäftsführender Herausgeber der *Ernst Troeltsch Kritische Gesamtausgabe* (*Troeltsch KGA*).

Ulrike Hass-Zumkehr, geboren 1954, wissenschaftliche Mitarbeiterin am Institut für deutsche Sprache in Mannheim und Privatdozentin für germanistische Sprachwissenschaft an der Universität Heidelberg. Veröffentlichungen zu praktischer wie theoretischer Lexikographie, zum politischen Wortschatz der Gegenwart, zur Geschichte des öffentlichen Sprachgebrauchs, zur Lexikographie- und Sprachwissenschaftsgeschichte, insbesondere des 19. und 20. Jahrhunderts.

Frank-Rutger Hausmann, geboren 1943, Professor für Romanische Philologie (Literaturwissenschaft) an der Universität Freiburg i. Br. Forschungs- und Publikationsschwerpunkte: Französische und Italienische Literatur (Mittelalter und Renaissance), Deutsche Übersetzungen aus den Romanischen Sprachen, Fachgeschichte. Veröffentlichungen: *Aus dem Reich der seelischen Hungersnot* (1993), *»Deutsche Geisteswissenschaft« im Zweiten Weltkrieg* (1998); Herausgeber der Zeitschrift *Romanische Forschungen.*

Christoph König, geboren 1956, Privatdozent an der Humboldt-Universität zu Berlin und Leiter der Arbeitsstelle für die Erforschung der Geschichte der Germanistik im Deutschen Literaturarchiv (Marbach am Neckar). Studium der Germanistik, Philosophie und Amerikanistik an der Universität Innsbruck. Forschungsschwerpunkte: Literatur des 19. und 20. Jahrhunderts, Archivtheorie, Ästhetik und Wissenschaftsgeschichte. Zuletzt Hg. von *Theorie de la littérature* (1997); Habilitationsschrift *Hofmannsthal unter den Philologen* (1997).

Eberhard Lämmert, geboren 1924, Direktor des Berliner Zentrums für Literaturforschung und Prof. em. für Allgemeine und Vergleichende Literaturwissenschaft an der Freien Universität Berlin, deren Präsident er von 1976 bis 1983 war. Zum Thema dieses Bandes zuletzt *Die Geisteswissenschaften im Industriezeitalter* (1986) und *Das überdachte Labyrinth. Ortsbestimmungen der Literaturwissenschaft 1960–1990* (1991).

Otto Gerhard Oexle, geboren 1939, Direktor am Max-Planck-Institut für Geschichte und Honorarprofessor für Mittlere und Neuere Geschichte an der Universität Göttingen. Veröffentlichungen über Sozialgeschichte des Mittelalters, Wissenschaftsgeschichte und Theorie der historischen Erkenntnis.

Linda Reisch, geboren 1950, 1990 bis 1998 Kulturdezernentin der Stadt Frankfurt am Main. Studium der Germanistik und der Allgemeinen und Vergleichenden Literaturwissenschaft in Berlin. Tätigkeiten als wissenschaftliche Referentin an der FU Berlin und beim Berliner Senator für Wissenschaft und Kunst, in Bonn als Büroleiterin des Bundesgeschäftsführers der SPD, als Geschäftsführerin des Kulturforums der Sozialdemokratie. Veröffentlichungen im Bereich der Bildungs-, Kultur-, Freizeit- und Stadtpolitik.

Pierangelo Schiera, geboren 1941, Professor für Geschichte des politischen Denkens in Bologna und Trento, zur Zeit Leiter des Italienischen Kulturinstituts Berlin und Honorarprofessor an der Humboldt-Universität zu Berlin. Studium des Rechts, der Geschichte und Politologie in Mailand. Veröffentlichungen über Geschichte des politischen Denkens, Verfassungsgeschichte, Ideengeschichte, Sozial- und Kulturgeschichte. Übersetzer und Vermittler von Klassikern der deutschen Historiographie in Italien (E.-W. Böckenförde, O. Brunner, O. Hintze, G. Oestreich, C. Schmitt). *Laboratorium der bürgerlichen Welt. Deutsche Wissenschaft im 19. Jahrhundert* (1992).

Renate Schlesier, geboren 1947, Professorin für Kulturwissenschaftliche Anthropologie an der Universität Paderborn. Studium der Literaturwissenschaft, Philosophie, Religionswissenschaft und Gräzistik in Tübingen, Paris und Berlin. Publikationen auf den Gebieten Hermeneutik und Anthropologie, Geschichte der Kulturwissenschaften, Psychoanalyse und Judentum, Wissenschafts- und Wirkungsgeschichte der Antike, Kulturgeschichte und Mythologie.

Thomas Steinfeld, geboren 1954, Literaturredakteur der FAZ, Leiter des Ressorts Literatur und literarisches Leben. Studium der Germanistik und Musikwissenschaft in Marburg und Berlin, promoviert 1983 über Hegels Ästhetik. *Der grobe Ton. Kleine Logik des gelehrten Anstands* (1991), *Weimar* (1998).

Martin Warnke, geboren 1937, Professor für Kunstgeschichte an der Universität Hamburg. Studium der Kunstgeschichte, Germanistik und Geschichte in München, Madrid und Berlin. Veröffentlichungen über Peter Paul Rubens, die spanische Malerei, Bilderstürmer und Hofkünstler.

Nikolaus Wegmann, geboren 1954, Mitarbeiter in der »Interuniversitären Arbeitsgruppe: Sprache, Literatur, Kultur im Wandel ihrer medialen Bedingungen« in Köln. Studium der Literaturwissenschaft, Germanistik und Philosophie in Bielefeld und Ithaca, N. Y. Veröffentlichungen zur deutschen Literaturgeschichte, Literaturtheorie, Medienkultur, Wissenschaftsgeschichte und Literarischen Bildung. Habilitation (1998) mit einer Arbeit zur Bibliothek: *Bibliotheksliteratur. Suchen und Finden im alexandrinischen Zeitalter.*

Ulrich Wyss, geboren 1945, Professor für Germanische und deutsche Philologie an der Universität Erlangen-Nürnberg. Studium der Germanistik, Geschichte und Philosophie in Bern und Marburg an der Lahn. Veröffentlichungen zur europäischen Literatur des Mittelalters, zur italienischen Literatur, zur Ästhetik des Musiktheaters, zur Wissenschaftsgeschichte der Philologie. *Die wilde Philologie* (1979).